D1923248

Petri Abaelardi effigies ex vetusto manuscripto (Oxford)

PETER ABAELARD

# Theologia Summi boni

## Tractatus de unitate et trinitate divina

## Abhandlung über die göttliche Einheit und Dreieinigkeit

Übersetzt, mit Einleitung
und Anmerkungen
herausgegeben von
URSULA NIGGLI

Lateinisch – Deutsch

FELIX MEINER VERLAG
HAMBURG

PHILOSOPHISCHE BIBLIOTHEK BAND 395

Der lateinische Text der Ausgabe basiert auf der Ausgabe:
Heinrich Ostlender, Peter Abaelards Theologia „Summi boni“,
Aschendorffsche Verlagsbuchhandlung, Münster 1993.

Im Digitaldruck »on demand« hergestelltes,
inhaltlich mit der 3. Auflage von 1997 identisches Exemplar.
Wir bitten um Verständnis für unvermeidliche Abweichungen in
der Ausstattung, die der Einzelfertigung geschuldet sind.
Weitere Informationen unter: www.meiner.de/bod.

Bibliographische Information der Deutschen Nationalbibliothek

Die Deutsche Nationalbibliothek verzeichnet diese Publikation
in der Deutschen Nationalbibliographie; detaillierte bibliographische Daten sind im Internet über ‹http://portal.dnb.de› abrufbar.
ISBN 978-3-7873-1310-5
ISBN eBook: 978-3-7873-3157-4

© Felix Meiner Verlag GmbH, Hamburg 1997. Alle Rechte vorbehalten. Dies gilt auch für Vervielfältigungen, Übertragungen, Mikroverfilmungen und die Einspeicherung und Verarbeitung in elektronischen Systemen, soweit es nicht §§ 53 und 54 URG ausdrücklich gestatten. Gesamtherstellung: BoD, Norderstedt. Gedruckt auf alterungsbeständigem Werkdruckpapier, hergestellt aus 100% chlorfrei gebleichtem Zellstoff. Printed in Germany.

*www.meiner.de*

INHALT



PETER ABAELARD
Theologia Summi boni

# VORBEMERKUNG ZUR DRITTEN AUFLAGE

Wie Sokrates machte sich Peter Abaelard, die Schlüsselfigur des zwölften Jahrhunderts, nicht anheischig, die Wahrheit zu wissen oder zu lehren. Doch er beanspruchte, sich der göttlichen Wahrheit vermittels menschlicher und vernünftiger Rede zu nähern. Als „Philosoph Gottes" reagierte er allergisch auf Zeitgenossen, die wie „blökende Schafe" nicht verstanden, was sie lasen, beteten und bekannten. Die *Theologia Summi boni* ist die Urfassung seines Hauptwerkes. Abaelard verteidigte darin die Lehre von der göttlichen Dreieinigkeit gegen seinen ehemaligen Lehrer, den Logiker Roscelin. Nach Abaelard läßt sich die Trinität nicht rational herleiten, aber es ist mit einigem logischen Rüstzeug möglich, die aus der christlichen Dogmatik übernommene Lehre gegen „Mißbrauchsdialektiker" zu verteidigen: mittels Analogien aus der menschlichen Vernunft. Damit beschreitet der Frühscholastiker – wie in seinen irenischen Bestrebungen im interreligiösen Dialog seiner Zeit weit voraus – Wege religionsphilosophischer Aufklärung und Kritik, wie sie erst Jahrhunderte später von Leibniz und Kant konsequent weitergeführt wurden; erst Leibniz wird gewissenhaft unterscheiden zwischen demjenigen, was an religiösen Wahrheiten philosophisch sehr wohl „erklärt und verteidigt", aber nicht vollständig „begriffen und bewiesen" werden kann.

Das *Erste Buch* führt die trinitarische Distinktion ein, indem die Namen „Vater", „Sohn" und „Hl. Geist" erläutert werden, und eine lange Reihe trinitarischer Belegstellen bei Propheten und Philosophen angeführt wird. Des weiteren wird eine Rechtfertigung dafür gegeben, warum Gottes Weisheit „Wort" und seine Güte „Hl. Geist" genannt wird. Endlich wird die „Weltseele" der Philosophen (Plato) als die dritte trinitarische Person identifiziert. Das *Zweite Buch* enthält einen Abriß des Glaubens bezüglich der Trinität und Einheit nebst zwei Reihen einschlägiger Einwände. Im

folgenden werden die verschiedenen Bedeutungen von „selbig“ und „anders“ differenziert sowie der mehrfache Sinn von „Person“ dargelegt. In einer eingehenden Erörterung auf der Grundlage der gegebenen Differenzierungen zerstreut das *Dritte Buch* die vorgebrachten Einwände. Anschließend werden die beiden Abhängigkeitsverhältnisse, die „zeugende Hervorbringung“ (generatio) des Sohnes aus dem Vater und der „Hervorgang“ (processio) des Hl. Geistes von Vater und Sohn auseinandergesetzt. An dieser Stelle wird die im *Ersten Buch* erläuterte Platonische These zur Weltseele noch eingehender besprochen. In Kontrast zu den übrigen christlichen Autoren und bei entsprechender Präzisierung findet Abaelard Platos Rede vom Geschaffensein der Weltseele vertretbar. In einem Schlußpassus hält er die Naturgegebenheit des (spezifisch christlichen) Trinitätsglaubens für alle fest – auch für Juden und Heiden.

Auch die dritte Auflage der *Theologia Summi boni*, 1989 erstmals in deutscher Übersetzung publiziert, bietet den Text mit den Anmerkungen, eine historische Einleitung sowie den editorischen Bericht. Im Unterschied zu den ersten beiden Auflagen befinden sich die *Konkordanz* der Einwände und Auflösungen, die *Übersicht* über die gegen Abaelards Trinitätstheologie erhobenen Vorwürfe sowie die kommentierte *Bibliographie* am Schluß des Bandes. Aus Gründen der Umfangsbeschränkung wurde die Einführung in den Text der TSB dieser Auflage nicht mehr beigegeben.

*Ursula Niggli*

# EINLEITUNG

## *Historische Einführung*

### 1. Tabelle zu Leben und Werk Abaelards

| | |
|---|---|
| 1079 | Geboren in Le Pallet bei Nantes. |
| 1095–1102 | Studiert u.a. bei Roscelin in Loches Dialektik und setzt dieses Studium in Paris unter Wilhelm von Champeaux fort. |
| 1102–1105 | Lehrt in Melun, dann näher bei Paris in Corbeil. |
| 1105–1108 | Überanstrengung und ernstliche Erkrankung zwingen ihn zu mehrjährigem Aufenthalt zuhause in Le Pallet. |
| zw. 1102–1108 | entstehen die sog. *Literalglossen* (sie werden neuerdings nicht mehr ineinsgesetzt mit den *Introductiones parvulorum*, vgl. Bibliographie 1 b). |
| 1108–1109 | Rückkehr nach Paris und Studium der Rhetorik unter Wilhelm von Champeaux, den er zu einer gemäßigten Position des Realismus nötigt. |
| 1109–1112 | Nach einer episodischen Lehrtätigkeit in Notre-Dame und Melun eröffnet Abaelard seine Schule auf dem Genovefaberg, d.i. die sog. ‚Belagerung von Paris'. |
| zw. 1109–1116 | [*Introductiones parvulorum. Liber fantasiarum.*] *Sententie secundum magistrum Petrum* (?). |
| 1113 | Klostereintritt seiner Eltern Berengar und Luzia. Abaelard nimmt unter Anselm von Laon das Studium der Theologie auf. |

| | |
|---|---|
| 1113–1114 | [*Ezechielvorlesung* vor Kommilitonen]. |
| 1114–1116 | Als Kanonikus und evt. Vorsteher der Schule lehrt Abaelard in Notre-Dame Logik und Theologie. Liebesverhältnis mit seiner siebzehnjährigen Privatschülerin Heloisa. Geburt ihres Sohnes Astralabius, gefolgt von einer geheim gehaltenen Eheschließung [*Liebesgedichte*]. |
| 1116/1117 | Kastration. Abaelard wird Mönch in St. Denis, nachdem er zuvor Heloisa veranlaßte, in Argenteuil den Schleier zu nehmen. |
| 1117–1121 | In einer Einsiedelei seines Klosters nimmt er die frühere Lehrtätigkeit wieder auf, und zwar als „Philosoph Gottes“. |
| zw. 1117–1121 | **Dialectica* (I–V). *Logica Ingredientibus* (davon evt. Komm. zu Aristoteles' Perihermeneias und zu Boethius' Topiken *nach* TSB). *Glosse super Porphyrium secundum vocales.* |
| 1120 | Dokumente der Kontroverse mit Roscelin: *Epist. XIV* f. und [Epist. ad canonicos Turonensis S. Martini]. TSB (EL, dann B). |
| April 1121 | Synode von Soissons: Dank der Anselmschüler Alberich und Lotulf Verurteilung der TSB. Kerkerhaft in St. Médard. |
| 1121 | *Sic et Non* (Z). *Epist. XI* (über Klosterpatron Dionysius). [*Exhortatio* ad fratres et commonachos: evt. Urfassung von T.chr. II]. |
| März 1122 | Mit einem befreundeten Kleriker errichtet er in der Einöde bei Quincey ein der hl. Trinität geweihtes Bethaus. |

| | |
|---|---|
| 1122–1127 | Ideales Leben philosophisch-wissenschaftlicher Askese. Enormer studentischer Zulauf zur neu benannten Lehrstätte „Paraklet". |
| zw. 1120–1124(?) | [*Grammatica. Rhetorica* evt. nur geplant]. *Tractatus de intellectibus. Logica Nostrorum petitioni sociorum.* |
| ca. 1122 | *Soliloquium* (zit. bei Berengar in PL 178, 1876C–1880A). |
| 1121–1126 | *Sic et Non* (TCEB). T.chr. (D). *Sic et Non* (DL). T.chr. (R). |
| ca. 1125/1126 | **Dialogus* inter Philosophum, Judaeum et Christianum. |
| ab 1127 | Als Abt von St. Gildas de Rhuys in der Bretagne Lenkung von rohen und zuchtlosen Mönchen, in ständiger Lebensgefahr. |
| 1127–1132 | *Predigten* an die Mönche von St. Gildas. *Sic et Non* (MKA). *Epist. XII.* |
| zw. 1129–1132 | Übergabe des verwaisten Oratoriums Paraklet und geistliche Betreuung der aus Argenteuil vertriebenen Nonnen. Wiederaufnahme der Beziehungen zu Heloisa, jetzt seine „geliebte Schwester in Christo". |
| Januar 1131 | Altarweihe in Morigny: Abaelard trifft Bernhard von Clairvaux und den nachmaligen Innozenz II. |
| 23. Nov. 1131 | Päpstliche Bestätigung betr. die Schenkung Paraklets. |
| ca. 1132 | *Historia Calamitatum* (H.C.) (= Epist. I). |
| 1132–1137 | Im Anschluß an den Briefwechsel entstehen die sog. *Parakletschriften* geistlich-theologischen Inhalts: *Epist. II–X* [Psalterium = Gebetssammlung$^{+}$, zwischen Epist. II und III]. *Hymnen* und *Predigten.* |

| | |
|---|---|
| ab 1132/1133 | Zweite Lehrtätigkeit auf dem Genovefaberg in Paris. Stupende literarische Produktivität. |
| zw. 1133–1137(?) | T.sch. I (FH). T.chr. (CT). T.sch. I (Z) *Expositio in Hexaemeron. Epist.XIII.* T.sch.I (T).<br>**Commentarius Cantabrigiensis* (= Kommentar zu allen Paulusbriefen).<br>*Römerbriefkommentar* [Plan einer *Anthropologia*+ und eines Galaterbriefkommentars].<br>T.sch. I–III (BDKM).<br>Die Sentenzensammlungen sind Niederschlag von Abaelards Lehrtätigkeit, nicht, wie Ostlender annahm, auf dem *Liber sententiarum* gründende Schulwerke:<br>**Sententie Florianenses* (*vor* T.sch.I T)<br>**Sententie Abaelardi*<br>**Sententie Parisienses.* |
| Ende 1137 | Nach dem Tod von Ludwig VI. im August verläßt Abaelard zeitweilig Paris. |
| zw. 1137–1138 | **Problemata Heloissae* (noch Van den Eynde ließ sie unmittelbar an den Briefwechsel anschließen).<br>**Liber sententiarum magistri Petri* (als letztes Schulwerk aus Exzerpten der Kritiker rekonstruiert). |
| 1138–1139 | *Ethica.* |
| 1140 | T.sch. I–III (AP, O).<br>**Confessio fidei ad Heloisam* (seit Buytaert datiert man die apologetischen Schriften *vor* Sens).<br>*Epist. contra Bernardum.*<br>**Apologia.*<br>**Confessio fidei universis.* |
| Juni 1140 | Konzil von Sens: Die anberaumte Disputation entpuppt sich als Ketzerge- |

| | |
|---|---|
| | richt. Abaelard verläßt die Versammlung, um in Rom Berufung einzulegen. Bernhard kommt ihm zuvor und erreicht bei seinem Protégé Papst Innozenz II. die Verurteilung Abaelards. In Rom feierliche Verbrennung seiner häretischen Schriften. |
| 1140–1142 | Der kranke Abaelard lebt als einfacher Mönch in Cluny unter der freundschaftlichen Fürsorge Peters des Ehrwürdigen, der eine Versöhnung mit Bernhard einleitet. |
| 21. Apr. 1142 | Er stirbt in St. Marcel bei Chalon-sur-Saône, einem Priorat von Cluny. |
| 1164 | stirbt Heloisa, seit 1129 Äbtissin von Paraklet. Der Paraklet war Abaelards stolze Schöpfung und neben Le Pallet und Cluny der einzige Ort, wo er Zeit eines innerlich und äußerlich angefochtenen Lebens zeitweilig aufatmen durfte. |
| 1497/1817 | wurden die Gebeine von Abaelard und Heloisa in der Kirche von Nogent und später auf dem Friedhof Père Lachaise in Paris beigesetzt. |

*Erklärungen zur Tabelle*

1. Verwendete Siglen:
– Die in eckige Klammern [sic] gesetzten Titel sind uns *nicht erhalten.*
– Die drei Versionen der Theologia werden in der Tabelle wie in den Anmerkungen zum Text abgekürzt:
  TSB = Theologia Summi boni
  T.chr. = Theologia christiana
  T.sch. = Theologia Scholarium
– *Römische Ziffern* bezeichnen das Buch des betreffenden Werkes.
– Ein *Asterix* (*) bezeichnet die Umdatierung dieses Werkes durch die in den sechziger Jahren mit Van den Eynde und Buytaert einsetzende neueste Phase der Abaelardforschung (gegenüber Cottiaux, Ostlender und Sikes zu Anfang der dreißiger Jahre).

– Die Tabelle unterscheidet zwischen den *verschiedenen Fassungen* der theologischen Werke unter Angabe des *Buchstabens des betr. Manuskripts,* vgl. die handliche Übersicht zu den 18 Mss. der ‚theolog. Trilogie' bei Mews, The development (Essay 1980, 194 Anm. 2) sowie ihre ausführliche Beschreibung in P.A. Opera theologica II, ed. Buytaert (1969), 30ff., 375ff. und P.A. Opera theologica III, ed. Buytaert † und Mews (1987), 16f., 57ff., 232ff.

2. Folgende Werke erhielten *verschiedene Titel* (der heute übliche wird vorangestellt):
– Historia Calamitatum (Geschichte meiner Unglücksfälle) = Trostbrief an einen Freund = Epist. I = Autobiographie
– Ethica (nach Selbstverweis Röm.komm.) = Scito te ipsum (Ms.)
– Dialogus inter Philosophum, Judaeum et Christianum = Collationes (so Buytaert nach Selbstverweis)
– Theologia Scholarium (nach Incipit) = Introductio ad theologiam (in PL 178 und Cousin II)
– Confessio fidei ad Heloisam = Epist. XVII
– Confessio fidei universis (nach Incipit) = P.A. Apologia seu fidei confessio (in PL 178 und Cousin II)
– Sententie Abaelardi = Sententie Hermanni (nach Ostlender) = Epitome Theologiae Christianae (in PL 178 und Cousin II)

3. Zur Dokumentation:
Die päpstliche Bulle betr. die Schenkung Paraklets vom 23. Nov. 1131 gibt den terminus post quem für die Abfassung der Historia Calamitatum, vgl. Lalore, Cartulaire ..., 1878, p. 1 mit H.C., ed. Monfrin Z 1317ff./ übers. E. Brost 1987 (= 4.* Aufl. 1979) S. 60. – Bis zu Abaelards zweiter Pariser Lehrtätigkeit gibt es eine Lücke in unseren biographischen Kenntnissen. Für die Zeit ab 1136 sind Johannes von Salisbury, Otto von Freising, die verschiedenen Stimmen um das Konzil von Sens und Peter der Ehrwürdige unsere Hauptquellen, während die Briefe von Abaelard und Heloisa (namentlich Epist. I–V), der Brief Roscelins (XV), Abaelards Brief an den Pariser Bischof (XIV) und Fulcos Brief (XVI) die Hauptinformation für die Zeit vor 1131 liefern, vgl. das „Verzeichnis zeitgenössischer Dokumente" (Bibliographie unter 2.).

+ (S. XIII unten) Gegen Van den Eynde bin ich geneigt, das im Brief III erwähnte ‚psalterium', in/auf dem Heloisa ihre Gebetsopfer für Abaelard darbringen soll, als *Handharfe* zu identifizieren.
+ (S. XIV oben) Das in den Sentenzensammlungen und in der Einl. der T.sch. skizzierte Lehrganze plante Abaelard in mehreren Werken zu entwickeln, vgl. die Textanm. zu 25 7, 29.

## 2. Ein Lebensabriß[1]

In die Vorlesungsnachschriften seiner Studenten[2] und in seinen Nachruf[3] ging Abaelard ein als der *philosophus*, auch wenn er an Heloisa das Bekenntnis abgegeben hatte: „Ich will nicht Philosoph sein, indem ich Paulus schmähe, und auch nicht dergestalt Aristoteles, daß er mich von Christus trennt".[4] – Obwohl Abaelards reife Schaffenszeit der Erforschung der trinitarischen Natur der Gottheit gewidmet war und dieses Unternehmen schließlich in eine ‚theologische Summe' mündete, feierte ihn die Wirkungsgeschichte bis in die neueste Zeit als den „Sokrates der Gallier"[5]. Das zeitgenössische und das wirkungsgeschichtliche Urteil ermangeln in diesem Punkt nicht der Eindeutigkeit, so vieldeutig die Person Abaelards sonst bleiben mag.[6]

### a) Der konfrontationsfreudige Wanderstudent und zeitweilige Lehrer (1095–1114)

1079 als ältester Sohn des Ritters Berengar in Le Pallet bei Nantes geboren, vertauschte er, schon in jungen Jahren ein brillanter Disputator, das angestammte Ritterhandwerk mit den Waffen der Logik. Der Nominalist Roscelin von Compiègne wurde der prägende Lehrer seiner Jugendzeit. Ab 1100 finden wir Abaelard zu Füßen des Schulhaupts des Realismus, Wilhelm von Champeaux. Bei ihm setzte er das Dialektikstudium fort, um aber bald in Melun und

[1] Eine ausführlichere ‚intellektuelle Biographie' über Abaelard habe ich als separates Buch publiziert.

[2] Commentarius Cantabrigiensis, ed. A. Landgraf, Notre Dame 1937–1945 (4 Bde.), Bd. 1, XIff.

[3] Vgl. R. L. Poole, Medieval Thought and Learning ²*1920, 170f. und Anm. 29.

[4] Epist. XVII, übersetzt aus PL 178, 375C.

[5] Vgl. den Anfang der Grabinschrift Peters des Ehrwürdigen: „Gallorum Socrates ..." in: PL 178, 103 C sowie den Buchtitel von Jacques Debu-Bridel, Socrate des Gaules, Paris 1946.

[6] Vgl. J. Jolivet, Abélard entre chien et loup, CCM XX(1977), 307–322, bzw. in: ‚Jolivet 1987' (s. Abt. 3), 169–202.

Corbeil seine eigene Schule zu eröffnen. Nach einem längeren Genesungsaufenthalt in der Bretagne begann er 1108 unter Wilhelm das Studium der Rhetorik. Erst der Klostereintritt seiner Eltern veranlaßte ihn um 1113, sich unter den Fittichen Anselms von Laon der Theologie zuzuwenden. Indes lehrt er schon 1116 als Kanonikus und evt. auch Vorsteher der Schule von Notre-Dame in Paris Logik und Theologie. Fulco bezeugt uns seinen Lehrerfolg (Epist. XVI).

### b) Der erfolgreiche Professor, sein Liebesverhältnis und der Klostereintritt (1114–1117)

Durch zwei Ereignisse ist Abaelards Schicksal ins allgemeine Bildungsbewußtsein eingegangen. Das erste ist sein stürmisches Liebesverhältnis mit der siebzehnjährigen Privatschülerin Heloisa. Nach der Geburt ihres Sohnes Astralabius und einer wohl aus Karrieregründen geheim gehaltenen Eheschließung erleidet Abaelard die grausame Rache des Onkels von Heloisa und wird entmannt. Um 1117 binden sich die beiden Gatten durch ein monastisches Gelübde, die junge Heloisa mit der Geste der Selbstaufopferung auf „Geheiß ihres Gebieters Abaelard".

### c) Der „Philosoph Gottes", seine erste Verurteilung und die Lehrstätte „Paraklet" (1117–1127)

Dieser nimmt als „Philosoph Gottes" in einer Einsiedelei seines Klosters die frühere Lehrtätigkeit wieder auf. Auf Drängen seiner Schüler schreibt er seine Gedanken „De Unitate et Trinitate divina" nieder. Zelebrierung von Worten, denen keine Einsicht folgt, erübrige sich. Seine Studenten hätten ihn um menschliche und philosophische Begründungen ersucht, und so sei er daran gegangen, die Fundamente des christlichen Glaubens durch Analogien, die der menschlichen Vernunft entstammen, zu erläutern.

Diese Erklärung zur TSB entnehmen wir Abaelards

Autobiographie, der Historia Calamitatum. Bevor wir etwas ausführlicher auf die Umstände der ersten Theologie eingehen (vgl. Abschn. 3), wird Abaelards Lebensbericht fortgesetzt. – Alberich und Lotulf, ehemalige Kommilitonen und aufs theologische Lehrmonopol erpichte Kollegen in Rheims, strengten eine Anklage gegen Abaelards erste Theologie an. Trotz der Intervention Gottfried von Chartres mußte er sein Werk auf der Synode von Soissons (1121) eigenhändig dem Feuer übergeben.

Mit achtunddreißig Jahren hatte er eine neue Identität als Mönch suchen müssen. Unterdessen hatte man ihm, dem die „lauterste Absicht und die reine Liebe zu unserem Glauben"[7] die Feder geführt hatten, seine Integrität als theologischem Lehrer genommen. Wie ein Verbrecher wurde er im Kloster von St. Médard inhaftiert. Auch seine Klosterbrüder in St. Denis begegneten ihm hernach mit schwerem Mißtrauen, zumal er sich als ihr Sittenrichter aufwarf. Zusammen mit einem befreundeten Kleriker suchte er daher in der Einöde von Quincey ein abgeschiedenes Leben. Aber schon nach kurzer Zeit strömten Scharen eifriger Schüler herbei, die für den Preis seiner Lehre ihr angenehmeres Leben in der Stadt aufgaben und eine armselige Behausung und einfachste Kost in Kauf nahmen. Die ursprünglich der hl. Trinität geweihte Lehrstätte erhielt schließlich den Namen „Paraklet" (vgl. Textanm. S. 249), und sie verkörperte für ihren Schöpfer ein auf Gott zentriertes intellektuelles und geistliches Doppelideal.

Hier bekam die verurteilte Theologia (TSB) in der unveröffentlicht gebliebenen *Theologia christiana* ihre zweite überarbeitete Gestalt[8]. Auch die Grundlagen für Sic et Non wurden in dieser Zeit gelegt, jener immensen Sammlung patristischer Texte, deren Quaestionen zugleich Abaelards persönliches Forschungsprogramm beinhalteten und für

[7] H.C., ed. Monfrin Z 926f. / tr. E. Brost 1987, S. 44.

[8] Buytaerts Apparat in Opera theologica II (vgl. 57–68) ermöglichte es bisher, die überarbeitete mit der Originalfassung zu vergleichen: Die Bücher II und V sind in T.chr. neu hinzugekommen. Vgl. nebst unten Anm. 44 jetzt auch ed. Mews 1987, 75–81.

seine weitere theologische Arbeit einen unerschöpflichen Fundus boten. Neue Anfeindungen, aber auch interne Zwiste gaben den Ausschlag dafür, daß Abaelard seine Forschungsgemeinschaft verließ und sich als Abt ins abgelegene Kloster St. Gildas in der Bretagne wählen ließ.

### d) Der Abt am Ende der Welt und seine Entwicklung zum neuen Hieronymus (1127–1132/3)

Die Lebensphase in St. Gildas war existenziell so bedrängt wie scholastisch unergiebig, ohne daß sie in geistiger Hinsicht für fruchtlos gelten darf. In die zweite Hälfte dieser Zeit fällt die Wiederaufnahme seiner Beziehungen zu Heloisa, nunmehr seine „geliebte Schwester in Christo". Das Oratorium von Paraklet wurde der Zufluchtsort für die aus Argenteuil vertriebenen Nonnen und ihre Priorin Heloisa. Abaelard fand als ‚neuer Hieronymus' in der geistlichen Betreuung frommer Frauen eine ihn stärkende neue Aufgabe. Seine Autobiographie, der sich daran anschließende Briefwechsel mit Heloisa (Brief 2–8) sowie mehrere Schriften geistlich-theologischen Inhalts entstanden in dieser Zeit (vgl. Bibliographie: die Parakletschriften).

### e) Die scholastische Ernte, der Bernhardkonflikt und die letzten Jahre in Cluny (1132/33–1142)

Das nächste überlieferte biographische Datum fällt in die Mitte der dreißiger Jahre: Laut Bericht des Johannes von Salisbury lehrte Abaelard wieder mit überwältigendem Erfolg auf dem Genovefaberg in Paris. Seine literarische Produktivität in dieser Periode war stupend! Aber schon bald ertönte der Unkenruf Wilhelms von St. Thierry, und der Bernhardkonflikt, das zweite bekannte Ereignis in Abaelards Leben, bahnte sich an. Hatte es Abaelard in Soissons noch vornehmlich mit dem Neid und der Verleumdung von Konkurrenten zu tun gehabt, so fühlten sich Ende der dreißiger Jahre die kirchlichen Hierarchen herausgefordert.

In einer Zeit, in welcher der Wissenschaftsbetrieb noch nicht institutionell konsolidiert war und das Charisma einzelner Persönlichkeiten alles galt, wurde Abaelards Lehre eine unerhörte Verbreitung zuteil. Abaelardanhänger gab es nicht nur am französischen Königshof, sondern bis in die römische Kurie (unter Innozenz II, der doch ein Protégé Bernhards war!). In ehrlicher Sorge um das Heil des Glaubens und das Wohl seiner Institution in der Kirche bereiteten Wilhelm von St. Thierry, Bernhard von Clairvaux und Thomas von Morigny Streitschriften und Listen verdammenswerter Sätze für die Verurteilung des gefährlichen Ketzers vor. Abgesehen von den mehr propagandistisch gehaltenen Warnbriefen Bernhards, gebricht es diesen Schriften weder an Sorgfalt noch an Scharfsicht. Gleichwohl fehlte es Abaelards Kritikern an Verständnis für seine dialektische Behandlungsart. Im Austragen des Konfliktes mit dem gefürchteten Gegner setzte man verständlicherweise mehr auf eine ‚autoritative' denn auf eine ‚disputative' Lösung.

Abaelards Verurteilung auf dem Konzil von Sens im Juni 1140 lagen die dritte Version der Theologia, die *Theologia Scholarium,* seine *Ethica* und der *Liber sententiarum,* worin Wilhelm eine Zusammenfassung Abaelardscher Lehre erblickte, zugrunde. Abaelard überlebte seine Verurteilung um keine zwei Jahre. Nach der Analyse von Jeannin, die Abaelards Verhalten in Sens erklärt[9], war er schon damals ein schwerkranker Mann. Er starb als einfacher Mönch in Cluny, wo er bei Peter dem Ehrwürdigen eine freundschaftliche Aufnahme gefunden hatte. Da seit Buytaert (1969) und Mews (1985) der Dialogus und die Dialectica einer früheren Epoche zugeordnet werden[10], fehlt uns ein literarisches Echo dieser letzten Jahre.

[9] Vgl. Bibliogr. unter 5: J. Jeannin, La dernière maladie (1953).

[10] Vgl. Bibliogr. unter 1 a): C. Mews, On dating (1985) geht ausführlich auf die früheren Datierungsversuche ein und ist der Ansicht, daß die Dialectica gegen 1117 nach Abaelards Klostereintritt und der Dialogus um 1125/6, zwischen der T.chr. und der T.sch., verfaßt wurden.

### f) Epilog

Zu Anfang dieses Abrisses hob ich hervor, daß sich Abaelards Wirkung im Titel „philosophus" niederschlug. Daher verdient abschließend angemerkt zu werden, daß fast alle logischen Schriften in die Frühzeit unseres Autors gehören (vgl. Bibliogr. 1. b): IP, D, LI, Pv – alle *vor* TSB). Die späteste logische Schrift, die uns erhalten ist (LN), datiert zwischen der TSB und ihrer Bearbeitung in der T.chr.. Es gibt zwar Hinweise dafür, daß Abaelard eine Grammatik schrieb und eine Rhetorik konzipierte (vgl. Textanm. S. 67), aber die auf uns gekommenen Schriften seiner reifen Schaffenszeit sind um die „Philosophie Gottes" zentriert, das sind eine mit den begrifflichen Mitteln des Altmeisters der Logik ins Werk gesetzte Theologia[11], mehrere Fassungen der Kirchenväteranthologie Sic et Non, ein Römerbriefkommentar, eine Ethik, ein interkonfessioneller Dialog, die Briefe und mehrere Schriften geistlich-theologischen Inhalts, die Parakletschriften.

## 3. Die geschichtlichen Umstände der TSB

Wenn wir von den düsteren Farben absehen, mit denen Abaelard seine Notlage als Abt von St. Gildas und seine Verleumdung als geistlicher Betreuer der Nonnen von Paraklet schildert, ist der Lebensrückblick des Fünfzigjährigen, die Historia Calamitatum, gewissermaßen elliptisch um zwei Ereignisse zentriert: Der tragische Ausgang seiner Liebesgeschichte, die Entmannung, wurde wegweisend für den Lebensentwurf des Mönches Peter Abaelard. Und die Verurteilung seines theologischen Erstlings, auf den er sein Le-

[11] Vgl. zu diesem Titel die Textanm. S. 149 und zu ihren drei Versionen TSB, T.chr. und T.sch. die Textanm. S. 109 (zweite), 125 und 157.

Inwiefern für Abaelard die Trinität mit dem Inbegriff von Theologie zusammengehört (vgl. Textanm. S. 149), illustriert der Refrain seiner Tageshymnen (übers. aus PL 178, 1779B–88A): „Dem ewigen

ben lang stolz war[12], traf ihn als „Schändung seines wissenschaftlichen Namens"[13].

Die TSB entstand in jener Klause bei Provins[14], in die sich ihr Verfasser für eine ungestörte Lehrtätigkeit vor seinen Mitmönchen zurückgezogen hatte. Nach Origenes' Vorbild wirkte er als „Philosoph Gottes". In seiner Vorliebe für theologische Studien[15] nutzte er die philosophische Vorlesung, die den großen Zulauf von Studenten bedingte, als „Köder für die Weisheit Gottes".

Herrn sei immerdar Ruhm, aus dem, durch den und in dem alle Dinge sind. – Der Vater ist es, aus dem sie sind, der Sohn, durch den sie sind, und der Geist von Vater und Sohn, in dem sie sind."

12 Abaelards Eigenlob im Dialogus, wonach die Mißgunst jenes bewundernswerte Werk der Theologie weder zu ertragen noch zu beseitigen vermochte und es durch ihre Verfolgung nur umso berühmter machte (ed. R. Thomas 1970, S. 43 Z 50ff.), bezieht sich nach der neueren Forschung auf die *erste* (nicht wie traditionell angenommen auf die letzte) Theologia, vgl. Buytaert in Opera theol. I (1969), XXII Anm. 36 und affirmativer in Antonianum 43 (1968), 185 gegen Van den Eynde, Chronologie (1962), 349 Anm. 1, und jetzt auch Mews, On dating, 122.

13 Vgl. H.C. 922f., tr. Brost (1987) 44: „Die ruchlose Tat von damals [d.i. die erlittene Kastration] erschien mir unbedeutend neben der Rechtsbeugung, die das Konzil an mir begangen, und ich beklagte die Schändung meines wissenschaftlichen Namens noch leidenschaftlicher als die meines Leibes ...".

14 Noch in der neuesten Literatur wird dieser Ort für unbekannt ausgegeben, vgl. Miethke in: Francia I (1973), 160 Anm. 12a und Letters IX–XIV, ed. E. R. Smits (1983), 201 sowie M. Fumagalli, Heloise und Abaelard 1986, 117 (ital. 98). – Vgl. dagegen H.C. 988f: „... ubi antea in cella moratus fueram" (tr. Brost 47), also befand sich schon die erste Einsiedelei im Gebiet des Grafen Theobald bei Provins.

15 Vgl. H.C. 668f.: „... sacre plurimum lectioni studium intendens": Die Übers. von Muckle 41: „While there I devoted myself especially to divinity ..." trifft Abaelards Sinn besser als die restriktivere von Brost 34: „Meine Neigung ging jetzt ... auf die Schriftauslegung". Denn vor Abaelards Einführung des Terminus ‚theologia' (vgl. Textanm. S. 149) heißen die ‚Gottesgelehrten' divini und ihre Wissenschaft sacra doctrina oder sacra lectio. Zudem handelt es sich bei der TSB nicht um ein exegetisches Werk.

Angesichts einiger Textstellen ihres ‚Helden' scheint die Abaelard-

Seinen Lehrerfolg (fama) begleitete wie immer das Ressentiment (invidia) von Kollegen und Konkurrenten. Mit seinem Mönchsgelübde sei unvereinbar, daß er weiterhin über Gegenstände des Trivium[16] und Profanliteratur lehre. Anderseits sei es anmaßend, wenn er ohne regelrechte theologische Ausbildung Vorlesungen in diesem Fach halte. Die damals gegen ihn vorgebrachten Vorwürfe (vgl. H.C. 679–87) hat kein ‚paranoid gewordener' Abaelard erfunden. Sie werden in einem bitterbösen Brief von Roscelin durch ein Hieronymuszitat untermauert (ed. Reiners 80,3 ff.): „Ein Mönch hat nicht die Aufgabe eines Professors, sondern die Pflicht zum Gebet ...".

Die Kontroverse mit Roscelin rückt die Abfassung der TSB in ein deutlicheres Licht als die allgemein gehaltenen Bemerkungen der H.C., die uns den Namen des Jugendlehrers verschweigen. Obwohl nicht alle einschlägigen Dokumente erhalten sind, läßt sich diese Kontroverse in ihren Grundzügen rekonstruieren: Roscelins heftiger Brief war die Reaktion auf einen (nicht erhaltenen) ausführlichen Brief, den Abaelard an die Kanoniker von St. Martin in Tours in Verunglimpfung der Lehre ihres Mitbruders Roscelin gerichtet hatte. Ungefähr aus der gleichen Zeit datiert Abaelards Beschwerde beim Bischof von Paris, Girbert oder Gilbert[17].

literatur hartnäckig an Irrtümern/Unverständnis festzuhalten: Vgl. 1) Anm. 14; 2) die vorliegende Anm. zu H.C. 668f. (z. B. M. Fumagalli 1986, 107 / ital. 88); 3) unten Anm. 22 zu H.C. 692f. (nicht berichtigt in der 4. rev. Aufl. der Übers. von E. Brost, S. 35); 4) erste Textanm. S. 109 zur Pointe von H.C. 771f., (z. B. M. Fumagalli 1986, 123 / ital. 102) und schließlich 5) zweite und dritte Textanm. S. 137: der Passus paßt durchaus auf Otto von Freisings Sabellianismusvorwurf!

[16] Vgl. die Textanm. S. 67.

[17] Urspr. sind der Vf. dieses Briefes mit P und sein Adressat mit G bezeichnet. Eine lange Kontroverse über die Echtheit konnte 1830 von F. Clément in: Hist. litt. de la France t. XII, 86–152 beigelegt werden angesichts der Überschrift im königlichen Ms.: Petri Abaelardi Epistola.

In seiner Beschwerde (Epist. XIV) erklärt Abaelard, die TSB in einer kritischen Auseinandersetzung mit der Roscelinschen Irrlehre verfaßt zu haben: „Einige unserer Studenten berichteten, daß jener stolze und aufgeblasene alte Feind des katholischen Glaubens . . . [Roscelin war 1092 in Soissons für seinen Tritheismus mit Exil bestraft worden] viele Schmähungen und Drohungen gegen mich ausgespieen hätte. Das geschah, nachdem er unser Opusculum über den Trinitätsglauben zu Gesicht bekommen hatte, *das geschrieben wurde hauptsächlich gegen die erwähnte Häresie,* durch die er verrufen ist."[18] – Roscelins Drohung, ihn beim Pariser Bischof wie bei anderen anzuschwärzen, hätte ihn genötigt, seinem Gegner zuvorzukommen. Er bittet den „Streiter für den Herrn und Verteidiger des hl. Glaubens", sie beide in Anwesenheit von rechtgläubigen und urteilskräftigen Personen an einem bestimmten Termin und Ort vorzuladen. Die Anschuldigungen, die jener in privatem Kreis gegen ihn äußere, sollten dann öffentlich angehört und gebührend entweder zu Roscelins oder zu seinen Lasten geahndet werden.

Roscelin sah sich seinerseits herausgefordert, Abaelards früheren Brief mit einer geharnischten Antwort (Epist. XV) zu quittieren. Indem er Punkt für Punkt auf diesen verlorengegangenen Brief an die Kanoniker von St. Martin in Tours einging, protestierte er gegen die Lehre und die Person seines Kontrahenten und sparte dabei nicht an Grobheiten und Zynismen über die Umstände von Abaelards Klostereintritt: In Scham ob seiner Verwundung sei

Vom Pariser Bischof zwischen 1116–1123 ist bekannt, daß er bereits als Kanzler von Notre-Dame den im Jahre 1114 aus Laon vertriebenen Abaelard mit seinem Lehramt betraut hatte und daß er zur Partei des Stephan von Garlande gehörte. – In der Literatur finden sich verschiedeneSchreibweisen seines Namens: R.-H. Bautier in: Abélard en son temps 1981, 63 schreibt „Gilbert" und „parfois appelé Gerbert", während ihn E. R. Smits, ed. P.A. Letters IX–XIV (1983), 192 „Girbert" nennt.

[18] Vgl. P.A. Letters IX–XIV, ed. E. R. Smits 1983, 279,8ff.: „... multas in me contumelias et minas evomuerit, viso opusculo quodam nostro De Fide Sancte Trinitatis, maxime adversus heresim prefatam, qua ipse infamis est, conscripto."

er ein ‚Quasi-Mönch' geworden. Die Erträge seiner Lehrtätigkeit bringe er seiner Hure Heloisa[19]. Als Lehrer sei er eigentlich kein Mönch, um seiner Tonsur willen nicht länger ein Laie und seine Kutte passe nicht zu einem weltgeistlichen Kleriker. Überhaupt wisse er nicht, wie er ihn nach dem Unglück, und weil „Peter" ein nomen masculini generis bezeichne, nennen solle, ob ‚unvollständiger Peter'?

Bereits Stölzle hatte die TSB mit Abaelards Brief an den Pariser Bischof und mit Roscelins Invektive in Verbindung gebracht, aber Ostlender wandte sich mit Recht gegen die von Stölzle erwogene Identifikation der TSB mit dem verschollenen Brief an die Kanoniker von St. Martin in Tours[20].

Indes scheint mir die These Ostlenders, wonach Roscelin seinen Brief in Unkenntnis der TSB abfaßte, indem dieser Brief umgekehrt dem Autor der TSB vorgelegen haben soll, aus mehreren Gründen nicht haltbar:

1) Da nach dem Brief an den Pariser Bischof bereits den mündlichen Verleumdungen von Roscelin das neue Opus zugrundelag (vgl. oben Anm. 18: viso opusculo ...), dürfte es umso wahrscheinlicher sein, daß Roscelin den Skopos der TSB kannte, als er seinen giftsprühenden Protestbrief abfaßte.
2) Was Roscelin zu Abaelards Ausgangspunkt von der singularitas der göttlichen Substanz entwickelt, ist ein konzises Argument unter Nominalisten (vgl. Anhang II no. 1) und hebt sich vorteilhaft von der Hilflosigkeit der Konzilsväter in Soissons ab.
3) Endlich lassen sich einige Übereinstimmungen im Wort-

[19] Vgl. ed. Reiners 79, 23ff. 33ff. Den Sachverhalt, daß Abaelard trotz seines Mönchstandes über Geld verfügte und es womöglich Heloisa brachte, scheint auch Fulco von Deuil in seinem Schmähbrief aus derselben Zeit anzudeuten, vgl. PL 178, 373C.

Im Prolog der T.sch. findet sich eine späte Erwiderung auf diesen Vorwurf, wenn Abaelard von seiner weltabgewandten Aufgabe im Dienst an Gott spricht und beifügt (übers. aus ed. Mews 314, 34 f.): „Und weil ich einst das Studium um des Gelderwerbs willen betrieb, werde ich es jetzt zum ‚Erwerb von Seelen' hinwenden".

[20] Vgl. zum Diskussionszusammenhang Stölzle (1891), XXII–XXXIII (besagte Identifikation XXVI) und Ostlender (1939), XVIII–XXIII.

laut, die Ostlender als Anklänge der TSB an Roscelins Brief las, auch anders erklären, zumal Abaelard eine Konfrontation mit der Arroganz von Dialektikern im allgemeinen und der Irrlehre seines Jugendlehrers Roscelin im speziellen beabsichtigt hatte[21].

Im Ergebnis entstand die TSB wohl *in einer kritischen Auseinandersetzung mit der Roscelinschen Irrlehre, ohne* freilich das Produkt des (erst im Nachhinein stattfindenden und allenfalls ihre Zweitfassung geringfügig beeinflussenden, vgl. unten S. XXXIV) aktuellen Disputs mit Roscelin gewesen zu sein.

Die unmittelbare Wirkung von Abaelards erster Theologie war paradox, da sie auf der *Synode von Soissons* just derjenigen Falschlehre bezichtigt wurde, deren Bekämpfung sie sich zur Aufgabe gemacht hatte. Auf das Betreiben des Alberich von Rheims und Lotulf von Novarra, die als Nachfolger des Anselm von Laon das theologische Lehrmonopol anstrebten und in ihrem ehemaligen Kommilitonen einen Abenteurer ohne zünftige theologische Ausbildung sahen, wurde Abaelard im April 1121 nach Soissons vorgeladen[22].

[21] In Berufung auf Mt. 18,15ff. beklagt sich Roscelin (ed. Reiners 63,8–15), daß Abaelard mit seinem Brief an die Kanoniker die beiden evangelischen Ratschläge, wonach man den sündigen Bruder zuerst allein und dann vor nur einem Zeugen zurechtweisen möge, mit Füßen getreten habe. In seiner rasenden Wut habe er überstürzt den dritten Rat befolgt, wonach ein unbeirrbarer Sünder schließlich öffentlich und vor vielen Zeugen zu tadeln ist.

Es läßt sich demnach belegen, daß Abaelards Brief an die Kanoniker *vor* den übrigen Dokumenten der Roscelin-Kontroverse datiert und ihm nicht etwa auch ein Brief Abaelards an Roscelin vorhergegangen wäre. Daraufhin dürften ungefähr gleichzeitig Roscelins Gegenoffensive und Abaelards Anzeige beim Pariser Bischof erfolgt sein.

Folgende Stellen der TSB sind im Blick auf Roscelins Brief beziehungsreich (vgl. meine Anm. zu den einzelnen Stellen): 72,120f. zu ed. Reiners 65,2–6; 78,206f. zu ed. Reiners 64,26f.; 122,191f. zu ed. Reiners 63,3f., 65,26f. sowie 176,337f. zu ed. Reiners 80,9–19.

[22] Die H.C. geht ausführlich auf die Ereignisse in Soissons ein: Wir erfahren von verschiedenen Vorwürfen (682–9, 725, 755f., 817ff., 848–54, 872ff.), von einer Taktik der ‚Mauschelei' (714ff.,

Bei seinem Eintreffen sei er als angeblicher ‚Tritheist' vom aufgehetzten Volk beinahe gesteinigt worden (H.C. Z 725), aber die Konzilsväter seien sich über den Verurteilungsgrund bis zuletzt nicht klar gewesen (737ff., 782ff., 871).

Gottfried, der Bischof von Chartres, trat mit einer bewegenden Rede für den zur Verantwortung gezogenen Theologen ein[23], doch es gelang Alberich und Lotulf, seinen Vorschlag einer Vertagung zu hintertreiben, weil es dem päpstlichen Gesandten an persönlichem Rückgrat und theologischer Bildung fehlte. Den synodalen Beschluß, die TSB zu verbrennen und ihren Autor zu inhaftieren, rechtfertigte man mit dessen Eigenmächtigkeit: Er hatte ohne päpstliche und kirchliche Approbation gelehrt und die Verbreitung seines Werkes durch studentische Abschriften gefördert (848ff.).

Für die Gründlichkeit der Lektüre, die Abaelard seinen Kritikern in Soissons zugutehält (736f.), findet sich in seinem Bericht ein einziges Indiz: Während des Verbrennungsrituals, als Abaelard wie ein Schulknabe das Glaubensbekenntnis rezitieren muß, soll einer der Dabeistehen-

721ff., 734f., 788f., 838–857, 864f., 928–935), von zwei unerschrockenen Fürsprechern Abaelards (789–815, 857–867, 877–890) und schließlich vom ‚Trauma' für das verstörte Opfer (913–927) und die bezeichnende Reaktion seiner Richter (864f., 928–936). Vgl. Brost 1987, S. 36–45. – 692f. in der Übers. Brosts S. 35 bedarf der Berichtigung: Statt „theologische Abhandlung über die göttliche Einheit und Freiheit" muß es natürlich heißen „theolog. Abh. über die göttliche Einheit und *Dreifaltigkeit*".

[23] Wie der Pariser Bischof Gilbert (vgl. Anm. 17) gehörte Gottfried von Chartres zur Partei des Stephan von Garlande, von der Abaelard in den wichtigsten Etappen seiner Laufbahn verläßlich unterstützt wurde. Als Vermittler in den damaligen Machtkämpfen zwischen Stephan und Suger spielte Gottfried eine bedeutende Rolle. Er war nicht nur der hochherzige Apologet, als den wir ihn aus der H.C. und Helen Waddells Abaelardroman (engl. [1]1933, dt. 1935) kennen.

Es ist das Verdienst von R.-H. Bautier, die handfesten machtpolitischen Verhältnisse hinter den intellektuellen Auseinandersetzungen im Paris Abaelards untersucht zu haben, vgl. seinen Beitrag in: Abélard en son temps 1981, 21–77.

den gemurmelt haben, daß er in besagtem Buch den Satz gefunden habe, daß allein Gott Vater allmächtig sei (8 72 ff.).

Was dieser hellsichtige Kritiker anvisiert, weist nicht nur auf die Bearbeitung der TSB in der Theologia christiana voraus[24], sondern darüber hinaus auf die Synode von Sens und Abaelards Verteidigungsschrift für seine letzte Theologia. Das erste (uns erhaltene) Drittel der Apologia ist fast ausschließlich diesem Vorwurf gewidmet[25]. Für die übrigen doktrinalen Vorwürfe gegen Abaelards Trinitätstheologie darf ich auf meine „Übersicht" in Anhang II S. 280 ff. verweisen.

Wie später den monastischen Kritikern Bernhard von Clairvaux, Wilhelm von St. Thierry und Thomas von Morigny war es den Konzilsvätern von Soissons weniger um bestimmte Lehrpunkte als die *neue*, sie provozierende *Methode* gegangen: Für Abaelard war, anders als für die Anhänger der Schule des Anselm von Laon, die Wahrheit nicht in einer traditionellen Formulierung ‚objektiv' gegenwärtig[26]. Aber sie war auch nicht dasjenige, was in der monastischen Innerlichkeit bloß der einzelnen reifen Per-

[24] Das revidierte, von Abaelard in apologetischer Absicht „Theologia christiana" betitelte Werk weist ein *fünftes Buch* auf, dem keine Teile der TSB entsprechen: Es handelt in seinen Hauptteilen (die bei Ergänzungen auch in das *dritte Buch* der Theologia scholarium herübergenommen wurden, vgl. ed. Buytaert, Opera theol. II, 354–372 mit ed. Mews, ibid. III, 507–549) von der göttlichen Macht!

[25] Einschlägig sind die beiden in „Anhang II" no. 4 diskutierten Vorwürfe. Sie figurieren in Buytaerts Synopse (Opera theol. II, 469) als no. 3 und 18. Nach einer knappen Einleitung und Auflistung sämtlicher capitula ist dem cap. 3 der uns erhaltene Teil der (nach der neueren Forschung *vor* Sens zu datierenden) Apologia gewidmet, vgl. ed. Buytaert in: Opera theol. I, 362–66.

[26] Vgl. die erste Textanm. S. 109 zü einem charakteristischen Streitgespräch zwischen dem ‚Traditionalisten' Alberich und unserem Scholastiker.

Im Gegenzug zu Abaelards Porträt des ‚Erzschurken' erinnerte John R. Williams (Traditio 20, 1964, 93–114) an den Bibelexegeten Alberich als den Wiederhersteller des Ruhmes der Kathedralschule von Rheims zwischen 1118–36. Freilich gemahnt sein Fazit in er-

sönlichkeit in ihrer Erfahrenheit ‚subjektiv' zugänglich wurde[27]. Vielmehr blieb die Wahrheit ein Ideal, auf das man sich intellektuell, mithin in einer redlichen Dialektik von Frage und Antwort hinbewegte, aber das man nicht erreichte[28].

Abaelards wissenschaftlicher Stil bedeutet eine Antizipation dessen, was auf den Universitäten des dreizehnten Jahrhunderts als öffentliche Disputation ritualisiert werden wird. Zwar werden die Fürsten der Hochscholastik den Ketzer des vorigen Jahrhunderts kaum je beim Namen nennen[29]. Aber sie werden nicht umhin können, das Erbe seiner Gedanken anzutreten, in der entschärften

staunlichem Maß an Abaelards Beschreibung (113): „It was his misfortune to represent the approach to theology through authority popularized by his master, Anselm of Laon. ... Alberic was the representative of an obsolescent method."

Vgl. auch Valerie Flint, The „School of Laon": A reconsideration, in: RTAM 43(1976), 89–110.

[27] Obgleich es eine Flut neuerer Bernhardliteratur gibt, scheint mir die ältere Studie von Kleineidam in: Bernhard v. C., Mainzer Kongreß 1953, Wiesbaden 1955, 128–167 immer noch sehr lesenswert, weil sie anhand einiger Originaltexte die Gesamthaltung des Monastikers betr. seine Beziehungen zur Wissenschaft und Wissenschaftlern seiner Zeit skizziert und auf den sich aus seinem Wissensbegriff für die Theologie ergebenden pädagogischen Auftrag eingeht.

[28] In dem zw. 1133–1137 zu datierenden Brief an die Verächter der Dialektik in theologicis (Epist. XIII) schreibt Abaelard: „Auch die Kirchenväter ermahnen, dasjenige, was wir in der Hl. Schrift nicht verstehen, nicht allein betenderweise von Gott zu erbitten, sondern ihm durch Disputation nachzuforschen", vgl. P.A. Letters IX–XIV, ed. E. R. Smits (1983), 274. Was die ‚Nichteinholbarkeit' der theologischen Wahrheit nach Abaelard betrifft vgl. „Anhang II" no. 6.

[29] Vgl. Luscombe, School (1969), 13: „Scarcely any of these commentators would utter a word explicitly in favour of Abelard as a theologian". Oder sie werden, worauf M. Grabmann hingewiesen hat, Abaelards Trinitätslehre fast ausschließlich aus dem Gesichtspunkt seiner Ankläger betrachten, vgl. ed. Ruf/Grabmann, Ein neu aufgefundenes Bruchstück der Apologia Abaelards, München 1930, 27–30.

Weise, in der sie ihnen der Abaelardschüler Petrus Lombardus in seinen Sentenzen vermitteln wird[30].

Die hochscholastische Denkgebärde wird ‚magistraler' wirken als das ‚experimentelle Denken' des berühmtesten Lehrers des zwölften Jahrhunderts, wie ihre hehren Gedankengebäude entsprechend mit gotischen Kathedralen verglichen wurden. Doch wird ihrer terminologisch rigorosen Darstellung, in der ein ausgiebiger Gebrauch von Analogien verpönt wäre, nicht mehr jene attraktive Mischung von literarisch ansprechender, von Beispielen gesättigter lebendiger Darstellung mit einem aufwendigen logischen Apparat eignen. Sie entbehren dieser ‚geistigen Jugendlichkeit'.

Wie sein athenischer Vorgänger bekämpfte der gallische Sokrates des zwölften Jahrhunderts die Denkträgheit seiner Zeitgenossen. Er zielte auf die dogmatisch verfestigten Glaubenssätze, um sie zu erhellen, zu verlebendigen und in ihrem vernünftigen Sinn wiederzugewinnen. Seine neue Hermeneutik weist zwei gegenläufige Charakterzüge auf: Der Stolz über die Verbindlichkeit einer sprachlogisch erhärteten *Rationalität* wird ausgewogen durch das Wissen um die Grenzen der *menschlichen* Rationalität - es handelt sich um die Hermeneutik eines Glaubensphilosophen und Aufklärers.

Da zu seiner Zeit die europäischen Universitäten erst im Entstehen begriffen und der Wissenschaftsbetrieb noch so wenig konsolidiert war, wirkte Abaelard nicht wie seine Erben esoterisch an dafür eingerichteten Hochburgen, sondern wie sein athenisches Namensvorbild gewissermaßen ‚auf dem Marktplatz' und öffentlich[31]. Mit dieser Tatsache

[30] Grundlegend zu allen Fragen der Schule Abaelards ist David Luscombe, The School of P.A., Cambridge 1969. Zu Petrus Lombardus – Abaelardus catholicus spiritu Hugonis repletus – vgl. Kap. XI und 357.

[31] Abaelards ‚Breitenwirkung' galt das besondere Augenmerk seiner späteren Kritiker. In dem Brief der Bischöfe nach Sens lesen wir (vgl. Epist. 337, ed. Leclercq 187, s. Abt. 2): „Itaque cum per totam fere Galliam in civitatibus, vicis, et castellis, a scholaribus, *non solum intra scholas, sed etiam triviatim*, nec a litteratis aut provectis tantum, sed a pueris et simplicibus, aut certe stultis ...".

ist das Drama seines Lebens eng verknüpft, und sie verdient hervorgehoben zu werden, wenn wir ihn als den ersten „modernen Intellektuellen“ erinnern[32].

## 4. Zur Forschungslage

Im Brief des Erzbischofs von Rheims an den Papst hieß es, daß jenes früher verurteilte Werk auferstanden sei[33]. Daher konnte bis ins neunzehnte Jahrhundert mehrheitlich die Auffassung vertreten werden, daß die Introductio ad theologiam (= Theologia scholarium) sowohl in Sens wie zuvor in Soissons verurteilt worden war[34]. Anderseits hatte Wilhelm von St. Thierry berichtet, die beiden ihm in die Hände gefallenen Bücher seien von beinahe dem gleichen Inhalt[35], so daß auch erwogen wurde, ob es sich bei der Theo-

Desgleichen warnte der hl. Bernhard in seinen Briefen vor und nach Sens (vgl. Epist. 188f., 331f.) vor dem Gift oder Bazillus Peters des Drachen und fragte, welchen Winkel in der Welt es gebe, in dem nicht Unmündige seine gewagten Thesen verhandeln?

32 Vgl. Ch. H. Haskins, The Renaissance of the Twelfth Century ($^1$1927), 1982, 258: „With Abelard we have another type of autobiography, the intellectual ...“ und 260: „... Abelard's joy in learning is more specifically of the new renaissance, of which he is the bright particular star“, dann noch pointierter J. Le Goff, Les intellectuels au Moyen Age ($^1$1957), 1985, 40: „Il est la première grande figure d'intellectuel moderne ... Abélard, c'est le premier professeur“.

33 „Iamdudum fecerat librum de sua Trinitate, sed sub Legato Romanae ecclesiae igne examinatus est, quia inventa est in eo iniquitas ... Surrexit a mortuis liber ille, et cum eo multorum haereses quae dormierant, surrexerunt et apparuerunt multis.“ (Epist. 191, in: S. Bernardi Opera VIII, 41f).

34 Vgl. Anm. von A. Duchesne in PL 178, 139B–142C (= Andreae Quercetani notae, 1616); (Bibliogr. unter 3:) De Remusat I (1845) 75 Anm.: der Prolog stimme mit dem überein, was die H.C. über das in Soissons verurteilte Werk ausführt; (Bibliogr. unter 1. a:) Cousin II (1859), 1.

35 „Casu nuper incidi in lectionem cuiusdam libelli hominis illius, cuius titulus erat: Theologia Petri Abaelardi. Fateor, curiosum me fecit titulus ad legendum. Duo autem erant libelli idem paene continentes, nisi quod in altero plus, in altero minus aliquanto invenietur.“ (Epist. 326, krit. ed. J. Leclercq, in: Revue bénédict. 79(1969),

logia christiana um das in Soissons verurteilte Werk handelte[36].

Ein erstes gründliches Studium der beiden edierten Texte durch *Goldhorn*[37] führte zum Ergebnis: Der sog. Introductio ad theologiam gebührt der Titel „Theologia", und dieses Werk stellt eine Überarbeitung der Theologia christiana dar. Richtete sich das frühere Werk gegen Roscelins Tritheismus, entbehrte die Theologia trotz zahlreicher Exzerpte aus ihrer Vorgängerin der Polemik gegen schlechte Dialektiker und läßt sich in der Anlage als integrale Verteidigung rechten Glaubens beschreiben, freilich sei das Werk unvollendet geblieben (vgl. Textanm. zu 257, 29: Von dem skizzierten Lehrganzen bietet die T.sch. mit ihrer ‚Lehre von Gott' nur einen Teil des ersten Hauptteils über den Glauben; die Heilslehre fehlt.). Nach einem späteren Artikel Goldhorns ist die T.sch. nicht vor 1136 zu datieren, und er hält wie Martène die T.chr. für das in Soissons verurteilte Werk[38].

Nach Goldhorns Pionierleistung publizierte Tosti eine längere Version der T.chr.[39], und Cousin konnte in seiner Edition eine erweiterte Fassung der T.sch. abdrucken[40].

377). – Heute wären die ‚duo libelli' als die T.sch.I und der Liber sententiarum zu identifizieren, nicht als T.sch. und T.chr. wie zur Zeit von Martène.

36 „... quemque eundem esse cum tractatu De Trinitate Suessionensi in concilio igni addicto, aut cum uno ex duobus illis libellis, qui in manus Guillelmi abbatis inciderunt, quique idem pene continebant, nisi quod in altero plus, in altero minus aliquando [sic] inveniretur, mihi constare videtur." (so Martène in seiner Vorbemerkung zur T.chr., ed. 1717, vgl. PL 178, 1119 Z3f.).

37 David Joh. H. Goldhorn, De summis principiis theologiae Petri Abaelardi, Leipzig 1836, 78 S.

38 David Joh. H. Goldhorn, Abaelards dogmatische Hauptwerke Tractatus de unitate et trinitate divina und Theologia, in: Z. für hist. Theol. Bd. 30, Heft II (1866), 161–229.

39 L. Tosti, Storia di Abelardo e dei suoi tempi, Neapel 1951, 286–294.

40 V. Cousin korrigierte den Text von d'Amboise aufgrund des von d'Amboise benutzten Ms. und transkribierte vom Oxforder Balliol Ms. 296 die Schlußseiten für Bd. II, 143–149. Zu diesem berühmten Ms. vgl. R. A. B. Mynors, Catalogue of the Mss. of Balliol

Entscheidend war *Stölzles* Entdeckung, der die erste und ursprüngliche Version von Abaelards Theologia aus einem Erlanger Ms. transkribierte. *Damit war 1891 die gültige Identifikation des in Soissons verurteilten Werkes gelungen*[41]. *Ostlender* edierte 1939 die TSB – erstmals unter diesem Titel – neu, wobei er das vollständigere Berliner Ms. zugrundelegte[42]. *Häring* wertete noch ein weiteres Ms., das freilich dieselben Lücken wie das Erlanger Ms. aufweist, nach dessen Varianten aus[43].

Die vorliegende Ausgabe basiert auf Ostlenders Text. Mit der revidierten Fassung der TSB des Berliner Ms. enthält dieser Text gegenüber dem Erlanger und Oxforder Ms. wichtige Plusstücke:

a) Durch Abaelards Reaktion auf Roscelin bedingte Zusätze: 8ff.,61–117 (Plural ‚heloim' bezeichnet keine Verschiedenheit der Substanz); 14,5 (Rückverweis); 116,116ff. (vgl. 234,502ff.); 118,131–150 (vor dem grande finale der schon 66,27–39 angeklungenen Invektive gegen die Pseudodialektiker); 186,471–475 (nur zwei Augustinzitate); 188,488ff. (Roscelins Problem: die Personen unterscheiden sich, *aber* dem Proprium nach).

College, Oxford 1963, 314–317 sowie ed. D. Luscombe, P. A. Ethics L–LIII.

[41] Remigius Stölzle, Abaelards 1121 zu Soissons verurteilter Tractatus de unitate et trinitate divina, Freiburg i.Br. 1891. Basiert auf E = Erlangen, UB, lat. 182.

[42] Hch. Ostlender, P.A. Theologia ‚Summi boni', in: Beiträge Bd. 35, H 2–3, Münster 1939. Basiert auf B = Berlin, Staatsbibl., theol. lat. oct. 95, vgl. dazu Luscombe, School 68 und (Bibliogr. unter 7) Checklist, S. 256 no. 310.

Nur dieses, eine *zweite* Fassung der TSB enthaltende Berliner Ms. aus der zweiten Hälfte des zwölften Jhts. weist im Explicit den Terminus *Theologia* auf, vgl. 258,38; das Erlanger und das Oxforder Ms. sind betitelt *De Trinitate*.

[43] N. Häring, A Third Ms. of P.A. TSB, in: Mediaeval Studies 18(1956), 215–23. Es handelt sich um L = Oxford, Bodley, Lyell 49.

Buytaert benutzte dieses Ms. als Basis für seine Typoskript-Edition der TSB, die nach einer Revision und mit Einleitungsmaterialien neulich von C. Mews hg. wurde. Zum Verhältnis zwischen dem kri-

b) Übrige Plusstücke: Die Kapitelüberschriften sind neu hinzugekommen[44] und die Bezifferung der Einwände und Widerlegungen ist stark variierend. Überdies gibt es in E zwei große Lücken: 194,608–Ende (der Text bricht in Buch III drei Seiten vor Erwiderung XIII ab) und 18,48–44,70 (Generationem . . . gratiae dona: dafür in E Randvermerk „deest", wobei 80,228 ein „supra" auf 28,213f. innerhalb der Lücke weist).

tischen Text von Buytaert/Mews und dem hier abgedruckten von Ostlender vgl. den „Editorischen Bericht" S. XXXIX ff.

[44] In der krit. Edition der T.chr. fehlen nicht nur die Kapitelüberschriften, sondern Buytaert hat auch die Kapiteleinteilung nicht beibehalten. Während er nur die Gliederung in Bücher für echt hielt, galten ihm die Kap. in Buch I der älteren Editionen und in Buch I und III der Mss. für „a clumsy attempt by an early scribe to introduce the ‚capitula librorum' into the body of the work", vgl. Opera theol. II, 55.

Neben dem Faktum, daß sich diese partielle Kapiteleinteilung in versch. Mss. der T.chr. findet, scheint auch ihre Entsprechung zur Einteilung in der TSB für sie zu sprechen, vgl.

| TSB ed. Ostlender in PhB 395 | | T.chr. ed. Martène in PL 178 | | T.chr. ed. Buytaert in Opera theol. II |
|---|---|---|---|---|
| Buch I | c. 1, 5 | Buch I | c. 1 1123A | no. 1, 72 |
| | c. 2, 5 | | c. 2 1124A | no. 1, 72 Z 7 |
| | c. 3, 13 | | ( c. 3 1126D | no. 8, 75) |
| | | | | no. 15, 77 |
| | c. 4, 15 | | c. 4 1129A | no. 16, 78 |
| | c. 5, 17 | | c. 5 1133B | no. 32, 85 |
| | c. 6, 39 | | – nur DR | c. 6 no. 108, 117 |
| Buch II | c. 1, 85 | Buch III | – | c. 1 fehlt [no. 59] |
| | c. 2, 97 | | – nach RCT | c. 2 no. 89, 230 |
| | c. 3,109 | | – | c. 3 no. 116, 236 |

Ferner ist es im Blick darauf, daß drei Viertel von T.chr. I (88–131) in T.sch. I (349–405) hinübergenommen wurden, verständlich, daß der Vf. und seine Leser die verschiedenen Versionen unter dem Titel „Theologia" gleichsetzten, auch wenn die Einleitung von T.sch. I (318–326) die ‚Lehre von Gott' deutlich in einen umfassenderen Lehrzusammenhang: eine ‚humanae salutis summa' über fides, caritas und sacramenta rückte, vgl. Textanm. zu 257, 29.

Mit Genugtuung stellte ich fest, daß Mews in Opera theol. III (1987) sowohl für TSB als T.sch. die Zwischenüberschriften, für TSB auch die Kapiteleinteilung beibehielt, vgl. ibid. 72 ff.

Die Abaelardforschung läßt sich in drei Phasen einteilen. (1) Die ältere Forschung war zentriert um den ‚Rationalisten' Abaelard und es sind zumindest die Namen von Charles de Rémusat, H. Ligeard, Adolf Hausrath und Émile Kaiser zu erwähnen[45]. (2) Mit J. G. Sikes und Jean Cottiaux setzte zu Anfang der dreißiger Jahre die neuere Forschung ein[46], und der ‚Kritiker' Abaelard machte Epoche. Man gewahrte, daß Abaelard trotz der Wesenszüge, die ihn mit den Aufklärern des siebzehnten und achtzehnten Jhts. verbinden, Zeit seines Lebens ein Mann von tiefem Gottesglauben gewesen ist. Er war kein ‚Nathan des zwölften Jhts.', als den ihn um die Jahrhundertwende noch Adolf Hausrath stilisiert hatte. Cottiaux zeichnete in seiner Studie die Entwicklung der Theologia nach, die bei einem rein dialektischen Interesse an der Trinität einsetzte und sich auf eine reife Diskussion des Glaubensinhaltes und der Natur Gottes hin entfaltete. (3) Neben der Bereitstellung zahlreicher kritischer Einzeleditionen[47] verdienen aus neuester Zeit namentlich die Arbeiten der Belgier Van den Eynde und Buytaert hervorgehoben zu werden. Sie setzten in den sechziger Jahren Ostlenders (1935)[48] Erforschung der verschiedenen Fassungen der Theologia fort[49].

[45] Ch. de Rémusat, Abélard, sa vie, sa philosophie et sa théologie, 2 Bde. 1841, reprint Frankfurt 1975.

Adolf Hausrath, Peter Abaelard, Leipzig 1895.

Émile Kaiser, Pierre Abélard critique, Diss. Fribourg 1901.

H. Ligeard, Le rationalisme de P.A., in RSR 2 (1911), 384–96.

[46] J. G. Sikes, Peter Abailard, Cambridge 1932, reprint N.Y. 1965.

J. Cottiaux, La conception de la théolgie chez Abélard, vgl. Bibliographie unter 6.

[47] Vgl. meine Auflistung nach Logik, Theologie, Parakletschriften und übrige in Bibliogr. unter 1. b) – 1. e).

[48] Hch. Ostlender, Die Theologia ‚Scholarium' des P.A., in: Festschrift für M. Grabmann, ed. Lang, Lechner, Schmaus in: Beiträge Suppl. III 1 (1935), 263–281.

[49] D. Van den Eynde, La „Theologia Scholarium" de P.A., in: RTAM XXVIII (1961), 225–41 und ders., Les rédactions de la „Theol.Christ." de P.A., in: Antonianum XXXVI(1961), 273–99.

E. M. Buytaert, An Earlier Redaction of the „Theol.Christ." of A., in: Antonianum XXXVII(1962), 481–495, dann ders., Opera

Durch die ausgezeichnet dokumentierte Entwicklung der Theologia[50] ließ sich Einblick in die Werkstatt des Denkers über seine ganze reife Schaffenszeit (1120–40) gewinnen. Deswegen zeitigten die Bemühungen um die Theologia auch weitreichende Ergebnisse zur Abfolge und Deutung von anderen Schriften Abaelards[51]. Mit der Publikation der Opera theologica III durch Constant Mews ist Anfang 1988 eine neue Wegmarke der Forschung erreicht worden[52].

Bis zu einer kritischen Gesamtausgabe unseres Autors dürfte es noch Jahrzehnte dauern, doch bürgt die effiziente Koordination der laufenden Editionen unter der Leitung von David Luscombe dafür, daß auf editorischem Gebiet zur Zeit das Menschenmögliche geleistet wird. Daneben ist eine produktive Auseinandersetzung mit Abaelards Ideen im Gange, vgl. besonders M.T. Beonio-Brocchieri Fumagalli[53], E. Gössmann[54], J. Jolivet[55], D. Luscombe[56], L. M. De Rijk[57] und M. M. Tweedale[58].

theol.I, XIV–XVIII; II 7–68. 375–98 und ders., Proceedings 127–152 (Bibliogr. unter 3).

[50] Vgl. Bibliographie unter 6:
E. M. Buytaert, Abelard's trinitarian doctrine.
Constant Mews, The development of the Theologia of P.A.
ders., Unveröffentlichte Oxforder Diss. des gleichen Titels.
ders., P.A.'s T.chr. and T.sch. re-examined.

[51] Vgl. Bibliogr. unter 1. a) und 5. zu Van den Eynde sowie ders., Le recueil des sermons de P.A., in: Antonianum XXXVII (1962), 17–54. Vgl. zu Buytaert, The Anonymous Capitula Haeresum P.A. and the Synod of Sens 1140, in: Antonianum XLIII(1968), 419–60 und ders., Abelard's Collationes (= Dialogus), in: ibid. XLIV (1969), 18–39.

[52] Bei seinem Tod hinterließ Buytaert Typoskript-Editionen von allen Theologien, dem Dialogus und Sic et Non, aber es fehlten die einleitenden Materialien für Opera theologica III. Im Anschluß an seine unveröffentlichte Oxforder Diss. von 1980 übernahm Constant Mews die Edition dieses Bandes und ist seither mit zahlreichen Beiträgen zur Abaelardforschung hervorgetreten.

[53] Vgl. in Bibliogr. unter 3.: Ricerche, unter 3.: Introduzione, unter 4.: La Logica di Abelardo und unter 5.: Heloise und Abaelard.

*Fußnoten 54–58 a. S. XXXVIII*

Die bisherigen Etappen der Abaelardforschung haben uns je eine Gesamtdarstellung beschert: Die ältere Forschung das zweibändige Werk von De Rémusat und die neuere Forschung das Buch von J. G. Sikes (vgl. Bibliographie unter 3.). Es wird der zukünftigen Forschung vorbehalten sein, nach dem ‚Rationalisten' und ‚Kritiker' den ‚Synthetiker und Glaubensphilosophen' Abaelard darzustellen, mithin wird es darum gehen, Abaelards vielseitiges intellektuelles Engagement als Logiker, Scholastiker, Ethiker, Autobiograph, geistlicher Theologe und Exeget auf dem heutigen Forschungsstand in einem Gesamtporträt zu vereinigen.

Glänzend hat J. Jolivet in seinem Aufsatz „Abélard entre chien et loup" (vgl. oben Anm. 6) gezeigt, daß Abaelard nicht nur für seine Zeitgenossen eine provozierend-verwirrende Gestalt war. Auch der moderne Historiker gerät angesichts seines proteushaften Reichtums in Verlegenheit und zum Selberdenken. Die zeitgenössischen Abaelarddeutungen kommen in ihrer Divergenz oft nur darin überein, ihm ein eigentümliches Schillern und eine wesenhafte Zweideutigkeit anzulasten. Das ist ein untrügliches Symptom: Die heutige Forschung hat ihr Ziel einer konsistenten Gesamtauffassung Peter Abaelards noch keineswegs erreicht!

[54] Vgl. in Bibliogr. unter 5., bzw. unter 3.: Trier 1979 nebst zwei weiteren dort genannten Abhandlungen.

[55] Vgl. in Bibliogr. 1. c): Abélard: Du bien suprême, in 3.: mehrfach Hg. und eigener Sammelband, dann: Abélard ou la philosophie dans le langage, in 6.: Sur quelques critiques und in 3./6.: Arts du langage.

[56] Vgl. in Bibliogr. unter 1. e): P.A.Ethics, in 3.: The School und in 7.: drei Berichte.

[57] Vgl. in Bibliogr. unter 1. b): P.A.Dialectica und 4.: Abelard's semantic views.

[58] Vgl. in Bibliogr. unter 4.: Abailard on Universals.

# EDITORISCHER BERICHT

1. Mit der freundlichen Genehmigung der Aschendorffschen Verlagsbuchhandlung, Münster, konnte hier der lateinische Text von Heinrich Ostlender, Peter Abaelards Theologia ‚Summi boni', in: Beiträge Bd. 35 Heft 2/3, Münster 1939 in Paralleldruck mit der deutschen Übersetzung und unter Einschluß von Ostlenders Zitatnachweisen neu gesetzt werden. Der Seitenumbruch der Ostlenderschen Ausgabe wurde am Textrand mit *O + Seitenzahl* bezeichnet.

Eine deutsche und eine englische Übersetzung lagen bisher nicht vor. An vereinzelten Stellen zog ich die französische Übersetzung von Jean Jolivet, Abélard, Du bien suprême, in: Cahiers d'études médiévales IV, Montréal–Paris 1978 zu Rate.

Abaelard schreibt nicht in kurzen konzisen Sätzen. Mit ihrem längeren Spannungsbogen haben seine mäandrierenden lateinischen Perioden ihre eigene Präzision. Auf sie konzentrierte ich mich in den ersten beiden Versionen meiner Übersetzung. Später arbeitete ich zunehmend auf eine Vereinfachung hin und war bestrebt, das Gewebe verschlungener Partizipial- und Nebensatzkonstruktionen lesbar zu verdeutschen. Entsprechend gliederte ich den lateinisch-deutschen Text in kurze Absätze.

*Runde Klammern* (sic) signalisieren, daß es sich um einen wiederholenden oder nebensächlichen Satzteil handelt, während die *eckigen Klammern* [sic] kleine Zusätze enthalten mit dem Zweck, den Text flüssiger und lesbarer zu gestalten. Auch die eckig eingeklammerten Hinweise unter dem lateinischen Text stammen von mir, während meine „Textanmerkungen" in fortlaufender Anordnung zu Ende des Bandes folgen.

Die im Ms. vorgefundene *Kapiteleinteilung* und vor allem die *Zwischenüberschriften* sind in ihrer Echtheit stark umstritten, vgl. Einl., Anm. 44

Vier Überschriften (++) fügte ich im dt. Text hinzu und einige (+) habe ich verdeutlicht. Die gehäuft auftretenden Präzisierungspartikel, z.B. ipse, scilicet, enim, videlicet, omnino, penitus, vere, recte, apertius etc., habe ich aus Sorge, daß sie angesichts einer im Deutschen vereinfachten Satzstruktur ermüdend wirken, einigermaßen frei wiedergegeben.

In der *Zitierweise* unterscheidet der deutsche Text zwischen der ‚Hervorhebung einzelner Begriffe und Titel', 'Bibelzitaten' sowie Zitaten von "Philosophen und Theologen".

2. Einige geringfügige literarkritische (nicht editionswissenschaftliche) *Verbesserungsvorschläge zum Text Ostlenders* (die Originalpaginierung in runder Klammer) werden nachstehend aufgeführt. Sie wurden nur dort, wo es sich offensichtlich um Druckfehler oder kleine Ungenauigkeiten handelte, in den lateinischen Text aufgenommen, sonst wurden sie nur in der Übersetzung berücksichtigt und unter dem lateinischen Text in eckiger Klammer [sic] vermerkt. An fünf Stellen schien mir die bei Ostlender vorgefundene Lesart sinnstörend (*), das betrifft die nos. 8, 9, 11, 12 und 13.

1) S. 25 (10f.) und 41f. (18) wurde je ein Passus umzustellen vorgeschlagen.
2) S. 28 (12), 44 (19), 111 Anm. (48), 116 Anm. (51), 196 (84) und 256 (107) wurden weitere Zitate und Anspielungen nachgewiesen.
3) Korrigierte Druckfehler:
2,3 (2,3) distinctio (statt: distincto). 40 Anm. 85 (17 n. 85) vivificat, in Platone (statt: vivivicat, in platone). 40 Anm. 86 (17 n. 86) Plato (statt: plato). 46 Anm. 103 (20 n. 103) PL 122 (statt: Pl 122). 58,255 (25,2) sum (statt: sim). 72 Anm. 19 (31 n. 19) Nominalismus in der (statt: Nominalismus der). 76,175 (33,19) malevolam (statt: malivolam). 78,205 (34,16) manifestat (statt: manifestet). 80,245 (35,24) quemadmodum (statt: quaemadmodum). 94,130 (41,15) omnino (statt: omnio). 102,102f. (45,8) successionem

(statt: succesionem). 106 Anm. 81 (46 n. 81) arrogantissimus (statt: arogantissimus). 126,36 (55,22) comprehenderemus (statt: comprehenderamus). 140,223 (60,25) Ad quod (statt: At quod). 144,282 (62,16) wie 80,245 quemadmodum (statt: quaemadmodum). 178 Anm. 28 (76 n. 28) appellari (statt: apellari). 184,448 (79,17f.) Rhetoricae (statt: Rethoricae). 192,550 (82,14) falsa (statt undeutlich: talsa). 220,298 (93,29) in tractatu prioris (statt: Prioris). 224 Anm. 110 (95 n. 110) conditricem (statt: condittricicem, Passus am zit. Ort unauffindbar). 250,5 (105,11) coaeternam (statt: coeaeternam). 256,5 u. 10 (107,16 u. 19) Iudaei, Iudaeus (statt: Iudei, Iudeus, vgl. 66,29). 258 Anm. 170 (108 n. 170) Lc. 19,22 (statt: L.c. = locus citatus).

4) Bereinigte Interpunktion, Zitierweise und Verweise: 12,23 (6,21) vocabulo ‚dominus' oder vocabulo domini (statt: vocabulo ‚domini'). 32 Anm. 71 (14 n. 71) Ex 20,21 (statt: Ex. 20,11). 58,268 (25,12) flexisse memoratur (statt: flexisse per memoratur, vgl. PL 41,226). 62,321 (26,28f.) ‚Amici, hodie diem perdidi' (Zitat im Zitat markiert). 66,31f. (29,5f.) Zitatende: inundatione" (statt: beatos", denn AcI = indirekte Rede). 68,63 (30,5) utitur ad defensionem; ac pro (statt: utitur; ad defensionem ac pro). 74 Anm. 21 (32 n. 21) PL 158 (statt: PL 156). 90,78 (39,13f.) quod non sit aliud habens aliud (Komma nach habens störend). 150,52 (64,22f.) hoc nomen ‚persona' oder hoc nomen personae (statt: hoc nomen persona). 162 Anm. 8 (70 n. 8) 1 Ioh. 5,7 (statt: 1 Ioh. 3,8). 166, 153 (71,10f.) in De Divisione (statt: in divisione). 178,354 (76,20) Punkt statt Fragezeichen. 198 Anm. 63 (85 n. 63) PL 158 (statt: PL 156). 208 Anm. 85 (89 n. 85) Cf. supra p. 204sq. = Ostl. 87sq. (statt: 202sq. = 86sq., weil nur auf zweites Modell ‚simpliciter potens' beziehbar). 218,248f. (92,18ff.) vocavit ‚mentem', quam illi ‚verbum', et commodius patrem appellavit ‚deum', quam illi ‚dominum' (Anführungs-

striche ergänzt 4x). 236 Anm. 136 (99 n. 136) Cf. supra p. 204sq. (statt: 202sq., wie 208 Anm. 85).

5) S. 78,212 (34,22) possent (statt: posset)

6) S. 100,66f. (44,6) plures substantias (statt: plures substantiae)

7) S. 140,209f. (60,12) lese ich: quod dividunt, hoc est ab invicem diversificant species (bei Ostlenders Wortfolge bleibt ‚ab invicem' unverständlich)

*8) S. 168,186 (72,5) posterior (statt: prior)

*9) S. 176,337f. (76,5f.) zweites ‚quod' Z 337 vor ‚et' Z 338 setzen, sonst unverständlich

10) S. 200,690–693 (86,14ff.) kontextfremde Variation von 184,440ff. (79,9ff.)

*11) S. 214,208 (91,17) ‚melius' pro ‚bonum' (statt umgekehrt)

*12) S. 232,451 (98,4) quo = Abl. comparationis (statt: quod)

*13) S. 238ff.,555f.600.603.605 (100,23 und 101,25f.) ex substantia (statt: ex deo), ex sapientia (statt: ex spiritu), ex substantia (statt: ex deo), ad substantiam (statt: ad deum), ex substantia (statt: ex deo), Erklärung S. 238.

3. Das Satztyposkript für diese Studienausgabe lag nebst den Druckfahnen des lat.-dt. Textes vom Oktober 1987 vollständig vor, als im Januar 1988 die lange erwartete kritische Ausgabe des Textes erschien: P. A. Opera theologica III, ed. E. M. Buytaert † et C. J. Mews, Turnhout 1987. – Unter Zuhilfenahme der S. 553f. von Mews gegebenen Liste folgt nachstehend ein *Verzeichnis der Textvarianten*. In einigen geringfügigen Punkten bin ich von seiner Liste abgewichen und ich merke nur an, daß die Varianten 128,66 = ed. Mews II,801 und 200,697 = ed. Mews III,616 entfallen; im ersten Fall haben beide Texte ‚est', im zweiten beide ‚terminetur'. Für nähere Angaben zu den Manuskripten, auf welche die folgenden Siglen hinweisen, und zu ihren Bearbeitern vgl. Einl., dritter Teil.

Siglen: B = Berliner Ms. (zweite Fassung TSB, Ostlenders Grundlage, s. ed. Mews 18. 65ff.)
E = Erlanger Ms. (erste Fassung TSB, Stölzles Grundlage)
L = Oxforder (Lyell) Ms. (das von Häring nach Varianten ausgewertete zweite Ms. der ersten Fassung, auf das sich Buytaert/Mews vermehrt stützten, s. ed. Mews 67. 74)
Tchr = Lesart in Parallelstelle der Theologia christiana

| | PhB 395 | | Opera theol. III | |
|---|---|---|---|---|
| | Seite, Zeile | Version | Variante | Buch, Zeile |
| 1. | 14,5 | etiam B | et | I,143 |
| *2. | 18,51f. | + B: in verbo | loquimini | I,203 |
| 3. | 28,214 | vor: "Quem..." fehlt | Augustinus: | I,346 |
| 4. | 54,219 | in hospitalitatem -te L, -tis Aug. | inhospitalitatem | I,662 |
| 5. | 68,56 | appellantur Aug. Tchr | vocantur | II,50 |
| *6. | 72,129 | quid B | quod | II,113 |
| 7. | 74,145 | nach ipsum fehlt B: | etiam | II,127 |
| *8. | 74,165 | qui B | quia | II,144 |
| 9. | 76,179 | intendendum B | nitendum | II,157 |
| 10. | 76,191 | deus B | dominus | II,168 |
| *11. | 78,212 | posset B | possit | II,185 |
| 12. | 80,237 | potest B | valet | II,207 |
| 13. | 82,272 | vero B | autem | II,239 |
| 14. | 82,277 | + B: autem | Quid | II,244 |
| 15. | 84,13 | pertinet B | attinet | II,259 |
| *16. | 84,22 | nach quarum fehlt B: | tantum | II,266 |
| 17. | 86,53 | diversi B | disiuncti | II,293 |
| 18. | 90,98 | nach donec fehlt B: | scilicet | II,335 |
| 19. | 100,48f. | albedo et B | est albedo vel | II,435f. |
| *20. | 104,127 | dicantur Tchr | dicuntur | II,509 |
| 21. | 104,134 | nulla B | nec ulla | II,514 |
| *22. | 106,141 | vor videlicet fehlt B: | is | II,521 |

| | PhB 395 | | Opera theol. III | |
|---|---|---|---|---|
| | Seite, Zeile | Version | Variante | Buch, Zeile |
| 23. | 106,149 | prorsus sit B | sit penitus | II,530 |
| *24. | 110,18 | + B: qualis sit | homine | II,561 |
| *25. | 110,31 | nach quid fehlt B: | forte | II,572 |
| 26. | 112,62 | + B: et | scilicet | II,601 |
| *27. | 114,85 | quae, que B | quod | II,621 |
| 28. | 120,169 | igitur B | ergo | II,695 |
| 29. | 130,71 | namque B | itaque | II,804 |
| *30. | 138,205 | differentias B | differentiarum | II,923 |
| 31. | 140,220 | nach quae fehlt B: | vel | II,937 |
| *32. | 140,226f. | distributiones | distributionem | II,943 |
| *33. | 142,243 | affectiones E Tchr | affirmationes | II,957 |
| *34. | 144,287 | illud[1] B | istud | II,996 |
| *35. | 146,296 | + B: alteram | diversam | II,1004 |
| *36. | 148,28 | possunt EB | potest | II,1036 |
| 37. | 150,70 | + B: sancti | spiritus | II,1074 |
| 38. | 158,34 | et B | etiam | III,27 |
| 39. | 160,70 | + B: etiam | hoc | III,59 |
| 40. | 162,118 | + B: in | Augustinus | III,102 |
| *41. | 164,136 | discretorum essentialiter | discretarum essentiarum | III,118 |
| 42. | 168,185 | debet B | potest | III,162 |
| 43. | 168,192 | videtur esse, videretur esse B | videtur | III,169 |
| *44. | 168,193 | necesse B | necessario | III,169 |
| *45. | 170,221 | aliqua B | alia | III,195 |
| 46. | 172,266 | + B: ita | si | III,232 |
| *47. | 174,282 | tantum E | tamen | III,246 |
| 48. | 176,326 | incidant Stölzle | incidunt | III,286 |
| *49. | 176,326f. | affectiones/affectio E | affirmationes /affirmatio | III,286f. |
| *50. | 176,333 | nach quarum fehlt B: | etiam | III,293 |
| *51. | 184,432 | sanctus est ELB | sanctus | III,380 |
| 52. | 188,483 | assumeret B | sumeret | III,426 |
| 53. | 188,509 | Dicet B | Dicit | III,448 |

| | PhB 395 | | Opera theol. III | |
|---|---|---|---|---|
| | Seite, Zeile | Version | Variante | Buch, Zeile |
| 23. | 106,149 | prorsus sit B | sit penitus | II,530 |
| *24. | 110,18 | + B: qualis sit | homine | II,561 |
| *25. | 110,31 | nach quid fehlt B: | forte | II,572 |
| 26. | 112,62 | + B: et | scilicet | II,601 |
| *27. | 114,85 | quae, que B | quod | II,621 |
| 28. | 120,169 | igitur B | ergo | II,695 |
| 29. | 130,71 | namque B | itaque | II,804 |
| *30. | 138,205 | differentias B | differentiarum | II,923 |
| 31. | 140,220 | nach quae fehlt B: | vel | II,937 |
| *32. | 140,226f. | distributiones | distributionem | II,943 |
| *33. | 142,243 | affectiones E Tchr | affirmationes | II,957 |
| *34. | 144,287 | illud[1] B | istud | II,996 |
| *35. | 146,296 | + B: alteram | diversam | II,1004 |
| *36. | 148,28 | possunt EB | potest | II,1036 |
| 37. | 150,70 | + B: sancti | spiritus | II,1074 |
| 38. | 158,34 | et B | etiam | III,27 |
| 39. | 160,70 | + B: etiam | hoc | III,59 |
| 40. | 162,118 | + B: in | Augustinus | III,102 |
| *41. | 164,136 | discretorum essentialiter | discretarum essentiarum | III,118 |
| 42. | 168,185 | debet B | potest | III,162 |
| 43. | 168,192 | videtur esse, videretur esse B | videtur | III,169 |
| *44. | 168,193 | necesse B | necessario | III,169 |
| *45. | 170,221 | aliqua B | alia | III,195 |
| 46. | 172,266 | + B: ita | si | III,232 |
| *47. | 174,282 | tantum E | tamen | III,246 |
| 48. | 176,326 | incidant Stölzle | incidunt | III,286 |
| *49. | 176,326f. | affectiones/affectio E | affirmationes /affirmatio | III,286f. |
| *50. | 176,333 | nach quarum fehlt B: | etiam | III,293 |
| *51. | 184,432 | sanctus est ELB | sanctus | III,380 |
| 52. | 188,483 | assumeret B | sumeret | III,426 |
| 53. | 188,509 | Dicet B | Dicit | III,448 |

3. S. 66 Z 17 von unten: Die fünf Modi ergeben sich durch Zusammennehmen der Identität nach der Unveränderbarkeit und der Wirkung, vgl. T.chr., ed. Buytaert III, 146, *nicht* durch Zusammennehmen von essentieller und numerischer Identität.
4. S. 66 unten: EL hat III,39 (S. 174) ein Homoioteleuton, aber vor II,52 ist *umgekehrt* B ein solches unterlaufen, vgl. ed. Mews S. 130f., wo im Apparat entsprechend *zu korrigieren* wäre: 443/446 Sicut – VIIII om. B (homoiot.).

# PETER ABAELARD

# THEOLOGIA SUMMI BONI

## Tractatus de unitate et trinitate divina

## Abhandlung über die göttliche Einheit und Dreieinigkeit

# CAPITULA LIBRORUM

*Quid contineat primus liber sequentis operis* O 2

Primus liber continet, quid velit distinctio trium personarum in deo, vel quid sonent in ipso haec nomina pater, filius, spiritus sanctus; et testimonia tam prophetarum quam philosophorum de sancta trinitate, nec non et quare sapientia dei vocetur verbum, aut benignitas ipsius dicatur spiritus sanctus. In quo etiam ea quae de anima mundi dicta sunt a philosophis, recte de spiritu sancto intelligi monstrantur.

*Quid secundus*

Secundus liber proponit summam fidei circa unitatem ac trinitatem, et obiectiones adversus proposita, et quot modis idem sive diversum accipiatur, et quot modis persona dicatur.

*Quid tertius*

Tertius continet solutiones adversus obiecta, et generationem verbi ex patre, id est sapientiae ex potentia, et qua similitudine potentia dicatur pater, vel sapientia filius. Continet insuper processionem spiritus, et quomodo Plato animam mundi, quam spiritum sanctum intellexit, vult creatam esse, hoc est initium habere, et quod fidem trinitatis omnes homines naturaliter habeant.

## INTRODUKTION

*Was das erste Buch des folgenden Werkes enthält*

Das erste Buch enthält, was die Distinktion der drei Personen in Gott intendiert, resp. was in Ihm die Namen ‚Vater', ‚Sohn' und ‚Heiliger Geist' bedeuten, des weiteren die Zeugnisse der Propheten und Philosophen zur Trinität und schließlich die Begründung dafür, daß Gottes Weisheit ‚Wort' und seine Güte ‚Hl. Geist' genannt werden. Dabei wird auch von den Behauptungen der Philosophen betr. die Weltseele gezeigt, daß darunter korrekt der Hl. Geist begriffen wird.

*Was das zweite*

Das zweite Buch gibt einen Abriß des Glaubens bezüglich der Einheit und der Trinität nebst den Einwänden gegen die einschlägigen Thesen und [erörtert], auf wieviele Weisen [der Ausdruck] ‚dasselbe' bzw. ‚verschieden von' aufgefaßt wird und auf wieviele Weisen [der Ausdruck] ‚Person'.

*Was das dritte*

Das dritte beinhaltet die Auflösung und Widerlegung des Eingewandten, darauf [den Begriff der] ‚erzeugenden Hervorbringung des Wortes aus dem Vater', d. h. der Weisheit aus der Macht, und aufgrund welcher Analogie die Macht ‚Vater' und die Weisheit ‚Sohn' genannt werden. Darüber hinaus behandelt es [den Begriff des] ‚Hervorgangs des Geistes' und inwiefern Plato in bezug auf die Weltseele – worin er einen Begriff vom Hl. Geist hatte – behauptet, daß sie geschaffen wurde, d. h. einen Anfang hatte. [Abschließend wird wiederholt], daß alle Menschen naturgegeben einen trinitarischen Glauben haben. *

# LIBER I

## Capitulum I

*Quid velit distinctio personarum*

Summi boni perfectionem, quod deus est, ipsa dei sapientia incarnata Christus dominus describendo tribus nominibus diligenter distinxit, cum unicam et singularem, individuam penitus ac simplicem substantiam divinam patrem et filium et spiritum sanctum tribus de causis appellaverit.

## Capitulum II O 3

*Quid sonent personarum nomina*

Patrem quidem secundum illam unicam maiestatis suae potentiam, quae est omnipotentia, qua scilicet efficere potest, quidquid vult, cum nihil ei resistere queat, filium autem eandem divinam substantiam dixit secundum propriae sapientiae discretionem, qua videlicet cuncta veraciter diiudicare ac discernere potest, ut nihil eam latere possit, quo decipiatur. Spiritum sanctum etiam vocavit ipsam secundum benignitatis suae gratiam, qua scilicet nulli malum machinatur deus, sed paratus est salvare cunctos, nec ad merita pravitatis nostrae respiciens dona suae gratiae nobis distribuit, et quos non potest iustitia, salvat misericordia.
Tale est ergo deum esse tres personas, hoc est patrem et filium et spiritum sanctum, ac si dicamus divinam substantiam esse potentem, sapientem, benignam; immo etiam esse ipsam potentiam, ipsam sapientiam, ipsam benignitatem.

# ERSTES BUCH

## Erstes Kapitel

*+ Was die Distinktion der göttlichen Personen zeigen will*

Den Inbegriff des höchsten Gutes, das Gott ist, unterschied die fleischgewordene Weisheit Gottes selber, Christus der Herr, indem er ihn bewußt mit drei Namen bezeichnete, als er die unike und singuläre, zuinnerst unteilbare und einfache göttliche Substanz aus dreierlei Gründen ‚Vater', ‚Sohn' und ‚Hl. Geist' nannte.

## Zweites Kapitel

*Was die Namen der Personen bedeuten*

*‚Vater'* [nannte er sie] gemäß jener einmaligen Macht seiner Souveränität, welche Allmacht ist, dadurch er nämlich bewirken kann, was immer er will, weil nichts ihm widerstreben kann. *‚Sohn'* nannte er sodann die selbe Substanz gemäß der Unterscheidungskraft der Weisheit im eigentlichen Sinn, dadurch sie nämlich alles zutreffend entscheiden und unterscheiden kann, indem ihr nichts verborgen sein kann, durch das sie getäuscht wird. Endlich nannte er sie *‚Hl. Geist'* gemäß der Gnade ihrer Güte, dadurch nämlich Gott für niemanden Übel ersinnt, sondern bereit ist, alle zu retten; ohne die Verdienste unserer Verkehrtheit in Rechnung zu stellen, teilt er uns nämlich seine Gnadengaben zu, und wen nicht die Gerechtigkeit [retten] kann, rettet die Barmherzigkeit.

Gott ist drei Personen, d. h. Vater, Sohn und Hl. Geist, bedeutet also: Die göttliche Substanz ist mächtig, weise und gütig, oder noch bestimmter gesagt: Sie ist selber die Macht, die Weisheit und die Güte.

In his autem tribus, potentia scilicet, sapientia, benignitate, tota boni perfectio consistit, ac parvi pendendum est quodlibet horum sine duobus aliis.

Qui enim potens est, si id quod potest, iuxta modum rationis conducere nescit, exitialis est ac perniciosa eius potentia. Si autem sapiens sit et discretus in agendo, sed minime possit, efficacia caret. Quod si et potens sit et sapiens, sed nequaquam benignus, tanto ad nocendum fit pronior, quanto ex potentia et astutia sua ad efficiendum, quod vult, est securior, nec spem beneficiorum suorum ceteris praestat, qui benignitatis affectu non commovetur. In quo autem tria haec concurrunt, ut videlicet possit implere, quod voluerit, et bene velit, utpote benignus, nec ex insipientia modum rationis excedat: eum profecto vere bonum esse et in omnibus perfectum constat.

Nec solum haec trinitatis dinstinctio ad summi boni perfectionem describendam convenit, verum et ad persuadendam hominibus divini cultus religionem plurimum proficit. Unde ipsa dei sapientia incarnata in praedicatione sua eam potissimum assumpsit. Duo quippe sunt, quae nos omnino deo esse subiectos efficiunt, timor videlicet atque amor.
Potentia quidem et sapientia maxime timorem incutiunt, O 4
cum eum et posse punire errata et nihil latere cognoscimus. Benignitas autem eius ad amorem pertinet, ut quem benignissimum habemus, potissimum diligamus. Ex qua etiam certum est eum impietatem ulcisci velle, quia quo plus ei placet aequitas, magis displicet iniquitas, sicut scriptum[1] est: 'Dilexisti iustitiam, et odisti iniquitatem'.

Nomine vero patris, ut diximus, potentia designatur, nomine filii sapientia, nomine spiritus sancti bonus affectus erga creaturas[2]. Causas autem horum nominum in se-

[1] Ps. 44,8.

[2] Cf. Guillelmus Campellensis, Sententiae vel Quaestiones 1, ed. G. Lefèvre, Les variations de Guilleaume de Champeaux et la question des Universeaux: Traveaux et mémoires de l'Université de Lille 6, mémoire 20 (Lille 1898) 24: "Quae quidem sapientia Filius Patris, caritas vero Spiritus utriusque sanctus vocatur". Ibid. 26: "Hic ergo a f f e c t u s, sive amor, sive caritas, Spiritus sanctus vocatur".

In diesen drei, nämlich der Macht, Weisheit und Güte, besteht der Inbegriff des vollendet Guten. Denn für gering ist einzuschätzen eines von ihnen ohne die beiden anderen. Wer nämlich mächtig ist, aber das, was er vermag, nicht vernunftgemäß durchzuführen weiß, dessen Macht ist todbringend und ruinös. Wenn er nun weise und unterscheidend im Handeln ist, aber nur Geringstes vermag, entbehrt er der Effizienz. Ist er schließlich mächtig und weise, aber in keiner Weise gütig, wird er desto geneigter zu schaden, je sicherer und sorgloser er aufgrund seiner Macht und Scharfsicht ist bei der Bewirkung dessen, was er will. Es weckt bei den anderen keine Hoffnung auf Wohltaten, wer nicht durch den Affekt der Güte bewegt wird. In wem nun diese drei zusammen kommen dergestalt, daß er durchführen kann, was er wollte, und gut will, insofern er gütig [ist] und nicht aus Torheit das Maß der Vernunft überschreitet: von ihm gilt wahrlich, daß er gut und in allem vollendet ist.

Diese Distinktion der Trinität paßt nicht allein zur Beschreibung des Inbegriffs des höchsten Gutes. Sie fördert insbesondere auch die Motivation der Menschen für einen gewissenhaften Gottesdienst. Hauptsächlich deswegen nahm sie die inkarnierte Weisheit in ihre Verkündigung auf. Denn es gibt zwei Dinge, welche bewirken, daß wir Gott gegenüber wirklich loyal sind: die Furcht und die Liebe. Die Macht und die Weisheit flößen Furcht ein, zumal wenn wir wissen, daß Er Vergehen bestraft und nichts [Ihm] verborgen ist. Anderseits bezieht sich seine Güte auf die Liebe, wie wir denjenigen besonders lieben, den wir für ausnehmend gütig halten. Kraft der Güte ist auch gewiß, daß Er mangelnde Verehrung vergelten will. Denn je mehr Ihm Rechttun zusagt, desto mehr mißfällt Ihm Unrechttun, wie geschrieben steht: 'Du hast die Gerechtigkeit geliebt, aber ungerechtes Wesen gehaßt'.

Mit dem Namen ‚Vater‘ wird wie gesagt die *Macht* bezeichnet, mit dem Namen ‚Sohn‘ die *Weisheit* und mit dem Namen ‚Hl. Geist‘ der *gute Affekt* gegenüber den Geschöpfen. Im folgenden werden wir Gründe für diese Namen anführen, weshalb sie nämlich von ihren gebräuchlichen Be-

quentibus assignabimus, quare videlicet haec nomina ad haec distinguenda in deo translata sint a consuetis significationibus suis. Sed prius hanc divinae trinitatis distinctionem non a Christo inceptam, sed ab ipso apertius ac diligentius traditam esse ostendamus. Quam quidem divina inspiratio et per prophetas Iudaeis et per philosophos gentibus dignata est revelare, ut utrumque populum ad cultum unius dei ipsa summi boni perfectio agnita invitaret, 'ex[3] quo omnia, per quem omnia', in quo omnia, et facilius haec fides trinitatis tempore gratiae susciperetur ab utroque populo, cum eam a doctoribus quoque antiquis viderent esse traditam.

Primum ipsa legis exordia occurrant, ubi legislator *Moyses* fidem catholicam de unitate pariter et trinitate tamquam omnium bonorum fundamentum anteponit. Cum enim dicitur[4]: 'In principio creavit deus caelum et terram', pro eo quod apud nos dicitur ‚deus', Hebraica veritas habet ‚heloym', quod est plurale huius singularis quod est ‚hel'. Quare ergo non dictum est ‚hel', quod est deus, sed ‚heloym', quod apud Hebraeos dii sive iudices interpretatur, nisi hoc ad multitudinem divinarum personarum accomodetur, ut videlicet eo modo insinuetur pluralitas in deo, quomodo ⟨et⟩ trinitas, et quodammodo multiplex dicatur deus, quomodo et trinus, non secundum substantiae diversitatem, sed secundum personarum proprietates? Nam et ibidem de unitate substantiae demonstranda caute provisum est, cum dicitur ‚creavit', non ‚creaverunt'. O 5
Ubi et statim in sequentibus distinctionem personarum adnectit, quasi ad determinandum quod ad hanc denotandam ‚heloym' pluraliter dixerit. Spiritus quippe sancti aeternitas patenter ostenditur, cum dicitur[5]: 'Spiritus domini ferebatur super aquas'. Verbum vero, id est fi-

[3] 1 Cor. 8, 6.
[4] Gen. 1, 1.
[5] Gen. 1, 2.

deutungen auf Unterscheidungsbedürftiges in Gott übertragen werden. Vorher aber wollen wir zeigen, daß diese Unterscheidung der göttlichen Trinität nicht von Christus inauguriert, sondern von ihm bloß unverhüllter und bewußter gelehrt wurde. Die göttliche Inspiration geruhte sie nämlich durch die Propheten den Juden und durch die Philosophen den Heiden zu offenbaren, auf daß der anerkannte Inbegriff des höchsten Gutes jede der beiden Völkergruppen zur Verehrung des Einen Gottes einlud, 'aus dem alles, durch den alles' und in dem alles [ist]. Der Glaube an die Trinität wurde in der Zeit der Gnade umso leichter von beiden Völkergruppen akzeptiert, als sie sahen, daß diese Distinktion auch von den alten Lehrern übermittelt worden war.

Zuerst bieten sich die Anfänge der Gesetze [d. h. des Pentateuchs] dar, wo der Gesetzgeber *Mose* den allgemeinen Glauben an die Einheit und gleichermaßen an die Dreifaltigkeit sozusagen als Grundlage aller Güter antizipiert. Wenn es nämlich heißt: 'Am Anfang schuf Gott Himmel und Erde', so hat für das, was bei uns ‚Gott' genannt wird, der hebräische Wortlaut ‚heloim', d.i. der Plural des Singulars ‚hel'. Warum wurde denn nicht ‚hel', mithin Gott gesagt, sondern ‚heloim', was bei den Hebräern als Götter oder Richter aufgefaßt wird, wenn nicht darum, daß dies einer Vielzahl göttlicher Personen angepaßt wird? Auf diese Weise galt es nämlich eine Vielzahl und auch eine Dreizahl in Gott anzudeuten, und Gott gewissermaßen als vielfältig und insofern als dreifältig zu bezeichnen, freilich nicht nach einer Verschiedenheit in der Substanz, aber entsprechend den Eigenheiten der Personen. Denn selbenorts wird vorsichtig zwecks Wahrung der Einheit der Substanz eine Vorkehr getroffen, wenn es heißt ‚er schuf', aber nicht ‚sie schufen'. Im folgenden fügt er sogleich die Distinktion der Personen bei, wie wenn er pluralisch ‚heloim' sagen möchte zur Bestimmung dessen, was ihre Charakteristik erfordert. Auf die Ewigkeit des *Hl. Geistes* wird verwiesen, wenn es heißt: 'Der Geist des Herrn schwebte über den Wassern'. Auf das *Wort*, d. h. den Sohn,

lius, simul et pater insinuantur, cum dicitur[6]: 'Dixit deus: fiat', hoc est in coaeterna sapientia sua pater ordinavit facienda. Non enim de corporali locutione hoc accipi potest, sicut *postmodum*[7] convincemus. In eo quoque quod scriptum[8] est: 'Et vidit deus quod esset bonum', bonitas dei, quam spiritum sanctum dicimus, insinuatur, sicut in eo quod dicitur: 'Dixit deus', intelligitur verbum et pater.

Tale est enim quod dicitur: 'vidit deus quod esset bonum', ac si dicatur: intelligendo quia opus, quod fecerat, bonum esset, amavit illud eo ipso quod bonum erat. Ex quo et ipse bonus liquide demonstratur. Bene autem ad astruendam fidem operum et ad commendationem eorum commemoratio fit divinarum personarum, hoc est omnipotentiae dei et sapientiae eius et bonitatis, ut videlicet, quia hoc potest et bonus est, credatur ea fecisse quae et potuit et voluit. Rursus elegantia operum per sapientiam et bonitatem artificis ostenditur, ut quia summe bonus est artifex et perfecte sollers, excellentissimum opus componat.

Quid etiam apertius ad documentum trinitatis esse potest, quam illud quod postea in creatione hominis subiungitur dicente[9] domino: 'Faciamus hominem' etc.? Quid enim pluraliter dictum est, ‚Faciamus‘, nisi ut cooperatio totius trinitatis exprimatur? Quippe quos cohortaretur deus ad creandum hominem aut ad se in aliquo iuvandum, cum ipse solus eum creaturus sit? Scriptum[10] praeterea est: 'Quis adiuvit spiritum domini, aut quis consiliarius eius fuit? Cum quo iniit consilium?' etc. Ad hanc quoque pluralitatem divinarum personarum illud attinet quod in sequentibus per serpentem dictum[11] est: 'Eritis sicut dii', necnon et dominica illa increpatio[12]: 'Ecce Adam quasi unus ex nobis factus est'. Et rursus illud quod dominus ait[13]: 'Descendamus et confundamus linguam eorum', cum

[6] Gen. 1, 3 sqq.
[7] Cf. infra p. 22.
[8] Gen. 1, 12.
[9] Gen. 1, 26.
[10] Is. 40, 13 sq.
[11] Gen. 3, 5.
[12] Gen. 3, 22.
[13] Gen. 11, 7.

wird zugleich mit dem *Vater* angespielt, wenn es heißt: 'Gott sprach: Es geschehe', mithin organisierte der Vater in seiner koeternen Weisheit das zu Erschaffende. Dies läßt sich nämlich nicht interpretieren aufgrund einer körperlichen Äußerung, wie wir uns später überzeugen werden [23f]. Weiter ist darin, daß es heißt: 'Und Gott sah, daß es gut war', die Güte Gottes, welche wir ‚Hl. Geist' nennen, angedeutet, wie darin, daß es heißt ‚Gott sprach', das Wort und der Vater begriffen werden.

‚Gott sah, daß es gut war' bedeutet: Indem Er einsah, daß das Werk, das er geschaffen hatte, gut war, liebte er es gerade deshalb, weil es gut war. Dabei weist er auch sich selbst klarerweise als gut aus. Zuträglich denn, um den Glauben an seine Werke zu stützen und die letzteren zu empfehlen, werden die göttlichen Personen erinnert, d. h. die Allmacht Gottes, seine Weisheit und Güte. Glaubt man doch, daß er solches geschaffen hat, das er [tun] konnte und wollte – weil er es [tun] kann und gut ist. Umgekehrt zeigt sich die Auszeichnung der Werke vermöge der Weisheit und Güte des Baumeisters, indem Er – ein zuhöchst fähiger Baumeister und vollendet geschickt – [tatsächlich] ein ganz hervorragendes Werk schuf.

Was fürderhin kann expliziter zur Dokumentierung der Trinität dienen als jenes Wort, das bei der Schöpfung des Menschen im Namen des Herrn angeführt wird: 'Laßt uns Menschen schaffen'? – Warum wurde pluralisch ausgedrückt ‚laßt uns schaffen', wenn nicht um die Kooperation der ganzen Trinität auszudrücken? Denn wen möchte Gott wohl angesichts der Erschaffung des Menschen oder sonst zu einer Hilfeleistung für ihn ermahnen, da er doch allein im Begriff steht, den Menschen zu erschaffen? Außerdem heißt es: 'Wer half dem Geist des Herrn oder wer war sein Ratgeber? Mit wem beriet er sich?' Ebenfalls auf diese Pluralität der göttlichen Personen bezieht sich jenes, was im folgenden von der Schlange in Aussicht gestellt wird: 'Ihr werdet sein wie Götter'; gleicherweis auch jener Vorwurf des Herrn: 'Siehe, Adam ist geworden wie unser einer'! Schließlich auch jenes Wort, das der Herr sprach: 'Laßt uns herniedersteigen und ihre Sprache verwirren', ob-

hoc solus deus compleverit, unde et subditur[14] : 'Atque ita divisit eos'.

Nunc autem post legem ad prophetarum testimonia transeamus.

## Capitulum III O 6

*Testimonia prophetarum*

Ait itaque maximus ille prophetarum et regum *David,* qui suam ceteris intelligentiam praeferens dicit[15] : 'Super omnes docentes me intellexi; super senes intellexi', ait, inquam, distinctionem trinitatis patenter insinuans[16] : 'Verbo domini caeli firmati sunt, et spiritu oris eius omnis virtus eorum'. Qui et alibi unitatem pariter cum trinitate insinuat dicens[17] : 'Benedicat nos deus, deus noster, benedicat nos deus, et metuant eum omnes fines terrae'. Trina quippe confessio dei trinitatem exprimit personarum, patris videlicet et filii et spiritus sancti. Bene autem filium designans addidit ‚noster', quasi eum a patre nobis esse datum ostendens, cum per incarnationem verbi divina nos sapientia illuminaverit. De quo etiam verbo *Apostolus* ait[18] : 'Proprio filio suo non pepercit deus, sed pro nobis omnibus tradidit illum'. Unitatem vero divinae substantiae *Psalmista* in eodem[19] aperit, cum post trinam divini nominis prolationem unum tantummodo deum in tribus personis intelligens non subiunxit ‚eos' pluraliter, sed ‚eum' singulariter. Huic et illud consonat *Isaiae,* quod dicit[20] se vidisse Seraphim et audisse clamantia: 'Sanctus, sanctus, sanctus dominus deus sabaot'. Recte autem vocabulo ‚dominus' usus est propheta ad potentiam designandam, quia dominorum est praeesse. Quae videlicet potentia plerumque etiam hoc nomine ‚deus' assignatur, eo videlicet quod

[14] Gen. 11, 8.
[15] Ps. 118, 99 sq.
[16] Ps. 32, 6.
[17] Ps. 66, 7 sq.
[18] Rom. 8, 32.
[19] Ps. 66, 8.
[20] Is. 6, 3.

zwar Gott dies allein ausführte, weswegen fortgefahren wird: 'Also zerstreute er sie [. . .]'.

Nach dem Gesetz wollen wir nunmehr zum Zeugnis der Propheten übergehen.

## Drittes Kapitel

### *Das Zeugnis der Propheten*

Jener größte Prophet und König *David* spricht, indem er seine Einsicht den übrigen vorzieht: 'Ich bin einsichtiger als meine Lehrer, mehr als die Alten sah ich ein'. Meines Erachtens klar auf die Distinktion der Trinität hindeutend, sagt er: 'Durch das Wort des Herrn wurden die Himmel befestigt, und durch den Geisthauch seines Mundes all ihre Stärke'. Anderswo spielt er zugleich auf die Einheit und die Trinität an: 'Es segne uns Gott, unser Gott. Es segne uns Gott, und alle Welt fürchte Ihn'! Denn der dreimalige Anruf Gottes drückt eine *Dreiheit* der Personen aus, des Vaters nämlich und des Sohnes und des Hl. Geistes. Zutreffend den Sohn bezeichnend, fügt er ‚unser' hinzu. [Das ist] gleichsam ein Hinweis darauf, daß er *uns* vom Vater gegeben wurde, als die göttliche Weisheit uns durch die Fleischwerdung des Wortes erleuchtete, wovon der *Apostel* berichtet: 'Gott schonte nicht seinen eigenen Sohn, sondern hat ihn für uns alle dahingegeben'. In der nächsten Zeile eröffnete der *Psalmist* [= David] die *Einheit* der göttlichen Substanz, wenn er – nach der dreimaligen Nennung des göttlichen Namens nur Eines Gottes in den drei Personen einsichtig – nicht pluralisch mit ‚sie' fortfuhr, sondern singularisch mit ‚Ihn'.

Damit stimmt überein *Jesajas* Wort, das davon kündet, daß er die Seraphim gesehen und sie rufen hörte: 'Heilig, heilig, heilig der Herr: Gott Zebaoth': Korrekt gebrauchte der Prophet zur Bezeichnung der Macht das Wort ‚Herr', weil den Herren die Regentschaft gebührt. Dieser Macht wird vorzugsweise deshalb der Name ‚Gott' verliehen, weil

,theos' graece, id est deus, texte *Isidoro*[21] timor interpretatur, et potestas quaelibet timor est subiectorum.

## Capitulum IV

### *Quare sapientia vocetur verbum*

Verbum ideo sapientia vocatur, quod maxime ex verbis uniuscuiusque intelligentia ipsius, et cuius scientiae ipse sit, manifestatur. Unde etiam *Moyses,* ut *supra*[22] meminimus, cum in diversis rerum creationibus faciendis praemittit[23]: 'Dixit deus' et ad dictum statim effectum adiungit dicens[24]: 'et factum est ita': cuncta deum condidisse in verbo, hoc est in sapientia sua, ostendit, id est omnia rationa- O 7
biliter. De quo et alibi *Psalmista*[25]: 'Dixit et facta sunt', id est ratione cuncta creavit sive ordinavit. Qui etiam hoc verbum alibi apertius demonstrans non esse verbum audibile et transitorium, sed intelligibile ac permanens ait[26]: 'Qui fecit caelos in intellectu'. Hanc autem intellectualem dei locutionem, id est aeternam sapientiae suae ordinationem, *Augustinus*[27] describens: "Divina, inquit, locutio est ipsa dei dispositio non habens sonum strepentem et transeuntem, sed vim in perpetuo manentem". De quo etiam verbo in XV *De Trinitate*[28] ait: "Verbum idcirco filium nuncupavit, ut ostenderet de se illum exstitisse".

[21] Ethymologiae I. 7 c. 1, PL 82, 259 D sq.
[22] Cf. supra p. 10.
[23] Gen. 1, 3 sqq.
[24] Gen. 1, 7 sqq.
[25] Ps. 32, 9.
[26] Ps. 135, 5.
[27] Hoc dictum Augustini in forma hic ab Abaelardo allata invenitur etiam in *Tv* f. 9r, cum aliae redactiones (1130 B) exhibeant textum Augustini accuratiorem, scil. De civitate Dei I. 16 c. 6, CSEL 40, 2, 136; PL 41, 484: "Dei . . . ante suum factum locutio ipsius sui facti est immutabilis ratio, quae non habet sonum strepentem atque transeuntem, sed vim sempiterne manentem et temporaliter operantem".
[28] Cf. L. 15 c. 17 n. 29, PL 42, 1081.

nach *Isidor* im Griechischen ‚theos', d. h. Gott, ‚Furcht' bedeutet, und eine jede Macht Furcht für Untergebene beinhaltet.

## Viertes Kapitel

*Weshalb die Weisheit ‚Wort' genannt wird*

Man nennt die Weisheit deswegen ‚Wort', weil sich am meisten in den Worten von jemandem dessen Einsicht bekundet, bzw. von welcher Reichweite der Erkenntnis er ist. Daher schickt *Mose,* wie wir oben erinnerten [11], angesichts der verschiedenen ins Werk zu setzenden Schöpfungen der Dinge voraus: 'Gott sprach', und fügt zum Wort sogleich die Wirkung: 'und so geschah es'. Er zeigt, daß Gott das Ganze auf das Wort gründete, d. h. auf seine Weisheit. Das bedeutet: [Er begründete] das Ganze vernunfthaft. Dazu der *Psalmist* andernorts: 'Er sprach und es geschah', d. h. mit Vernunft schuf und organisierte Er das Ganze. Indem er unverhüllt zeigt, daß dieses Wort kein hörbares und transitorisches, vielmehr ein intelligibles [ein nur der Vernunft zugängliches] und dauerndes ist, sagt er auch: 'Er schuf die Himmel im Intellekt'. Diese intellektuelle Rede Gottes, d. h. die ewige Anordnung seiner Weisheit, beschreibt *Augustin:* "Die göttliche Rede ist die Verfügung Gottes. Sie hat keinen erklingenden und vergehenden Ton, sondern bleibt eine ununterbrochen dauernde Kraft". Ferner sagt er im 15. Buch von ‚Über die Dreieinigkeit': "Er nannte das Wort deswegen ‚Sohn', um zu zeigen, daß es von Ihm her ins Leben trat".

## Capitulum V

*Quare benignitas dei dicatur spiritus sanctus*

Nomine vero spiritus sancti affectus benignitatis et caritatis exprimitur, eo videlicet quod spiritu oris nostri, id est anhelitu, maxime affectus animi patefiant, cum aut prae amore suspiramus, aut prae laboris et doloris angustia gemimus. Unde spiritus sanctus pro affectu bono ponitur iuxta illud *libri Sapientiae*[29]: 'Benignus est spiritus sapientiae, et non liberabit maledictum a labiis suis'.

Et est hoc loco nomen spiritus sancti proprium unius personae, cum in alia significatione acceptum sit commune trium personarum, secundum hoc scilicet quod divina substantia spiritualis est, non corporea, et etiam sancta. Frequenter autem contingit, ut nomen commune multarum rerum ad unam earum quasi proprium transferatur. Et cum ceterae res habeant propria nomina, per quae scilicet ab invicem distent, haec vero non habeat nomen differentiae, fit huius proprium, quod prius commune erat omnium; veluti cum clericos appellamus ad differentiam monachorum, cum tamen et monachi clerici sint, et confessores dicimus ad differentiam martyrum, cum praecipue O 8 martyres dicendi sint confessores.

Multa quoque alia sunt prophetarum loca, ex quibus aperte trinitatis discretio traditur. Generationem quidem filii ex patre aeternam ipse *David* aperte docuit, ubi personam filii introducit loquentis sic[30]: 'Dominus dixit ad me: filius meus es tu, ego hodie genui te. Postula a me, et dabo tibi gentes hereditatem tuam' etc.

Tale est autem quod ait: 'Ego hodie genui te', ac si diceret: aeternaliter ex ipsa mea substantia es. Nam quia in aeternitate nihil est praeteritum aut futurum, sed tantummodo

[29] Sap. 1, 6.
[30] Ps. 2, 7 sq.

## Fünftes Kapitel

*Weshalb die Güte Gottes ‚Hl. Geist' genannt wird*

Mit dem Namen ‚Hl. Geist' wird der Affekt der Güte und Liebe deshalb ausgedrückt, weil sich durch den Hauch unseres Mundes und das Ausatmen am meisten die Affekte unseres Geistes ankündigen, wenn wir z. B. aus Liebe seufzen oder in Beengung durch Anspannung und Schmerz stöhnen. Daher wird [der Name] ‚Hl. Geist' an die Stelle des guten Affekts gesetzt nach dem Ausspruch des ‚Buches der Weisheit': 'Gütig ist der Geist der Weisheit, und er wird
* nicht entlassen eine Schmähung von seinen Lippen'.
An diesem Ort ist der Name ‚Hl. Geist' ein Eigenname für die eine Person, obgleich man ihn in anderer Bedeutung als den drei Personen gemeinsam auffaßt, demgemäß nämlich, daß die göttliche Substanz ‚geistig' und nicht körperlich ist, und überdies ‚heilig'. Öfters kommt es vor, daß ein vielen Sachen gemeinsamer Name auf eine von ihnen gleichsam als Eigenname übertragen wird. Zumal dann, wenn die übrigen Sachen [bereits] Eigennamen besitzen, durch welche sie sich voneinander unterscheiden, die eine aber keinen Namen zur Unterscheidung hat, wird ihr als Eigenname verliehen, was zuvor allen gemeinsam war. So kennzeichnen wir z. B. die ‚Kleriker' in Abhebung von den Mönchen, obwohl doch Mönche ebenfalls Kleriker [gebildete Geistliche] sind, und wir unterscheiden die ‚Bekenner' von den Märtyrern, auch wenn man Märtyrer [Blutszeugen] in hervorragendem Sinn ‚Bekenner' nennen müßte.

Förderhin gibt es viele andere Belege der Propheten, durch welche die trinitarische Distinktion überliefert wurde. *David* lehrte unverhüllt die ewige Zeugung des Sohnes vom Vater, wo er die Person des Sohnes folgendermassen sprechend einführte: 'Der Herr sprach zu mir: Du bist mein Sohn, heute habe ich dich gezeugt. Bitte mich, und ich werde dir die Völker zum Eigentum geben' etc.
‚Ich habe dich heute gezeugt' bedeutet: Ewig bist du aus meiner Substanz. Denn weil in der Ewigkeit nichts vergangen oder zukünftig ist, sondern [alles] ausschließlich

praesens, idcirco adverbio praesentis temporis pro aeternitate usus est, dicendo ‚hodie‘ pro ‚aeternaliter‘. Bene autem ad ‚hodie‘ addidit ‚genui‘ quasi praesenti praeteritum, ut videlicet ipsam generationem per ‚hodie‘ praesentem semper, per ‚genui‘ perfectam semper esse indicaret, numquam scilicet aut cessare aut inceptam esse. Quippe quae praeterita sunt, iam completa sunt et perfecta, ideoque praeteritum quasi pro perfectione posuit, ostendens scilicet filium ex patre et semper gigni et semper genitum esse.

Qui et alibi apertius aeternitatem filii protestatur dicens[31]: ‘Permanebit cum sole et ante lunam, in generatione et generationem’. Et rursum[32]: ‘Tecum principium in die virtutis tuae in splendoribus sanctorum: ex utero ante luciferum genui te’ etc.

De hac etiam ineffabili et aeterna generatione sive etiam temporali, quarum utraque mirabilis est, *Isaias* admirans ait[33]: ‘Generationem eius quis enarrabit?’ Ac si aperte diceret: non est hoc disserere humani ingenii, sed solius dei, cuius spiritus in his fidelibus quos vult, loquitur ipso at-
Δ testante, cum ait[34]: ‘Non enim vos estis, qui loquimini’ in verbo, ‘sed spiritus patris vestri, qui loquitur in vobis’ etc.

Haec etiam sapientiae coaeternitas cum patre plane in *Proverbiis* monstratur his verbis[35]: ‘Ego sapientia habito in consilio. Dominus possedit me in initio viarum suarum, antequam quidquam faceret a principio. Ab aeterno ordinata sum, et ex antiquis antequam terra fieret. Necdum erant abyssi, et ego iam concepta eram: necdum fontes, necdum O 9
montes; ante colles ego parturiebar. Adhuc terram non fecerat et cardines orbis terrae. Quando praeparabat caelos, ego aderam, quando appendebat fundamenta terrae. Cum eo eram cuncta componens: et delectabar per singulos dies, ludens coram eo omni tempore’.

[31] Ps. 71, 5.
[32] Ps. 109, 3.
[33] Is. 53, 8.
[34] Mt. 10, 20.
[35] Prov. 8, 12. 22–27, 29 sq.
Δ [51sq.: Ed. Mews I,203 omittit, ‚in verbo‘]

gegenwärtig, gebrauchte er das Adverb der präsentischen Zeit für die Ewigkeit. Er sagte ‚heute' statt ‚ewig'. Zutreffend fügt er nun ‚ich habe gezeugt' zu ‚heute', die Vergangenheit zur Gegenwart: Er zeigt an, daß die Zeugung durch das ‚heute' immer gegenwärtig und durch das ‚ich habe gezeugt' immer zuendegeführt ist, mithin niemals weder aufhört, noch angefangen wurde. Denn was vergangen ist, ist schon erfüllt und vollendet, weswegen er die Vergangenheit an die Stelle der Vollendung setzte. Immer *wird* der Sohn nämlich vom Vater gezeugt und immer *wurde* er gezeugt.

Auch anderswo bezeugt *David* die Ewigkeit des Sohnes: 'Er wird bleiben mit der Sonne und vor dem Mond, von Generation zu Generation'. Anderswo [heißt es]: 'Mit dir gibt es einen Anfang am Tag deiner Stärke, im Glanz der Heiligen: aus dem Mutterschoß vor Tagesanbruch zeugte ich dich'.

Über diese ineins unaussprechlich-ewige oder auch zeitliche Zeugung, von denen jede wunderbar ist, sagt *Jesaja* mit Staunen: 'Seine Zeugung – wer wird sie erzählen?' Als ob er sagte, daß dies zu erörtern dem menschlichen Geist nicht zusteht, sondern Gott allein. Gottes Geist spricht in den Gläubigen, in denen er will. Er legt von sich Zeugnis ab, wenn er spricht: 'Denn nicht ihr seid es, die sprecht, sondern der Geist eures Vaters, der in euch spricht' etc.

Auch in den ‚Sprüchen' wird klar auf die Gleichewigkeit der Weisheit mit dem Vater hingewiesen: 'Ich Weisheit wohne im Rat [. . .]. Der Herr besaß mich am Eingang seiner Wege, ehe Er irgendetwas schuf am Anfang. Ich wurde von Urzeit an eingesetzt, ehe die Erde geschaffen wurde. Da die Tiefen noch nicht waren, war ich schon bereitet worden, und noch [gab es] weder Quellen noch Berge; vor den Hügeln wurde ich hervorgebracht. Bisher hatte Er die Erde [. . .] und die Scharniere der Welt noch nicht angebracht. Zu der Zeit, als Er die Himmel bereitete, war ich zugegen [. . .] zur Zeit, da Er die Fundamente der Erde aufhängte. Mit Ihm war ich bauend das Ganze und ich ward täglich entzückt und spielte allezeit vor Ihm.'

Quid enim apertius ad aeternam generationem verbi quam id quod ipsa sapientia perhibet se ante constitutionem mundi conceptam esse et parturiri et se cum patre aeternaliter permanentem ludere coram eo semper. Quippe quod conceptum parturitur, utique in ipso est a quo generatur. Et sapientia in ipsa substantia sive essentia potentiae est, cum ipsa scilicet quaedam sit potentia, sicut *posterius*[36] ostendemus.

Tale est ergo sapientiam conceptam parturiri a deo, ac si dictum sit ipsam sapientiam ex ipsa patris substantia, in qua est, gigni. Tale est ergo sapientiam ludere coram patre et cum ipso cuncta componere, ac si dixerit ipsam divinam potentiam omnia in sapientia pro bonitatis suae arbitrio disponere, ut in ipso ludo ipsum bonitatis affectum intelligamus; de quo scriptum est[37]: 'Spiritu oris eius omnis virtus eorum'. Quod vero ait sapientiam coram potentia, id est patre, semper assistere, tale est ipsam potentiam nihil efficere, nisi praeeunte ratione et ducatu sapientiae.

*Michaeas* quoque de hac aeterna verbi generatione ex patre necnon et de temporali ex matre ait[38]: 'Et tu Bethlehem Ephrata parvula es in millibus Iuda: ex te mihi egredietur, qui sit dominator in Israel, et egressus eius ab initio, a diebus aeternitatis'.

### *Invectio in Iudaeos*

Dicant 'rebelles[39] et increduli' Iudaei, de quo nascituro in Bethlehem hoc dictum sit, quod videlicet 'egressus eius ab initio sit, a diebus aeternitatis'! Aeternum[40] quippe est, quod origine caret. Quod si hoc ad Messiam referant, illum scilicet maximum prophetam, ut aiunt, quem exspectant, qui tamen secundum eos homo purus erit, non etiam deus:

[36] Cf. infra p. 202 sq. [cf. notam ad p. 221 ‚species potentiae'].
[37] Ps. 32, 6.
[38] Mich. 5, 2.
[39] Num. 20, 10.
[40] Cf. infra p. 166, 175.

Was ist offenkundiger bezüglich der ewigen Zeugung des Wortes als das, was die Weisheit eigens versichert: *Vor* der * Konstitution der Welt sei sie bereitet und hervorgebracht worden, *ewig* beim Vater bleibend, spiele sie *immerwährend* vor seinem Antlitz? Denn was als bereitetes hervorgebracht wird, ist irgendwie in demjenigen, von dem es * gezeugt wird. Und die Weisheit gehört gerade in ihrer Substanz und Essenz zur Macht, wofern sie nämlich eine gewisse Macht ist, wie wir später [S. 203f.] zeigen werden.

‚Die Weisheit wird als bereitete von Gott hervorgebracht' bedeutet: Die Weisheit wird aus der Substanz selbst des Vaters, in welcher sie ist, gezeugt. ‚Die Weisheit spielt vor dem Vater und entwirft das Ganze mit ihm' bedeutet: Die göttliche Macht ordnet alles in Weisheit nach Ermessen ihrer Güte an, damit wir in diesem Spiel des Affekts der Güte ansichtig werden. Über ihn steht geschrieben. 'Durch den Geisthauch seines Mundes ist alle Stärke der Himmel'. ‚Immerdar assistiert die Weisheit angesichts der Macht, d. h. des Vaters' bedeutet: Sogar die Macht bewirkt nichts, es sei denn unter Anleitung der Vernunft und der Weisheit Führung.

Schließlich weissagt auch *Micha* über diese ewige Zeugung des Wortes vom Vater, und nicht über eine zeitliche aus einer Mutter: 'Und du Bethlehem Ephrata, winzig unter den Tausenden in Juda: Aus dir wird mir hervorgehen, wer Herrscher in Israel sein soll. Sein Hervorgang ist von Anfang an und seit den Tagen der Ewigkeit.'

### *Attacke gegen die Juden*

Mögen die 'rebellischen und ungläubigen' Juden erklären, von welchem zukünftigen Kind in Bethlehem gesagt wurde: 'Sein Hervorgang ist von Anfang an, seit den Tagen der Ewigkeit'! Denn ‚ewig' ist, was keinen Anfang hat. Wenn sie dies aber auf den Messias beziehen, jenen größten Propheten, den sie erklärtermaßen erwarten, und der ihnen ein reiner Mensch und nicht imgleichen Gott sein wird:

iam ostendant, quis egressus eius aeternus sit, vel unde aeternaliter egrediatur! – Si autem dicant eum aeternaliter egredi ex Bethlehem eo quod eius nativitas in eo loco futura ab aeterno provisa sit a deo et praedestinata, hoc utique modo cuiuslibet hominis vel cuiuslibet rei nativitas aeterna O 10 est, quia videlicet ab aeterno provisa est. Discant itaque aeternam generationem esse, quam et scriptam legunt et legendo profitentur et profitentes non credunt.

Respondeant etiam mihi, cum audiunt *Prophetam* dicentem[41] : 'Verbo domini caeli firmati sunt, et spiritu oris eius omnis virtus eorum', quid per ‚verbum domini', quid per ‚os eius' vel per ‚spiritum eius' intelligant!

Unum quippe omnium aliarum rerum principium deum esse constat[42]. Et omne quod est, aut deus est et ideo aeternum, aut ab aeterno illo principio manat[43] creatum. Scriptum[44] praeterea est: 'In principio creavit deus caelum et terram'. Unde ante haec nihil creatum esse volunt. Verbum itaque illud quo caeli firmati sunt, et ideo prius est his quos constituit, creatum non est, immo creator ipse, qui deus est, quo 'caeli firmati sunt'.

Si autem hoc verbum locutionem aliquam dei transitoriam appellent sicut et verbum hominis, eo videlicet quod scriptum[45] est: 'Dixit deus et facta sunt', atque ita deus quoque sicut homo modo loquatur, cum ait[46] : 'Fiat lux', modo conticeat: profecto permutabilis est divinitatis aeternitas, cum non semper dicat: 'Fiat lux', vel cetera quae iam condita sunt.

Quid etiam opus verbo audibili fuit ante mundi constitutionem, cum nondum esset, cui loqueretur, vel qui audiret? Numquid inane verbum non protulit, si opus

[41] Ps. 32, 6.

[42] Cf. Ioh. Scottus (Eriugena), De divisione naturae l. 4 c. 1, PL 122, 741 C: "Prima nostrae physiologiae intentio praecipuaque materia erat, quod ὑπερουσιότης, hoc est superessentialis natura, sit causa creatrix existentium et non existentium omnium, a nullo creata, unum principium, una origo, unus et universalis universorum fons, a nullo manans, dum ab eo manant omnia".

[43] Cf. Ioh. Scottus l. c.

[44] Gen. 1, 1.

[45] Ps. 32, 9.

[46] Gen. 1, 3.

Dann sollen sie jetzt erläutern, inwiefern der Hervorgang von ihm ewig ist oder woher er ewig hervorgeht! – Sagen sie, daß er insofern ewig aus Bethlehem hervorgeht, als das ‚Faktum seiner Geburt' an diesem Ort von Gott ewig vorhergesehen und vorherbestimmt wurde, [so] ist auf diese Weise gewiß die Entstehung jedes Menschen und jeder Sache ewig, weil ewig vorhergesehen. – Geruhen sie daher zur Kenntnis zu nehmen, daß es die *ewige Zeugung* [tatsächlich] gibt, von der sie in der Schrift lesen und die sie beim Lesen proklamieren, aber trotz ihrer Proklamation nicht glauben!

Des weiteren mögen sie mir, wenn sie den Propheten sprechen hören: 'Durch das *Wort* des Herrn wurden die Himmel befestigt, und durch den Geisthauch seines Mundes all ihre Stärke', antworten: Was verstehen sie unter ‚Wort des Herrn', was unter ‚seinem Mund' und ‚seinem Geist'?

Gewiß kommt man darin überein, daß Gott das Prinzip aller Dinge ist. Alles Seiende ist entweder Gott und daher ewig, oder es strömt als geschaffenes von jenem ewigen Prinzip. Überdies steht geschrieben: 'Am Anfang schuf Gott Himmel und Erde'; deswegen wollen sie, daß es ehedem nichts Geschaffenes gibt. Daraus folgt: Jenes Wort, dadurch 'die Himmel befestigt wurden', das daher früher ist als dasjenige, welches es konstituiert, ist kein Geschaffenes, nein *es ist selbst der Schöpfer,* der Gott ist, durch den 'die Himmel befestigt wurden'.

Wenn sie dieses Wort nun entspechend einem menschlichen Wort eine Art transitorische Rede Gottes nennen, weil es heißt: 'Gott sprach und es geschah', wie denn Gott einem Menschen vergleichbar bald spreche, wenn er sagt: 'Es werde Licht', und bald schweige –, so wäre wahrlich die Ewigkeit der Gottheit völlig veränderlich, da sie ja nicht immerzu spricht: 'Es werde Licht', bzw. das übrige, das schon geschaffen wurde.

Warum wäre denn ein hörbares Wort vor der Errichtung der Welt nötig gewesen, als es noch niemanden gab, mit dem er sprechen oder der ihm zuhören mochte? Er äußerte doch gewiß kein bedeutungsleeres Wort, wenn ein Wort

verbo non fuerit, praesertim cum sola voluntas sufficeret, nec adhuc aliquis esset, qui audito verbo instrueretur? Quo etiam proferendo verbum emitteret, cum nullus adhuc locus creatus esset, nec aer adhuc conditus, ex quo verba formantur? Quibus etiam instrumentis verba formaret, cum nec os nec pars aliqua inesse possit ei quod omnino simplex est et indivisibile? Omne quippe quod partibus constat, posterius[47] est naturaliter his ex quibus constat et quorum conventu perficitur, cum ex ipsis suum esse contrahat, ex quibus est constitutum. "Omne etiam", inquit *Plato*[48], "quod iunctum est natura dissolubile est".

Quod si spiritum domini ventum intelligant sicut ibi[49] accipere O 11 volunt: 'Spiritus domini ferebatur super aquas', eo, ut aiunt, quod ventus in aquis, quas commovet, maxime appareat: quomodo spiritus, id est flatus oris, domini esse dicatur, cum videlicet neque os neque aliquam partem habeat? Quomodo etiam per ventum virtus caeli et terrae subsistit? Intelligant ergo hunc esse illum spiritum domini, de quo *Isaias*[50]: 'Et nunc dominus misit me, et spiritus eius'; et rursus[51]: 'Spiritus domini super me, eo quod unxerit me: ad annuntiandum mansuetis misit me'. De quo etiam *supra*[52] meminimus: 'Benignus[53] est enim spiritus sapientiae' etc. Quem etiam Eliud creatorem esse profitetur dicens[54]: 'Spiritus domini fecit me, et spiraculum omnipotentis vivificavit me'.

Intelligant igitur hoc verbum domini non transitorium, non audibile, sed intellectuale, hoc est ipsam rationem sive sapientiam coaeternam deo, quam dici convenit omnisapientiam, sicut et dicimus omnipotentiam. Unde et scriptum[55] est: 'Omnis sapientia a domino deo est, et cum illo fuit semper, et est ante aevum'.

[47] Cf. Boethius, In Topica Ciceronis commentaria 1, 3, PL 64, 1105.

[48] Timaeus interprete Chalcidio 41A, ed. J. Wrobel (Lipsiae 1876) 43, 13–14.

[49] Gen. 1, 2.

[50] Is. 48, 16.

[51] Is. 61, 1.

[52] Cf. supra p. 16.

[53] Sap. 1, 6.

[54] Iob. 33, 4.

[55] Eccli. 1, 1.

[überhaupt] nicht nötig war, zumal ja der Wille als solcher genügte und es bislang noch niemanden gab, der durch das vernommene Wort angeleitet worden wäre? Wem zum Nutzen hatte er das Wort geäußert, da bislang keine Räumlichkeit erschaffen worden war, und auch keine Luft eingerichtet, um daraus Worte zu formen? Mit welchen Werkzeugen würde er Worte formen, wenn demjenigen, das völlig einfach und unteilbar ist, weder ein Mund noch irgendein Teil einwohnen kann? Ist doch ein jegliches, das aus Teilen besteht, von Natur aus später als das, woraus es besteht und aus dessen Synthese es zustandekam, weil es sein Sein gerade aus demjenigen bezieht, aus dem es konstituiert wurde. "Auch ist ein jegliches, das durch Verbindung entstand," nach *Plato* "naturgegeben auflösbar".

Wenn sie indessen den ‚*Geist* des Herrn' als Wind deuten, wie sie ihn an folgender Stelle auffassen wollen: 'Der Geist des Herrn schwebte über den Wassern', mit der Begründung, daß der Wind auf dem Wasser, das er bewegt, besonders in Erscheinung tritt: Wie wird erklärt, daß Gott einen Geist, d. h. Hauch des Mundes, hat? Hat er doch weder einen Mund noch irgendeinen [Körper-]Teil? Inwiefern beruht die Stärke von Himmel und Erde auf ‚Wind'? Sie sollen endlich begreifen, daß dies jener Geist des Herrn ist, von dem *Jesaja* [kündet]: '[. . .] und nun sandte mich der Herr und sein Geist', und wiederum: 'Der Geist des Herrn ruht auf mir, weil Er mich salbte; Er sandte mich, um den Sanftmütigen zu predigen'. Gleichfalls über ihn erinnerten wir früher [S. 17]: 'Denn gütig ist der Geist der Weisheit' etc. Von ihm bekennt auch *Eliud,* daß er der Schöpfer ist: 'Der Geist des Herrn hat mich geschaffen, und der Odem des Allmächtigen machte mich lebendig'.

* Mögen sie im Ergebnis einsehen, daß dieses Wort des Herrn weder vergehend, noch hörbar, sondern intellektuell ist. Mithin ist es der Vernunftgrund selbst oder die Gott koeterne Weisheit, und es paßt, letztere in Entsprechung zur Allmacht ‚Allweisheit' zu nennen. Deswegen heißt es: 'Alle Weisheit ist von Gott dem Herrn; sie war immerwährend mit Ihm und ist vor der Zeit'.

*Testimonia philosophorum*

Nunc autem post testimonia prophetarum de fide sanctae trinitatis libet etiam testimonia philosophorum supponere, quos ad unius dei intelligentiam ipsa philosophiae ratio perduxit. Quos quidem unum tantummodo deum cognoscere unus ex ipsis *Tullius* perhibet dicens[56] "eos qui philosophiae dant operam, non arbitrari deos esse", ac si aperte dicat, immo deum unum, non deos plures.

De quibus *Apostolus,* teste *Augustino*[57], cum Atheniensibus loquens rem magnam dixisset, et quae a paucis posset intelligi, quod[58] 'in illo vivimus, movemur et sumus', adiecit: 'sicut et quidam vestri dixerunt'. De quibus idem *Apostolus ad Romanos* scribit[59]: 'Quod notum est dei, manifestum est ⟨in⟩ illis. Deus enim illis manifestavit. Invisibilia enim ipsius a creatura mundi, per ea quae facta sunt, intellecta conspiciuntur, sempiterna quoque ⟨eius⟩ virtus ac divinitas: ita ut sint inexcusabiles. Quia cum cognovissent deum, non sicut deum glorificaverunt, aut gratias egerunt, O 12 sed evanuerunt in cogitationibus suis.'

Nec mirum, cum Salomonis illa sapientia per concupiscentiam carnalesque voluptates devicta idolatriae consenserit, divino cultu, quem in scriptis suis et docebat et praedicabat, derelicto. Ad quem etiam cultum dei magnificandum ipse iussu dei templum aedificavit, a quo pater eius iustus inhibitus fuit.

Deus autem reprobis etiam et infidelibus nonnunquam maxima dona distribuit, quae aliorum doctrinae vel usui necessaria fore videt, necnon et per reprobos multa miracula operatur, de quibus veritas in *Evangelio*[60]: 'Multi dicent mihi in illa die: domine, domine, nonne in nomine tuo prophetavimus, et in nomine tuo daemonia eiecimus, et in

[56] De inventione 1, 1 c. 29.

[57] De Genesi ad litteram 1. 4 c. 12 n. 23, CSEL 28, 109; PL 34, 304.

[58] Act. 17, 28.

[59] Rom. 1. 19 sqq.

[60] Mt. 7, 22 sq.

*Die Zeugnisse der Philosophen*

Nunmehr, im Anschluß an das Zeugnis der Propheten betr. den Glauben an die Hl.Trinität, ist es angebracht, das Zeugnis der Philosophen aufzuführen. Philosophische Rechenschaft als solche führte sie zur Anerkenntnis des Einen Gottes. *Tullius* [Cicero], einer von ihnen, bestätigt, daß sie in der Tat nur einen Gott kennen: "Diejenigen, welche Mühe auf die Philosophie verwenden, glauben nicht, daß es Götter gibt". Er meint: Ja gewiß [glauben sie], daß es * Einen Gott gibt, nicht mehrere Götter.

Als der *Apostel* in seiner Rede vor den Athenern eine ‚große Sache' verkündete, welche bloß von wenigen eingesehen werden kann, nämlich daß 'wir in Ihm leben, bewegt werden und sind', fügte er nach Augustin im Blick auf diese Philosophen hinzu: 'wie auch einige von euch lehrten'. Über sie schreibt der gleiche Apostel an die Römer: 'Was von Gott bekannt ist, ist ihnen offenbar. Denn Gott offenbarte sich ihnen. Sein unsichtbares [Wesen] wird vom Weltgeschöpf, und zwar vermittelt durch die Einsicht in das Geschaffene, erblickt, nämlich seine immerwährende Kraft und Gottheit. Folglich sind sie unentschuldbar. Obwohl sie Gott erkannt hatten, priesen sie Ihn nicht wie Gott, noch dankten sie Ihm. Vielmehr vergassen sie sich in ihrem Trachten [. . .]'.

Das ist nicht verwunderlich, wenn [sogar] jene Weisheit *Salomos,* überwältigt von Konkupiszenz und fleischlichen Gelüsten, dem Götzendienst anheimfiel und den [wahren] Gottesdienst aufgab, den er in seinen Schriften gelehrt und verkündet hatte. Ebenfalls zur gottesdienstlichen Verherrlichung hatte er auf Gottes Geheiß einen Tempel gebaut, woran sein gerechter Vater [David] gehindert worden war.

Umgekehrt teilt Gott manchmal Frevlern und Ungläubigen größte Geschenke zu, wenn er sieht, daß sie zur Belehrung und zum praktischen Gebrauch nötig sein werden. Ja, er wirkt sogar viele Wunder durch Unredliche, von denen die Wahrheit im Evangelium [voraussagt]: 'An jenem Tag werden viele zu mir sagen: Herr, Herr, haben wir nicht in deinem Namen geweissagt? Haben wir nicht in deinem Namen

nomine tuo virtutes multas fecimus? Et tunc confitebor illis: quia non novi vos: discedite a me, qui operamini iniquitatem.'

Cum autem ⟨per⟩ reprobos deus aut miracula ostendit aut prophetias loquitur aut quaelibet magna operatur, non hoc ad utilitatem ipsorum agitur quibus utitur tamquam instrumentis, sed potius aliorum, quos instruere per istos intendit. Qui et per indignos ministros gratiae suae dona non deserens quotidie sacramenta ecclesiae ad invocationem sui nominis spiritualiter conficit in salutem credentium. Bene autem et per indignos seu infideles maxima Δ deus operatur, qui verbis asini prophetam docuit, ne si per magnos tantum magna operaretur, virtutibus meritisque hominum magis quam divinae gratiae haec tribuerentur.

Primus autem nunc ille antiquissimus philosophorum et magni nominis occurrat *Mercurius*[61], quem praeexcellentia sua deum quoque appellaverunt. Cuius quidem testimonium de generatione verbi *Augustinus Contra Quinque Haereses*[62] disputans inducit dicens: "Hermes, qui latine Mercurius dicitur, scripsit librum, qui Logos tileos appellatur, id est verbum perfectum". "Audiamus, quid loquatur de verbo perfecto: Dominus, inquit, et omnium factor deorum, secundum fecit dominum". "Hunc fecit primum et verum et solum. Bonus autem ei visus est et plenissimus omnium bonorum". "Laetatus est et valde dilexit eum tamquam unigenitum suum". "Item alio loco dicit: Filius benedicti dei atque bonae voluntatis, cuius nomen O 13 non potest humano ore narrari". "Quem primo factum dixit, postea unigenitum appellavit". "Quantum plenissimus sit, *Iohannes* evangelista dicit[63]: 'De plenitudine eius omnes accepimus'".

[61] Scil. Pseudo-Apuleius.

[62] Pseudo-Augustinus, Adversus quinque haereses c. 3, PL 42, 1102 sq. Ordo sententiarum aliquibus omissis partim ab Abaelardo aliter dispositus est.

[63] Ioh. 1, 16.

Δ [197: Sc. Bileam in Num. 22,22–35, add. U.N.]

Dämonen ausgetrieben und viele Großtaten vollbracht? Ich werde ihnen antworten: Weil ich euch nicht kenne, weicht von mir, die ihr Unrechtes wirkt!'
Wenn Gott aber durch Unrechttuer Wunder wirkt, Weissagungen vermittelt oder beliebig Großes vollbringt, wird dies nicht zum Nutzen derer getan, die er gleichsam als Werkzeuge gebraucht, sondern eher zum Nutzen der anderen, die er durch jene belehren will. Er läßt von den Geschenken seiner Gnade nicht ab und verleiht täglich, spirituell [verstanden] sogar durch unwürdige Diener, die Sakramente der Kirche. Und sein Name wird zum Heil der Gläubigen angerufen. Vortrefflich wirkt Gott – der z. B. mit den Worten eines Esels den Propheten belehrte – auch durch Unwürdige und Ungläubige Großtaten, damit sie nicht, würde er Großes nur durch Große wirken, mehr der Tüchtigkeit und Verdienstlichkeit der Menschen als der göttlichen Gnade zugeschrieben werden.

Zitieren wir zuerst jenen alten und geachteten Philosophen *Mercurius,* den sie wegen seiner Vortrefflichkeit sogar einen Gott nannten. In seinem Disput ‚Gegen fünf Irrlehren' führt [Pseudo-]*Augustin* dessen Zeugnis über die Zeugung des Wortes an: "Hermes, im Lateinischen ‚Mercurius' genannt, verfaßte ein Buch mit dem Titel ‚Logos teleos', d. h. vollendetes Wort. Laßt uns hören, was er vom vollendeten Wort sagt: ‚Der Herr und Schöpfer aller Dinge schuf einen zweiten Herrn. Diesen schuf er als ersten, wahren und einzigen, gut erschien er ihm und vollerfüllt von jeglichem Guten. Er freute sich und liebte ihn sehr wie einen einzigen Sohn'. Ähnlich führt er andernorts aus: ‚Der Sohn des gebenedeiten Gottes und guten Willens, dessen Namen mit menschlichem Mund nicht berichtet werden kann'. Zuerst nannte er ihn ‚geschaffen', danach ‚einziggeboren'. In welchem Maß er vollerfüllt ist, sagt der Evangelist *Johannes:* 'Wir alle haben von seiner Fülle empfangen'."

Revolvatur et ille maximus philosophorum *Plato*[64], qui testimonio sanctorum patrum prae ceteris gentium philosophis fidei christianae accedens totius trinitatis summam post prophetas patenter edocuit, ubi videlicet mentem, quam noym vocat, ex deo natam atque ipsi coaeternam esse perhibuit[65], id est filium, quem sapientiam dicimus[66], ex deo patre aeternaliter genitum.

*De anima mundi*

Qui nec spiritus sancti personam praetermisisse videtur, cum animam mundi esse astruxerit tertiam a deo et noy personam, ubi videlicet in *Timaeo*[67] ait his verbis: "Deus tam antiquitate quam virtutibus praeire animam naturae corporis iussit, dominamque eam et principali iure voluit esse circa id quod tueretur. Itaque tertium genus animae excogitavit".
De hac autem anima, si diligentius discutiuntur ea quae dicuntur tam ab hoc philosopho quam a ceteris, nulli rei poterunt aptari, nisi spiritui sancto per pulcherrimam involucri figuram assignentur.

64 Cf. Ioh. Scottus (Eriugena), De divis. nat. 1. 1 c. 31, PL 122, 476 C: "Plato siquidem philosophantium de mundo maximus".

65 Cf. Macrobius, In Somnium Scipionis I. 1 c. 2 n. 14, ed. 2, Fr. Eyssenhardt (Lipsiae 1893) 482, 12–15: "vel ad mentem, quem Graeci νοῦν appellant, originales rerum species, quae ἰδέαι dictae sunt, continentem, ex summo notam et profectam deo". Ibid. I. 1 c. 6 n. 8, ed. cit. 497, 7–9: "Haec illa est mens ex summo enata deo, quae vices temporum nesciens in uno semper, quod adest, consistit aevo". Cf. infra p. 34. In Theologia christiana (PL 178, 1144A) Abaelardus sententiam ascribit ‚Platoni et sequacibus eius'.

66 Vide supra p. 4 sq. Cf. Guillelm. Campell., Sententiae vel Quaestiones 1, ed. Lefèvre 25: "Hic autem Filius Patris dicitur sapientia . . . Hic iterum dicitur mens sive verbum, in quo Deus Pater formas omnium rerum, quae fuerunt et quae sunt et quae erunt, aeternaliter et simpliciter comprehendit et ad eius similitudinem temporaliter et multipliciter format".

67 34 C, ed. Wrobel 31, 23–32, 1.

Auch beim berühmten Philosophen *Plato* müssen wir nachschlagen. Nach dem Zeugnis der Kirchenväter näherte er sich mehr als die übrigen außerchristlichen Philosophen dem christlichen Glauben an und lehrte in der Nachfolge der Propheten unverhüllt den wesentlichen Inhalt der Trinität. Nach seiner Darlegung stammt der Geist (mens), den er ‚nous' nennt, von Gott ab und ist ihm koetern, mithin [lehrte er] den von Gott Vater ewig gezeugten Sohn, den wir ‚Weisheit' nennen.

### *Über die Weltseele*

*Plato* scheint auch die Person des Hl. Geistes nicht übergangen zu haben. Er bezog die Existenz der Weltseele als dritte Person neben Gott und nous ein, wo er im ‚Timaios' schreibt: "Gott ordnete an, daß die Seele die Natur des Körpers an Alter und Fähigkeiten überragt. Er wollte, daß sie die Herrin ist und das Führungsrecht hat über das, was sie besorgt. Dergestalt ersann er die dritte Gattung der Seele".

Sobald man nun die Behauptungen dieses und anderer Philosophen über die Seele eingehender bedenkt, ist zu sagen: Sie lassen sich mit keiner Sache in Verbindung bringen, es sei denn sie werden vermittels eines schönen Beispiels von *Gleichnisrede* (involucrum) dem Hl. Geist zugemessen.

Hoc quippe loquendi genus philosophis sicut prophetis familiarissimum est, ut videlicet, cum ad arcana prophetiae pervenerint, nihil vulgaribus verbis efferant, sed compara- O 14
tionibus similitudinum lectorem magis alliciant. Quae enim quasi fabulosa antea videbantur et ab omni utilitate remota secundum litterae superficiem, gratiora sunt, cum magnis plena mysteriis postmodum reperta magnam in se doctrinae continent aedificationem. Ob hoc enim teste *Augustino*[68] teguntur, ne vilescant. Quasi enim in latebris dominus quiescere gaudet, ut quo magis se occultat, gratior fit illis quibus se manifestat, et quo magis ex difficultate ⟨scripturae⟩ laboratur, meritum lectoris augeatur. De quo *Psalmista*[69] : 'Posuit, inquit, tenebras latibulum suum', et rursum[70] : 'Tenebrosa aqua in nubibus aeris'. De quo etiam scriptum est in lege[71] : 'Accessit Moyses ad caliginem, in qua erat deus'. Et *Salomon* in *Paralipomenon ait*[72] : 'Dominus pollicitus est, ut habitaret in caligine'. Idem in *Proverbiis*[73] : 'Gloria dei est celare verbum, et gloria regum investigare sermonem'. Qui etiam ad scripturarum obscuritates quasi ad latebras, in quibus inveniatur deus, perscrutandas invitat nos in *Proverbiis* dicens[74] : 'Sapiens animadvertet parabolam et interpreationem, verba sapientium et aenigmata eorum'. Quae quidem tanto cariora sunt intellecta, quanto in his intelligendis maior operae facta est impensa.

Quantum etiam semper philosophia arcana sua nudis publicari verbis dedignata sit et maxime de anima et de diis per fabulosa quaedam involucra loqui consueverit, ille non mediocris philosophus et magni philosophi Ciceronis expositor *Macrobius* diligentissime docet. Remotis enim generibus figmentorum sive fabulosorum, quae philosophos non decent, supposuit illud quod honestissime assumunt. Ait[75] namque, quod quando "sacrarum rerum notio

[68] De doctrina christiana I. 2 c. 6 n. 7, PL 34, 38.
[69] Ps. 17, 12.
[70] Ibid.
[71] Ex. 20, 11 [corr. 20, 21]
[72] 2 Par. 6, 1.
[73] Prov. 25, 2.
[74] Prov. 1, 6.
[75] In Somnium Scipionis I. c.12 n. 11, ed. Eyssenhardt 481, 26–482, 1.

Denn eine solche Redeweise ist den Philosophen genauso vertraut wie den Propheten. Gelangen die letzteren zum entzogenen Teil ihrer Prophetie, sagen sie nichts mit gemeinen Worten heraus, sondern faszinieren eher ihren Leser durch das In-Beziehung-Setzen von Ähnlichkeiten. Was nämlich vorerst ziemlich fabelmäßig vorkam und nach des Buchstabens Oberfläche von jeder Brauchbarkeit entfernt, ist beliebter, sobald es voll großer Geheimnisse erfunden wird und Lehrelemente aufweist. Nach *Augustin* wird es verhüllt, damit es nicht billig und wertlos wird. Der Herr freut sich gleichsam im Schlupfwinkel zu ruhen. Je mehr er sich verbirgt, desto willkommener ist er denjenigen, denen er sich kundtut, und indem er peinvoll aus der schwierigen Schrift erarbeitet wird, nimmt des Lesers Verdienst zu. Dazu der *Psalmist:* 'Er wählte sich die Schatten zum Versteck', und: '[. . .] schattiges Wasser in den Wolken der Luft'. Auch im Gesetz steht: 'Mose trat heran zur Nebelwolke, in der Gott war'. *Salomo* sagt im ‚Paralipomenon': 'Der Herr versprach, in der Wolke zu wohnen'. In den ‚Sprüchen' sagt derselbe: 'Es ist Gottes Ruhm, das Wort zu verbergen, und der Könige Ruhm, seine Rede zu erforschen'. Er lädt uns zur Erforschung der Dunkelheiten der Schrift – gleichsam als der Schlupfwinkel, in denen Gott gefunden wird – ein, wenn er sagt: 'Der Weise [. . .] merkt auf den Gleichnisspruch und seine Deutung, die Worte der Weisen und ihre Rätsel'. Wenn sie gedeutet sind, sind sie umso teurer, je mehr Aufwand an Mühe zu ihrer Deutung betrieben wurde.

Inwiefern auch die Philosophie immer verabscheute, ihr Inneres mit nackten Worten publik zu machen, und sich daran gewöhnte, besonders was die Seele und die Götter anbelangte, durch eine Art fabelmäßige Hüllen zu sprechen, lehrt eingehend jener nicht zu unterschätzende Philosoph und Ausleger des großen Philosophen Cicero, *Macrobius*. Nachdem er von denjenigen Arten von Bildern und Fabelelementen abstrahierte, die für Philosophen unziemlich sind, behandelt er jene Art, die sie voller Respekt gelten lassen. Er sagt: "Wenn das Wissen um heilige Dinge

sub pio figmentorum velamine honestis et tecta rebus et vestita nominibus enuntiatur, hoc est solum figmenti genus, quod cautio de divinis rebus philosophantis admittit". Idem post pauca[76] : "Sciendum est, inquit, non in omnem disputationem philosophos admittere fabulosa. Sed his uti solent, ⟨cum⟩ vel de anima vel de aethereis potestatibus O 15 loquuntur.

Ceterum cum ad summum deum et principem omnium, qui apud Graecos tagaton, qui ⟨et⟩ protopanton nuncupatur, tractatus se audet attollere, vel ad mentem, quam Graeci noym appellant, originales rerum species, quae ideae dictae sunt, continentem, ex summo natam et profectam deo: cum de his, inquam, loquuntur, summo deo et mente, nihil fabulosum penitus attingunt. Sed si quid ⟨de his⟩ assignare conantur quae non sermonem tantummodo, sed cogitationem quoque humanam superant, ad similitudines et exempla confugiunt.

Sic Plato, cum de ‚tagaton' loqui esset animatus, dicere, quid ⟨sit⟩, non ausus est, hoc solum de eo sciens quod sciri, qualis sit, ab hominibus non possit. Solummodo vero ei simillimum solem de visibilibus repperit et per eius similitudinem viam sermoni attollendi se ad non comprehensibilia patefecit.

Ideo et nullum eius simulacrum, cum diis aliis constituerentur, finxit antiquitas; quia summus deus et nata ex eo mens, sicut ultra animam, ita sunt supra naturam, quo nihil fas est de fabulosis pervenire.

De diis ⟨autem⟩, ut dixi, ceteris et de anima non frustra se nec, ut oblectent, ad fabulosa convertunt: sed quia sciunt inimicam ⟨esse⟩ naturae apertam nudamque expositionem sui, quae sicut vulgaribus hominum sensibus intellectum

[76] Macrobius l.c. n. 13–18, ed. cit. 482, 6–483, 12.

unter einem ehrfurchtsvollen Schleier von Bildern, verhüllt und eingekleidet durch ehrenhafte Dinge und Worte, ausgedrückt wird, so ist das die einzige Art von bildlicher Darstellung, welche die Vorsicht desjenigen, der über Göttliches philosophiert, zuläßt". Wenig später [fährt] er [fort]: "Zu beachten ist, daß die Philosophen nicht für jede Erörterung Fabelelemente zulassen. Aber sie pflegen solche zu gebrauchen, wenn sie entweder über die Seele oder über himmlische Mächte sprechen.

Wagt sich eine Abhandlung anderseits zum höchsten Gott und dem Allesüberragenden – bei den Griechen ‚agathon' oder auch ‚protopanton' genannt – zu erheben, oder aber zum Geist, den die Griechen ‚nous' nennen und der alle ursprünglichen ‚Begriffsgestalten' (species) der Dinge, welche als ‚Ideen' bezeichnet werden, enthält und der vom höchsten Gott abgestammt und hervorgegangen ist: Wenn sie nota bene davon sprechen, rühren sie an absolut *keine Fabelelemente*. Wenn sie nun (hiervon) irgendetwas zu kennzeichnen versuchen, das nicht nur die Rede, sondern auch menschliches Denken überschreitet, nehmen sie Zuflucht bei Ähnlichkeiten und Beispielen.

Als z. B. *Plato* in hoher Begeisterung vom ‚agathon' sprach, wagte er nicht zu sagen, was es ist. Er wußte von ihm nur, daß seine Beschaffenheit von den Menschen nicht gewußt werden kann. Hinsichtlich sichtbarer Dinge fand er einzig in der Sonne ein ihm gut Vergleichbares. Mittels deren Ähnlichkeit eröffnete er für die Rede, die sich zum Nichtfaßbaren erhob, einen Weg.

Deshalb formte das Altertum auch keine Statue von ihm, obgleich solche für andere Gottheiten errichtet wurden. Denn der höchste Gott und der von ihm abgestammte Geist sind ebensowohl jenseits der Seele wie über der Natur. Kein Fabelelement ist dahin zu gelangen befugt.

Was wie gesagt die übrigen Götter und die Seele betrifft, wenden sie sich weder vergeblich, noch bloß zum Scherz Fabelelementen zu, sondern weil sie wissen, daß der Natur ihre offene und ungeschützte Erörterung zuwider ist. So wie die Natur durch mannigfaltigen Schleier und Bedekkung den sie betreffenden Einblick den gewöhnlichen Sin-

sui vario ⟨rerum⟩ tegmine operimentoque subtraxit, ita a prudentibus arcana sua voluit per fabulosa tractari. Sic ipsa mysteria figurarum cuniculis operiuntur, ne vel haec adeptis nudam rerum talium natura se praebeat, sed summatibus tantum viris sapientia interprete sui arcani conscìis, contenti sint reliqui ad venerationem figuris defendentibus a vilitate secretum".

Ex hac itaque Macrobii traditione clarum est ea quae a philosophis de anima mundi dicuntur, per involucrum accipienda esse. Alioquin summum philosophorum[77] Platonem summum stultorum esse deprehenderemus. Quid enim magis ridiculosum, quam mundum totum arbitrari unum esse O 16 animal rationale, nisi hoc per integumentum sit prolatum? Animal quippe esse non potest, nisi sensibile sit, cum sit nota diffinitio animalis[78]: substantia animata sensibilis. Quis autem ex quinque sensibus mundo inesse poterit, nisi forte tactus, qui omnibus est communis animalibus? Desunt quippe ei ceterorum sensuum instrumenta ipso attestante *Platone,* ubi videlicet ostendit[79], quare ei aut oculi aut ceterae partes humani corporis necessariae non fuerint. At vero, quae est pars corporis mundi, qua ipse, si tangatur, sentire queat magis quam arbores vel plantae, quas terrae radicitus affixas eadem anima vivificari dicunt?[80] Numquid ex effossione terrae potius sentiet mundus, quam arbores ex frondium avulsione vel totius corporis sui abscisione? Arbores autem et quaslibet plantas insensibiles esse constat, ideoque ad exclusionem earum in diffinitione animalis post ‚animatum' ponitur ‚sensibile'.

Praeterea cum dicant[81] animam mundi singulis infusam corporibus ea animare quae ad animandum apta repperit,

[77] Cf. Ioh. Scottus, De divis, nat. I. 3 c. 36, PL 122, 728 A: "Plato vero, philosophorum summus".

[78] Boethius, In Isagogen Prophyrii Ed. 1, I. 1 c. 7, ed. S. Brandt (Vindobonae-Lipsiae 1906, CSEL 48) 18, 8 sq.

[79] Timaeus 33 C sq., ed. Wrobel 30, 8–31, 4.

[80] Cf. infra p. 40 et nota 86.

[81] Cf. infra p. 40.

nen der Menschen entzog, wünschte sie, daß ihr Inneres von Diskreten durch Fabelelemente abgehandelt wird. Dergestalt wurden die Geheimnisse durch die ‚tiefen Wege' (cunicula) der Bild- und Rätselreden verschlossen, damit sich die Natur solcher Dinge nicht nackt Lehrlingen preisgebe, sondern ausschließlich hochstehenden Männern. Mit der Weisheit als Dolmetscherin sind sie sich ihres Innerlich-Entzogenen bewußt. Mögen es die übrigen bei Verehrung bewenden lassen, dieweil die figürliche Rede das Entzogene vor Nichtigwerdung schützt."

Aus diesem Bericht des *Macrobius* geht hervor, daß dasjenige, das von den Philosophen betr. die Weltseele gelehrt wird, *gleichnishaft* aufzufassen ist. Sonst hätten wir zu tadeln: Der überragende Philosoph Plato ist der ausgemachteste Dummkopf. Denn was ist lächerlicher als die These: "Die ganze Welt ist Ein vernünftiges Lebewesen", außer man lehrte dies durch eine Gleichnisrede (integumentum)?
Denn ein Lebewesen kann nur sein, was empfindungsfähig ist, da die bekannte Definition von Lebewesen lautet: "eine beseelte und empfindungsfähige Substanz". – Welcher der fünf Sinne könnte nun der Welt einwohnen außer evt. der Tastsinn, der allen ‚beseelten Wesen' (omnia animalia) gemeinsam ist? Nach *Plato* fehlen der Welt nämlich die Werkzeuge der übrigen Sinne; er zeigt, warum für sie weder die Augen noch die übrigen menschlichen Körperteile nötig gewesen sind. In der Tat: Gibt es einen Teil des Weltkörpers, dadurch sie, wenn sie berührt wird, mehr empfinden könnte als Bäume oder Pflanzen? Von letzteren sagt man, daß sie der Erde wurzelhaft angeheftet sind und durch ein und dieselbe Seele belebt werden. Wird etwa die Welt beim Umgraben der Erde eher empfinden als die Bäume beim Verlust ihres Laubes oder bei der Fällung ihres ganzen Körpers? Zum andern sind Bäume und beliebige Pflanzen gewiss empfindungslos; um sie auszuschließen, wird daher in der Definition von Lebewesen ‚empfindungsfähig' (sensibilis) zu ‚beseelt' (substantia animata) hinzugefügt.

Unter der Voraussetzung, daß die den einzelnen Körpern eingegossene Weltseele (anima mundi) diejenigen, die

quid opus erat creatione nostrarum animarum, quas postea factas esse *Plato*[82] commemorat? Aut quid opus est animam mundi his corporibus inesse quae non animat? Quid enim evidentius est, quam corpora nostra ex propriis animabus humanis magis quam ex anima mundi vitam animalem habere? His quippe praesentibus animabus statim animata sunt et eisdem absentibus inanimata, licet, ut aiunt[83], in eisdem anima mundi etiam post mortem perseveret, quae in omnibus tota est corporibus. At vero quid est, quod absentibus humanis animabus anima mundi corpora nostra, licet eis insit, animare non sufficit, cum ipsa teste *Platone*[84] cunctis invisibilibus praestantior a praestantissimo auctore facta sit? Numquid minoris efficaciae est in nobis quam ceterae animae, aut iam corpora ⟨nostra⟩ O 17 defuncta non sunt idonea ad animandum, sicut antea erant praesentibus humanis animabus? Potest ex uno corpore innumeros vermes vivificare, cum iam ipsum corpus non valet animare? Quae deest aptitudo defuncto corpori, ne nunc quoque animetur, nisi tantum praesentia humanae animae, quae et praesens corpus vivificat et recedens ipsum mortificat? Quod si ad involucrum deflectamus ea quae de anima mundi magnus philosophorum astruit, facile est rationabiliter cuncta accipi nec a sacrae fidei tenore exorbitare.

## Capitulum VI

Conferant humanae animae corporibus nostris animalem vitam; conferat anima mundi, quam spiritum sanctum[85]

[82] Cf. Timaeus 36 D sq., ed. Wrobel 34, 15–18.

[83] Cf. Ioh. Scottus, De divis. nat. l. 3 c. 36, PL 122, 728 A: „Plato vero, philosophantium summus, et qui circa eum sunt, non solum generalem mundi vitam asserunt, verum etiam nullam speciem corporibus adhaerentem, neque ullum corpus vita privari fatentur, ipsamque vitam, seu generalem, seu specialem, vocare animam fiducialiter ausi sunt". L. c. 729 B: "Nam corpora, quae nostris sensibus videntur veluti mortua, non omnino vita relinquuntur".

[84] Cf. Timaeus 30 B sqq., ed. Wrobel 26, 23–27, 16.

[85] Cf. Guillelmus de Conchis, Philosophia, ed. C. Ottaviano: Un

sie für geeignet hält, belebt, fragt sich außerdem: Warum war die Schöpfung unserer – nach *Plato* später geschaffenen – Seelen nötig? Oder warum ist [umgekehrt] nötig, daß die Weltseele unseren Körpern, die sie nicht belebt, einwohnt? Liegt es nicht auf der Hand, daß unsere Körper mehr aus den eigenen menschlichen Seelen als aus der Weltseele ihr beseeltes Leben erhalten? Denn mit dem Vorhandensein unserer Seelen sind unsere Körper sogleich belebt und bei deren Verlust unbelebt, obwohl die Weltseele in den Körpern nach dem Tod fortdauern soll (sie ist als ganze in allen Körpern). Weshalb reicht beim Verlust der menschlichen Seelen die Weltseele nicht zu, unsere Körper zu beleben (obwohl sie ihnen einwohnt)? Wurde sie nach *Plato* doch vom Meisterschöpfer als dasjenige, das alles Unsichtbare überragt, geschaffen. Ist sie etwa in uns von geringerer Wirksamkeit als die übrigen Seelen? Oder sind die schon verstorbenen Körper nicht mehr für eine Belebung gerüstet, wie sie es zuvor waren bei Anwesenheit der menschlichen Seelen? Kann die Weltseele aus einem einzigen Leichnam unzählige Würmer ins Leben rufen, obwohl sie ihn selbst nicht mehr zu beleben vermag? Welche Ausrüstung mangelt dem verstorbenen Körper, um jetzt nicht auch belebt zu werden, abgesehen von der Anwesenheit der menschlichen Seele, welche als gegenwärtige den Körper dem Leben gibt und ihn als entweichende dem Tod anheimgibt? – Wenn wir im folgenden *als Hüllrede* interpretieren, was der große Philosoph über die Weltseele lehrte, fällt es leicht, das Ganze vernünftig aufzufassen, ohne aus dem Lehrzusammenhang des Hl. Glaubens auszubrechen.

## Sechstes Kapitel

*++ Plato abaelardianus*

Die menschlichen Seelen verleihen unseren Körpern seelisches Leben. Die *Weltseele,* worunter Plato den Hl. Geist be-

intellexit, ipsis animabus vitam spiritualem distributione suorum donorum, ut sint singulae animae vita corporum: spiritus autem sanctus vita animarum, quas virtutibus vegetando ad bonorum ⟨operum⟩ profectum promovet. Quodam itaque modo animae nostrae corpora quaedam spiritus sancti dicendae sunt, quas ipse per aliquod gratiae suae donum inhabitat et virtutibus vivificat.

Sed et illud quod aiunt[86] animam totam singulis corporibus infusam omnia vivificare atque animare quae ad animandum idonea repperit, nulla ipsorum duritia vel ⟨densitatis⟩ natura impediente: pulchrum est involucrum, quia O 18
caritas dei, quam spiritum sanctum dicimus, cordibus humanis per fidei sive rationis donum primitus infusa quaedam vivificat ad bonorum fructum operum nos promovendo, ut vitam assequamur aeternam, et in quibusdam ipse spiritus vacare dicitur pravitatis eorum duritia repugnante.

Illud quoque quod ait *Plato*[87] animam locatam esse a deo in medietate mundi[88] eamque per omnem globum

brano inedito della „Philosophia" di Guglielmo di Conches (Napoli 1935) 47: "Sunt et alii quibus anima mundi nichil aliud quam divina benignitas vel spiritus sanctus esse videtur; ipsa enim cuncta vivificat, tam superiora quam inferiora regit atque gubernat. Secundum hanc sententiam nituntur exponere ea quae de anima mundi reperiuntur in Platone". Abaelardus aliquantum aliter interpretatur animam mundi, nempe de ‚vita spirituali' a spiritu sancto animabus collata.

[86] Cf. Guillelmus de Conchis, Philosophia, ed. Ottaviano 47: "Est aliorum sententia qui dicunt animam mundi esse quemdam vigorem omnibus rebus inhaerentem. Hic est vigor qui lapidibus dat esse, herbis et arboribus vivere, animalibus sentire, hominibus ratiocinari; hic est illud Virgilii: „Omnia spiritus intus alit . . . quantum non noxia corpora tardant". Durissima etenim ut marmora ab illo vigore non possunt vegetari, cum firmamentum et planete ab ipso voluantur. His nichil inest contrarietatis. Nisi forte si concesserit. Hec anima mundi est anima, vel aliqua anima: cum ipsa sit in homine et anima hominis similiter, videtur posse probari quod due anime sint in homine. Hec sententia ab omnibus fere celebratur, et secundum hanc quicquid Plato dicit de anima mundi convenienter assignatur". Cf. Macrobius, In Somn. Scipionis I. 1 c. 14 n. 14, ed. Eyssenhardt 541, 21–542, 3.

[87] Timaeus 34B, ed. Wrobel 31, 10–15.

[88] Quod quidem tempore Abaelardi a quibusdam ad verbum

griff, verleiht diesen selben Seelen durch Austeilung seiner Gaben *spirituelles Leben.* Dergestalt sind die individuellen Seelen das Leben der Körper, der Hl. Geist dagegen das Leben der Seelen, das er zum Fortschritt in guten Werken bewegt, indem er sie rücksichtlich ihrer Tugenden stärkt. Unsere Seelen müssen daher gewissermaßen ‚Körper' des Hl. Geistes genannt werden, die er durch irgendein Angebot seiner Gnade bewohnt und hinsichtlich ihrer Tüchtigkeiten belebt.

Auch jene These, wonach die Seele als ganze den individuellen Körpern eingegossen ist und all diejenigen *belebt und beseelt,* die sie zur Belebung geeignet findet, sofern nicht ihre Härte oder eine Eigenschaft der Undurchdringlichkeit es verhindert, ist eine schöne Hüllrede. Denn die Liebe Gottes, die wir ‚Hl. Geist' nennen und die den menschlichen Herzen anfänglich durch das Angebot des Glaubens und der Vernunft eingegossen wurde, belebt einige zur Frucht guter Werke. Sie veranlaßt uns, nach dem ewigen Leben zu trachten. Aber bei anderen bleibt, wie man sagt, derselbe Geist müßig, weil die Härte ihrer Verkehrtheit ihn behindert.

* *Platos* Beschreibung, wonach die Seele von Gott *in der Mitte der Welt* angeordnet wurde und sich gleichförmig

teretis orbis aequaliter porrigi, pulchre designat gratiam dei omnibus communiter oblatam cuncta, prout salubre vel aequum est, benigne in hac magna domo sua seu templo disponere. His autem illud *libri Sapientiae*[89] aperte concinit: 'Spiritus domini replevit orbem terrarum' etc., atque illud *Psalmistae*[90] : 'Spiritu oris eius omnis virtus eorum'.

Quod vero totum mundum unum animal[91] *Plato* dicit, maximam concordiam[92] universorum operum dei demonstrat quasi membrorum diversorum in uno corpore animalis, quibus omnibus una praeest anima singulis tota praesens et in diversis una et eadem operans diversa. Sic et *Apostolus,* cum unitatem ecclesiae demonstrat, eam unum corpus Christi appellat[93] per quosdam nexus et compagines fidei et caritatis ex diversis fidelibus coniunctum, ita sibi invicem servientibus vel administrantibus quasi diversa membra in uno corpore, ex quibus alterum alterius eget obsequio.

Huic etiam involucro, de positione scilicet animae in medio locatae mundi, hoc est de divina gratia communiter omnibus oblata, ipsa etiam divina facta manifeste concordant, cum videlicet doctrinam suam et verae religionis cultum propagaturus dominus in mundo Ierusalem, quae in medio terrae est, elegit, quam caput regni sui constituit, O 19
in qua primum ad magnificandum cultum suum aedificari sibi templum quasi regale palatium voluit: ubi etiam

interpretabatur, sicut refert Guillelmus de Conchis, Comment. in Boethii De consolatione philosophiae, ed. Ch. Jourdain, Des commentaires inédits de Guillaume de Conches et de Nicolas Triveth sur la Consolation de la philosophie de Boèce: Notices et extraits des manuscrits de la Bibliothèque impériale 20, 2 (Paris 1862) 76: "Quidam ita intellexerant animam mundi esse mediam, non quod esset in omnibus, sed in medio mundi posita, id est in sole, et inde vires suas et potestates in corpore mitteret; quod quia aperte falsum est, postponatur".

[89] Sap. 1,7.

[90] Ps. 32, 6.

[91] Timaeus 30 B, ed. Wrobel 26,23–27,3.

[92] Timaeus 30 D, ed. cit. 27, 15: "convenientia cuncta".

[93] Eph. 4,15 sq.

über den ganzen Kreis der runden Erde hin ausbreitet, ist ein schönes Symbol: Die allen gemeinsam angebotene Gnade sorgt, wie es heilsam und gerecht ist, gütig für das Ganze in diesem ihrem großen Haus oder Tempel. Damit harmoniert jener Spruch des Weisheitsbuches: 'Der Geist des Herrn erfüllte den Erdkreis' und jenes Psalmwort: '[...] durch den Geisthauch seines Mundes [ist] all ihre Stärke'.

Indem *Plato* die ganze Welt *als ein einziges Lebewesen* charakterisiert, weist er auf die erhabene Harmonie aller Werke Gottes. Sie sind vergleichbar den mannigfachen Gliedern am Körper eines Tieres, die alle *eine* Seele lenkt. Sie ist in ihrer Gänze für die einzelnen Glieder da und wirkt als ein und dieselbe in den verschiedenen verschiedenerlei. So spricht der *Apostel,* wenn er auf die Einheit der Kirche weist, von dem *einen* Körper Christi. Dieser ist dergestalt durch Bande des Glaubens und Bünde der Liebe aus den verschiedenen Gläubigen vereinigt, daß man sich im Wechsel dient und unterstützt wie die verschiedenen Glieder in einem Körper, von denen das eine des anderen Nachgiebigkeit bedarf.

Mit dieser Hüllrede über die Lage der mitten in der Welt plazierten Weltseele, d. i. der allen gemeinsam angebotenen göttlichen Gnade, stimmen die Heilstatsachen offenkundig überein: In der Absicht, seine Lehre und die Praxis der wahren Religion in der Welt zu verbreiten, wählte der Herr *Jerusalem,* das in der Mitte der Welt gelegen ist. Er bestimmte Jerusalem zum Hauptsitz seines Königtums und wünschte, daß Ihm als erstes zur Verherrlichung seines Gottesdienstes ein Tempel, sozusagen ein königlicher Pala-

uberrimam spiritus sancti gratiam apostolis infudit, qua per eos totus spiritualiter vegetaretur mundus. Unde scriptum[94] est: 'Deus autem rex noster ante saecula, operatus est salutem in medio terrae', et rursus[95]: 'De Sion exibit lex, et verbum domini de Ierusalem'. Hic plantata est vinea, quae 'extendit[96] palmites suos usque ad mare' etc., Δ ⟨cum⟩ hinc 'vitis vera' Christus apostolis suis quasi palmitibus per universum orbem directis universum mundum ubertate doctrinae spiritualis inebriavit.

Sed et illud aliud *Platonis* involucrum, quod animam mundi asserit[97] ex dividua et individua constare substantia, sive ex eodem et diverso, diligenter spiritum sanctum describit tam secundum essentiam suam, quod unum est cum patre et filio, quam secundum diversitatem personae, qua alius est a patre et filio, quam secundum multitudinem operum suorum, quae ipse multiplicia facit simplex in se omnino perseverans.

Quod enim ex individua substantia et dividua esse dicitur, tale est, quod cum ipsa in se omnino sit simplex, multiplex quodammodo est per diversitatem operum. Unde et nonnunquam ipse septem spiritus[98] appellatur secundum septiformis gratiae dona. De quo etiam, cum laus sapientiae describeretur, dictum[99] est: 'Est in illa spiritus intellectus, spiritus unicus, multiplex, subtilis, mobilis'. Et paulo post[100]: 'humanus, stabilis'. Ex eodem autem et diverso spiritus esse dicitur, quia et idem est in substantia cum patre et filio et diversus in persona.

Cui denique *Philosophus* omnem numerorum consonan-

[94] Ps. 73,12. Cf. Glossa ordinaria: Ps. 73, 12, PL 113, 960 D: "Cassiodorus: Homo factus, Ierusalem dicitur esse in medio".

[95] Is. 2, 3.

[96] Ps. 79,12.

[97] Timaeus 35 A, 32,2–11.

[98] Cf. Is. 11, 2 sq.; Abaelardus, Expositio in Epist. ad Rom. l. 1, PL 178, 803 B: "multiplex eius seu septiformis Spiritus, qui etiam septem spiritus nonnunquam dicitur, sicut septiformis gratiae dona".

[99] Sap. 7, 22.

[100] Sap. 7, 23.

Δ [55: Ioh. 15, 1–8]

tin, errichtet werde. Dort goß er den Aposteln dann die überreiche Gnade des Hl. Geistes ein, durch welche (bei Vermittlung der Apostel) die ganze Welt geistlich zu nähren sei. Deshalb steht geschrieben: 'Aber Gott ist mein König von alters her, er wirkte das Heil inmitten der Erde', und wiederum: 'Von Zion wird das Gesetz ausgehen, und des Herrn Wort von Jerusalem'. Hier wurde der Weinstock gepflanzt, der 'seine Reben ausbreitete bis ans Meer' etc. Denn von hier aus machte 'der wahre Weinstock' Christus – indem sich seine Apostel gleich Reben über den ganzen Erdkreis entfalteten – mit der Fruchtbarkeit seiner geistlichen Lehre die ganze Welt trunken.

Aber auch jene andere Hüllrede *Platos,* wonach die Weltseele *aus teilbarer und unteilbarer Substanz* besteht oder aus Demselben und Verschiedenen, beschreibt eingänglich den Hl. Geist: Gemäß seiner Essenz ist er einer mit Vater und Sohn, aber nach der Verschiedenheit der Person ist er ein anderer als Vater und Sohn. Was die Vielzahl seiner Werke betrifft, so wirkt er sie als vielzählige, wobei er als in sich einfach beharrt.

‚Aus einer unteilbaren und einer teilbaren Substanz sein' bedeutet: Obwohl er kraft der Substanz in sich gänzlich einfach ist, ist er doch irgendwie durch die Verschiedenheit der Werke vielfältig. Deswegen nannte man ihn bisweilen auch ‚Siebengeist' entsprechend den Geschenken einer siebenförmigen Gnade. Indem man das Lob der Weisheit umschrieb, hieß es: 'Es gibt in ihr einen Geist der Einsicht [. . .] einen einigen Geist, einen vielfältigen, subtilen [. . .] mobilen', und wenig später: 'einen humanen [und] beständigen'. Der Geist ist anderseits ‚aus Demselben und Verschiedenem', weil er in der Substanz übereinkommt mit Vater und Sohn, in der Person verschieden [von ihnen] ist.

Schließlich hat ihm der *Philosoph* [Boethius] die ganze

tiam tribuit[101], ut in divinae gratiae bonitate universarum rerum concordiam consistere doceat: omnis quippe ordo naturae et concinna dispositio numerorum proportionibus vestigatur atque assignatur, et omnium perfectissimum O 2( exemplar numerus occurrit, qui rebus congruit universis[102]; quod quidem eos non latet, qui philosophiae rimantur arcana[103]. Hinc est etiam quod arithmetica, quae tota circa proportiones numerorum consistit, mater et magistra ceterarum artium dicitur[104]: quod videlicet ex discretione numerorum ceterarum rerum vestigatio doctrinaque pendeat.

Potest et aliter illud intelligi, quod ait Plato, animam mundi ex dividua et individua constare substantia, et rursus ex eodem et diverso, ita quidem, ut in his verbis totam distinguat vim rationis ipsius spiritus, ex qua ipse ‘spiritus sapientiae sive intellectus aut scientiae’ dictus[105] est. Tota quippe deliberatio cuiuslibet rei cognoscendae in his quattuor consistit, secundum quae integre quaeque res tam in se ipsa quam in comparatione aliarum rerum consideratur: in se ipsa quidem, dum eam secundum propriam essentiam aut simplicem aut compositam respicimus, hoc est individuam sive dividuam. Et haec est prima naturaliter consideratio de quacumque re ad eius naturam vestigandam, ut videlicet primum ipsam in se consideremus, an ipsa eius substantia simplex sit, an non; deinde in comparatione aliarum, in quo scilicet cum aliis rebus eadem sit vel diversa, hoc est similis vel dissimilis. Constat itaque anima ex dividua et individua substantia, vel ex eodem et diverso,

101 Boethius, De institutione arithmetica I. 1 c. 1, ed. G. Friedlein (Lipsiae 1867) 10, 13–15.

102 Boethius, l. c. 12, 14–20.

103 Cf. Ioh. Scottus, De divis. nat. l. 3 c. 11, PL 122, 651 D sq.: “omnium rerum visibilium et invisibilium infinita multitudo iuxta regulas numerorum, quas arithmetica contemplatur, substantiam accipit, teste primo ipsius artis repertore Pythagora, summo philosopho, qui intellectuales numeros substantias rerum omnium visibilium et invisibilium esse certis rationibus affirmat”.

104 Boethius, l. c. 10, 8–10.

105 Is. 11, 2.

Harmonie der Zahlen zugeordnet, wenn er lehrt: Die Übereinkunft aller Dinge besteht in der Güte der göttlichen Gnade. Jede Ordnung und ausgewogen-feine Anlage der Natur ist gebahnt und ausgemessen nach zahlenmäßigen Proportionen. Als vollendetstes Urbild von allem trifft man auf die Zahl, die allen Dingen entspricht. Das ist denjenigen, die das Innerste der Philosophie erforschen, nicht entgangen. Daher rührt, daß die Arithmetik, welche sich mit den Verhältnissen der Zahlen abgibt, "Mutter und Lehrerin" der übrigen Disziplinen genannt wird. Denn von der Unterscheidung der Zahlen hängen die Forschung und Lehre über alle anderen Dinge ab.

Jene platonische These, wonach die Weltseele aus teilbarer und unteilbarer Substanz, bzw. aus Demselben und dem Verschiedenen besteht, kann auch anders interpretiert werden, nämlich dergestalt, daß er in diesen Worten die ganze Vernunftkraft dieses Geistes hervorhebt, aufgrund welcher man ihn 'Geist der Weisheit, der Einsicht und des Wissens' hieß. Besteht doch die vollständige Erwägung einer beliebigen zu erkennenden Sache in vier Stücken. Ihnen gemäß wird die jeweilige Sache korrekt sowohl an sich selber, als im Vergleich zu anderen Dingen betrachtet: an sich selber, sobald wir sie ihrer eigenen Essenz nach als einfach oder zusammengesetzt beurteilen, d. h. als unteilbar oder teilbar. Dies ist auch der von Natur aus erste Hinblick in Erforschung einer beliebigen Sache: Wir betrachten sie nämlich zuerst an sich selber, ob ihre Substanz einfach ist oder nicht; hernach im Vergleich zu anderem, worin sie nämlich mit anderen Dingen übereinkommt oder davon verschieden ist, mithin ähnlich oder unähnlich. – ‚Die Seele besteht aus teilbarer und unteilbarer Substanz, bzw. aus Demselben und Verschiedenem'

hoc est valet unamquamque rem veraciter deliberare, an simplex sit, an composita in se; et rursum, in quo cum alio eadem sit aut diversa.

Illud autem in quo non mediocriter errasse *Plato* et videtur et dicitur, illud, inquam, quod animam mundi factam esse dicit[106], hoc est initium habuisse, cum constet apud omnes vere catholicos tres personas in divinitate per omnia sibi coaequales et coaeternas esse: si diligentius attendatur, a veritate non exorbitat, sicut *postmodum*[107] ostendemus de processione spiritus disserentes.

Non enim sine causa hic philosophus prae ceteris commendatur ab omnibus, non solum a peritis saecularium artium[108], verum etiam a sanctis. De quo pater *Augustinus* in libro VIII *De Civitate Dei*[109]: "Mirantur, inquit, quidam nobis in Christi gratia sociati, cum audiunt vel legunt Platonem, eum de deo ista sensisse quae multum congruere veritati nostrae religionis agnoscunt. Unde nonnulli putaverunt eum, quando perrexit in Aegyptum, Ieremiam audisse vel scripturas propheticas in eadem peregrinatione legisse. Sed diligenter computata temporum ratio, quae chronica historia continetur, Platonem indicat a tempore, quo prophetavit Ieremias, centum ferme annos postea natum fuisse. Qui cum octoginta et unum vixisset, ab anno mortis eius usque quo Ptolomaeus rex Aegypti scripturas propheticas per septuaginta Hebraeos, qui etiam Graecam linguam noverant, interpretandas habendasque curavit, anni reperiuntur ferme sexaginta. Quapropter in illa peregrinatione sua Plato nec Ieremiam videre potuit tanto ante defunctum nec easdem scripturas legit in Graeco, quae

O 2

[106] Cf. supra p. 38, 341 sqq.

[107] Cf. infra p. 250 sqq.

[108] Cf. Adelardus Bathensis, De eodem et diverso, ed H. Willner, Des Adelard von Bath Traktat De eodem et diverso (Beiträge zur Gesch. der Phil. d. Mittelalt. 4, 1, Münster 1893) p. 4, 2: "a principe philosophorum"; cf. Ioh. Scottus, De divis. nat. I. 1 c. 31, PL 122, 476 C: "Nam et saecularium Philosophorum et catholicorum Patrum de hac quaestione sententias cognovimus. Plato siquidem, philosophantium de mundo maximus . . .". Vide etiam supra p. 36, 311.

[109] c. 11, CSEL 40, 371 sq.; PL 41, 235.

bedeutet: Sie vermag jegliche Sache wirklich zu erwägen, ob sie an sich einfach oder zusammengesetzt ist und worin sie anderem gleich oder ungleich ist.

Nun [kommen wir] zu jenem Lehrpunkt, in dem *Plato* beträchtlich in die Irre gegangen sein soll. Er sagt, daß die *Weltseele geschaffen* wurde, mithin daß sie einen Anfang hatte, obwohl bei allen wirklich Rechtgläubigen gilt, daß sich die drei Personen in der Gottheit in allem ebenbürtig und koetern sind. Wenn diese These sorgsamer untersucht wird, weicht sie von der Wahrheit nicht ab, wie wir später bei Erörterung des Hervorgangs des Geistes [S. 251ff.] zeigen werden.

Nicht grundlos wird vor den übrigen dieser Philosoph von allen empfohlen, nicht nur von den Weltweisen, sondern auch von den Gottesgelehrten (sancti). Der Kirchenvater *Augustin* sagt im 8. Buch seines ‚Gottesstaates': “Gewisse Personen, die uns in der Gnade Christi verbunden sind, verwundern sich, wenn sie von *Plato* hören oder lesen. Er erspürte über Gott Dinge, von denen sie anerkennen, daß sie in hohem Grad mit der Wahrheit unserer Religion übereinstimmen. Einige meinten daher, daß er auf seiner Reise nach Ägypten *Jeremia* gehört oder die prophetischen Schriften gelesen habe. Aber eine genaue Zeitberechnung, wie sie in einer Chronik enthalten ist, beweist, daß Plato fast hundert Jahre nach der Zeit geboren wurde, in der Jeremia weissagte. Da er [anderseits] einundachzig Jahre lebte, werden fast sechzig Jahre gezählt von seinem Todesjahr bis auf die Zeit, zu der Ptolemäus, der König von Ägypten, die prophetischen Schriften durch siebzig mit der griechischen Sprache vertraute Hebräer übersetzen und herausgeben ließ [die Septuaginta]. Folglich konnte Plato auf jener Reise weder den soviel früher verstorbenen Jeremia sehen, noch las er besagte Schriften (weil sie noch nicht übersetzt waren) im Griechischen, es

nondum fuerant in Graecum translatae, nisi forte, quia fuit acerrimi studii, sicut Aegyptias ita et istas per interpretem didicit".

Cum autem in omni doctrina philosophiae Platonica secta enituerit, iuvat etiam quorundam Platonicorum testimonia inferre, quae idem pater *Augustinus* in VII *Confessionum*[110] commemorat in scripturis eorum se repperisse; in quibus quidem tota fere fidei nostrae summa circa divinitatem verbi apertissime continetur, sicut ipsa postmodum tradita est a summis scriptoribus novi testamenti, Iohanne scilicet et Paulo apostolis.
Ait quippe Augustinus ibidem ad deum sermonem inten- O 2
dens: "Procurasti mihi per quendam hominem immanissimo typho turgidum quosdam Platonicorum libros ex Graeca lingua in Latinam versos; et ibi legi, non quidem his verbis, sed hoc idem omnino multis et multiplicibus suaderi rationibus, quod 'in[111] principio erat verbum, et verbum erat apud deum, et deus erat verbum. Hoc erat in principio apud deum, omnia per ipsum facta sunt et sine ipso factum est nihil, quod factum est. In ipso vita erat, et vita erat lux hominum, et lux in tenebris lucet, et tenebrae eam non comprehenderunt'. Et quia hominis anima, quamvis 'testimonium[112] perhibeat de lumine', non est tamen ipsa lumen, sed verbum deus est lumen verum, quod 'illuminat[113] omnem hominem venientem in hunc mundum'; et quia 'in[114] hoc mundo erat, et mundus per eum factus est, et mundus eum non cognovit'. Quia vero 'in[115] sua propria venit, et sui eum non receperunt, quotquot autem receperunt eum, dedit eis potestatem filios dei fieri credentibus in nomine eius', non ibi legi. Item legi ibi, quia ver-

110 c. 9 n. 13, CSEL 33, 154 sq.; PL 32, 740 sq.
111 Ioh. 1, 1–5.
112 Ioh. 1, 7.
113 Ioh. 1, 9.
114 Ioh. 1, 10.
115 Ioh. 1, 11 sq.

sei denn er lernte auch diese Schriften – er war ja von leidenschaftlichster Wißbegier – so wie die ägyptischen durch einen Dolmetsch kennen."

*++ Heidnische Weisheit in Lehre und Lebensführung*

Wenn nun in der philosophischen Lehre überhaupt die Anhängerschaft Platos hervorsticht, hilft es, auch die Aussagen gewisser Platoniker anzuführen, die *Augustin* im 7. Buch seiner ‚Bekenntnisse' in ihren Schriften gefunden zu haben erwähnt. Offensichtlich ist in ihnen fast das Ganze unseres Glaubens an die *Göttlichkeit des Wortes* enthalten, wie es später von den wichtigsten Autoren des Neuen Testamentes, den Aposteln Johannes und Paulus, gelehrt wurde.

Denn es sagt *Augustin* in einer an Gott gerichteten Rede am gleichen Ort: "Du verschafftest mir über einen gewissen, durch enormen Stolz aufgeblasenen Menschen einige vom Griechischen ins Lateinische übertragene Bücher der *Platoniker.* Dort stellte ich fest, daß zwar nicht mit diesen Worten, aber doch die völlig gleiche Idee in zahlreichen und vielgestaltigen Argumenten erörtert wird: 'Am Anfang war das Wort, und das Wort war bei Gott, und Gott war das Wort. Es war am Anfang bei Gott, alles wurde durch es geschaffen und ohne es wurde nichts geschaffen, was geschaffen wurde. In ihm war das Leben, und das Leben war das Licht der Menschen. Und das Licht scheint in der Finsternis, aber die Finsternis hat es nicht begriffen.' Des weiteren las ich, daß des Menschen Seele, obgleich 'sie Zeugnis gibt vom Licht', nicht dennoch selbst Licht ist, sondern daß das Wort, Gott, das wahre Licht ist, das 'jeden in diese Welt kommenden Menschen erleuchtet; daß es in dieser Welt war, und die Welt durch ihn (verbum deus) geschaffen wurde, und die Welt ihn nicht erkannt hat.' Aber ich las dort *nicht,* daß er 'in sein Eigentum kam, und die Seinen ihn nicht aufnahmen. Wieviele ihn aber aufnahmen, die ermächtigte er, Kinder Gottes zu werden, weil sie an seinen Namen glaubten.' Zum andern las ich dort, daß Gott

bum deus 'non[116] ex carne, non ex sanguine, non ex voluntate viri, neque ex voluntate carnis, sed ex deo natum est'. Sed quia 'verbum[117] caro factum est et habitavit in nobis', non ibi legi. Indagavi in illis litteris multis modis dictum quod sit filius 'in[118] forma patris non rapinam arbitratus esse aequalis deo', quia naturaliter idipsum est. Sed quia 'semetipsum[119] exinanivit, formam servi accipiens in similitudinem hominum factus et habitu inventus ut homo; humiliavit semetipsum factus oboediens usque ad mortem, mortem autem crucis, propter quod et deus eum exaltavit a mortuis et donavit ei nomen, quod est super omne nomen, ut in nomine Iesu omne genu flectatur caelestium, terrestrium, et infernorum, et omnis lingua confiteatur, quia dominus Iesus Christus in gloria est dei patris', non habent illi libri. Quod enim ante omnia tempora et super omnia tempora incommutabiliter manet unigenitus filius tuus coaeternus tibi, et quia 'de[120] plenitudine eius' accipiunt animae, ut beatae sint, et quia participatione manentis in se sapientiae renovantur, ut sapientes sint, est ibi. O 2
Quod autem 'pro[121] impiis mortuus est', non est ibi".

At vero ne aliquis sexus inter homines sapientiae fama ceteris praestantes fidei nostrae testimoniis desit, illa etiam famosa Sibylla inducatur, quae nec divinitatem verbi nec humanitatem nec utrumque adventum nec utrumque iudicium verbi scribendo praetermisit; primum quidem iudicium, quo Christus iudicatus est iniuste in passione, et secundum, quo iuste iudicaturus est mundum in maiestate. De qua *Augustinus Contra Quinque Haereses*[122]: "Audiamus etiam, quid Sibylla vates eorum de eodem dicat. Alium, inquit, dedit dominus hominibus fidelibus colendum". "Item: Ipse tuum cognosce dominum dei filium

[116] Cf. Ioh. 1, 13.
[117] Ioh. 1, 14.
[118] Phil. 2, 6.
[119] Phil. 2, 7–11.
[120] Ioh. 1, 16.
[121] Rom. 5, 6.
[122] Pseudo-Augustinus, Adversus quinque haereses c. 3, PL 42, 1103.

das Wort 'nicht von Fleisch und Blut, noch vom Willen des Menschen, noch auch vom Willen des Fleisches, sondern von Gott geboren wurde'. *Nicht* dagegen, daß 'das Wort Fleisch wurde und unter uns wohnte'. Ich erforschte in jenen Schriften den mehrfach ausgedrückten Topos, wonach der Sohn 'in der Gestalt des Vaters es nicht für eine Usurpation erachtete, Gott gleich zu sein', weil er es von Natur aus ist. Indessen haben jene Bücher *kein Wort* davon, daß 'er sich entäußerte, die Gestalt eines Knechts annahm, den Menschen gleich gemacht und in seinem Äußeren wie ein Mensch erfunden wurde; daß er sich erniedrigte und sich bis auf den Tod, den Tod am Kreuz, gehorsam erwies, weswegen ihn Gott von den Toten erhöhte und ihm einen Namen gab, der über jedem Namen ist – damit in Jesu Namen sich beuge jedes Knie und damit alle Zungen bekennen: Jesus Christus ist der Herr zur Ehre Gott des Vaters!' Es steht, daß er vor und über aller Zeit unveränderlich Dein einziggeborener, gleichewiger Sohn bleibt; daß 'von seiner Fülle' die Seelen empfangen, um selig zu sein, bzw. daß sie durch Teilnahme an der in ihnen fortdauernden Weisheit erneuert werden, um weise zu sein. Aber es findet sich *kein Zeugnis* darüber, daß 'er für die Gottlosen gestorben ist'."

Damit von den durch Weisheitsruhm hervorragenden Menschen keines der beiden Geschlechter im Blick auf ein Glaubenszeugnis fehlt, ist nun auch jene berühmte *Sibylle* vorzustellen. Sie überging in ihrer Schrift *weder die Göttlichkeit des Wortes, noch seine Menschlichkeit,* noch auch die zwiefache Ankunft und das zwiefache Gericht des Wortes. Das erste Gericht [besteht] darin, daß Christus in seinem Leiden ungerecht gerichtet wurde; das zweite darin, daß er in seiner Souveränität die Welt gerecht richten wird. [Pseudo-]Augustin [sagt in] ‚Gegen fünf Irrlehren' über die Sibylle: "Laßt uns desgleichen hören, was die *Sibylle,* ihre Seherin, über dasselbe ankündigt: ‚Der Herr gab den gläubigen Menschen zur Verehrung einen zweiten [Herrn]'. Ebenso: ‚Erkenne selbst, daß dein Herr ein Sohn Gottes

esse". "Alio loco filium dei symbolum appellat, id est consiliarium vel consilium. Et *Propheta* dicit[123]: 'Vocabitur nomen eius, admirabilis consiliarius'".

De qua rursus idem pater *Augustinus* in XVIII *De Civitate Dei*[124]: "Eo, inquit, tempore nonnulli Sibyllam Erytream vaticinatam ferunt". "Quam quidam magis credunt esse Cumanam". Et sunt eius viginti et septem versus, qui "sicut eos quidam Latinis versibus est interpretatus, hoc continent:

Iudicii signum, tellus sudore madescet;
E caelo rex adveniet per saecla futurus,
Scilicet in carne praesens ut iudicet orbem" etc.

Quorum quidem versuum primae litterae in Graeco coniunctae id sonant: Iesus Christus Dei Filius Salvator.

Infert etiam *Lactantius*[125] quaedam de Christo vaticinia Sibyllae:

In manus, inquit, infidelium postea veniet,
Dabunt deo alapas manibus incestis,
Et impurato ore exspuent venenatos sputos.
Dabit vero ad verbera suppliciter sanctum dorsum,
Et colaphos accipiens tacebit. Ne quis agnoscat, O 2
Quod verbum vel unde venit, ut inferis loquatur
Et spinea corona coronetur.
Ad cibum autem fel, et ad sitim acetum dederunt.
In hospitalitatem hanc monstrabunt mensam.
Ipsa enim insipiens gens tuum deum non intellexisti
Ludentem mortalium mentibus, sed spinis
Coronasti, fel miscuisti.
Templi velum scindetur, et in medio die

123 Is. 9, 6.
124 c. 23 n. 1, CSEL 40, 297, 299; PL 41, 579.
125 Divinae institutiones I. 4 c. 18 sq., PL 6, 506–513 et notae.

ist'. Andernorts nennt sie den Sohn Gottes ‚symbolos', d. h. Berater oder Rat. Auch der *Prophet* sagt: 'Es [sc. das messianische Kind] wird heißen ‚Wunderrat'."

Im 18. Buch des ‚Gottesstaates' schreibt *Augustin:* "Damals berichteten viele, daß die Erytreische Sibylle geweissagt habe. Einige glaubten, daß es sich eher um die Cumaische handelte". Es sind siebenundzwanzig Verse von ihr [erhalten], die "dergestalt, wie jemand sie in lateinische Verse übertrug, lauten:

Zeichen des Gerichts: die Erde wird feucht von Schweiß.
Vom Himmel wird ein König anlangen und er wird sein durch die Jahrhunderte,
nämlich im Fleisch gegenwärtig, um den Erdkreis zu richten" etc.

Die Anfangsbuchstaben dieser Verse, im Griechischen aneinandergereiht, bedeuten: Jesus Christus Gottes Sohn Er-
* löser.

Auch *Laktanz* führt gewisse Weissagungen der *Sibylle* über Christus an:

In die Hände Ungläubiger wird er sodann geraten,
sie werden den Gott mit ihren sündbeschmutzten Händen schlagen
und mit unreinem Mund giftigen Speichel speien.
Er aber wird hinknien und seinen heiligen Rücken den Geißelhieben darbieten
und ihre Schläge schweigend empfangen. Möge niemand merken,
als welches Wort und woher er kommt, um zur Welt unterhalb zu sprechen
und mit einer Dornenkrone gekrönt zu werden.
Sie haben ihm Galle zur Speise und Essig zum Trunk gegeben,
einen solchen Tisch werden sie ihm zur Gastfreundschaft bereiten.
Du dummes Volk, hast du deinen Gott nicht erkannt, tändelnd mit dem Verstand Sterblicher,
sondern mit Dornen gekrönt und [ihm] Galle gemischt!
Der Tempelvorhang wird entzweigerissen werden, und mitten am Tag

Nox erit tribus horis, et morietur
Tribus diebus somno suscepto,
Et tunc ab inferis regressus ad lucem veniet
Primus resurrectionis principio ostensus.

Quid etiam apertius illo testimonio Nabuchodonosor[126] de filio dei? 'Ecce, inquit, video viros solutos quatuor, ambulantes in medio ignis, et species quarti similis filio dei'.

Cum itaque dominus et per prophetas Iudaeis et per praestantes philosophos seu vates gentibus catholicae fidei tenorem annuntiaverit, inexcusabiles redduntur tam Iudaei quam gentes, si cum hos in ceteris doctores habeant, in salutem animae, cuius fundamentum est fides, ipsos non audiant. Et quidem multi ex gentibus, nonnuli ex Iudaeis in hoc quoque a doctoribus populi sui instructi fidem sanctae trinitatis recognoverunt in uno corpore ecclesiae quasi duo parietes coniuncti. Ex gentibus quidem primo Graeci, ex quibus praedicti philosophi fuerunt. Post Graecos Latini, qui, sicut in disciplinis saecularium artium imitati sunt Graecos, ita et in vera fidei doctrina ab ipsis exempla sumpserunt, cum eos christianam fidem suscepisse audissent, quos ingeniorum subtilitate praeditos omnibus philosophiae rationibus armatos esse cognoverant.

Bene autem dominus ante scriptae legis traditionem vel miraculorum ostensionem quosdam in utroque populo in virtutibus imitandos dedit, ut vehementer per ipsos nostram imprudentiam increparet, qui per omnia instructi per omnia deteriores existimus.

Fidem quippe, ut diximus, philosophi praedicant et immortalitatem tradunt animae, seu etiam corporum resurrectionem, quam omnibus prophetis apertius *Iob* gentilis

[126] Dan. 3, 92.

wird es eine Nacht von drei Stunden geben: Er wird sterben.
Nach einem Schlaf von drei Tagen
wird er zurückkehren von der Unterwelt und ans Licht treten:
Erscheinend als erster zu Beginn der Auferstehung.

Ferner, was ist deutlicher als jenes Zeugnis *Nebukadnezars* vom Sohn Gottes: ‘Schau, ich gewahre vier entfesselte Männer, die mitten durchs Feuer schreiten, und das Antlitz des Vierten [ist] gleich dem Sohn Gottes’?

Deswegen, weil der Herr den Lehrzusammenhang des rechten Glaubens *den Juden* durch die Propheten und *den Heiden* durch hervorragende Philosophen und Seher ankündigte, erweisen sich sowohl die Juden wie die Heiden als unentschuldbar, wenn sie diejenigen, die sie im übrigen für gelehrt halten, nicht anhören, wo es um das Heil der Seele geht, dessen Grundlage der Glaube ist. Gewiß haben viele Angehörige der Heiden und Juden, belehrt auch in diesem Punkt von den Lehrern ihres Volkes, den Glauben an die Hl. Trinität erkannt, indem sie sich wie zwei Wände in dem einen Körper der Kirche verbanden. Von den Heiden [waren es] in erster Linie die Griechen, in deren Mitte die vorher erwähnten Philosophen auftraten. Auf die Griechen folgten die Römer: So wie sie in den Disziplinen weltlicher Wissenschaft den Griechen nacheiferten, nahmen sie sie auch in der wahren Glaubenslehre zum Vorbild, sobald sie hörten, daß diejenigen den christlichen Glauben akzeptiert hatten, von denen sie wußten, daß sie mit dem Scharfsinn natürlicher Geistesgaben versehen und mit allen Argumenten der Philosophie gerüstet waren.

Trefflich wählte der Herr vor Übergabe des geschriebenen Gesetzes oder des Erweises von Wundern in beiden Völkern gewisse [Individuen] aus, deren sittliche Vorzüge nachgeahmt werden sollten, um durch sie kräftig unsere Unklugheit zu schelten, die wir zwar in allem belehrt wurden, aber in allem doch ziemlich verwerflich leben.
Wie wir sagten, vertreten die Philosophen einen Glauben an die Seele und an ihre Unsterblichkeit, ja sogar an die Auferstehung der Körper, welche der Heide *Hiob* deutlicher

testatur dicens[127]: 'Scio quod redemptor meus vivit et in novissimo die de terra surrecturus sum, et rursum circumdabor pelle mea et in carne mea videbo deum salvatorem meum'. O 2

Qui etiam magis ad contemptum mundi tam scripturis quam factis nos hortantur, qui, inquam, magis quam philosophi? Hi verae immortalitatis instituta scribunt et scribendo obtemperant, ac diligenter tam vitia quam virtutes distinguunt ac viriliter in correctione pravorum usque ad mortem perstiterunt, sicut *Socrates*, qui pro veritate interemptus est ab his quorum vitia constanter arguebat.

Quem *Augustinus* in VIII *De Civitate Dei*[128] talibus effert praeconiis: *"Socrates"*, magister Platonis, "universam philosophiam ad corrigendos componendosque mores flexisse memoratur". "Hic animum intendit ad hoc, quod esset beatae vitae necessarium, propter quam unam omnium philosophorum invigilasse ac laborasse videtur industria. – Nolebat immundos terrenis cupiditatibus animos se ‹extendere› in divina conari. Quandoquidem ab eis causas rerum videbat inquiri, quas primas atque summas non nisi in unius veri ac summi dei voluntate esse credebat. Unde non eas putabat nisi mundata mente posse comprehendi; et ideo purgandae bonis moribus vitae censebat instandum, ut deprimentibus libidinibus exoneratus animus naturali vigore in aeterna se attolleret naturamque incorporei atque immutabilis luminis, ubi causae omnium factarum naturarum stabiliter vivunt, intelligentiae puritate conspiceret. – Constat eum imperitorum stultitiam scire se aliquid opinantium etiam in ipsis moralibus quaestionibus lepore mirabili et acutissima urbanitate agitasse. Unde et concitatis inimicitiis calumniosa criminatione damnatus morte

127 Iob 19, 25 sq.

128 c. 3, CSEL 40, 356–358; PL 41, 226 sq. Hunc locum laudat Ioh. Scottus, De divis. nat. 1.3 c. 23, PL 122, 688 B sq.

als alle Propheten bezeugt: 'Ich weiß, daß mein Erlöser lebt, und ich werde am Jüngsten Tag aus der Erde auferstehen; dann werde ich wieder mit meiner Haut bekleidet sein und in meinem Fleisch werde ich Gott, meinen
* Erlöser, schauen'.

Wer ermahnt uns überdies durch Schriften und Taten mehr zur Weltverachtung als die Philosophen? Sie beschreiben die Grundsätze wahrer Unsterblichkeit und befolgen sie, indem sie sie niederschreiben. Sorgfältig unterscheiden sie zwischen Lastern und Tugenden und harren heroisch in der Zurechtweisung verkehrter Menschen bis zum Tod aus – wie *Sokrates,* der für die Wahrheit getötet wurde von denjenigen, deren Laster er beständig aufs Korn nahm.

*Augustin* rühmt ihn im 8. Buch seines ‚Gottesstaates': "Man erinnert sich, daß Platos Lehrer *Sokrates* seine ganze Philosophie auf die Verbesserung und den Aufbau der Sitten konzentrierte [. . .] Er richtete seine Aufmerksamkeit auf dasjenige, was zu einem glücklichen Leben nötig ist. Um dieses einen willen scheint der Eifer aller Philosophen wach und tätig gewesen zu sein. – Er wollte nicht, daß der durch irdische Begierden verunreinigte Geist sich zum Göttlichen zu erheben versucht. Als er sah, daß von den Philosophen die Ursachen der Dinge erforscht wurden, glaubte er, daß diese in ihrer ursprünglichen und höchsten Form ausschließlich im Willen des einen wahren und höchsten Gottes sind. Deshalb vertrat er die Auffassung, daß sie nur mit einem gereinigten Geist begriffen werden können. Er urteilte, daß man zur Reinigung des Lebens hart an einem guten Charakter arbeiten müsse, damit sich der Geist, niederdrückender Begierden entledigt, mit seiner natürlichen Kraft zum Ewigen erhebt und durch die Reinheit der Erkenntniskraft die Natur des unkörperlichen und unwandelbaren Lichtes erblickt, wo die Ursachen aller geschaffenen Naturen unvergänglich leben. – Es ist bekannt, mit wie wunderbarem Charme und schärfstem Witz er die Torheit Unwissender ‚pikierte', die gerade auch in moralischen Fragen etwas zu wissen vermeinten. Nachdem [ihm] daraus Feindschaften erwuchsen, wurde er auf der Grundlage einer verleumderischen Anklage zum Tode ver-

multatus est. Sed eum postea illa ipsa quae publice damnaverat, Atheniensium civitas publice luxit, in duos accusatores eius usque adeo populi indignatione conversa, ut O 2 unus eorum ipsius vi multitudinis interiret, exsilio alter voluntario atque perpetuo poenam similem evaderet. Tam praeclara igitur vitae mortisque fama Socrates reliquit plurimos suae philosophiae sectatores, quorum certatim studium fuit in quaestionum moralium disceptatione versari, ubi agitur de summo bono, sine quo fieri beatus nullus potest."

Quod si post doctrinam philosophorum etiam vitam consideres tam eorum quam gentilium ceterorum, poteris ex ipsis verae religionis regulam colligere. Audi testmonium, quod dominus ipse perhibuit *Iob*[129], 'quod videlicet non sit ei similis in terra', cum multi eo tempore de filiis Abrahae superessent. Mirare illius vitam, mirare patientiam ac reliquas virtutes.

Quid etiam *Socrates,* quid *Diogenes,* quid multi alii philosophorum? Socratem multosque alios omnia reliquisse sicut et apostolos *Hieronymus*[130] perhibet. Quis in contemptu mundi Diogenem aequet? Cuius anachoritae vitam ea quae de ipso scripta sunt, non transcendant? Quis fallaces divitias, quis omnem superfluitatem adeo detestatus est? Omitto philosophos, quorum rationem assiduum studium litterarum ad percipiendam veritatem perduxit. Admiror virtutem eorum quoque gentilium qui saecularibus et maximis impliciti negotiis verae disciplinae tramitem non sunt obliti.

Quorum unus ad medium deducatur, cuius sollicitudo verae forma est disciplinae. In cuius laudem excellentissimus doctor *Hieronymus* prorumpens ipsum ad nostrae negligentiae increpationem adducit dicens[131] : "*Titus,* filius Vespasiani, qui in ultionem sanguinis domini sub-

[129] Iob 1, 8.

[130] Adversus Iovinianum 1. 2 c. 14, PL 23, 304 A sq.

[131] In Epistolam ad Galatas 1. 3 c. 6, PL 26, 433 B.

urteilt und hingerichtet. Aber hernach betrauerte ihn öffentlich diejenige, welche ihn öffentlich verurteilt hatte: Die Bürgerschaft der Athener. Eine so vehemente Entrüstung des Volkes richtete sich gegen seine beiden Ankläger, daß deren einer durch eine Lynchjustiz ums Leben kam, und der andere nur durch freiwilliges lebenslängliches Exil einer ähnlichen Bestrafung entging.
Mit einem so glänzenden Nachruhm betreffend sein Leben und Sterben ließ Sokrates mehrere Anhänger seiner Philosophie zurück, die sich leidenschaftlich in der Diskussion moralischer Probleme engagierten. Dabei kommt das höchste Gut zur Sprache, ohne das keiner glücklich werden kann."

Wenn du im Anschluß an die Lehre der Philosophen nun auch auf ihr Leben, sowohl das ihrige als das der übrigen Heiden, reflektierst, wirst du bei ihnen auf die Regel wahrer Religion stoßen. Höre das Zeugnis, das der Herr zu einer Zeit, als noch viele von den Nachkommen Abrahams am Leben waren, [dem Heiden] *Hiob* ausstellte: 'Es gibt nicht seinesgleichen auf Erden'. Bewundere sein Leben, seine Geduld und seine übrigen Vorzüge.
Was [wäre] gleichfalls [zu sagen] von Sokrates, Diogenes und den vielen anderen Philosophen? *Hieronymus* führt aus, daß *Sokrates* und viele andere alles verließen. Wer kommt in der Verachtung der Welt *Diogenes* gleich? Das Leben welches Anachoreten wird nicht übertroffen durch das, was über ihn geschrieben wurde? Wer hat die trügerischen Reichtümer, wer hat den Überfluß so sehr verschmäht? Ich lasse vorläufig diejenigen Philosophen beiseite [vgl. aber im folgenden S. 69. 77f. 109ff. 217f. und 251f.], deren Vernunft ein unablässiger Studieneifer zur Durchdringung der Wahrheit führte. Ich bewundere die sittliche Kraft derjenigen Heiden, die des Pfads echter geistiger Ausrichtung nicht vergaßen, obgleich sie in weltliche und weitreichende Geschäfte verwickelt waren.
Eines von ihnen, dessen Eifer ein Muster wirklicher Selbstbemeisterung vorstellt, ist [abschließend] zu gedenken. Der hervorragende Lehrer *Hieronymus* bricht in Lob für ihn aus und zieht sein Beispiel zur Schelte unserer Nachlässigkeit heran: "Vespasians Sohn *Titus*, der zur Rache für

versis Ierosolymis, Romam victor ingressus est, tantae dicitur fuisse bonitatis, ut cum quadam nocte sero recordaretur in cena, quod nihil boni die illa fecisset, dixerit: ‚Amici, hodie diem perdidi'. Nos putamus non perire nobis horam, diem, momenta, tempus, aetates, cum 'otiosum[132] verbum' loquimur, pro quo 'reddituri sumus ra- O 2
tionem in die iudicii', cum[133] ille sine evangelio, sine salvatoris et apostolorum doctrina naturaliter et dixit et fecit."

Explicit liber primus. Incipit secundus.

[132] Mt. 12, 36.

[133] Apud Hieronymum hic legitur, l. c. 433 B sq.: "Quod si hoc ille sine Lege, sine Evangelio, sine Salvatoris et apostolorum doctrina naturaliter et dixit et fecit: quid nos oportet facere, in quorum condemnationem habet et Iuno univiras et Vesta virgines, et alia idola continentes"?

das Blut unseres Herrn Jerusalem zerstörte und in Rom als Sieger einmarschierte, soll von so großer Güte gewesen sein, daß er, als er sich zu einer späten Nachtstunde bei Tisch erinnerte, nichts Gutes an diesem Tag vollbracht zu haben, sagte: ‚Freunde, heute vergeudete ich einen Tag!‘ Wir meinen, daß uns weder Stunde, Tag, Augenblick, noch der rechte Zeitpunkt und die Lebenszeiten wegsterben, wenn wir ‘ein unnützes Wort’ sprechen, wofür ‘wir Rechenschaft ablegen werden am Tag des Gerichts’, während jener ohne das Evangelium, ohne die Lehre des Erlösers und der Apostel von Natur aus [dies] proklamierte und danach lebte.”

Ende des ersten und Beginn des zweiten Buches.

Operis parte superiori testimonia quaedam tam prophetarum quam philosophorum collegimus, quibus sanctae trinitatis fidem astruximus. Omnis autem controversia *Tullio*[1] docente aut in scripto aut in ratione versatur et eisdem terminatur, si huiusmodi est, quae finem accipiat. Unde peropportunum nobis visum est ex scriptis praecellentium sapientium ad nostrae fidei firmamentum auctoritates contulisse et insuper ipsas auctoritates rationibus fulcire in his in quibus non irrationabiliter videntur oppugnari, maxime ideo, ne verbositas[2] inimicorum Christi nostrae insultet simplicitati.

Qui cum aliquos idiotas aut minus eruditos Christianos inductionum suarum laqueis praepedierint, summae gloriae id sibi adscribunt. Multi namque iam clamant magni Antichristi praecones, per quos hostis humani generis fidem omnium bonorum fundamentum labefactare conatur. Talium ora quondam miraculis obstrusa sunt, cum illi verbis, sancti vero patres dimicarent factis. Praeterierunt miracula, crevit malitia; fallacia membra sua adversus veritatem iam effrenis armat atque unum iam superest, ut qui non possumus factis, pugnemus verbis, in ipsa confisi veritate quae nos confortat, dicens[3]: 'Ponite in cordibus vestris non praemeditari, quemadmodum respondeatis; ego enim dabo vobis os et sapientiam, cui non poterunt resistere, et contradicere omnes adversarii vestri'.

[1] Cf. De inventione 1.2 c. 40 n. 116, Opera rhetorica, ed. G. Friedrich (Opera, ed. C. F. W. Müller, Lipsiae 1908, 1, 1) 1, 215: "In scripto versatur controversia, cum ex scriptionis ratione aliquid dubii nascitur. Id fit ex ambiguo, ex scripto et sententia".

[2] Cf. Adelardus Bathensis, De eodem et diverso, ed. Willner 7: "Et assidue quidem etiam nunc cotidie Platones, Aristoteles novi nobis nascuntur, qui aeque ea, quae nesciant, ut et ea, quae sciant, sine frontis iactura promittant; estque in summa verbositate summa eorum fiducia".

[3] Lc. 21, 14.

# ZWEITES BUCH

Im voranstehenden Teil dieses Werkes sammelten wir Belege von Propheten und Philosophen, mit denen wir den Glauben an die Hl. Trinität abstützten. Nach *Tullius'* [Ciceros] Lehre bezieht sich jede Kontroverse auf einen buchstäblichen oder einen vernünftigen Sinn und kommt darin zu einem Abschluß, falls sie von der Art ist, daß sie eine Lösung zuläßt. Deshalb schien es uns angebracht, aus den Schriften hervorragender Weiser zur Befestigung unseres Glaubens Autoritäten beizubringen, und diesen Autoritäten überdies mit Gründen beizustehen in denjenigen Stücken, in denen sie sich nicht scheinbar unvernünftig widerstreiten. Unser Hauptaugenmerk ist, daß die * Geschwätzigkeit der Feinde Christi nicht unserer Einfachheit spottet.

Wenn die Feinde Christi einige einfache und wenig gebildete Christen mit den Stricken ihrer Argumentationen einfangen, rechnen sie sich dies zum höchsten Ruhm an. Viele Herolde gewiß des großen Antichrist brüllen jetzt. Durch sie ist der Feind des Menschengeschlechts bemüht, den Glauben – die Grundlage aller Güter – zu ruinieren. Einst wurde der Propaganda solcher Leute durch Wunder ein Riegel geschoben, da sie mit Worten, die heiligen Väter dagegen mit Taten kämpften. Die [Zeiten der] Wunder sind verflossen, und die Bosheit nahm zu. Ihrer Zügel ledig, rüstet die Lüge heutzutag ihre Glieder gegen die Wahrheit, und es bleibt jetzt nur das eine übrig, daß wir, die wir es nicht mit Taten vermögen, mit Worten kämpfen. Wir vertrauen auf die Wahrheit selber, welche uns stark macht: 'Nehmt euch zu Herzen, euch nicht Sorgen darüber zu machen, wie ihr euch verantwortet; denn ich werde euch Mund und Weisheit geben, der nicht widerstehen und widersprechen können alle eure Widersacher'.

*Invectio in pseudodialecticos* O 29

Supra universos autem inimicos Christi tam haereticos quam Iudaeos sive gentiles subtilius fidem sanctae trinitatis perquirunt et acutius arguendo contendunt professores dialecticae seu importunitas "sophistarum", quos "verborum agmine atque sermonum inundatione" beatos esse *Plato*[4] irridendo iudicat. Hi argumentorum exercitio confisi, quid murmurent, scimus, ubi facultas aperte garriendi non datur; hi, inquam, non utentes arte, sed abutentes. Neque enim scientiam dialecticae aut cuiuslibet liberalis artis, sed fallaciam sophisticae condemnamus, praesertim cum sanctorum quoque patrum iudicio haec ars maxime commendetur et ceteris praeferatur.

*Laus dialecticae*

De cuius laude excellentissimus doctor *Augustinus* in libro *De Ordine*[5] his verbis scribit: "Disciplinam diciplinarum, quam dialecticam vocant. Haec docet docere, haec docet discere. In hac se ipsa ratio demonstrat atque aperit, quid sit, quid velit; scit scire, sola scientes facere non solum vult, sed etiam potest."
Quam etiam idem auctor in libro *De Doctrina Christiana*[6] non solum ceteris scripturis, verum etiam sacris litteris maxime necessariam commendat dicens: "Restant ea quae non ad corporis sensus, sed ad rationem pertinent, ubi disciplina regnat disputationis et numeri. Sed disputationis disciplina ad omnia genera quaestionum quae in sanctis litteris sunt penetranda ac discutienda, plurimum valet; tantum ibi cavenda est libido rixandi et puerilis quaedam ostentatio decipiendi adversarium. Sunt enim multa

[4] Timaeus 19 E, ed. Wrobel 10, 3 sq.
[5] 1.2 c. 13 n. 38, CSEL 63, 174; PL 32, 1013.
[6] 1.2 c. 31 n. 48, PL 34, 57 sq.

*Invektive gegen die Pseudodialektiker*

Subtiler und schärfer als all die Feinde Christi: die Häretiker, die Juden und die Heiden, stellen die Lehrer der Dialektik oder die unbequeme Schar der sogenannten Sophisten den Glauben an die Hl. Trinität in Frage und wetteifern in der Debatte. Über die ‚Sophisten‘ gibt *Plato* das ironische Urteil ab, daß sie “beim Kampf der Worte und Überfluß der Reden selig sind”. Sie kaprizieren sich auf ‚logische Exerzitien‘, und wir wissen, was sie murmeln, wo die Gelegenheit herauszuschwätzen nicht gegeben ist. Sie machen in Wirklichkeit nicht Gebrauch von einer Kunst, sondern treiben Mißbrauch. Wir verurteilen weder die Wissenschaft der Dialektik – zumal sie nach Ermessen der Kirchenväter am meisten zu empfehlen und den übrigen vorzuziehen ist, noch irgendeine andere Disziplin der Artes
* Liberales, sondern vielmehr die Trugkunst der Sophistik.

*Lob der Dialektik*

Der hervorragende Gelehrte *Augustin* schreibt zu ihrem Lob in seinem Buch ‚Von der Ordnung‘: “[. . .] die Superdisziplin, welche sie ‚Dialektik‘ nennen. Sie lehrt das Lehren, sie lehrt das Lernen. In ihr zeigt sich die Vernunft selbst und eröffnet, was sie ist und was sie intendiert. Sie weiß das Wissen und als einzige will sie nicht nur, sondern vermag auch Wissende zu machen”.
In seinem Buch ‚Von der christlichen Lehre‘ empfiehlt sie derselbe Autor als notwendig nicht nur für die übrigen Wissenschaften, sondern auch für die heiligen Schriften: “Es bleiben übrig diejenigen Dinge, die sich nicht auf die Sinne des Körpers, sondern auf die Vernunft beziehen, wo die Kunst der Erörterung und der Zahl regiert. Die Kunst der Erörterung vermag das meiste zur Durchdringung und Erörterung aller Arten von Fragen, die sich in den Hl. Schriften finden. Nur muß man sich in acht nehmen vor Streitbegier und einer gewissen kindischen Schaustellung, den Kontrahenten hinters Licht zu führen. Es gibt nämlich vie-

quae appellantur sophismata, falsae conclusiones rationum et plerumque ita veras imitantes, ut non solum tardos, sed ingeniosos etiam ⟨minus attentos⟩ decipiant. Quod O 30
genus captiosarum conclusionum scriptura, ⟨quantum existimo⟩ detestatur illo loco[7] ubi dictum est: 'Qui sophistice loquitur, odibilis est'."

Tenet itaque haec philosophia acutissimi gladii instar, quo tyrannus ad perniciem princeps utitur ad defensionem; ac pro intentione utentium sicut plurimum prodesse, ita et plurimum nocere potest. Scimus quidem a Peripateticis, quos nunc dialecticos appellamus, nonnullas et maximas haereses tam Stoicorum quam Epicureorum rectis rationibus esse repressas, sicut est illa, ⟨de⟩ qua contra Stoicos disputant de libero arbitrio et firmissimis astruunt argumentis, quod licet deus ab aeterno cuncta providerit atque ipsius providentia omnino falli non possit, non tamen ideo cuncta ex necessitate proveniunt, ut scilicet humani pereat libertas arbitrii. Alioquin, inquit princeps Peripateticorum *Aristoteles* in I *Peri Ermenias*[8], "non opportebit consiliari neque negotiari". De libero autem arbitrio convenientius *alibi*[9] disserendum nobis reservamus.

Sed neque ullam scientiam malam esse concedimus, etiam illam quae de malo est, quae[10] iusto homini deesse non potest, non ut malum agat, sed ut a malo praecognito sibi provideat, quod nisi cognitum teste *Boethio*[11] vitare non posset. Non enim malum est scire decipere vel adulterari, sed ista committere, quia eius rei bona est cognitio, cuius pessima est actio, et nemo peccat cognoscendo peccatum, sed committendo. Si qua autem scientia mala esset, utique malum esset cognoscere quaedam ac iam a

[7] Eccli. 37, 23.

[8] c. 9, Boethius, In librum Aristotelis Περί ἐρμενείας, ed. C. Meiser (Lipsiae 1877) 1, 10, 29 sq.

[9] Cf. Logica 425, 1 sqq.

[10] Cf. Boethius, De differentiis topicis 1.2, PL 64, 1184 B.

[11] L. c.

le sog. Sophismen, das sind argumentative Fehlschlüsse, die oft die wahren Schlüsse so [gut] nachahmen, daß sie nicht allein die Gemächlichen, sondern auch die Schnellauffassenden, zumal bei geringer Aufmerksamkeit, täuschen. Diese Sorte verfänglicher Schlußfolgerungen verabscheut die Schrift an jenem Ort, wo es heißt: 'Wer sophistisch spricht, ist hassenswert'."

Mit der Philosophie verhält es sich wie mit einem sehr scharfen Schwert, das der Tyrann zum Verderben, der Führer zu ‚Schutz und Wehr' gebraucht. Gemäß der Intention seiner Benutzer kann es genauso umfänglich nützen wie schaden. Wir wissen, daß von den Peripatetikern, welche wir jetzt ‚Dialektiker' nennen, einige gravierende Häresien der Stoiker und Epikuräer mit trefflichen Argumenten unterdrückt wurden, z. B. jene betr. das freie Entscheidungsvermögen, worüber sie gegen die Stoiker disputierten und mit unumstößlichen Argumenten bewiesen: Obwohl Gott von Ewigkeit an das Ganze voraussah und keinesfalls in seiner Voraussicht getäuscht werden kann, ereignet sich dennoch nicht alles aus Notwendigkeit, so daß die menschliche Entscheidungsfreiheit unterginge. "Andernfalls", sagt * *Aristoteles,* das Schulhaupt der Peripatetiker, im 1. Buch seiner ‚Lehre vom Satz', "wird es nicht nötig sein, sich zu beraten und auch nicht sich anzustrengen". Wir behalten uns vor, andernorts angemessener auf das freie Entscheidungsvermögen einzugehen. *

Nimmer geben wir zu, daß irgendeine Wissenschaft von Übel ist, auch nicht jene, welche das Übel abhandelt. Sie darf dem gerechten Menschen nicht fehlen, nicht daß er Übles beginge, sondern damit er sich vorsehe vor dem zuvor erkannten Phänomen. Er kann nach *Boethius* das Böse nur meiden, wenn er es erkannt hat. Es ist nicht schlecht, um Täuschung und Ehebruch zu wissen, sondern sie zu begehen. Da die Theorie dieser Sache gut ist, deren Praxis verwerflich ist, sündigt niemand dadurch, daß er um die Sünde weiß, sondern dadurch, daß er sie begeht. Wäre aber irgendeine Wissenschaft schlecht, wäre es eine entsprechend schlechte Sache, gewisse Dinge zu erkennen – und namentlich Gott, der alles weiß, könnte nicht mehr

malitia deus absolvi non posset, qui omnia novit. In ipso enim solo omnium plenitudo est scientiarum, cuius donum est omnis scientia.

Scientia quippe est comprehensio veritatis rerum, quae sunt, atque is cuncta veraciter discernit, cui ea quoque 'quae[12] non sunt', quasi praesentia assistunt. Unde et O 31 enumeratis donis spiritus eius ipse 'spiritus scientiae' esse dicitur[13]. Sicut autem scientia quoque mali bona est, ad evitandum malum necessaria, ita potestatem etiam mali bonam esse constat et ad promerendum necessariam. Si enim peccare non possemus, nihil non peccando promereremur, et ei qui liberum non habet arbitrium, nullum ex his quae coactus agit, debetur praemium. At vero e contra, ut ait *Propheta*[14], 'qui potuit transgredi et non est transgressus, facere mala et non fecit', iste merito in excelsis habitabit.

Ex his itaque liquidum est, nullam aut scientiam aut potestatem malam esse, quantumcumque sint mala exercitia ipsarum, cum et deus omnem tribuat scientiam et omnem ordinet potestatem. Qui etiam de potestate iniquissimi Pilati adversus se ait[15]: 'Non haberes in me potestatem, nisi datum tibi esset desuper'.

Scientias itaque approbamus, sed fallaciis abutentium resistimus. Non enim teste *Tullio*[16] mediocriter errant, qui ex vitio hominis scientiam culpant. Est autem familiarissimum semper scientiae vitium et quasi adhaerens naturaliter ac proprium superbia iuxta illud *Apostoli*[17]: 'Scientia inflat, caritas aedificat'. Haec quidem, 'omnis[18] peccati initium', angelum primum statim a conditoris sui visione, hoc est a vera beatitudine, expulit; quae sicut illum apostatare fecit, ita et multos ei adhuc per haeresim acquirit. Non enim ignorantia haereticum facit, sed superbia, cum quis

[12] Rom. 4, 17.
[13] Is. 11, 2.
[14] Eccli. 31, 10.
[15] Ioh. 19, 11.
[16] De inventione l. 1 c. 50 n. 94.
[17] 1 Cor. 8, 1.
[18] Eccli. 10, 15.

von Schlechtigkeit freigesprochen werden. Gibt es doch allein in Ihm – dessen Gabe jede Wissenschaft ist – die Fülle aller Wissenschaften.
Denn ‚Wissenschaft' ist Erfassung der Wahrheit der Dinge, welche sind, und besonders derjenige unterscheidet wahrheitsgetreu das Ganze, dem auch das, 'was nicht ist', gleichsam als gegenwärtig nahe ist. Deshalb wird bei der Aufzählung der Gaben seines Geistes auch gesagt, daß er ein ‚Geist der Wissenschaft' ist. Wie nun auch das Wissen vom Bösen gut ist und unerläßlich für die Vermeidung des Bösen, gilt: Sogar die Macht zum Bösen ist gut und um der Verdienstlichkeit willen notwendig. Wenn wir nämlich nicht sündigen könnten, machten wir uns dadurch, daß wir nicht sündigen, in keiner Weise verdient. Demjenigen, der kein freies Entscheidungsvermögen hat, gebührt keine Belohnung für das, was er unter Zwang ausführt. Dagegen wird verdienterweise in den Höhen wohnen, wer, wie der Prophet sagt: 'übertreten konnte, aber nicht übertrat, das Böse tun konnte, aber es nicht tat'.

Aus dem Gesagten ist deutlich, daß keine Wissenschaft oder Macht schlecht ist, mag ihr Gebrauch auch noch so schlecht sein, weil Gott jede Wissenschaft zuteilt und jede Macht anordnet. Über die Macht seines Widersachers *Pilatus* gegen ihn sagt er: 'Du hättest über mich keine Macht, wenn sie dir nicht von oben gegeben worden wäre'.
Folglich heißen wir die Wissenschaften gut, leisten aber Widerstand den Trugprodukten der sie Mißbrauchenden. Denn es irren nach *Tullius* nicht unbeträchtlich diejenigen, die wegen eines menschlichen Mankos die Wissenschaft tadeln. Freilich gibt es eine der Wissenschaft von jeher sehr vertraute und ihr gleichsam von Natur aus anhangende spezifische Untugend: die Überheblichkeit, gemäß jenem *Apostelwort:* 'Die Wissenschaft bläht auf, die Liebe baut auf'. Tatsächlich schloß diese als Anfang jeder Sünde den ersten Engel sogleich von der Schau seines Schöpfers aus, d. h. von der wahren Seligkeit. Entsprechend wie sie ihn zum Abfall veranlaßte, gewinnt sie durch Häresie bis anhin viele für ihn. Nicht Ignoranz macht den Häretiker, sondern Überheblichkeit: Wenn einer nämlich begierig ist,

videlicet ex novitate aliqua nomen sibi comparare desiderans, aliquid inusitatum proferre gloriatur, quod adversus omnes defendere[19] nititur, ut superior omnibus videa- O 32 tur, aut ne confutata sententia sua inferior ceteris habeatur.

Ad quod facillime professores dialecticae pertrahi solent, qui quanto se magis rationibus armatos esse autumant, tanto securiores liberius quidlibet aut defendere aut impugnare praesumunt, quorum tanta est arrogantia, ut nihil esse opinentur quod eorum ratiunculis comprehendi atque △ edisseri non queat. Quibus, quid mirum est, ex scientia ignorantia generatur, ut contrarium vitium virtus pariat. Scientiam quippe superbia, superbiam caecitas comitatur, cum quis videlicet maximum donum, quod a deo accepit, sibi adscribit, et non recognoscendo dantem amittit datum: et tanto postmodum deterior fit, quanto melior ante factus factori gratias agere contempsit. Iustum quippe est, ut cui plus committitur, plus ab eo exigatur.

Talium vero iustam excaecationem et sensus et vitae reprobae ignominiam *Apostolus* conspiciens ait[20] : 'Qui cum cognovissent deum, non sicut deum glorificaverunt, aut gratias egerunt, sed evanuerunt in cogitationibus suis, et obscuratum est insipiens cor eorum. Dicentes enim se esse sapientes, stulti facti sunt. Propter quod tradidit deus illos in passiones ignominiae' etc.

[19] Cf. Roscelinus, Epistola ad Abaelardum, ed. J. Reiners: Der Nominalismus in der Frühscholastik (Beiträge zur Gesch. der Philos. des Mittelalters 8,5, Münster 1910) 64,33–65,6: "Quod vero sequitur, quod summa haeresi convictus et infamis et a toto mundo expulsus sim, haec tria modis omnibus refello et testimonio Suessionensis et Remensis ecclesiae falsa esse pronuntio. Si enim aliquando vel in verbo lapsus fui vel a veritate deviavi, nec casum verbi nec assertionem falsi pertinaciter defendi, sed semper paratior discere quam docere animum ad correptionem praeparavi. Neque enim haereticus est, qui, licet erret, errorem tamen non defendit. . . . Qui ergo numquam meum vel alienum errorem defendi, procul dubio constat, quia numquam haereticus fui".

[20] Rom. 1, 21–26; hunc locum contra Roscelinum etiam citat Anselmus Cantuar., De fide trinitatis et de incarnatione verbi c. 2, PL 158, 264 D sq.

△ [129: Ed. Mews II,113 ,quod' pro ,quid']

sich aufgrund irgendeiner Neuheit einen Namen zu verschaffen, und sich rühmt, etwas Ungewöhnliches vorzulegen, * das er gegen alle zu verteidigen sich anschickt, sei es, um allen überlegen zu scheinen, oder sei es, um nicht durch Widerlegung seiner These als den übrigen unterlegen beurteilt zu werden.

In solche [Konfrontationen] pflegen die Professoren der Dialektik sehr leicht verwickelt zu werden. Sie vermeinen mit Argumenten desto besser gerüstet zu sein, je unbesorgter und autonomer sie etwas zu verteidigen oder anzugreifen vorgeben. Ihre Arroganz ist so groß, daß sie wähnen, nichts könne nicht vermittels ihrer Argumentchen begriffen und erörtert werden. Durch sie wird, was verwunderlich ist, aus Wissenschaft Ignoranz erzeugt, indem eine Tugend das ihr entgegengesetzte Laster gebiert. Dergestalt begleitet die Überheblichkeit die Wissenschaft und die Blindheit die Überheblichkeit: Wenn einer nämlich die größte Gabe, die er von Gott empfing, sich selber zuschreibt, und das Gegebene dadurch verliert, daß er den Geber nicht anerkennt, wird er in der Folge umso schlechter, je besser er ursprünglich geschaffen wurde, aber seinem Schöpfer Dank zu erweisen verschmähte. Denn es ist billig, daß von demjenigen, dem mehr anvertraut ist, mehr verlangt wird.

Die gerechte Verdunkelung solcher Menschen, die Schande ihres Sinnenlebens und unrechten Lebenswandels erblikkend, sagt der *Apostel:* 'Dieweil sie um Gott wußten, ehrten sie ihn nicht wie Gott, noch dankten sie Ihm, sondern sie vergaßen sich in ihrem Trachten. Ihr törichtes Herz wurde verdunkelt. Da sie sich für weise hielten, sind sie zu Narren geworden [. . .] Darum übergab Gott sie schändlichen Leidenschaften' etc.

Haec illi effrenes et indomiti certatores attendant, qui singulari superbiae cornu[21] erecti in ipsum conditorem irruentes 'posuerunt[22] in caelum os suum'; a fallaciis quorum simplicitatem fidelium protegi precatur, qui ait[23]: 'Salva me ex ore leonis, et a cornibus unicornium humilitatem meam'. De qualibus sponsa in *Canticis*[24]: 'Capite, inquit, nobis vulpes parvulas, quae demoliuntur vineas'. A quibus summo opere *Apostolus* cavendum admonet, hoc est a fallaciis ipsorum providendum dicens[25]: 'Cavete ne quis vos decipiat per philosophiam inanem secundum elementa mundi', ac si diceret: providete ab argumentis eo- O 35
rum qui de singulari et incorporea divinitatis natura ad similitudinem corporum ex elementis constantium ratiocinari praesumunt non tam pro percipienda veritate quam pro philosophiae suae ostentatione, ideoque ad eius notitiam minime assurgunt, qui 'superbis[25a] resistit semper et humilibus dat gratiam'. De talibus in *Proverbiis* scriptum[26] est: 'Abominatio domini est omnis illusor, et cum simplicibus sermocinatio eius. [. . .] Illusores ipse deludet et mansuetis dabit gratiam.'

Unde et veritas ipsa[27]: 'Confiteor, inquit, tibi pater caeli et
Δ terrae, qui abscondisti haec a sapientibus et prudentibus et revelasti ea parvulis'. 'Stulta[28] quippe et infirma mundi elegit deus, ut confunderet quaeque fortia', quia 'sapientia[29] huius mundi stultitia est apud deum'. Qui nisi mentem instruat interius, frustra, qui docet, aërem verberat exterius. Quid est enim quod, cum alicuius doctoris verba aequaliter ad aures diversorum perferuntur, nec tamen ab

[21] Cf. Anselmus Cantuar., De fide trin. c. 2, PL 158, 263 C: "Solent enim quidam, cum coeperint quasi cornua confidentis sibi scientiae producere . . .".
[22] Ps. 72, 9.
[23] Ps. 21, 22.
[24] Cant. 2, 15.
[25] Col. 2, 8.
[25a] 1 Petr. 5, 5.
[26] Prov. 3, 32, 34.
[27] Mt. 11, 25; laudatur etiam ab Anselmo, l. c. 264 B.
[28] 1 Cor. 1, 27.
[29] 1 Cor. 3, 19.
Δ [165: Ed. Mews II,144 ,quia' pro ,qui']

Jene zügellosen und wilden Streiter sollen sich in acht nehmen! Sie drängen, aufgerichtet "durch das eine Horn ihres Stolzes" sogar gegen den Schöpfer an und 'sie haben ihren Mund gegen den Himmel erhoben'. Es bittet, daß vor ihren Fallstricken die Einfachheit der Gläubigen geschützt werde, wer sagt: 'Rette mich vor dem Rachen des Löwen, und meine Demut vor den Hörnern der Einhörner'. Vor solchen [Menschen] warnt die Braut im Hohelied: 'Fangt uns die kleinen Füchse, die die Weinberge verderben!' Der Apostel mahnt, daß man sich vor ihnen sorgsam hüte, d. h. sich vor ihren Trügereien vorsehe: 'Seht zu, daß euch keiner hinters Licht führt vermittels einer eitlen Philosophie gemäß den Elementen der Welt', als ob er sagte: Wappnet euch gegen die Argumente derer, die sich anmaßen, über die einzigartige und unkörperliche Natur der Gottheit nach Analogie der aus Elementen bestehenden Körper zu schließen. [Sie tun das] nicht sosehr um Erfassung der Wahrheit willen als zur Schaustellung ihrer Philosophie. Deswegen erheben sie sich auch in keiner Weise zur Bekanntschaft mit Ihm, der 'den Hoffärtigen immer sich entzieht, den Demütigen aber seine Gnade schenkt'. In den ‚Sprüchen' heißt es über sie: 'Jeder Betrüger ist ein Greuel vor dem Herrn, und sein Zwiegespräch ist mit den Einfachen. Er wird der Spötter spotten, aber den Sanften wird er Gnade verleihen'.

Darum sagt die Wahrheit selber: 'Ich preise dich, Vater des Himmels und der Erde, weil du dies vor den Klugen und Weisen verborgen hast und es den Unmündigen offenbartest. Denn Gott erwählte das Törichte und Schwache der Welt, um alles, was stark ist, zu beschämen', weil 'die Weisheit dieser Welt bei Gott Torheit ist'. Wer lehrt, ohne daß er seinen Geist innerlich bereitet, äußert sich vergeblich. Warum verhält es sich so, daß die Worte eines Lehrers, obwohl sie in gleicher Weise die Ohren verschiedener er-

eis aequaliter intelliguntur, nisi quod quibusdam praesto est interior magister[30], quibusdam minime, qui, quos vult, docet etiam sine verbo? De huius quidem magistri sapientia scriptum est[31]: 'In malevolam animam non introibit sapientia nec habitabit in corpore subdito peccatis'.

Quod nec ipsos latuit philosophos, qui notitiam dei non ratiocinando, sed bene vivendo acquirendam censebant et ad eam moribus potius quam verbis intendendum esse suadebant. Unde *Socrates*, ut *supra*[32] meminimus, nolebat immundos terrenis cupiditatibus animos se in divina conari et ideo purgandae bonis moribus vitae censebat instandum. Audiant saltem philosophorum consilium hi qui se philosophos profitentur. Audiant magistros suos, qui contemnunt sanctos, ut si videlicet deum cupiunt intelligere, velint ad intelligendum se bene vivendo praeparare et viam humilitatis[33] arripere, qua sola ad celsitudinem illam intel- O 34 ligentiae acceditur, non quidem pervenitur, quamdiu scilicet in hac mortali carne vivitur. 'Corruptibile[34] enim corpus aggravat animam, et deprimit terrena inhabitatio sensum multa cogitantem.' Unde et deus Moysi quaerenti faciem eius videre respondit[35]: 'Non enim videbit me homo et vivet'. Ipsa quippe visio divinitatis ipsa est futura beatitudo, de qua dicit[36] *Apostolus*: 'Nunc videmus per speculum in aenigmate, tunc autem facie ad faciem'. Et *alibi*[37]: 'In quem desiderant angeli prospicere'. Sed et cum dictum[38] est: 'Tollatur impius, ne videat gloriam dei',

[30] Cf. Ioh. Scottus, De divis. nat. 1.3 c. 11, PL 122, 656 D: "Quid enim prodest exterior suasio, si non adsit interior illuminatio?" Cf. etiam Augustinus, De magistro c. 12, PL 32, 1216.

[31] Sap. 1, 4.

[32] Cf. supra p. 58.

[33] Cf. Ioh. Scottus, De divis. nat. 1.3 c. 1, PL 122, 627 B sq.: "humilitatis regula ubique observata, ne nosmet esse aestimemus, quod nos non sumus".

[34] Sap. 9, 15.

[35] Ex. 33, 20.

[36] 1 Cor. 13, 12.

[37] 1 Petr. 1, 12.

[38] Cf. Is. 26, 10: 'Misereamur impio, et non discet iustitiam: in terra sanctorum iniqua gessit, et non videbit gloriam domini'. [Et maledictio impiorum invenitur ex. g. in Ps. 5, 10 et 36].

reichen, doch nicht in gleicher Weise von ihnen eingesehen werden? Wohl steht gewissen der innere Lehrer bei (er lehrt sogar ohne ein Wort, wen er will), anderen aber nicht. Über die Weisheit dieses Lehrers heißt es: 'In eine übelwillige Seele wird die Weisheit nicht eintreten, und sie wird nicht wohnen in einem den Sünden anheimgefallenen Körper'.

Dies war gerade auch den Philosophen nicht verborgen. Sie vertraten die Auffassung, daß die Bekanntschaft mit Gott nicht vermittels von Überlegung, sondern durch eine gute Lebensführung zu erwerben ist, und sie rieten, daß sie eher durch den Charakter als durch Worte anzustreben sei. Darum wollte *Sokrates* (wie S. 59 erinnert) nicht, daß der durch irdische Begierden verunreinigte Geist Aspirationen in bezug auf das Göttliche hegte. Er gab den Rat, mittels guter Sitten hart an der Klärung des eigenen Lebens zu arbeiten. – Mögen diejenigen, die sich ‚Philosophen' nennen, wenigstens den Rat von Philosophen beherzigen: Sollen die Verächter der Theologen ihre eigenen Lehrer anhören, indem sie sich, wenn sie Gott zu erkennen begehren, durch eine gute Lebensführung auf die Erkenntnis vorbereiten mögen und den Pfad der Demut beschreiten! Auf ihm allein bewegt man sich jener Höhe der Einsicht zu, ohne zwar ans Ziel zu gelangen, solange man noch in diesem sterblichen Fleisch lebt: 'Denn der sterbliche Körper beschwert die Seele, und die irdische Wohnung drückt den nach vielerlei trachtenden Sinn nieder'. Deswegen antwortete Gott *Mose,* der darum bat, sein Angesicht zu sehen: '[Mein Angesicht kannst du nicht sehen]; denn kein Mensch wird am Leben bleiben, der mich sieht'. Im Anblick der Gottheit besteht die zukünftige Seligkeit, über welche der *Apostel* sagt: 'Jetzt sehen wir wie durch einen Spiegel in einem dunklen Wort, dann aber von Angesicht zu Angesicht'. Und anderswo: 'Ihn zu erblicken, gelüstet die Engel'. Aber auch wenn gesagt wird: 'Der Frevler soll fortgetan werden, damit er die Herrlichkeit Gottes

tale est: ne videndo fruatur, quia videre frui est. Tanta est enim illius gloriae beatitudo, ut nemo eam videre queat qui simul non sentiat. Unde et *Psalmista*[39]: 'Satiabor, inquit, cum apparuerit gloria tua'. Tunc quidem implebitur, quod ipsa sapientia dei promittit dicens[40]: 'Si quis diligit me, diligetur a patre meo, et ego diligam eum et manifestabo ei me ipsum'.
Nisi enim se ipse deus manifestat, nec tunc natura nostra eum videre sufficiet, ne dum nunc mortales omni spurcitia[41] peccatorum pleni ratiunculis suis comprehendere incomprehensibilem nitantur, qui nec se ipsos nec quantulaecumque naturam creaturae discutere ratione sufficiunt. Quae etiam maior indignatio fidelibus habenda esset, quam eum se habere deum profiteri, quem ratiun- Δ cula humana posset comprehendere aut mortalium lingua disserere?

Hoc autem nec ipsos latuit philosophos quorum maximus *Plato* in *Timaeo*[42] suo ait: "Opificem genitoremque universitatis tam invenire difficile est, quam inventum impossibile est profari digne". Qui etiam cum noym ex deo natam esse assereret, id explicare non praesumpsit quod inexplicabili modo esse cognovit, sed tantum de ineffabili O 3 illa generatione dixit, quantum divina voluntas permisit. Qui etiam teste *Macrobio*[43], "quid sit" deus, "dicere non est ausus, hoc solum de eo sciens quod sciri qualis sit, ab hominibus non possit", qui nec ab ipsis spiritibus caelestibus maiori sapientia praeditis plene cognoscitur.
Unde *Augustinus* in libro *Quaestionum Veteris et Novae Legis*[44]: "Cherubim, inquit, et Seraphim non comprehendunt penitus, quid deus sit, quia nemo novit patrem nisi

[39] Ps. 16, 15. [40] Ioh. 14, 21.

[41] Cf. Roscelinus, Epistola ad Abaelardum, ed. Reiners 64, 26 sq.: "Dixisti enim me omni vitae spurcitia notabilem".

[42] 28 C, ed. Wrobel 24, 16 sq. [20–22.

[43] In Somnium Scipionis 1. 1 c. 2 n. 15, ed. Eyssenhardt 482,

[44] Pseudo-Augustinus, Quaestiones Veteris et Novi Testamenti c. 1 n. 1, CSEL 50, 13; PL 35, 2214 sq.

Δ [212: Ed. Mews II,185 ‚possit' pro ‚posset'. Sensus grammaticus magis postulare videtur ‚possent'/‚possint'.]

nicht sieht', ist gemeint: Damit er nicht durch Sehen genießt, weil Sehen Genießen ist. So überwältigend ist nämlich die Seligkeit angesichts seiner Herrlichkeit, daß niemand sie sehen kann, ohne sie zugleich zu fühlen. Deshalb sagt auch der *Psalmist:* 'Ich werde gesättigt sein, wenn erschienen sein wird deine Herrlichkeit'. Dann wird wirklich erfüllt sein, was Gottes Weisheit verspricht: 'Wenn einer mich liebt, wird er von meinem Vater geliebt werden, und ich werde ihn lieben und mich ihm offenbaren'.

Wenn nämlich Gott sich nicht selbst offenbart, wird auch unsere Natur nicht zureichen, ihn zu sehen, damit die Sterblichen sich jetzt noch nicht, befleckt vom Schmutz der Sünden, mit ihren Gründchen bestreben, das Unbegreifliche zu begreifen. Sind sie doch nicht einmal gerüstet, sich selbst, noch die Natur welch unbedeutender Kreatur auch immer mit ihrer Vernunft zu erschließen. Welch größere Provokation für Gläubige kann man sich vorstellen, als denjenigen Gott bekennen zu sollen, den menschliche Gründchen begreifen und die Zunge Sterblicher auseinanderzusetzen vermögen?

Auch dies war nun den Philosophen nicht verborgen. *Plato,* der berühmteste von ihnen, schrieb im ,Timaios': "Es ist ebenso schwierig, den Werkmeister und Erzeuger des Universums zu finden, wie es unmöglich ist, wenn er gefunden ist, über ihn angemessen zu sprechen". Als er versicherte, daß der nous von Gott abstammt, maßte er sich nicht an, dies zu erklären, von dem er erkannte, daß es von unaussprechlicher Art ist. Vielmehr sagte er über jene unaussprechliche Erzeugung nur soviel, als der göttliche Wille zuließ. Nach *Makrobius* "wagte er nicht zu sagen, was Gott ist, indem er allein dies von ihm wußte, daß von den Menschen nicht gewußt werden kann, wie er beschaffen ist". Er kann nicht einmal von den himmlischen Geistwesen, die mit höherer Weisheit begabt sind, vollumfänglich eingesehen werden.

In seinem Buch ,Über Fragen des Alten und Neuen Gesetzes' meint daher [Pseudo-]*Augustin:* "Die Cherubim und Seraphim begreifen nicht gänzlich, was Gott ist, weil niemand den Vater kennt außer dem Sohn". Desgleichen fügte

filius". *Hermes* quoque, cum de filio dei *supra*[45] loqueretur, adiunxit: "Cuius nomen non potest humano ore narrari". Hinc est enim quod deum merito appellabant ignotum[46], quem soli 'mundo corde'[47] conspicere possunt. Cuius quidem ignoti dei aram magnus ille philosophus *Dionysius Areopagita* apostolo Paulo legitur[48] ostendisse.

Quid ad hoc responsuri sunt professores dialecticae, si illud ratione conantur discutere quod praecipui doctores eorum perhibent explicari non posse? Credi tamen salubriter debet, quod explicari non potest, quia auctore *Gregorio*[49] "fides non habet meritum, cui humana ratio praebet experimentum". Ad hoc et illud *Ambrosii* occurrit consilium *De Fide* ad Gratianum imperatorem scribentis his verbis[50]: "Mihi impossibile est generationis scire secretum. Supra potestates, supra angelos, supra Cherubim, supra Seraphim, supra omnem sensum est. Scrutari non licet superna mysteria. Licet scire quod natus ‹sit›, non licet discutere quemadmodum." Item *idem*[51]: "Credere iussum est, non dicutere permissum". Ac rursus adiecit[52]: "Mysterium patris nec angeli potuerunt comprehendere".

At quoniam neque sanctorum neque philosophorum O 36
auctoritate importunitas argumentorum refelli potest, nisi humanis rationibus eis obsistatur qui humanis rationibus invehuntur: decrevimus et stultis secundum stultitiam suam respondere et eorum impugnationes ex ipsis artibus quibus nos impugnant, conquassare. Nam et divino fretus auxilio parvulus David immensum et tumidum Goliam proprio ipsius gladio iugulavit[53]. Et nos eodem dialecticae

[45] Cf. supra p. 28, 213sq.
[46] Cf. Act. 17, 23.
[47] Mt. 5, 8.
[48] Hilduinus, Passio S. Dionysii c. 6, PL 106, 27 C sq.
[49] Homiliae in evangelia l. 2 hom. 26, PL 76, 1197 C.
[50] L. 1 c. 10, PL 16, 543 B sq.
[51] Ibid. c. 12, 546 D.
[52] Ibid. l. 4 c. 1, 617 C: "Quid enim mirum, si mysterium Dei Patris . .; non potuerunt homines comprehendere, quod nec angeli cognoscere, nisi ex revelatione, potuerunt?"
[53] 1 Reg. 17.

*Hermes,* als er sich im früheren Zusammenhang [S. 29] über den Sohn Gottes äußerte, hinzu: "Sein Name kann mit menschlichem Mund nicht genannt werden". Daher rührt es, daß sie Gott mit Recht *'unbekannt'* nennen, und es können ihn allein diejenigen 'reinen Herzens' schauen. Jener große Philosoph *Dionysius Areopagita* soll
* Paulus den Altar dieses unbekannten Gottes gezeigt haben.

Was werden die Experten der Dialektik hierauf antworten, wenn sie jenes mit Vernunft zu erörtern sich befleißigen, von dem ihre ehrenhaften Lehrer deklarieren, daß es nicht erklärt werden kann? Was *nicht* erklärt werden kann, muß desungeachtet und fürs *Heil* geglaubt werden. Denn nach *Gregor* ist "der Glaube ohne Verdienst, wenn die menschliche Vernunft ihm Beweismittel verschafft". Damit trifft sich auch jener Rat von *Ambrosius* in ‚Vom Glauben', der dem Kaiser Gratian schrieb: "Es ist mir unmöglich, das Geheimnis der [göttlichen] Zeugung zu wissen. Sie ist über den Mächten, über den Engeln, über den Cherubim und Seraphim und über jeglichem Sinn. Es ist nicht erlaubt, die himmlischen Geheimnisse auszuspähen. Es ist erlaubt zu wissen, daß er geboren wurde, nicht erlaubt jedoch zu untersuchen, auf welche Weise". Derselbe sagt auch: "Zu glauben wurde geboten, aber Erörterung und Analyse sind nicht erlaubt". Und er fügt bei: "Das Mysterium des Vaters konnten nicht einmal die Engel begreifen".

Allein da ja die Unverfrorenheit von Argumenten weder durch die Autorität der Theologen noch der Philosophen als irrig erwiesen werden kann, ohne daß mit menschlichen Gründen denjenigen Widerstand geleistet wird, die mit menschlichen Gründen andrängen, nahmen wir uns vor, den Törichten ihrer Torheit entsprechend zu antworten. [Wir beschlossen,] ihre Attacken mit denjenigen Kunstgriffen, mit denen sie uns attackieren, zu zerschlagen. Auch der Knabe *David* tötete im Vertrauen auf göttlichen Beistand den prahlerischen Riesen Goliath – mit dessen eigenem Schwert! Ebenso werden wir im Herrn – indem

gladio quo illi animati simplicitatem nostram impugnare nituntur, in ipsos converso robur eorum aciesque argumentorum suorum in domino dissipemus, ut iam minus simplicitatem fidelium aggredi praesumant, cum de his confutati fuerint, de quibus praecipue impossibile eis videtur responderi, de diversitate scilicet personarum in una et individua penitus ac simplici divina substantia et de generatione verbi seu processione spiritus.

De quo quidem nos docere veritatem non promittimus, quam neque nos neque aliquem mortalium scire constat, sed saltem aliquid verisimile[54] atque humanae rationi vicinum nec sacrae scripturae contrarium proponere libet adversus eos qui humanis rationibus fidem se impugnare gloriantur, nec nisi rationes curant humanas multosque facile assentatores inveniunt, cum fere omnes homines sint animales ac paucissimi spirituales[55].

Sufficit vero nobis quocumque modo summorum inimicorum sacrae fidei robur dissipare, praesertim cum alio modo non possimus, nisi per humanas rationes satisfecerimus. Quidquid itaque de hac altissima philosophia disseremus, umbram[56], non veritatem esse profitemur, et quasi similitudinem quandam, non rem. Quid autem verum sit, noverit dominus, quid autem verisimile ac maxime philosophicis consentaneum rationibus, quibus impetimur, dictum me arbitror.

[54] Cf. Ioh. Scottus, De divis. nat. l. 3 c. 1, PL 122, 627 B: "quidquid verisimilius visum fuerit, dicemus".

[55] Cf. 1 Cor. 2, 14–16.

[56] Col. 2, 17.

dasselbe Schwert der Dialektik, mit welchem jene kriegslustig gegen unsere Einfachheit vorrücken, gegen sie gekehrt wird – ihre Stärke und die Schlachtreihen ihrer Argumente aufbrechen. In der Folge werden sie sich bald weniger anmaßen, die Einfachheit der Gläubigen anzugreifen, zumal sie widerlegt sein werden in [Fragen], bezüglich deren es ihnen unmöglich scheint, eine Antwort zu erhalten: Sie betreffen die Verschiedenheit der Personen in der einen, gänzlich unteilbaren und einfachen göttlichen Substanz sowie die Zeugung des Wortes und den Hervorgang des Geistes.

Zwar versprechen wir darüber nicht die Wahrheit zu lehren, welche, wie man übereinkommt, weder wir noch irgendein Sterblicher weiß. Doch ist es erfreulich, wenigstens etwas Wahrscheinliches und der menschlichen Vernunft Affines, aber der Hl. Schrift nicht Konträres vorzubringen gegen diejenigen, die sich rühmen, den Glauben mit menschlichen Argumenten anzugreifen. Sie bekümmern sich um nichts denn menschliche Argumente und finden leicht viele Ap-
* plaudierende, da fast alle Menschen psychisch und nur die wenigsten geistlich sind.

Es genügt uns, irgendwie den Nerv der Gegner des heiligen Glaubens zu treffen, zumal wir auf keine andere Weise [vorgehen] können als so, daß wir [ihnen] *mit menschlichen Argumenten* genugtun. Daher ist, was immer wir über diese erhabenste Philosophie darlegen, eingestandenermaßen [nur] ein Schatten, nicht die Wahrheit, sozusagen eine Analogie und nicht die Sache selbst. Was wahr ist, wird der Herr wissen. Was aber wahrscheinlich und im Blick auf die philosophischen Argumente, mit denen man uns attackiert, am meisten zustimmungswürdig ist, bin ich meines Erachtens im Begriff auszuführen.

## Capitulum I O 37

*Summa fidei circa unitatem ac trinitatem*

Primum itaque ponendum est totius disputationis thema et summa fidei breviter concludenda, de unitate scilicet divinae substantiae ac trinitate personarum, quae in deo sunt, immo deus sunt unus. Deinde obiectiones adversus positionem fidei, tandem solutiones subiciemus.

Tenet itaque christianae fidei religio unum tantummodo deum esse ac nullo modo plures[57] deos esse; unum dominum, unum creatorem omnium tam visibilium quam invisibilium, unum aeternum, unum omnipotentem, unum immensum; ac per omnia solam praedicat et credit unitatem excepto hoc quod ad trium personarum pertinet discretionem, patris scilicet et filii et spiritus sancti. Hae vero tres personae sibi per omnia coaequales sicut et coaeternae sunt, quia nullam dignitatis differentiam habere possunt, quarum eadem penitus est substantia deitatis, unica, singularis, ac simplex[58] omnino, hoc est ab omni penitus qualitate vel proprietate formae immunis[59], omnino indivisibilis, ut nullas scilicet partes[60] in quantitate suae essentiae possit habere.

Δ Sunt autem hae personae, quarum eadem penitus est singularis substantia, ita ab invicem distinguendae, ut patris proprium sit a se ipso tantum, non ab alio esse, et coaeter-

[57] Hic impugnatur Roscelinus, cf. infra p. 176–180.

[58] Cf. Guillelm. Campell., Sententiae vel Quaestiones 1, ed. Lefèvre 22: "auctoritatibus Patrum credere debemus, quae omnem aut qualitatem, aut quantitatem, aut quamlibet aliam formam ab essentia divinitatis excludentes, simplicem eam, tam partium quam formarum respectu, vocaverunt substantiam vel essentiam".

[59] Cf. Ioh. Scottus, De divis. nat. l. 1 c. 15, PL 122, 464 C: "Nulla enim Deus qualitas est, nulla ei accidit, nullius est particeps". Ibid. l. 2 c. 28, 589 A: "neque genus est (scil. divina natura), neque forma". Cf. infra p. 94 et 112 sq.

[60] Cf. Ioh. Scottus, De divis, nat. l. 1 c. 15, 464 B: "Divina substantia nec continuis partibus componitur, nec dividuis distinguitur".

Δ [22: Ed. Mews II,266 addit quarum + tantum]

## Erstes Kapitel

### *Zusammenfassung des Glaubens an die Einheit und Dreifaltigkeit*

Zuerst muß das Thema der ganzen Erörterung und die Quintessenz des Glaubens betreffend die Einheit der göttlichen Substanz und die Trinität der Personen, welche in Gott sind oder vielmehr welche der eine Gott sind, kurz dargelegt werden [85–97]. Hierauf lassen wir die Einwände gegen die Position des Glaubens [97–109] und endlich * deren Auflösungen [157–201] folgen.

Die Gottesverehrung des christlichen Glaubens hält daran fest, daß es nur einen Gott gibt und auf keine Weise mehrere: einen Herrn, Schöpfer von allem Sichtbaren und Unsichtbaren, ewig, allmächtig und unauslotbar. Bei alledem verkündet und glaubt [der christliche Glaube] Ihn als eine einzige Einheit, ausgenommen freilich dasjenige, was sich auf die Unterscheidung dreier Personen, des Vaters und des Sohnes und des Hl. Geistes, bezieht.

Diese drei Personen sind sich in allem ebenbürtig wie auch koetern. Denn es können diejenigen keinen Unterschied in ihrer Würde haben, denen die völlig gleiche, unike, singuläre und gänzlich einfache Substanz der Gottheit eignet, die mithin frei ist von jeder [sc. primären] Beschaffenheit * oder einer [sc. sekundären] Formeigentümlichkeit und die völlig unteilbar ist, indem sie nämlich keine Teile im Umfang ihrer Essenz haben kann.

Anderseits müssen diese Personen, deren singuläre Sub- * stanz durch und durch einerlei ist, dergestalt voneinander unterschieden werden, daß das Eigene (proprium) des *Vaters* darin besteht, nur *aus sich selbst zu sein,* nicht von

num sibi filium aeternaliter gignere, filii autem proprium sit a solo patre aeternaliter tam gigni quam genitum esse, non creatum, non factum, non procedentem, sed tantummodo esse genitum. At vero spiritus sancti proprium est a patre simul et filio procedere, non creatum esse, non fac- O 3
tum, non genitum, sed procedere tantum. Et haec quidem est trium personarum ab invicem discretio, quam plenius in sequentibus expediemus.

Quarum licet unaquaeque sit deus sive dominus, non tamen plures dii sunt aut domini, cum una sit penitus individua ac singularis trium personarum essentia sive substantia. Unde nec substantiae differentiam ab invicem habent hae personae, quia non est aliud pater quam filius vel spiritus sanctus, vel filius quam spiritus sanctus. Non est, inquam, aliud in natura, cum unaquaeque trium personarum sit eadem divina substantia.

Sed alius est in persona, alter ab altero ita scilicet discretus personaliter, pater a filio vel spiritu sancto, ut neque pater sit filius neque spiritus sanctus, quia licet alter sit hoc idem quod alter est secundum naturam eiusdem divinae substantiae, tamen alius est hic quam ille, cum sit ab eo personaliter discretus.

Nam et Socrates alius est personaliter a Platone, hoc est ita ab eo in propria essentia discretus, ut hic non sit ille; nec tamen aliud est ab eo, hoc est substantialiter differens, cum ambo sint penitus eiusdem naturae secundum eiusdem speciei convenientiam, in eo scilicet quod uterque ipsorum homo est. Atque ideo nulla substantiali differentia diversi sunt, ut hic aliud sit quam ille ex diversae

einem anderen, und ewig den ihm koeteren Sohn zu zeugen. Das Eigene des *Sohnes* besteht seinerseits darin, allein vom Vater *ewig gezeugt* zu werden und gezeugt worden zu sein, nicht geschaffen, gemacht oder hervorgehend, sondern ausschließlich gezeugt zu sein. Endlich besteht das Eigene des *Hl. Geistes* darin, *vom Vater und imgleichen vom Sohn auszugehen,* nicht geschaffen, gemacht und gezeugt zu sein, sondern ausschließlich hervorzugehen. Und dies ist in der Tat die wechselseitige Unterscheidung der drei Personen, welche wir im folgenden ausführlicher erläutern werden.

Obzwar jede dieser Personen für sich Gott oder der Herr ist, gibt es doch nicht mehrere Götter oder Herren, weil die gänzlich individuelle und singuläre Essenz oder Substanz der drei Personen eine einzige ist. Folglich haben diese Personen auch nicht eine substanzielle Differenz einander gegenüber: Der Vater ist ‚nicht ein anderes' (non aliud) als der Sohn und der Hl. Geist, und der Sohn ‚nicht ein anderes' als der Hl. Geist. Nicht gibt es, ich betone, der Natur nach ein anderes, weil jede dieser drei Personen *dieselbe* göttliche Substanz ist.

Indes gibt es der Person nach ‚einen anderen' (alius): Der eine ist dergestalt vom anderen persönlich verschieden, der Vater vom Sohn und vom Hl. Geist, daß der Vater weder der Sohn noch der Hl. Geist ist. Denn auch dann, wenn der eine ‚dies selbe' gemäß der Natur derselben göttlichen Substanz ist, was der andere, so ist dieser dennoch ‚ein anderer' als jener, weil er *persönlich* von ihm *verschieden* ist.

Sokrates ist z. B. persönlich ‚ein anderer' als Plato, ist mithin in seiner ‚eigentlichen Essenz' (propria essentia) von ihm verschieden, indem dieser nicht jener ist. Gleichwohl ist er ‚nicht ein anderes' verglichen mit ihm, d. h. kein substanziell Differierendes, da beide gänzlich dieselbe Natur haben gemäß Übereinkunft in derselben Art (species), nämlich insofern, als jeder von ihnen ein Mensch ist. Daher sind sie nicht im Blick auf eine substanzielle Differenz verschieden voneinander, indem dieser – aufgrund der Substanz einer verschiedenen Art – ‚ein anderes' wäre als

speciei substantia, sed alius, ut dictum est, in persona, ex discretione scilicet propriae substantiae.
Multo minus ergo aliqua trium personarum, quae in deo sunt, dicenda est aliud ab alia, quarum unica est penitus substantia singularis, nullam partium aut formarum diversitatem recipiens. Quippe quod partibus constat, ut diximus, ipsis partibus naturaliter posterius est.

*Quid sit simplex divina substantia sive informis*

Nulli[61] etiam fidelium dubium esse arbitror divinam substantiam sicut partium constitutione, ita etiam ab omni proprietatis informatione esse alienam, ut videlicet in ea O 3
nihil esse possit quod non sit ipsa. Unde *Augustinus* in XI *De Civitate Dei*[62] disputans de simplicitate ac sinceritate divinae substantiae ait: "Non propter hoc naturam istam boni simplicem dicimus, quia est pater in ea solus aut filius solus aut spiritus, aut sola est ista nominis trinitas sine subsistentia personarum, sicut Sabelliani putaverunt. Sed ideo simplex dicitur, quia hoc est quod habet, excepto quod relative quaeque persona ad alteram dicitur. Nam utique pater habet filium, nec tamen ipse est filius, et filius

[61] Stölzle hic citationem indicat (p. 33, 4–8), sed sine determinatione auctoris; quod fortasse respicit Theologiam christianam, ubi (1232 D) huic loco praemittitur: "Hilarius super psalmum De profundis". At verba deinde sequentia sunt Abaelardi ipsius, cum apud Hilarium super Psalmum 129 non inveniantur; cf. PL 9, 718 sqq. Locum Hilarii revera huc pertinentem Abaelardus ipse refert in Sic et non c. 8, 1362 D sq.: "Hilarius super Psalmum 129, De profundis: Quisquis ita volet credere, ut corporalis Deus sit quia ad imaginem eius homo factus est, compositum Deum esse statuet. Quidquid autem compositum est, necesse est, ut non fuerit ab aeterno, quia compositio habet initium, quo corporatur, ut maneat". Cf. Hilarius l. c. 720 B sq. – Cf. etiam Guillelm. Campell., Sententiae vel Quaestiones 1, ed. Lefèvre 23: "firmiter est tenendum, illam simplicem divinitatis substantiam omnium tam formarum quam partium omnino esse expertem".

[62] c. 10 n. 1 sq., CSEL 40, 1: 526, 4–23; PL 41, 325 sq.

jener. Vielmehr [sind sie] wie gesagt [je] ‚ein anderer' der Person nach aufgrund der Unterscheidung ihrer ‚eigentlichen und persönlichen Substanz' (propria substantia). Weit weniger darf folglich von einer der drei Personen, welche in Gott sind, gesagt werden, daß sie verglichen mit den anderen Personen ‚ein anderes' ist. Ihre gänzlich singuläre Substanz ist unik und nimmt keine Verschiedenheit von Teilen und Formen auf. Ist doch (wie wir 24, 130ff sagten), was aus Teilen besteht, von Natur aus später als die entsprechenden Teile.

### *Warum die göttliche Substanz einfach und ohne Form ist*

Ferner zweifelt m. E. kein Gläubiger daran, daß die göttliche Substanz wie der Konstitution durch Teile, so auch jeglicher Geformtheit durch eine Eigenschaft enthoben ist, so daß es offensichtlich in ihr nichts geben kann, was nicht sie selbst ist. Daher sagt *Augustin* in Erörterung der Einfachheit und Unvermischtheit der göttlichen Substanz im 11. Buch seines ‚Gottesstaates': "Nicht deswegen nennen wir diese Natur des Guten ‚einfach', weil es in ihr allein den Vater oder allein den Sohn oder allein den Hl. Geist gibt, oder weil sie nur eine Trinität dem Namen nach ohne Zugrundeliegen von Personen ist, wie die Anhänger des Sabellius behaupteten. Vielmehr wird sie deshalb ‚einfach' genannt, weil sie ist, was sie hat, ausgenommen freilich dasjenige, was von jeder einzelnen Person in Beziehung auf eine andere gesagt wird. Denn gewiß hat der Vater einen Sohn, ohne doch selber Sohn zu sein, und der Sohn

patrem, nec tamen est pater. In quo vero ad semetipsum dicitur, non ad alterum, hoc est quod habet, sicut ad semetipsum dicitur vivus habendo utique vitam, et eadem vita ipse est. Propter hoc utique natura haec dicitur simplex, quod non sit aliud habens aliud quod habet, sicut in ceteris rebus. [. . .] Neque enim vas habens liquorem liquor est, nec corpus color, nec aër lux sive fervor, nec anima sapientia est. Hinc est quod etiam privari possunt rebus, quas habent, et in alios habitus verti atque commutari".

*Idem* in VII *Confessionum*[63] ad deum loquens ait: "Nec cogeris invitus ad aliquid, quia voluntas tua non est maior quam potentia. Esset autem maior, si te ipso tu ipse maior esses." Item[64] : "Voluntas et potentia dei deus ipse est".

Bene autem spiritualis doctor divinam substantiam simplicem esse astruit, hoc est ab omni accidente, ab omni formae participatione immunem, ut nihil scilicet in deo sit, quod deus non sit. Omne quippe quod subsistit, aut aeternum est, ut deus, aut coepit ab eo principio summo quod deus est, ducens exordium. A se quippe nihil est praeter illud a quo sunt omnia. Si itaque potentia dei sive sapientia, aut etiam pars aliqua seu aliud aliquid in deo sit, quod O 4
deus non sit, utique ab ipso incepit a quo sunt omnia. Quod si incepit aut potentia eius aut sapientia, profecto ipse qui aeternus est, exstitit absque istis, ut videlicet non semper aut potens fuerit aut sapiens, donec ipse impotens in se ipso potentiam creasset, aut adhuc insipiens sapientiam sibi condidisset. Quae cum fecerit absque discretione sapientiae, quippe quam nondum habebat, utique nonnulla eius opera irrationabilia sunt.

[63] c. 4 n. 6, CSEL 33, 145 sq.; PL 32, 736.
[64] L. c.

hat einen Vater, ohne selber Vater zu sein. Sogar darin * wird er im Blick auf sich selber, nicht ein anderes, mithin dasjenige, das er hat, charakterisiert – so wie man ihn hinsichtlich seiner selbst als ‚lebendig' bezeichnet, indem er auf jeden Fall Leben hat und selber dies nämliche Leben *ist*. Deshalb gewiß wird diese Natur ‚einfach' genannt, weil sie nicht das eine ist, ein anderes, das sie hat, habend, wie bei anderen Dingen. [. . .] Ein Gefäß [beispielsweise], das Flüssigkeit hat, ist nicht Flüssigkeit, noch ist ein Körper Farbe, noch ist die Luft Licht oder Hitze, noch ist die Seele Weisheit. Daher rührt es, daß sie auch der Dinge, die sie haben, beraubt und in andere Zustände versetzt und verwandelt werden können."

Im 7. Buch seiner ‚Bekenntnisse' spricht er zu Gott gewandt: "Und nicht wirst du gegen deinen Willen zu irgendetwas genötigt werden, weil dein Wille nicht größer ist als deine Macht. Er wäre größer, falls du selber größer wärest als du selbst". Ebenso: "Der Wille und die Macht Gottes – * das ist Gott selbst".

Glänzend legte der geistvolle Lehrer dar, daß die göttliche Substanz einfach ist, d. h. sowohl frei von jedem Akzidens als von jeglicher Teilhabe an einer Form, so daß es nichts in Gott gibt, das nicht Gott ist. Denn alles, was subsistiert, ist entweder ewig wie Gott, oder es begann, indem es diesem höchsten Prinzip, das Gott ist, seine Entstehung verdankt. Von sich aus freilich gibt es nichts außer Jenem, von dem alle Dinge sind. Wenn es daher eine Macht oder Weisheit Gottes oder auch irgendeinen Teil oder irgendetwas anderes in Gott gibt, das nicht Gott ist, dann nahm es seinen Anfang sicherlich von Ihm, von dem alle Dinge sind. Wenn aber seine Macht oder seine Weisheit einen Anfang hatten, dann existierte Er, der ewig ist, wahrlich ohne sie. Folglich wäre er nicht immer mächtig oder weise gewesen, bis er, machtlos in sich selber, die Macht erschaffen hätte, bzw. bis er, der Weisheit [noch] entbehrend, für sich die Weisheit begründet hätte. Hätte er sie ohne Unterscheidungskraft der Weisheit – welche er [in diesem Fall] noch nicht besaß – geschaffen, dann wären durchaus einige seiner Werke unvernünftig.

Si quis autem dicat[65] qualitates in deo sic esse, ut nec deus sint nec a deo factae, sed in deo aeternaliter permanentes, atque ipsi divinae substantiae in qua sunt, coaeternas esse: quaerendum[66] restat, utrum ei substantialiter an accidentaliter insint. Si autem substantialiter, ut scilicet divinam substantiam conficiant, profecto ipso deo naturaliter priores sunt, cui conferunt esse, sicut rationalitas homine[67]. Quod si per accidens insunt, posteriores sunt ipso natura saltem, si non tempore, ita scilicet ut ipsa divina substantia sic eas habeat, ut tamen absque illis possit incorrupta permanere, cum eas videlicet ad subsistendum non requirat. Omne quippe accidens teste *Porphyrio*[68] tam adesse quam O 4

[65] Cf. Theol. christ. 1285 B sq.: "Unus qui in Andegavensi pago magni nominis magister viget, in tantam prorumpere ausus est insaniam, ut omnia creaturarum nomina ad deum translata ipso quoque deo convenire velit ex quibusdam formis diversis essentialiter ab ipso deo sicut et in creaturis. Veluti cum dicitur deus iustus sicut et homo iustus, ita iustitiam ab ipso deo essentialiter diversam intelligit sicut ab homine; et similiter cum dicitur deus sapiens, deus fortis. Necnon et propria ipsius dei nomina vult in ipso deo ita qualitates aut formas ponere sicut et in creaturis, ut est hoc nomen ‚aeternum', sive etiam ‚deus' vel ‚creator'. Quod maxime ex eo astruere nititur, quod ait Priscianus proprium esse nominis substantiam et qualitatem significare, et ex ipsa nominis diffinitione qua asserit unumquodque nomen subiectis corporibus vel rebus proprias vel communes distribuere qualitates". Theol. ‚Scholarium' 1057 A sq.: "Tertius vero praedictorum (scil magistrorum divinorum librorum) non solum praedictarum personarum proprietates res diversas a deo constituit, verum etiam potentiam dei, iustitiam, misericordiam, iram et cetera huiusmodi quae iuxta humani sermonis consuetudinem in deo significantur, res quasdam et qualitates ab ipso diversas, sicut et in nobis concedit, ut quot fere vocabula de deo dicuntur, tot in deo res diversas constituat". Videtur esse sententia Ulgerii Andegavensis, cf. G. Robert, Les écoles et l'enseignement de la théologie pendant la première moitié du XII^e^ siècle (Paris 1909) 202 sq.

[66] Cf. ad sequentia Guillelm. Campell., Sententiae vel Quaestiones 1, ed. Lefèvre 21: "Quod ipsa (scil. essentia Dei) a nullo informetur, sic disputatum est. Forma namque aut substantialis est, aut accidentalis. Substantialis autem prior est naturaliter eo cuius est substantialis. Si ergo aliqua substantialis forma esset in Deo, aliquid prius esse in eo . . . inveniretur".

[67] Scil. prior dicitur.

[68] Boethius, In Porph., ed. Brandt 280, 14 sq.

Wenn einer nun einwendet: Die *Eigenschaften* sind dergestalt in Gott, daß sie weder Gott sind, noch von Gott geschaffen wurden, sondern ewig in Gott andauern, wie sie der göttlichen Substanz selber, in der sie sind, koetern sind – so bleibt zu untersuchen, ob die Eigenschaften ihm substanziell oder akzidentiell einwohnen. Wenn *substan-* * *ziell,* so daß sie die göttliche Substanz mitkonstituieren, so sind sie tatsächlich von Natur aus früher als Gott, dem sie sein Sein verleihen, wie z. B. ‚Rationalität' [begriffl. vor] ‚Mensch'. Wenn sie [ihm] aber *akzidentiell* einwohnen, sind sie zumindest von Natur aus (falls nicht der Zeit nach) später als er selbst. Die göttliche Substanz hat sie dann in der Weise, daß sie losgelöst von ihnen unversehrt überdauern kann, weil sie sie zum Zweck ihres Subsistierens nicht erfordert.

Denn jedes Akzidens kann nach *Porphyr* dem Subjekt, in

abesse potest subiecto, in quo est, praeter corruptionem ipsius, etiam si numquam actualiter contingat ipsum a subiecto recedere. Qui etiam proprium, quod in natura speciei insitum esse videtur, posterius specie naturaliter esse confirmat, eo scilicet quod substantiam speciei non conficiat, sicut substantiales, id est specificae differentiae. Ait[69] enim: "Species ante subsistit quam proprium; proprium vero postea fit in specie. Oportet enim hominem esse, ut sit risibile".

Si ergo sapientia forma sit in deo non substantialis ei, sed magis accidentalis, utique ipse absque sapientia deus esse posset ac similiter absque potentia, ut videlicet deus esset, nec tamen potens aut sapiens esset. Quod non solum catholicus, verum etiam abhorret haereticus.

His itaque rationibus patet divinam substantiam omnino individuam, omnino informem[70] perseverare, atque ideo recte eam perfectum bonum[71] dici, et nulla re alia indigens[72], sed a se ipso habens, non aliunde, quod habet, accipiens. Creaturae autem quantumlibet bonae adiunctione egent alterius; ex qua quidem indigentia imperfectionem suam profitentur. Virtutes quippe, quae animam bonam faciunt, subiecto indigent, quo sustententur; quia pietas esse non poterit, si non habeat, in quo sit, fundamentum. Ipsa autem anima, ut bona sit, virtutum indiget ornamentis.

Cum itaque divina substantia singularis prorsus et unica sit, in qua tres personae consistunt, ita ut unaquaeque personarum sit eadem penitus substantia quae est et altera, nec ulla sit partium aut formarum diversitas illius simplicis boni: multo minus haec persona aliud ab illa dici potest, quam Socrates a Platone, cum videlicet trium personarum

[69] L. c. 338, 7–10.

[70] Cf. Ioh. Scottus, De divis. nat. 1. 1 c. 56, PL 122, 499 D: "Deus siquidem infinitus informisque, quoniam a nullo formatur, dum sit forma omnium". Cf. supra p. 84 et nota 58.

[71] Cf. supra p. 4, 4.

[72] Anselmus Cantuar., Proslogion, prooemium, ed. Fr. S. Schmitt, S. Anselmi Opera omnia (Seccovii 1938) 1, 93; PL 158, 223 C: "Deus . . . est summum bonum nullo alio indigens".

dem es ist, ebenso einwohnen wie ihm fehlen (auch wenn in Wirklichkeit nie zuträfe, daß es aus dem Subjekt verschwindet), und zwar ohne Zerstörung des letzteren. Porphyr behauptet auch, daß das Eigentümliche (proprium), das der Natur der Art (species) scheinbar eingepflanzt ist, von Natur aus später als die Art ist, und zwar deshalb, weil es nicht wie die substanzialen, d. h. spezifischen Differenzen die Substanz der Art konstituiert. Er sagt: "Die Art subsistiert früher als ihr Proprium. Das Proprium entsteht später in der Art. Es ist nämlich nötig, daß es einen * Menschen gibt, damit es ein Lachfähiges gibt".
Gehörte die Weisheit Gott nun nicht als substanzielle, sondern als akzidentielle Form an, so könnte er durchaus der Weisheit und analog der Macht enthoben Gott sein, so daß es einen Gott gäbe, der nicht mächtig oder weise wäre. Vor dieser Folgerung schreckt nicht allein der Rechtgläubige, sondern sogar ein Häretiker zurück!

Logisch erhellt aus diesen Überlegungen: Die göttliche Substanz überdauert als gänzlich unteilbar und formlos. Mit Recht wird sie ‚das vollkommene Gut' genannt. Sie bedarf keiner anderen Sache, sondern hat [alles] aus sich selber, indem sie nicht von anderswoher empfängt, was sie hat. Die Geschöpfe aber, so gut sie sein mögen, bedürfen der Verbindung mit einem anderen. Mit dieser Bedürftigkeit bekennen sie ihre Unvollkommenheit. Die Tugenden, die eine Seele gut machen, bedürfen eines Substrats, um durch es aufrecht erhalten zu werden. Denn es wird keine Frömmigkeit geben können, wenn sie nicht eine Grundlage hat, in dem sie ist. Die Seele ihrerseits bedarf, um gut zu sein, des Schmuckes der Tugend.

Fazit: Die göttliche Substanz ist absolut singulär und unik. In ihr gründen die drei Personen dergestalt, daß jede Person von der gleichen Substanz wie die andere ist. Und es eignet jenem einfachen Gut überhaupt keine Verschiedenheit von Teilen und Formen. Viel weniger als beim Vergleich zwischen Sokrates und Plato darf diese Person verglichen mit jener ‚ein anderes' genannt werden, da die drei Personen offensichtlich ein und dieselbe Essenz haben,

una sit singularis essentia, Socratis vero et Platonis non sit O 4 eadem essentialiter substantia, sed magis discretae eorum substantiae, ita quidem ut haec essentia Socratis non sit illa Platonis.

At vero eadem essentia quae est patris, eadem penitus est filii, eadem etiam prorsus est spiritus sancti. Nec minus tamen pater alius est, id est diversus in persona a filio sive a spiritu sancto, nec non et filius a spiritu sancto, cum hic non sit ille, licet sit illud quod ille.

Magna autem et subtilissima discretio est hic adhibenda, ut nec identitas singularis substantiae et individua unitas essentiae impedimento sit diversitati personarum, nec diversitas personarum impedimento sit singularitati substantiae; sed simul et unus omnino in singularitate substantiae sit deus et trinus ipse sit in trium personarum discretione.

## Capitulum II

*Obiectio prima adversus trinitatem*

Quo in loco gravissimae et difficillimae dialecticorum quaestiones occurrunt. Hi quippe ex unitate essentiae trinitatem personarum impugnant ac rursus ex diversitate personarum identitatem essentiae oppugnare laborant[73]. Horum itaque obiectiones primum ponamus, postea dissolvamus.

Aut enim, inquiunt, haec diversitas personarum in solis vocabulis consistit, non in re, ut videlicet tantum diversa sint vocabula, et nulla sit in deo rei diversitas; aut in re sola et non in vocabulis; aut simul et in re et in vocabulis.

At vero, si alterum horum auferri poterit, non remanebit

[73] Quod imprimis respicere videtur Roscelinum, cf. R. Stölzle, Abaelards Tractatus etc. XXVI–XXXIII; E. Kaiser, Pierre Abélard critique (Fribourg 1901) 215–225; [Introductio Ostlender] p. XVIII sqq., infra p. 108; 118–122; 176–180; 198.

während Sokrates und Plato nicht die essentiell gleiche Substanz haben, sondern eher dergestalt verschiedene Substanzen, daß die Essenz von Sokrates nicht jene von Plato ist [vgl. 87 f.].
Im Gegensatz dazu ist die eine Essenz, die der Vater hat, durch und durch die gleiche, die der Sohn hat, und absolut die gleiche, die der Hl. Geist hat. Trotzdem ist der Vater ‚ein anderer', d. h. der Person nach verschieden vom Sohn und vom Hl. Geist, und ebenso ist der Sohn vom Hl. Geist verschieden, da dieser nicht jener ist, obgleich er jenes ist, was jener.
Es bedarf einer folgenreichen und tiefangelegten Unterscheidung, damit die singuläre Identität der Substanz und die unteilbare Einheit der Essenz nicht zum Hindernis für die Verschiedenheit der Personen gereicht, oder umgekehrt die Verschiedenheit der Personen zum Hindernis für die Singularität der Substanz. Gott ist *ineins* nur einer in der Singularität seiner Substanz und er ist dreifältig in der Unterscheidung dreier Personen.

## Zweites Kapitel

*+ Einwände gegen die Trinität*

An diesem Ort treten sehr ernste und schwierige Fragen der Dialektiker auf. Denn sie bekämpfen aufgrund der Einheit der Essenz die Trinität der Personen, wie sie umgekehrt aufgrund der Verschiedenheit der Personen die Übereinkunft der Essenz zu bestreiten sich mühen. Daher wollen wir zuerst ihre Einwände darlegen [97–109] und sie später auflösen [157ff, vgl. Konkordanz].

I. Sie behaupten: *Entweder* besteht diese Verschiedenheit der Personen ausschließlich in den Worten, nicht in der Sache, so daß nur die Worte verschieden sind, und es kein sachliches In-sich-Unterschiedensein in Gott gibt. *Oder* ausschließlich in der Sache und nicht in den Worten *oder aber zugleich* in der Sache und in den Worten.
Wenn [im dritten Fall] eines von ihnen [die Unterschieden-

utrumque. Quod si ad vocabula respiciamus, iam non est trinitas personarum aeterna, cum ipsa impositio nominum ab hominibus facta sit.

II. Praeterea: si ad numerum vocabulorum haec distinctio personarum sit accipienda, multo plures personas confiteri quam tres nos oportet, quia multa sunt et alia divinae substantiae nomina, sicut hoc nomen deus, vel dominus, vel aeternus, vel immensus, vel creator et alia infinita nomina.

III. Sin autem haec diversitas personarum magis accipienda sit in ipsa re quam in vocabulis, in deo autem nihil est in re praeter singularem substantiam et individuam et O 4 informem: quis dubitet trinitatem accipi secundum substantiae unitatem, ut et trinus in substantia sit dicendus deus.

IV. Aut si idem sit penitus in deo substantia et personae, ut videlicet nihil aliud substantia sit quam personae, vel personae quam substantia: numquid si unus est deus in substantia, unus est et in personis, aut si trinus est in personis, trinus est et in substantia?

V. Quomodo etiam tres personae sunt, ubi nullo modo tria sunt? Aut quomodo tria sunt, si multa non sunt? Aut quomodo multa esse possunt, si nulla sit rerum multitudo? At vero multitudo rerum esse non potest ex una tantum re, nisi videlicet ex pluribus constet partibus. Partes autem nullae in ipso esse possunt, ut *supra*[74] confirmavimus. Quomodo ergo trinitas ibi est, ubi nulla est multitudo? Aut quomodo tres sunt, si multi non sunt?

VI. Praeterea: quomodo dicitis: ‚Talis pater qualis filius vel spiritus sanctus', si nulla sit personarum similitudo, quarum nulla est multitudo? Omne quippe simile in aliquo

[74] Cf. supra p. 84–88.

heit in der Sache oder in den Worten] aufgehoben werden kann, werden beide nicht fortdauern. Im Blick auf die *Worte* ist die Trinität der Personen von vornherein *nicht ewig,* da die Auferlegung der Namen als solche von Menschen getätigt wurde.

II. Dazu kommt: Wenn diese Distinktion der Personen auf die Zahl der Worte hin angenommen werden muß, ist es nötig, weit mehr als drei Personen zu bekennen, weil es *viele andere Namen* der göttlichen Substanz gibt, wie den Namen ‚Gott', ‚Herr', ‚Erretter', ‚Unauslotbarer', ‚Schöpfer' und unzählige andere Namen.

III. Wenn diese Verschiedenheit der Personen anderseits mehr in der *Sache* selbst als in den Worten angenommen werden muß, es in Gott aber nichts gibt in der Realität außer einer singulären, unteilbaren und der Form entbehrenden Substanz: Wer bestreitet, daß die Trinität gemäß der Einheit der Substanz angenommen wird, so daß man Gott *auch* in seiner Substanz dreifältig nennen muß?

IV. Oder wenn die Substanz und die Personen in Gott völlig übereinkommen, indem nämlich die Substanz nichts anderes ist als die Personen, resp. die Personen nichts anderes als die Substanz: Ist Gott dann etwa, wenn er einer ist in der Substanz, *auch* einer in den Personen, oder wenn er dreifältig ist in den Personen, *auch* dreifältig in der Substanz?

V. Inwiefern kann es des weiteren ‚drei Personen' geben, wo es auf keine Weise drei gibt? Oder inwiefern gibt es drei, *wenn* es *nicht viele* gibt? Oder wie kann es viele geben, wenn es keine Vielheit von Dingen gibt? Eine Vielheit von Dingen kann es hinwiederum nicht geben aus nur einer Sache, es sei denn sie bestehe aus mehreren Teilen. In Ihm kann es indes keine Teile geben, wie oben [85–89] dargelegt wurde. Inwiefern gibt es also dort eine Trinität, wo es keine Vielheit gibt? Oder wie gibt es drei, wenn es nicht viele gibt?

VI. Außerdem, wie behauptet ihr: ‚so beschaffen wie der Vater ist der Sohn oder der Hl. Geist', wenn es *keine Ähnlichkeit* zwischen Personen geben kann, von denen es keine Vielheit gibt? Denn jedes Ähnliche ist in irgendetwas

dissimile est, et nulla est nisi in discretis rebus similitudo. Unde nemo hunc hominem et hunc album similes dicit, cum non sint ab invicem essentialiter discreti.

VII. Amplius: cum unumquodque quod exsistit, aut substantia sit aut forma in substantia subsistens, sicut albedo et pietas, aut quaelibet res novem praedicamentorum: quomodo possunt esse aliqua multa, nisi aut substantiae sint aut formae aut ex utrisque coniuncta?

VIII. Aut et cum deus substantia sit, et hoc nomen deus substantiae sit, non personae, hoc est propter naturam substantiae, non propter personam distinguendam inventum, sicut est pater vel filius: quomodo melius dicitur deus trinus quam substantia trina, vel quam pater trinus? Sicut enim una substantia tantum est et unus pater, ita etiam unus tantum deus, non plures.

IX. Trinus etiam deus vel trina substantia, quid aliud sonat quam tres dii vel tres substantiae? Quippe quid aliud est trina oratio quam tres orationes? Vel bina percussio O 4 quam duae percussiones?

X. Quomodo etiam fieri potest, ut tres personae ita ab invicem sint discretae, ut haec non sit illa, et unaquaeque ipsarum substantia sit et deus, et non sit ideo plures substantiae vel dii? Quippe quid aliud est dicere plures substantias quam dicere plura, quorum unumquodque est substantia? Ipsum nempe plurale vocabulum nihil aliud est quam geminatio vel multiplicatio sui singularis[75], ut videlicet plurale multa simul nominet, quibus singillatim convenit singulare.

XI. Qua etiam ratione melius dicuntur tres personae, quia unaquaeque ipsarum persona est, quam tres dii vel tres substantiae, cum unaquaeque ipsarum deus sit sive substantia.

[75] Cf. Priscianus, Institutiones grammaticae 1. 5 c. 9 n. 47, ed. M. Hertz (Grammatici Latini rec. H. Keil, vol. 2, Lipsiae 1855) 1, 172, 20–22: "Ergo singularis quoque numerus bene dicitur, quod ipse geminatus et multiplicatus facit omnes numeros et quod omnes numeri ex ipso componuntur et in ipsum dissolvuntur".

unähnlich, und es gibt keine Ähnlichkeit, es sei denn zwischen [mehreren] voneinander gesonderten Dingen. So nennt z. B. niemand diesen Menschen und diesen Weißen ‚unähnlich', weil sie essentiell nicht voneinander gesondert sind.

VII. Wenn des weiteren ein jegliches, das existiert, entweder Substanz ist oder, wie die Weiße und die Frömmigkeit (bzw. jede beliebige Bestimmung, welche unter die neun Kategorien fällt), als Form in einer Substanz subsistiert: Wie kann es irgendwelche vielen geben, es sei denn [es handelt sich] *entweder* um Substanzen *oder* um Formen *oder* um solches, das aus beidem verbunden ist?

VIII. Oder auch wenn Gott eine Substanz ist, und dieser Name ‚Gott' einer Substanz eignet, nicht einer Person, mithin wegen der Natur der Substanz, nicht wegen der Person (wie es Vater und Sohn sind) als unterscheidenswert erfunden wurde: *Inwiefern* sagt man *zutreffender* ‚dreifältiger Gott' als ‚dreifältige Substanz' oder sogar ‚dreifältiger Vater'? Denn entsprechend wie es nur eine Substanz und einen Vater gibt, so auch nur einen Gott, nicht mehrere.

IX. Was anderes bedeuten ein ‚dreifältiger Gott' oder eine ‚dreifältige Substanz' als *drei Götter* oder drei Substanzen? Denn was ist eine ‚dreifache Rede' anderes als drei Reden? Oder ein doppelter Schlag als zwei Schläge?

X. Wie reimt es sich, daß drei Personen so voneinander verschieden sind, daß diese nicht jene ist, und jede für sich Substanz und Gott ist, aber es in der Konsequenz nicht mehrere Substanzen oder Götter gibt? Ist es denn etwas anderes, von ‚mehreren Substanzen' zu sprechen als von mehreren, davon jede einzelne eine Substanz ist? Bedeutet doch die in den Plural gesetzte Vokabel nichts anderes als eine Verdoppelung oder Vervielfachung ihres Singulars, wie der Plural denn zugleich viele bezeichnet, auf die der Singular, nimmt man sie je einzeln, paßt.

XI. *Aus welchem Grund* sagt man, weil jede einzelne von ihnen eine Person ist, *richtiger* ‚drei Personen' als ‚drei Götter' oder ‚drei Substanzen', wo doch auch jede einzelne Gott oder Substanz ist?

XII. Quod si ideo plures substantias vel plures deos dici negemus, quia licet unaquaeque personarum substantia sit sive deus, nulla est unius personae differentia ad aliam in eo quod substantia est vel deus: profecto eadem ratione numquam dicendum est plures homines, nec etiam plures personas, cum videlicet hic homo non differat ab illo in eo quod homo est, aut haec persona ab illa in eo quod persona est.

XIII. Quomodo etiam vere dicimus: tres personae sunt, si multa entia non sunt, hoc est multae essentiae? Ipsum quippe participium ubique in numero suum verbum sequitur, ut videlicet, de quo dicimus ‚ambulat', dicamus ‚est ambulans'; et de quibus dicimus ‚ambulant', dicamus ‚sunt ambulantia'. Unde *Aristoteles*[76] : "Nihil, inquit, differt dicere hominem ambulare et hominem ambulantem esse". Ex quo apparet quod de quibuscumque dicimus ‚sunt', dici oportet ‚sunt entia', id est essentiae.

XIV. Quomodo etiam hoc nomen ‚deus' singulare est et non magis universale, si plura sint personaliter discreta, hoc est numero differentia, de quibus singulis praedicetur, cum O 4
videlicet et pater deus sit et filius deus et spiritus sanctus deus, nec iste sit ille?

XV. Quae etiam differentia rerum esse potest, ubi eadem singularis est et individua penitus essentia? Omnis quippe differentia aut in rebus discretis accipitur, cum videlicet haec essentia non sit illa, aut in eadem re secundum variationem eius vel aliquam mutationem per temporis successionem, ut si aliquis modo stet, modo sedeat. Discretio autem rerum nulla est, ubi unica est et individua essentia. Sed nec in deo ulla potest esse variatio, cum scriptum[77] sit: 'Apud quem non est transmutatio nec vicissitudinis obumbratio'. De quo etiam ille philosophus[78] ait: "Qui

[76] Cf. Boethius, In librum Aristot. Περὶ ἐρμενείας. Ed. 1, 1. 2 c. 10, ed. Meiser 1, 140, 23–26: "Idem namque est dicere homo currit et homo ambulat, tamquam si dicatur homo currens est, homo ambulans est".

[77] Iac. 1, 17.

[78] Boethius, De consolatione philosophiae 1. 3 c. 9. ed. G. Weinberger (Vindobonae-Lipsiae 1934, CSEL 67) 63, 19.

XII. Wenn wir in der Konsequenz (obgleich jede Person Substanz oder Gott ist) bestreiten, daß von ‚mehreren Substanzen' oder ‚mehreren Göttern' gesprochen wird, weil es insofern, als sie Substanz oder Gott ist, keinen Unterschied der einen zur anderen Person gibt, so darf man wahrlich *aus demselben Grund* niemals von ‚mehreren Menschen' oder ‚mehreren Personen' sprechen, da dieser Mensch nicht von jenem differiert insofern, als er Mensch ist, oder diese Person von jener insofern, als sie Person ist.

XIII. Inwiefern sagen wir wahrheitsgetreu: ‚Es sind drei Personen [existent]', wenn es nicht viele Seiende, d. h. viele Essenzen gibt? Denn überall folgt das Partizipium in der Zahl seinem Verbum, indem wir z. B. von demjenigen, von welchem wir sagen ‚er geht', sagen: ‚er ist gehend'; bzw. von denjenigen, von welchen wir sagen ‚sie gehen', sagen: ‚sie sind gehend'. *Aristoteles* lehrt: "Es macht keinen Unterschied, ob man von einem Menschen sagt ‚er geht' oder ‚er ist gehend'". Folglich darf von beliebigen, von denen wir sagen ‚sie *sind*', gesagt werden: ‚sie *sind seiend*' (sunt entia), d. h. *Essenzen* (essentiae).

XIV. *Inwiefern* ist dieser Name ‚Gott' *ein Eigenname* (nomen singulare) und nicht eher ein Universale, wenn es mehrere persönlich Unterschiedene, d. h. der Zahl nach Differente gibt, denen er einzeln zugesprochen wird, da unwidersprochen sowohl der Vater Gott ist wie auch der Sohn und der Hl. Geist, und der eine nicht der andere ist?

XV. *Welchen Unterschied* schließlich kann es zwischen denjenigen Dingen geben, denen die gleiche, singuläre und völlig unteilbare Essenz zukommt? Wird doch jede Differenz entweder zwischen verschiedenen Dingen angesetzt, indem nämlich diese Essenz nicht jene ist, oder in ein und derselben Sache gemäß ihrer Veränderung oder irgendeinem Wandel im Verlauf der Zeit, wie wenn einer bald steht und bald sitzt. Es gibt keine Unterscheidung von Dingen, wo eine unike und unteilbare Essenz vorliegt.

Nun kann es in Gott auch nicht die geringste Veränderung geben, wenn steht: 'Bei Ihm gibt es keinen Wandel und keinen Schatten von Wechsel'. Auch jener Philosoph

tempus ab aevo ire iubes stabilisque manens das cuncta moveri".
Cuius etiam verum esse et incommutabile ipsemet dominus aperit dicens[79] : 'Ego sum qui sum'. Et *Propheta*[80] : 'Qui est, misit me ad vos'.

*Prima obiectio adversus unitatem*

Praeterea: cum pater sit deus, hoc est essentia haec divina, et deus sit filius, numquid et pater est filius? Quomodo enim ex eo quod pater est deus, et deus est aeternus, melius ostenditur: pater est aeternus, quam ex eo quod pater est deus, et deus est filius sive incarnatus, pater etiam esse filius sive incarnatus? Praesertim cum hoc nomen ‚deus' singulare esse constet, sicut hoc nomen ‚Socrates', immo etiam magis singulare, hoc est individuum videtur, cum individuam, hoc est omnino indivisibilem ac prorsus simplicem unicamque substantiam significet.

II. At vero cum hic sedens sit Socrates, et Socrates sit albus, constat etiam hunc sedentem esse album, cum eadem prorsus essentia sit huius sedentis et huius albi, nec
Δ multa numero dicantur hic sedens et hic albus, cum eadem essentia sit huius et illius, quae diversis licet occupata sit O 4
formis: non tamen aut multae personae aut multa numero Socrates esse dicitur. Alioquin hoc nomen ‚Socrates' universale esset potius quam singulare, cum de differentibus numero diceretur.

III. Multo autem minus multa numero in deo sunt, ubi nulla est formarum multitudo; et multo magis concedendum est in deo, quod hic qui pater est, filius est, quam in creaturis, in quibus est saltem formarum diversitas, atque instabilitas substantiae assiduaque variatio.

[79] Ex. 3, 14.
[80] Ex. 3, 14.
Δ [127: Ed. Mews II, 509 ‚dicuntur' pro ‚dicantur']

[Boethius] sagt von Ihm: "Der du die Zeit von Ewigkeit her vorrücken heißt und beständig bleibst, indem du veranlaßt, daß das Ganze bewegt wird".
Sein wahres und unveränderliches Sein eröffnet der Herr sogar selbst: 'Ich bin, der ich bin'. Und der Prophet [Mose fügt bei]: 'Derjenige, der ist, schickte mich zu euch'.

*+ Einwände gegen die Einheit*

I. Anderseits: Wenn der Vater Gott ist, d. h. diese göttliche Essenz, und Gott Sohn ist, ist dann etwa auch der Vater Sohn? Inwiefern wird nämlich daraus, daß der Vater Gott ist, und Gott ewig, einleuchtender bewiesen: ‚der Vater ist ewig', denn daraus, daß der Vater Gott ist, und Gott Sohn oder inkarniert, *daß ‚der Vater auch Sohn oder inkarniert ist'*? [Das gilt] zumal, da der Name ‚Gott' bekanntlich ein Eigenname ist wie der Name ‚Sokrates', ja eher erscheint er als ‚noch eigener' (magis singulare), mithin als * individueller, weil er die individuelle, d. h. gänzlich unteilbare und völlig einfache und unike Substanz bezeichnet.

II. Wenn nun dieser Sitzende Sokrates ist, und Sokrates weiß ist, gilt: auch dieser Sitzende ist weiß. Denn dieser Sitzende und dieser Weiße haben gänzlich einerlei Substanz. Ebenso werden dieser Sitzende und dieser Weiße nicht der Zahl nach mehrere genannt, weil diesem dieselbe Substanz eignet wie jenem, auch wenn sie je durch verschiedene Formen bestimmt wurde (man sagt deswegen nicht, Sokrates sei mehrere Personen oder numerisch viele). Widrigenfalls wäre der Name ‚Sokrates' eher ein Universale als ein Eigenname, da er auf numerisch Differierende angewendet würde.

III. Viel weniger gibt es in Gott, wo es keine Vielheit von Formen gibt, numerisch viele. Und viel eher ist in bezug auf Gott (als in bezug auf die Geschöpfe, in denen es wenigstens eine Diversität von Formen und eine Instabilität der Substanz und eine fortwährende Veränderung gibt) * zuzugestehen: ‚derjenige, der Vater ist, ist Sohn'.

IV. Quomodo ergo, si concedamus in creaturis propter identitatem essentiae, quod hic sedens est hic albus, vel hic qui pater est, filius est, non hoc magis in deo recipiamus, Δ ut videlicet, qui pater est, filius sit cum sit utriusque unica et individua prorsus ac mera substantia? Aut hic qui pater est, sit incarnatus, sicut et filius, cum eadem substantia quae pater est, carnem susceperit, sicut ea quae filius est, cum eadem penitus substantia sit utriusque personae?

V. Denique cum nihil in deo sit praeter unicam essentiam simplicis et individuae omnino substantiae, et deus deum generet, hoc est pater filium, numquid substantia substantiam generat? Et cum eadem prorsus sit substantia, quae generatur, cum ea quae generat, numquid idem se ipsum generat? Quod autem eadem se ipsam res gignat[81], non solum omnium ratio, verum etiam sanctorum patrum O 4 scripta detestantur, maxime in hac ipsa divina generatione, de qua *Augustinus* in I *De Trinitate*[82] ait: "Qui putat eius potentiae deum, ut se ipsum ipse genuerit, eo plus errat, quod non solum deus ita non est, sed nec spiritualis crea-

[81] Cf. Theol. christ. 1285 C sq.: "Est et alius in Francia qui se quasi singularem divinae paginae magistrum omnibus praefert, et cum hoc quod dictum est in ceteris ipse quoque vehementer arguat, nihil videlicet penitus inesse deo, concedimus, quod non sit deus, non minorem tamen videtur incurrisse errorem ex summa illa unitate divinitatis quam tenet, cum nihil in deo praeter ipsam substantiam esse nobiscum profiteatur. Inde enim ad hoc compulsus est, sicut et ipsemet ego ab ipso audivi, ut confiteatur deum ex se ipso gigni, quia filius a patre est genitus. Et sicut arrogantissimus omnium omnes plane haereticos vocat, quicumque ita non tenent". Theol. ‚Schol.' 1056 C sq.: "Primus (in Francia) . . . in ipsa quidem divinitatis natura ac divinarum personarum distinctione ita praesumptuosus assertor invenitur, ut quia deus pater generavit filium, profiteatur deum genuisse se ipsum. Quem aperte errorem, immo haeresim beatus Augustinus in primo De trinitate refellit dicens: Qui putat eius potentiae" etc. Est sententia Alberici Remensis, cf. Robert, Les écoles etc. 199.

[82] L. 1 c. 1 n. 1, PL 42, 820. Hanc auctoritatem Augustini hic in opere Theologiae suae citatam esse Abaelardus in civitate Suessionensi ostendit contra Albericum, qui eum arguebat, quod in libro suo negasset deum genuisse se ipsum, cf. Historia calamitatum c. 9, PL 178, 147 B-D. Eundem locum Augustini etiam citat Roscelinus, sed non indicto primo libro, Epistola ad Abaelardum, ed. Reiners 69.

Δ [141: Ed. Mews II, 521 sq. ponit ‚is' ante ‚videlicet']

IV. Inwiefern also, wenn wir im Blick auf die Geschöpfe um der Identität der Essenz willen zugeben: ‚dieser Sitzende ist dieser Weiße‘ oder ‚dieser, der Vater ist, ist [freilich seines Vaters] Sohn‘, akzeptieren wir dies nicht eher von Gott: daß nämlich ‚derjenige, der Vater ist, Sohn ist‘, wo doch beide eine unike, völlig unteilbare und unvermischte Substanz haben? Mithin ist dieser, der Vater ist, genau wie der Sohn inkarniert, da wie die ‚Sohn-Substanz‘ die damit übereinkommende ‚Vater-Substanz‘ Fleisch annahm. Denn beide Personen besitzen einerlei Substanz.

V. Wenn es endlich nichts in Gott gibt außer der uniken
* Essenz der einfachen und gänzlich individuellen Substanz, und Gott Gott zeugt, d. h. der Vater den Sohn, zeugt dann etwa die Substanz die Substanz? Und wenn ineinsfällt die Substanz, welche gezeugt wird, mit derjenigen, die zeugt, zeugt dann etwa ein und dasselbe sich selbst? Daß indes ein Ding sich selbst zeugt, [weist] nicht nur die Vernunft aller, sondern weisen auch die Schriften der Kirchenväter zurück, besonders was die göttliche Zeugung selber anbelangt, über die *Augustin* im 1. Buch von ‘Über die Dreieinigkeit‘ lehrt: "Wer Gott von solcher Macht einschätzt, daß Er sich selber zeugte, irrt umso mehr, als nicht allein Gott nicht so ist, sondern überhaupt kein geistiges oder körper-

tura nec corporalis. Nulla enim omnino res est, quae se ipsam gignat".

His et consimilibus obiectis respondere non differamus in ipso confisi de quo loquimur, in ipso securi pro quo dimicamus.

Summa, ut arbitror, omnium quaestionum haec est, quomodo scilicet in tanta unitate individuae ac penitus merae substantiae diversitatem personarum consideremus, cum nullus differentiae modus a philosophis distinctus videatur hic posse assignari, secundum quem diversitas personarum valeat ostendi.

## Capitulum III

Ad quod illud primum respondendum esse arbitror quod mirabile non debet videri, si illa divinitatis natura sicut singularis est, ita singularem modum loquendi habeat. Aequum equidem est, ut quod ab omnibus creaturis longe remotum est, longe diverso genere loqendi efferatur, nec illa unica maiestas communi ac publica locutione coerceatur; nec quod omnino incomprehensibile est atque ineffabile, ullis subiaceat regulis, cui sunt omnia subiecta, quod nec ab homine intelligi potest, qui ad manifestandos intellectus suos voces instituit[83].

Hoc autem nec philosophorum latuit reverentiam, qui quantum reveriti sint semper illud summum bonum verbis etiam attingere, quod omnino incomprehensibile atque ineffabile profitentur[84], ex suprapositis liquidum est, cum O 4

[83] Cf. Logica 324, 39: "tandem ad manifestandum intellectum vocem proferunt". Cf. nota sequens.

[84] Cf. Ioh. Scottus. De divis. nat. 1. 1 c. 14, PL 122, 460 C: "Nonne diximus, quod ineffabilis natura nullo verbo, nullo nomine, seu aliquo sensibili sono, nulla re significata proprie possit significari?" Ibid. 461 C: "divina natura incomprehensibilis ineffabilisque". L. c. c. 64, ibid. 509 A sq.: "de re ineffabili, incomprehensibili . . . Quis enim de natura ineffabili quippiam a se *ipso repertum* dicere praesumat . . .?"

* liches Geschöpf. Es gibt überhaupt nichts, das sich zeugte".

Laßt uns die Antwort auf diese und verwandte Schwierigkeiten nicht aufschieben, indem wir unser Vertrauen auf denjenigen setzen, von dem wir sprechen, und unbekümmert sind in Ihm, für den wir kämpfen! *

Das *Kriterium* all dieser Fragen ist meines Erachtens: Wie würden wir in der so großen Einheit der unteilbaren und gänzlich unvermischten Substanz die Verschiedenheit der Personen bedenken, wenn schiene, daß hier keine von der Philosophie begrifflich erarbeitete Unterscheidungsweise, der gemäß sich die Verschiedenheit der Personen gültig zeigen läßt, angewendet werden kann?

## Drittes Kapitel

### *++ Die Philosophen und ihre Schwierigkeit, von Gott zu reden*

Hierauf ist wohl erstens zu erwidern: Es braucht nicht zu verwundern, wenn jene Natur der Gottheit dem entsprechend, daß sie einzigartig ist, einen einzigartigen Modus ihrer Erörterung hat. Es ist recht und billig, wenn dasjenige, das von allen Geschöpfen weit entfernt ist, auf eine ganz andere Redeweise ausgedrückt wird. Jene unike Majestät der Gottheit soll nicht in einer gemeinen und gewöhnlichen Rede ‚eingepfercht' werden, noch soll, was absolut unbegreiflich und unaussprechlich ist, irgendwelchen Regeln unterliegen. Ist [doch umgekehrt] alles demjenigen unterworfen, das von keinem Menschen (der seine Worte einrichtete, um seine Einsichten kundzutun) eingesehen werden kann.

Dies blieb der Ehrfurcht der Philosophen nicht verborgen: Wieviel Scheu sie von jeher zeigten, jenes höchste Gut, das sie als gänzlich unbegreiflich und unaussprechlich bekannten, auch nur mit Worten zu berühren, erhellt aus dem zu-

summus philosophorum[85] “nec, quid sit, ausus sit dicere, hoc solum de eo sciens quod sciri non possit ab homine, Δ qualis sit”.

Hoc enim recte docere sophiae ipsi incarnandae reservandum erat, ut ipse per se ipsum sui notitiam afferret deus, cum ad eius notitiam nulla assurgere creatura sufficiat. Ipse itaque solus, quid ipse sit, aperuit manifeste, cum gentili illi et Samaritanae mulieri ait[86] : ‘Spiritus est deus’, hoc est divinitas spiritualis substantia est, non corporalis.

At vero sicut in corporibus alia aliis subtiliora sunt, utpote aqua quam terra, et aër quam aqua, et ignis quam aër: ita longe et inexcogitabili modo omnium spirituum naturam ita propriae sinceritatis subtilitate divinitas transcendit, ut in comparatione eius omnes alii spiritus quasi corpulenti seu corpora quaedam dicendi sint.

Δ De qua si quid philosophi dicere animati sunt, ad similitudines et exempla[87] se contulerunt quasi praesumptionem suam velantes, ne de ineffabili fari viderentur, cuius gloriam in creaturis quoquo modo, non in ipso vestigabant atque per ipsas assignabant.

Quod autem illi quoque doctores nostri qui maxime intendunt logicae, illam summam maiestatem quam ‘ignotum deum’[88] esse profitentur[89], omnino ausi non sunt attingere aut in numero rerum comprehendere, ex ipsorum scriptis liquidum est. Cum enim omnem rem aut substantiae aut alicui aliorum generalissimorum subiciant, utique et deum, si inter res ipsum comprehenderent, aut substantiis aut quantitatibus aut ceterorum praedicamentorum rebus con-

[85] Scil Plato; Macrobius, In Somnium Scipionis l. 1 c. 2 n. 15, ed. Eyssenhardt 482, 20–22. Cf. supra p. 34.

[86] Ioh. 4, 24.

[87] Cf. Pseudo-Dionysius Areopag.: “in figmento et similitudine simpla”, quem locum affert Ioh. Scottus, De divis. nat. l. 1 c. 65, PL 122, 510 A.

[88] Act. 17, 23.

[89] Cf. supra p. 78–80.

Δ [18: In ed. Mews II,561 ‚qualis sit‘ deest, sed cf. eundem textum citatum 34,288sq.]

Δ [31: In addendo ‚forte‘ post ‚quid‘ lectio criticae editionis, ed. Mews II,572 confirmat sensum ironicum.]

vor Gesagten [S. 35], zumal ja der bedeutendste Philosoph [Plato] "auch nicht auszusprechen wagte, was es ist, indem er allein dies von ihm wußte, daß vom Menschen nicht gewußt werden kann, wie es beschaffen ist".
Dies dann in der rechten Weise zu lehren, mußte ausdrücklich der sich inkarnierenden Weisheit [griech. sophia] vorbehalten bleiben, indem Gott selbst durch sich selbst das Wissen von sich beibrachte, da kein Geschöpf zureicht, um sich zur Bekanntschaft mit Ihm zu erheben. Daher gab offenkundig Er allein klare Auskunft über das, was er ist, als er zu jener heidnischen und samaritanischen Frau sprach: 'Gott ist Geist', d. h. die Gottheit ist spirituelle, nicht körperliche Substanz.
Wie es nun unter den Körpern solche gibt, die feiner sind als andere, wie das Wasser verglichen mit der Erde, die Luft * verglichen mit dem Wasser und das Feuer verglichen mit der Luft: Ebenso übertrifft die Gottheit bei weitem und in einer unausdenkbaren Weise die Natur aller Geistwesen durch das ‚ätherische Wesen' ihrer eigenen Reinheit. Im Vergleich mit ihr müssen alle anderen geistigen Wesen gleichsam ‚massig', mithin eine Art Körper genannt werden.

Wenn sich nun die Philosophen dazu aufschwangen, etwas über die Gottheit zu sagen, rekurrierten sie, sozusagen ihren großen Anspruch verbergend, auf Analogien und Beispiele. [Sie wollten] nicht den Anschein erwecken, über das Unaussprechliche zu sprechen, dessen Glanz sie irgendwie in den Geschöpfen, nicht in Ihm selber, aufspürten, und anhand dieser beschrieben.
Auch jene Lehrer von uns, die sich besonders für die Logik einsetzten, bekennen, daß jene erhabenste Majestät ein 'unbekannter Gott' ist. Aus ihren Schriften geht hervor, daß sie keinesfalls wagten, [an sein Wesen] zu rühren oder [ihn] in die Zahl der Dinge einzubeziehen. Wenn sie nämlich jedes Ding entweder [dem Begriff] der Substanz oder einer anderen Bestimmung höchster Allgemeinheit subsumierten, hätten sie auch Gott, würden sie ihn unter den Dingen begreifen, entweder den Substanzen oder den Quantitäten oder dem, was unter die übrigen Kategorien fällt, beige-

numerarent, quod nihil omnino esse ex ipsis convincitur. Omnes quippe res praeter substantias per se exsistere non possunt, nisi scilicet subiectis substantiis sustententur; ut O 4 albedo nulla ratione esse potest, nisi in subiecto corpore, aut pietas, nisi in anima, aut quaelibet res novem praedicamentorum, nisi subiectis substantiis insint. Substantiae vero in propria natura per se ipsas subsistere ac perseverare possunt omnibus etiam aliis rebus destructis. Unde et substantiae quasi subsistentiae dictae sunt et ceteris rebus quae eis assistunt, non per se subsistunt, naturaliter priores sunt. Unde liquidum est deum, qui omnium rerum est unicum ac singulare principium, nullo modo in eo rerum numero contineri quae substantiae non sunt.

Sed nec substantiae secundum eos supponitur deus, licet ipse maxime sit res per se exsistens et verum et incommutabile esse[90] ipse solus a se habeat, a quo sunt omnia. Quod facile convinci potest ex ipsis scriptis omnium dialecticam tractantium quae nunc Latinitas celebrat, Porphyrii scilicet et Aristotelis et Boethii.

Ait quippe *Porphyrius* in *Isagogis* suis *Ad Categorias Aristotelis*[91], ait inquam, "unamquamque substantiam una specie participare, pluribus vero accidentibus et separabilibus et inseparabilibus". *Aristoteles* quoque in *Categoriis*[92] proprie proprium substantiae assignans inquit: "Maxime autem proprium substantiae videtur esse quod, cum sit unum et idem numero, contrariorum est susceptibilis". Item *idem* de eodem[93]: "Quare proprium erit substantiae quod, cum sit unum et idem numero, susceptibilis est contrariorum".

[90] Cf. Ioh. Scottus, De divis. nat. l. 1 c. 72 sq., PL 122, 518 B: "nullam categoriam in deum cadere . . . simplicem, *incommutabilem*, incomprehensibilemque omni intellectu ac significatione divinam essentiam . . .".

[91] Boethius, In Porph., ed. Brandt 342, 2–4.

[92] Boeth., In Categ. Aristot. l. 1, PL 64, 198 B.

[93] L. c. 200 A.

zählt. Man überzeugt sich aufgrund ihrer [Schriften], daß dies durchaus nicht zutrifft.

Alle Dinge nun mit Ausnahme der Substanzen können nicht durch sich existieren, mithin werden sie aufrechterhalten durch zugrundegelegte Substanzen. Z. B. kann es die Weiße auf keine Weise geben außer in einem zugrundegelegten Körper; oder die Frömmigkeit, ausgenommen in einer Seele; oder beliebige Bestimmungen, die unter die neun Kategorien fallen, es sei denn sie inhärieren zugrundegelegten Substanzen. Die Substanzen dagegen können ihrer eigentlichen Natur nach durch sich subsistieren und andauern, selbst wenn alle anderen Bestimmungen zunichtegemacht wurden. Daher nennt man die ‚Substanzen' (substantiae) ‚Subsistierende' (subsistentiae), und sie haben einen naturgemäßen Vorrang vor all den anderen Bestimmungen, welche ihnen beigesellt sind und die nicht durch sich subsistieren. Daher ist klar: Gott, das einmalige und einzigartige Prinzip aller Dinge, ist keinesfalls in derjenigen Klasse von Dingen enthalten, die keine Substanzen sind.

Obgleich Gott in ausgezeichnetem Sinn das durch sich existierende Etwas (res per se existens) ist, und selbsteigen von sich her das wahre und unveränderliche Sein hat, von dem alles abstammt, ist er nach Meinung der Philosophen nicht [dem Begriff] ‚Substanz' zu subsumieren. Dies läßt sich leicht aufweisen anhand der Schriften der Fachleute der Dialektik, welche heutzutag der Westen feiert: [der
* Schriften] des *Porphyr*, des *Aristoteles* und des *Boethius*.
*Porphyr* schreibt in seiner ‚Isagoge' zur Kategorienschrift von Aristoteles: "Jede Substanz hat teil an nur einer Art, aber an mehreren Akzidentien, ablösbaren und nichtablösbaren". In seiner Kategorienschrift zutreffend das Eigentümliche der Substanz kennzeichnend, schreibt *Aristoteles:* "Das Proprium der Substanz scheint nun exakt darin zu bestehen: Obgleich sie der Zahl nach eines und einerlei ist, ist sie befähigt, Gegensätzliches aufzunehmen". Zum selben Punkt wiederholt er: "Aus diesem Grund wird das Proprium der Substanz darin bestehen, daß sie, wiewohl numerisch eines und einerlei, zum Träger von gegensätzlichen [Akzidentien] werden kann".

Cum itaque ista deo aptari omnino non possint, cuius substantia nec accidentibus variari nec ullis formis omnino subiacere potest, liquet nec inter substantias eum philosophos recepisse ea profecto ratione qua *Plato* inter nullam et aliquam substantiam hylem[94] collocavit, quam omnino adhuc informem[95] conceperit. Neque enim substantia non O 5 est deus, si verae subsistentiae naturam et incommutabile esse in ipso attendamus. Nec rursus substantia est, si usitatam nominis substantiae appellationem sequamur, cum videlicet accidentibus subiectus esse non possit.

Unde et illo argumento non esse substantia deus aperte ostenditur, quo *Boethius* probat in II *Topicorum*[96] albedi- Δ nem non esse substantiam his verbis: "Substantia est quae omnibus accidentibus possit esse subiectum; albedo autem nullis accidentibus subiecta est; albedo igitur substantia non est".

Patet itaque a tractatu Peripateticorum illam summam maiestatem omnino exclusam esse[97], nec ullo modo regulas aut traditiones eorum ad illam summam atque ineffabilem celsitudinem conscendere, sed creaturarum naturis inquirendis eos esse contentos, quas nec adhuc comprehendere ac ratione discutere sufficiunt.

Quod vero omnis hominum locutio ad creaturarum status maxime accomodata sit, ex ea praecipua parte orationis apparet sine qua teste *Prisciano*[98] nulla constat orationis perfectio, ex ea scilicet quae dicitur verbum. Haec quippe dictio temporis designativa est, quod incepit a mundo. Unde si huius partis significationem recte attendamus, oportet per eam cuiusque constructionis sensum infra

[94] Cf. Timaeus commentatore Chalcidio 13 n. 268, ed. Wrobel 299, 14 sq.: "Necessitatem porro nunc appellat hylen, quam nos Latine silvam possumus nominare, ex qua est rerum universitas eademque patibilis natura, quippe subiecta corpori principaliter". Cf. nota sequens.

[95] L. c. n. 280, ed. Wrobel 311, 5 sq.: "Sed hi quidem omnes informem eam et sine ulla qualitate constituunt".

[96] De differentiis topicis 1. 2, PL 64, 1187 C.

[97] Cf. Ioh. Scottus, De divis. nat. 1. 1 c. 14 sqq., PL 122, 462 D [sqq.

[98] Institut. gramm. 1. 17 c. 2 n. 12, ed. Hertz 2, 116, 6–8.

Δ [85: Ed. Mews II,621 ‚quod' pro ‚quae']

Wenn dies nun auf keinen Fall auf Gott anwendbar ist, dessen Substanz weder durch Akzidentien variiert werden, noch jemals irgendwelchen Formen zugrundeliegen kann, ist klar: Die Philosophen haben Ihn aus wahrlich demselben Grund nicht unter die Substanzen gezählt, aus dem *Plato* zwischen Nichtsubstanz und irgendwelcher Substanz ‚Hyle' [griech. Materie] ansetzte, die er als bislang völlig formlos konzipierte. Gott ist nämlich weder keine Substanz, wenn wir die Natur wahrer Subsistenz und das unveränderliche Sein in Ihm bedenken. Noch ist er umgekehrt eine Substanz, wenn wir dem herkömmlichen Gebrauch des Namens ‚Substanz' folgen, da er keinen Akzidentien zugrundegelegt sein kann.
Gott ist keine Substanz: Das wird einleuchtend durch folgendes Argument dargetan, durch das *Boethius* im 2. Buch der ‚*Topiken*' beweist, daß Weißfarbigkeit keine Substanz ist: "‚Substanz' ist, was allen [möglichen] Akzidentien zugrundegelegt werden kann. Die Weißfarbigkeit wurde nie irgendwelchen Akzidentien zugrundegelegt. Folglich ist die Weißfarbigkeit keine Substanz".

Aus der Darlegung der *Peripatetiker* ist deutlich: Jene höchste Majestät wurde völlig ausgeklammert. Ihre Regeln und Lehren erheben sich auf keine Weise zu jener hehren und unaussprechlichen Höhe. Vielmehr gaben sie sich mit der Erforschung der Natur der Geschöpfe zufrieden, welche sie bis jetzt noch nicht zu begreifen und mit Vernunft zu erörtern vermochten.

Die menschliche Rede wurde als solche auf die Verhältnisse der Geschöpfe zugeschnitten. Das erhellt aus dem vorzüglichen Teil der Rede, ohne den es nach *Priscian* keine Vollständigkeit der Rede gibt, aus demjenigen nämlich, den man das ‚Verb' nennt. Dieser Redeteil bezeichnet die Zeit, die mit der Welt ihren Anfang nahm. Wenn wir daher richtig auf die Bedeutung dieses Redeteils achten, wird unumgänglich durch ihn auch die Bedeutung des [ganzen]

ambitum temporum coerceri, hoc est ad eas res tantum inclinari quas temporaliter contingere, non aeternaliter subsistere volumus demonstrare.
Unde cum dicimus deum priorem esse mundo sive exstitisse ante tempora: quis sensus in his verbis verus esse potest de praecessione dei ac successione istorum, si haec verba ad institutionem hominum accipiamus secundum ipsam temporis significationem, ut videlicet dicamus deum secundum tempus priorem esse mundo vel exstitisse, hoc est in praeterito tempore fuisse, antequam tempus aliquod esset?
Oportet itaque, cum ad singularem divinitatis naturam quascumque dictiones transferimus, eas inde quandam singularem O 5 significationem[99] seu etiam constructionem contrahere, atque ipsas per hoc quod omnia excedit, necessario propriam institutionem excedere. Constat quippe iuxta *Boethium*[100] et *Platonem* cognatos, de quibus loquuntur, rebus oportere sermones. Quod recte *Gregorius* attendens in prologo *Moralium*[101] ait: "Indignum vehementer existimo, ut verba caelestis oraculi restringam sub regulis Donati".

Sed nec proprium et usitatum nomen dei ad illam unicam divinitatis maiestatem quae excogitari non valet, nedum disseri, ipsi magni philosophi noverunt accommodare qui, cum deos in arte nominant, quos animali rationali supponunt, planetas intelligunt iuxta illud *Boethii Super Porphyrium*[102] : "Quandocumque deum supponimus animali, secundum illam propositionem facimus, quae solem, stellas

[99] Cf. infra p. 120, nota 105.

[100] Cf. De consolatione philosophiae l. 5 c. 6, ed. Weinberger 123, 25–28: "Itaque si digna rebus nomina velimus imponere, Platonem sequentes deum quidem aeternum, mundum vero dicamus esse perpetuum". Abaelardus citando verba ‚Platonem sequentes' false ad antecedentia rettulit. [Sed cf. Plato, Timaeus 29 b.]

[101] Epistola operi praemissa c. 5, PL 75, 516 B.

[102] Cf. Ed. 2, l. 5 c. 3, ed. Brandt 293, 15–18: "Sed quandocumque deum supponimus animali, secundum eam opinionem facimus quae solem stellasque atque hunc totum mundum animatum esse confirmat, quos etiam deorum nomine, ut saepe dictum est, appellaverunt".

Satzgefüges im zeitlichen Bereich einbeschlossen, mithin nur auf solche Dinge bezogen, von denen wir zeigen wollen, daß sie sich in der Zeit ereignen und nicht ewig subsistieren.

Sagen wir: ‚Gott existiert früher als die Welt vor der Zeit', welcher wahre Sinn kann, bezogen auf den Vorhergang Gottes und die Nachfolge der Zeit, in diesen Worten liegen, wenn wir sie entsprechend menschlicher Einrichtung in ihrer Zeitbedeutung auffassen? Sagen wir etwa [paradox], ‚Gott ist oder existierte der Zeit nach früher als die Welt' bedeutet: Es gab Ihn in der vergangenen Zeit, bevor es auch nur die Zeit gegeben hätte?

Wenn wir mithin derartige Reden auf die einzigartige Natur der Gottheit hin übertragen, werden sie notwendig eine Art singulärer Bedeutung oder sogar Konstruktion nach sich ziehen, wie die Reden insofern, als die Natur der Gottheit alles übertrifft, notwendig ihre eigene Einrichtung übertreffen. Nach *Boethius* und *Plato* gilt: Die Reden sollen den Dingen, von denen sie sprechen, verschwistert sein. Dessen klug gewahr, formulierte *Gregor* im Prolog seiner ‚Moralia': "Ich halte es für völlig inadaequat, die Worte des himmlischen Orakels unter [des Grammatikers] Donatus' Regeln einzuschränken".

Anderseits wissen die bedeutenden Philosophen nicht einmal den charakteristischen und gebräuchlichen Namen ‚Gott' auf jene einmalige Majestät der Gottheit, die nicht zuendegedacht, geschweige denn erörtert zu werden vermag, anzuwenden. Wenn sie in ihrer Disziplin ‚Götter' namhaft machen, die sie an die Stelle des vernünftigen Lebewesens setzen, verstehen sie darunter die Planeten, entsprechend der Glosse von *Boethius* zu Porphyr: "Wann immer wir ‚Gott' an die Stelle des Lebewesens setzen, tun wir dies nach jenem Lehrsatz, der behauptet: Die Sonne,

atque hunc totum mundum animatum esse confirmat, quos etiam deorum nomine appellaverunt".

Quid itaque mirum, si cum omnia ineffabiliter transcendat deus, omnem institutionis humanae sermonem excedat? Et cum eius excellentia omnem longe exsuperet intellectum, propter intellectus autem voces institutae sint, quid mirum, si effectus transcendit, qui transcendit et causas? Multo quippe facilius res excogitari potest, quam edisseri valet. Quid etiam mirum, si in se ipso deus philosophorum regulas infringat, qui in factis suis frequenter eas quassat, cum videlicet aliqua nova contra naturam facit sive supra naturam, hoc est supra hoc quod prima rerum institutio potest. Numquid enim in illuminatione caeci nota illa philosophorum illorum regula infringitur qua ab *Aristotele*[103] O 5 dictum est: "ab habitu in privationem fit mutatio, a privatione vero in habitum impossibile est; neque caecus factus rursus videt" etc.?
Quod si, ut philosophos salves, ea quae per miracula fiunt, excipias, aut in his vocabula propriam significationem non observare dicas, ut videlicet improprie dicatur visio, quae per miraculum contingit, quanto magis in ipso auctore miraculorum id concedi oportet.

### *Invectio in dialecticos*

Responde tu mihi, astute dialectice seu versipellis sophista, qui auctoritate Peripateticorum me arguere niteris, de differentia personarum, quae in deo sunt, quomodo ipsos doctores tuos absolvis secundum traditiones quorum, ut iam ostendimus, nec deum substantiam esse nec aliquid

[103] Boeth., In Categ. Aristot. 1. 4, PL 64, 276 C sq.

die Sterne und diese ganze Welt, die sie auch mit dem Namen ‚Götter' bezeichnen, sind beseelt".

Was überrascht es daher, wenn Gott – da er alles in einer unaussprechlichen Weise transzendiert – jede von Menschen eingerichtete Rede übertrifft? Und wenn seine Erhabenheit bei weitem jede Einsicht überragt (um der Einsichten willen wurden die Reden eingerichtet), was verwundert es, daß er die Wirkungen [sc. die Reden] überschreitet, der er die Ursachen [sc. die Einsichten] überschreitet? Läßt sich eine Sache doch um vieles leichter zuendedenken als im Detail erörtern. Was überrascht es ferner, wenn Gott sein eigenes Sein betreffend die Regeln der Philosophen zunichte macht? Er erschüttert sie häufig in seinen Taten, wenn er nämlich irgendwelche neuen [Stiftungen] gegen und über der Natur wirkt, mithin über demjenigen, was die ursprüngliche Einrichtung der Dinge ermöglicht. Ist etwa [nicht] in dem bekannten Sehendwerden des Blinden jene Regel der Philosophen zunichte gemacht, welche *Aristoteles* folgendermaßen formulierte: "Veränderung geschieht von einer ‚Anlage' auf [deren] ‚Aufhebung' hin. Sie ist unmöglich von einer ‚Aufhebung' auf eine ‚Anlage' hin, wie derjenige, der blind geworden ist, auch nicht wiederum sieht" etc. Wenn du zur Rettung der Philosophen dasjenige, was durch *Wunder* geschieht, als Ausnahme anführst, resp. sagst, daß du in diesen Worten nicht die normale Bedeutung bemerkst, wie offenkundig in uneigentlichem Sinn vom ‚Sehen', das durch ein Wunder geschieht, gesprochen werde: Um wieviel mehr muß dies, was den Urheber der Wunder betrifft, ausdrücklich zugestanden werden!

### *Invektive gegen die Dialektiker*

Antworte mir, schlauer Dialektiker und chamaeleonhäutiger Sophist, der du dich drängst, mich (was die Unterscheidung der Personen, welche in Gott sind, betrifft) mit der Autorität der Peripatetiker des Irrtums zu zeihen: Inwiefern sprichst du deine Lehrer frei, nach deren Lehren du (wie bereits gezeigt) anzuerkennen genötigt bist, daß Gott

aliud cogeris confiteri? Quod si vis conscendere ad illud quod ipsi attingere ausi non sunt, atque de illo ineffabili ac summo bono ratiocinari ac loqui praesumas, disce locutionum modos ab ipsa sapientia dei incarnata traditos atque a sanctis patribus, quos spiritus sancti organum fuisse vita ipsorum ac miracula attestantur.

Recogita tecum ac diligenter considera, quoniam unaquaeque scientia atque cuiuslibet artis tractatus propriis utitur verbis, et unaquaeque doctrina propriis locutionibus gaudet, et saepe eiusdem artis tractatores verba variare delectat, quia semper in omnibus teste *Tullio*[104] identitas mater est satietatis, hoc est fastidium generans. Quanto magis igitur illius singularis et summi boni tractatores singularia verba habere oportuit, quibus id quod singulare est, singulariter efferretur, nec publicis et vulgaribus locutionibus illud ineffabile, illud incomprehensibile coerceretur. De quo si quid dicitur, aliqua similitudine de creaturis ad creatorem vocabula transferimus[105], quae quidem vocabula homines instituerunt ad creaturas designan- O 5
das, quas intelligere potuerunt, cum videlicet per illa vocabula suos intellectus manifestare vellent. Cum itaque homo voces invenerit ad suos intellectus manifestandos, deum autem minime intelligere potuerit, recte illud ineffabile bonum effari nomine non est ausus. Unde in deo nullum

[104] Cf. De inventione l. 1 c. 41 n. 76, Opera Rhetorica, ed. G. Friedrich 1, 158: "Variare autem orationem magno opere oportebit; nam omnibus in rebus similitudo est satietatis mater".

[105] Cf. Ioh. Scottus. De divis. nat. l. 1 c. 13, PL 122, 458 C: "nomina . . . metaphorica fieri, id est a creatura ad Creatorem translata". Hic diffusius de his translationibus agitur, item l. 1 c. 64–68, 509–513. Cf. infra p. 224 sq. De translationibus Abaelardi temporibus praecipue Bernardum Carnotensem tractasse Iohannes Saresberiensis refert, Metalogicus l. 1 c. 24, PL 199, 854 D: "Et quia splendor orationis aut a proprietate est, id est cum adiectivum aut verbum substantivo eleganter adiungitur, aut a translatione, id est ubi sermo ex causa probabili ad alienam traducitur s i g n i f i c a t i o n e m, haec sumpta occasione inculcabat (scil. Bernardus) mentibus auditorum". Cf. etiam Guillelm. Campell., Sententiae vel Quaestiones 1, ed. Lefèvre 22: "Hae igitur voces humanis usibus inventae, ad loquendum de Deo transferuntur".

weder eine Substanz noch irgendetwas anderes ist? Falls du dich zu Jenem erheben willst, an das sie selbst nicht zu rühren wagten, und dir anmaßest, auf jenes unaussprechliche und erhabenste Gut zu reflektieren und darüber zu sprechen: Lerne die Redeweisen, die von der inkarnierten Weisheit Gottes selbst übermittelt wurden sowie von den Kirchenvätern, deren Lehren und Wunder davon zeugen, daß sie ein Werkzeug des Hl. Geistes waren!

Besinn dich und erwäge sorgfältig, da jede Wissenschaft und die Darstellung in jeder Disziplin eine Fachterminologie anwendet. Jede Lehre erfreut sich fachspezifischer Reden, und überdies finden die Experten desselben Faches Gefallen daran, ihre Termini zu variieren; in allen Dingen ist nach Tullius die Einerleiheit die Mutter von Übersättigung und bringt Überdruß hervor.
Um wieviel mehr mußten die Fachleute für jenes einzigartige und höchste Gut einzigartige Termini finden, mit denen sich dasjenige, das einzigartig ist, als solches ausdrücken ließ, damit jenes Unaussprechliche und Unbegreifliche nicht in gemeinen und gewöhnlichen Reden eingezäunt wurde. Wenn nun etwas darüber ausgesagt wird, übertragen wir die Worte *durch eine Art Analogie* von den Geschöpfen auf den Schöpfer, Worte, welche die Menschen einrichteten zur Charakterisierung der Geschöpfe, die sie erkennen konnten (durch jene Worte wollten sie nämlich ihre Einsichten kundtun). Als somit der Mensch Worte entdeckte, um seine Erkenntnisse kundzutun, er aber Gott in keiner Weise zu erkennen vermochte, wagte er vernünftigerweise nicht, jenes unaussprechliche Gut beim Namen zu nennen. Darum scheint *kein Wort,* was Gott betrifft, eine

propriam inventionem vocabulum servare videtur, sed omnia quae de eo dicuntur, translationibus et parabolicis aenigmatibus involuta sunt et per similitudinem[106] aliquam vestigantur ex parte aliqua inductam, ut aliquid de illa ineffabili maiestate suspicando potius quam intelligendo degustemus. Et quoniam minus plenarias similitudines invenimus ad illud quod singulare est, inducendas, minus de eo satisfacere possumus per similitudines.

Quas tamen possumus aggrediemur, maxime ut pseudodialecticorum importunitatem refellamus, quorum disciplinas et nos paululum attigimus[107] atque in studiis ipsorum adeo profecimus, ut domino adiuvante ipsis in hac re per humanas rationes, quas solas desiderant, satisfacere nos posse confidamus. Habet enim humanas etiam rationes conditor ipse rationis, quibus animalium hominum ora obstruere possit, qui nos per sapientem illum admonet dicens[108]: 'Responde stulto iuxta stultitiam suam, ne sibi sapiens esse videatur'.

Illud autem primum removeamus obstaculum, quod de differentia personarum unius penitus essentiae opponunt, cum hic differentiae modus tam philosophis quam ceteris omnibus videatur ignotus.

*De differentia personarum* O 5

Quod autem nobis *Porphyrium* opponunt, qui de differentiis[109] tractans modos differentiarum distinxit, sub quibus

[106] Ioh. Scottus. l. c. c. 64, 509 A: "quibusdam similitudinibus variisque translatorum verborum seu nominum modis".

[107] Abaelardus Roscelinum pseudodialecticum appellat in epistola ad Parisiensem episcopum. PL 178, 358 B. Roscelinus Abaelardum discipulum suum fuisse exprobrando commemorat. Epistola ad Abaelardum, ed. Reiners 63: "beneficiorum, quae tibi tot et tanta a puero usque ad iuvenem sub magistri nomine et actu exhibui, oblitus". Ibid. 65: "ubi (in ecclesia Locensi) ad pedes meos magistri tui discipulorum minimus tam diu resedisti".

[108] Prov. 26, 5.

[109] Cf. Boethius, In Porph. Ed. 2, l. 4 c. 1. ed. Brandt 239 sqq.

eigentliche ‚Entdeckung' zu bewahren. Vielmehr wurde alles Einschlägige in einer Übertragung und einer gleichnishaften Rätselsprache eingehüllt. Es wird aufgespürt vermittels einer, aufgrund eines beliebigen Aspekts eingeführten Analogie, so daß wir von jener unaussprechlichen Majestät eher dadurch etwas ‚kosten', daß wir bewundernd zu ihr aufblicken, als dadurch, daß wir sie begreifen. Da wir ja nur mangelhafte Analogien finden, um sie einzuführen für Jenes, das einzigartig ist, können wir uns, was Jenes angeht, kaum mit Analogien zufrieden geben.

Gleichwohl wollen wir diejenigen Analogien, die wir finden, in Angriff nehmen, um insbesondere die Zudringlichkeit der Pseudodialektiker abzuwehren. Mit ihren Anlie-
* gen sind auch wir ein klein wenig in Kontakt gekommen.
Ja, wir sind in ihren Künsten so fortgeschritten, daß wir darauf vertrauen, sie mit Gottes Hilfe durch menschliche Argumente (allein auf solche sind sie begierig) zu befriedigen. Denn der Schöpfer der Vernunft besitzt auch *menschliche Gründe,* mit denen er der Propaganda ‚psychi-
* scher' Menschen Einhalt gebieten kann. Er ermahnt uns
durch jenen Weisen: 'Antworte dem Törichten gemäß seiner Torheit, auf daß er sich nicht weise vorkommt!'

Wir wollen nun jenes erste Hindernis beiseiteräumen, das sie im Blick auf die Differenz der Personen in der absolut einheitlichen Essenz entgegenstellen. Denn diese Art von Differenz wird sowohl von den Philosophen als all den übrigen für ‚unbekannt' angesehen.

*Über die Differenz der Personen*

Sie halten uns *Porphyr* unter die Nase, der von den Differenzen handelte und ihre Modi unterschied, worunter

modus iste differentiae personarum, quae in deo sunt, non cadit: nihil impedit. Ibi quippe solummodo differentias tractat, quae in formis consistunt, quando videlicet res discretae diversis ab invicem formis distant, vel eadem res per formas sibi invicem succedentes permutatur.
In deo autem nullae formae sunt; nec tamen ideo minus eum a creaturis differre dicimus, licet *Prophyrius* in tractatu differentiae hanc differentiam ceteris non connumeret. Multos etiam alios differentiae modos praeter hos quos Prophyrius distinguit, fateri cogimur, quos omnes ut plenius ac diligentius prosequamur, distinguendum est, quot et quibus modis idem accipiatur, sive etiam diversum, praesertim cum totius controversiae summa ex identitate divinae substantiae et diversitate personarum pendeat, nec aliter ipsa queat terminari controversia, nisi ostendamus hanc identitatem illi diversitati non esse contrariam. Quod ut diligentius fiat, praemittendum est, ut diximus, quot modis dicatur idem[110], et quot diversum.

## Capitulum IV

### *De eodem et diverso*

Sex autem modis ac pluribus fortassis utrumque dicitur. Idem namque sive unum aliquid cum aliquo dicitur secundum essentiam sive secundum numerum, idem diffinitione, idem similitudine, idem pro incommutato, idem effectu. Totidem modis e contrario dicimus diversum ac fortassis pluribus modis.

[110] Cf. Guillelm. Campell., Sententiae vel Quaestiones 1, ed. Lefèvre 25: "Et ut omne ambiguitatis genus excludamus, vides has duas voces, unum scilicet et idem, duobus accipi modis".

der Modus betreffend die Differenz der Personen, welche in Gott sind, nicht fällt. Das bringt [uns] nicht in Verlegenheit. Denn er behandelt dort nur solche Differenzen, die auf Formen gegründet sind, wenn sich die verschiedenen Dinge nämlich durch verschiedene Formen unterscheiden oder ein und dasselbe Ding durch aufeinanderfolgende Formen verändert wird.

In Gott gibt es keine Formen. Doch sagen wir darum nicht weniger: Er unterscheidet sich von den Geschöpfen, auch wenn *Porphyr* (in seiner Erörterung der Differenz) diese Differenz den übrigen nicht beizählt. Wir sind genötigt, auch viele andere Modi von Differenz außer denjenigen, die Porphyr unterschied, geltenzulassen. Um sie alle ausführlicher und sorgfältiger zu beschreiben, muß sondiert werden, auf wieviele und welche Weisen man [den Begriff] ‚einerlei' und ‚verschieden' auffaßt, zumal weil der neuralgische Punkt der ganzen Kontroverse auf der Einerleiheit der göttlichen Substanz und der Verschiedenheit der Personen beruht. Die Kontroverse läßt sich nicht anders beenden, als indem wir zeigen: Diese Identität widerspricht nicht jener Verschiedenheit. Damit dies sorgfältig geschehe, muß wie gesagt vorausgeschickt werden, wieviele Bedeutungen man [den Begriffen] ‚einerlei' und ‚verschieden' beilegt.

## Viertes Kapitel

### * *Über die Begriffe ‚einerlei' und ‚verschieden'*

Man legt beiden sechs oder auch mehr Modi bei. Man sagt, etwas ist mit einem anderen ‚eines und dasselbe' entweder gemäß der *Essenz* (1: secundum essentiam) oder in *numerischer* Hinsicht (2: secundum numerum) oder kraft der *Definition* (3: diffinitione) oder durch *Ähnlichkeit* (4: similitudine) oder deswegen, weil es sich *nicht veränderte* (5: pro incommutato) oder bezogen auf die *Wirkung* (6: effectu). Analog gebrauchen wir [den Ausdruck] ‚verschieden' auf ebenso viele oder mehr Weisen.

*Primus modus, quo dicitur idem*

Idem esse secundum essentiam dicimus, quorumcumque eadem est essentia, ita scilicet, ut hoc sit illud, sicut idem est ensis, quod mucro, vel substantia, quod corpus, sive O 5
animal sive homo sive etiam Socrates, et album idem, quod durum; et omnia eadem essentialiter dicuntur, quaecumque praedicatione essentiae invicem coniungi possunt, quod tale est, ac si diceremus idem praedicatione.

II. Verum est enim substantiam esse corpus sive animal, licet non omnem. Et haec quidem omnia quae videlicet eadem sunt essentialiter, eadem numero esse necesse est, sed non convertitur. Nam fortassis haec manus idem est numero cum homine isto, cuius est pars, et nulla pars a suo toto diversa est numero, nec tamen essentialiter idem est pars, quod totum, cum ipsa essentia partis non sit essentia totius, nec sibi invicem praedicatione coniungi queant.

Nulla itaque numero diversa sunt, nisi quae tota essentia sua ita sunt ab invicem discreta, ut neque istud sit illud neque aliquid de isto sit de illo, hoc est nullam communicent partem. Sola itaque illa numero diversa sunt quorum diversitas numerando assignari valet, cum videlicet dicitur unum, duo, tria etc. Nemo quippe pro homine toto dicit unum, et postea quasi addendo manum dicit duo, quia cum manus cum ceteris membris in toto homine iam sit comprehensa, non potest iam addi ad ipsum hominem manus, nec numerus multiplicari valet, nisi transeamus ad aliud, quod antea non comprehenderemus.

Sunt itaque eadem numero, hoc est non diversa numero, quaecumque non tota quantitate essentiae suae discreta

+ *Die sechs Weisen, ‚einerlei' zu sagen*

I. Wir sagen: Diejenigen Dinge sind ihrer Essenz nach dasselbe, deren Essenz überhaupt dieselbe ist. Dieses ist jenes, z. B. ist das ‚schwere Schwert' (ensis) dasselbe, was der * ‚Zweihänder' (mucro). Oder [die betr.] Substanz [ist einerlei], was [der betr.] Körper oder [das betr.] Lebewesen oder [der betr.] Mensch oder auch Sokrates; und [das betr.] Weiße [kommt überein mit dem], welches hart [ist]. All diejenigen Dinge werden als *‚essentiell dieselben'* bezeichnet, welche sich im Blick auf die Prädikation der Essenz miteinander identifizieren lassen. Das bedeutet, sie * sind *der Prädikation nach einerlei*.

II. Tatsächlich ist eine [bestimmte] Substanz ein Körper oder ein Lebewesen, nur nicht jede. Und all die Dinge, die essentiell übereinkommen, kommen notwendig der Zahl nach überein, aber nicht umgekehrt. Diese Hand ist wohl numerisch einerlei mit diesem Menschen, von dem sie ein Teil ist. Kein Teil ist vom zugehörigen Ganzen numerisch verschieden. Trotzdem ist der Teil essentiell nicht dasselbe, was das Ganze, weil die Essenz des Teils nicht die Essenz des Ganzen ist, und sie sich durch die Prädikation nicht miteinander identifizieren lassen.

Daher gibt es keine numerisch verschiedenen, es sei denn sie sind durch ihre ganze Essenz voneinander gesondert dergestalt, daß weder dieses jenes ist, noch irgendetwas von diesem von jenem, d. h. sie haben keinen Teil gemein. Nur solche Dinge sind numerisch verschieden, deren Verschiedenheit sich vermittels Aufzählung zuschreiben läßt, indem man sagt: ‚eins, zwei, drei etc.". Niemand sagt für diesen ganzen Menschen ‚eins', und später sozusagen die Hand beifügend ‚zwei'. Denn die Hand kann, wenn sie bereits mit den übrigen Gliedern beim ganzen Menschen miteinbegriffen wurde, nicht mehr zu diesem Menschen hinzugefügt werden. Die Zahl läßt sich nicht vervielfachen, es sei denn wir gehen über zu einem anderen, das wir zuvor nicht miteinbegriffen.

*‚Numerisch einerlei'* (d. h. numerisch nicht verschieden) sind mithin all diejenigen Dinge, welche nicht durch den

sunt, si videlicet vel hoc sit illud vel, quod est de isto, sit de illo.

III. Ex his autem quaedam diffinitione quoque eadem dicuntur, sicut ensis et mucro, sicut album et candidum, vel Marcus et Tullius, et quorumcumque eadem penitus est diffinitio, quia non solummodo ensis mucro est et mucro ensis est, verum etiam ex hoc, quod ensis est, mucro est et e converso. Hoc autem modo *Boethius* idem accipit in I *Topicorum,* ubi[111] ait quaestionen de diffinitione esse de eodem; veluti cum quaeritur, utrum idem sit utile, quod honestum, eo, inquit, quod "quarum rerum eadem est O 5 diffinitio, ipsae res eaedem sunt; et quarum rerum diffinitio est diversa, ipsae res sunt diversae".

Diffinitionem autem hoc loco accipimus, quae ex integro vim et proprietatem diffiniti exprimit, et sententiam nominis in nullo excedit, nec ab eo exceditur, ut si quis diffiniens corpus dicat ipsum esse substantiam corpoream, non substantiam coloratam, quamvis enim diffinitio haec ‚colorata substantia' omnibus et solis corporibus conveniat, sicut illa; non tamen vim et sententiam huius nominis, quod est corpus, aperit, sicut facit illa, quia hoc nomen ‚corpus' colorem non determinat, quod est accidens corpori, sicut determinat corporeitatem, quae est ei substantialis. Nec ita haec diffinitio ostendit id quod proprietas corporis exigit, ex eo scilicet quod corpus est, sicut illa facit.

Tale est ergo dicere, quod ensis et mucro idem sunt diffinitione, ac si diceretur: eadem essentia ita est ensis et mucro, quod ex eo quod ensis est, necessario exigit, ut

111 Boeth., De differ. topic. 1. 1, PL 64, 1178 C.

ganzen Umfang ihrer Essenz [voneinander] gesondert sind, indem nämlich entweder dieses jenes ist oder, was von diesem, von jenem ist.

III. Gewisse Entitäten werden *nach der Definition ‚dieselben'* genannt, so wie ‚schweres Schwert' (ensis) und Zweihänder' (mucro), ‚Weißes' und ‚Blendendhelles' oder ‚Marcus' und ‚Tullius'. Ihre Definition ist durch und durch gleich, weil nicht nur ein schweres Schwert auch ein Zweihänder ist und ein Zweihänder ein schweres Schwert, sondern auch deswegen, weil etwas insofern, als es ein schweres Schwert ist, ein Zweihänder ist, und umgekehrt. Auf diese Weise versteht *Boethius* im 1. Buch der *‚Topiken'* dasselbe, wo er schreibt, die Frage nach der Definition (z. B.wenn man fragt, ob ‚nützlich' dasselbe bedeute, was ‚anständig') ist eine solche nach dem einerlei, weil "diejenigen Dinge, deren Definition die gleiche ist, selber übereinkommen, und die Dinge, deren Definition verschieden ist, selber verschieden sind".

Unter *‚Definition'* verstehen wir an diesem Ort dasjenige,
* das unverkürzt die Kraft und das Eigenwesen des Definierten ausdrückt und den Kerngehalt des Namens (sententia nominis) in nichts überschreitet, ohne auch von ihm überschritten zu werden. Definiert einer z. B. ‚Körper', so sagt er: ‚ist eine körperliche Substanz' [1], *nicht:* ‚ist eine gefärbte Substanz' [2], auch wenn die Definition ‚gefärbte Substanz' wie die erstgenannte auf alle Körper und nur auf sie paßt. Erschließt doch die zweitgenannte Definition nicht die Kraft und den Kerngehalt des betreffenden Ausdrucks ‚Körper' wie die erstgenannte. Denn der Ausdruck ‚Körper' weist nicht auf Gefärbtheit, welche für den Körper ein Akzidens ist, wie sie [dagegen] auf Körperlichkeit [Massigkeit, Undurchdringlichkeit] weist, die substanziell zu ihm gehört. Und so zeigt die zweitgenannte Definition nicht wie die erstgenannte, was das Eigenwesen des Körpers insofern, als er ein Körper ist, erfordert.

‚Ein schweres Schwert und ein Zweihänder sind nach der Definition dasselbe' bedeutet: Die eine Essenz ist dergestalt ein schweres Schwert und ein Zweihänder, daß insofern, als sie ein schweres Schwert ist, notwendig folgt, daß

mucro sit, et e converso, ut videlicet non solum eadem essentia ensis sit et mucro, verum etiam idem sit penitus esse ensem quod esse mucronem.

Eadem namque diffinitione dicuntur, quae ita adiuncta sunt, ut non solummodo hoc sit illud, verum etiam ex eo quod est hoc, exigat, ut sit illud, et e converso. Et hoc quidem modo non possunt dici idem substantia et corpus, vel album et durum, licet sint idem essentialiter. Omnia ergo, quae eadem sunt diffinitione, eadem sunt numero sive essentialiter, sed non convertitur; et omnia essentialiter eadem numero quoque eadem sunt, sed non convertitur.

IV. Idem vero similitudine dicuntur quaelibet discreta essentialiter, quae in aliquo invicem similia sunt, ut species in genere vel individua in specie idem sunt sive unum, vel quaelibet in aliqua proprietate convenientia. Unde *Porphyrius*[112]: "Participatione, inquit, speciei plures homines unus; unus autem et communis particularibus plures".

V. Dicimus etiam idem pro incommutato, ut semper idem deus est, hoc est non in aliquo alteratus vel permutatus, quia nihil unquam in se habet, quo aliquando careat, vel caret quod habeat.

VI. Idem secundum effectum aut secundum pretium di- O 5
cuntur, quae idem valent ad efficiendum aliquid, sicut easdem dicimus voces, quae idem valent ad eundem intellectum manifestandum.

Idem itaque sive unum sex modis dicitur, licet res ea-

[112] Boeth., In Porph., ed. Brandt 228, 9–11.

sie ein Zweihänder ist, und umgekehrt, indem nämlich nicht nur die eine Substanz ein schweres Schwert und ein Zweihänder ist, sondern auch das ‚Ein-schweres-Schwert-Sein' und das ‚Ein-Zweihänder-Sein' gänzlich übereinkommen.

*‚Der Definition nach selbig'* nennt man diejenigen Dinge, die sich dergestalt miteinander identifizieren lassen, daß nicht nur dieses jenes ist, sondern daß auch insofern, als es dieses ist, folgt, daß es jenes ist, und umgekehrt. In diesem Sinn können ‚Substanz' und ‚Körper' oder ‚Weißes' und ‚Hartes' nicht für einerlei gelten, auch wenn sie essentiell übereinkommen. Folglich sind diejenigen Dinge, die der Definition nach übereinkommen, auch numerisch und essentiell identisch, aber nicht umgekehrt. Und alles, was essentiell übereinkommt, ist auch numerisch identisch, aber nicht umgekehrt.

IV. *Aufgrund von Ähnlichkeit* bezeichnet man als * *‚gleich'* (idem) beliebige, essentiell verschiedene Dinge, welche einander in etwas ähnlich sind, wie die Arten in bezug auf ihre Gattung und die Individuen in bezug auf ihre Art gleich (unum et idem) sind, oder beliebige Dinge, die in irgendeiner Eigenschaft übereinkommen. Daher lehrt *Porphyr:* "Durch die Teilhabe an ihrer Art sind mehrere Menschen einer, während der eine und allgemeine Mensch im Blick auf die ‚konkreten Einzelmenschen' (particulares) mehrere ist".

V. Desgleichen sagen wir *‚einerlei' für das Unveränderte,* wie Gott immer derselbe ist, d. h. nicht in irgendetwas sich wandelt oder verändert, weil er nicht jemals etwas an und bei sich hat, was es dereinst entbehrt, oder entbehrt, was es hat.

VI. *‚Gleich' nach der Wirkung* oder *nach dem Ergebnis* nennt man solche Dinge, die bei der Hervorbringung von etwas dasselbe ausrichten, z. B. sprechen wir von ‚gleichen Reden' (easdem voces), wenn sie gleich viel (idem) zur Kundgabe einer gleichen Einsicht beitragen.

‚Ein und dasselbe' wird daher auf sechs Weisen gesagt,

dem saepe sub pluribus ex istis modis cadat, ut videlicet tam hoc quam illo modo possit dici eadem cum aliquo.

Totidem etiam modis dicimus diversum sive differens.

*Primus modus, quo dicitur diversum*

Dicimus enim aliqua diversa secundum essentiam, quotiens videlicet essentia unius non est essentia alterius; quo quidem modo pars etiam quaelibet a toto suo diversa dicitur, ut paries a domo, cum non sit id paries quod domus. Sed et cum dicimus rem aliam simplicem, aliam compositam, aliam id est diversam essentialiter accipimus, cum videlicet id quod simplex est, non sit ipsum compositum, licet sit de composito.

Omnia ergo essentialiter dicimus diversa, quae ita in propriis essentiis sunt ab invicem disparata, ut hoc non sit illud; quod est dicere diversa oppositione sive praedicatione. Hanc vero differentiam ipse quoque *Porphyrius* in communitatibus aperte insinuat, ubi videlicet ostendit[113] generalissimum et specialissimum in eo differre, quod neque generalissimum fiet unquam specialissimum, neque specialissimum unquam generalissimum. Hoc etiam modo quaelibet generalissima distare ab invicem dicimus, utpote substantiam a qualitate, cum videlicet substantia ipsa qualitas non sit, vel e converso.

II. Diversa insuper numero dicimus, quae adeo tota essentiae suae quantitate sive continentia ab invicem discreta sunt, ut non solum hoc non sit illud, verum nulla pars huius sit illius. Haec itaque sola et omnia numero sunt

[113] Cf. Boeth., In Porph., ed. Brandt 304, 14 sq.

auch wenn eine bestimmte Sache oft unter mehrere dieser Modi fällt, indem man sie sowohl auf diese wie jene Weise mit etwas übereinkommend heißt. – Auf ebenso viele Weisen sagen wir auch ‚anderlei und verschieden' (diversum sive differens).

*+ Die sechs Weisen, ‚verschieden' zu sagen*

I. Immer dann nennen wir Dinge *‚gemäß ihrer Essenz verschieden'*, wenn die Essenz des einen nicht die Essenz des anderen ist. Auf diese Weise wird ein beliebiger Teil als vom zugehörigen Ganzen verschieden bezeichnet, z. B. die Wand vom Haus. Aber auch wenn wir die eine Sache als einfach und die andere als zusammengesetzt bezeichnen, interpretieren wir ‚die andere', d. h. ‚die [davon] verschiedene' im essentiellen Sinn. Dasjenige, das einfach ist, ist nämlich nicht selber zusammengesetzt, auch wenn es vom [betreffenden] Zusammengesetzten stammt.
Wir nennen all diejenigen Dinge ‚essentiell verschieden', die in den ihnen eigenen Essenzen dergestalt voneinander gesondert sind, daß dieses nicht jenes ist. Das bedeutet, * *‚verschieden' durch Opposition oder Prädikation* auszudrücken. *Porphyr* spielt ausdrücklich, wenn er von den * ‚allgemeinen Charakteristika' (communitates) handelt, auf diese Differenz an, wo er nämlich ausführt, daß das Allgemeinste und das Spezifischste darin differieren, daß das Allgemeinste nie zum Spezifischsten wird und auch nicht * das Spezifischste zum Allgemeinsten. Ebenfalls auf diese * Weise wird von beliebigen ‚allgemeinsten Bestimmungen' gesagt, daß sie voneinander verschieden sind, z. B. die Substanz von der Qualität, da die Substanz selber nicht eine Qualität ist und umgekehrt.

II. Des weiteren bezeichnen wir als *‚numerisch verschieden'* diejenigen Dinge, die sich sosehr durch den ganzen Umfang und Inhalt ihrer Essenz voneinander unterscheiden, daß nicht nur dieses nicht jenes ist, sondern kein Teil von diesem zu jenem gehört. Daher sind all diejenigen Dinge und nur sie numerisch verschieden, die durch den

differentia, quae tota quantitate suae essentiae discreta O 5 sunt, sive solo numero ab invicem distent, ut Socrates et Plato, sive etiam specie, ut hic homo et ille equus, seu genere quoque, ut hic homo et haec albedo; seu quacumque forma ab invicem differant, sive illa forma sit communis differentia, hoc est separabile accidens, sicut est sessio, sive sit propria differentia, hoc est inseparabile accidens, ut nasi curvitas, sive magis propria differentia, id est substantialis, sicut est rationalitas, quae non solum facit alterum, id est quoquo modo diversum, verum etiam aliud, id est diversum substantialiter.

Et haec sola proprie dicuntur plura sive multa, eo quod plura et multa proprie ad numerum pertinent et secundum numerum accipiuntur. Sunt itaque quaedam essentialiter diversa, quae non sunt numero differentia, utpote domus et paries et quodlibet integrum totum cum parte sua.

Utroque autem praedicto modo ipse etiam deus dicitur a creaturis differens, cum ipsae scilicet creaturae non sint deus, aut aliquid earum non sit de essentia divinae substantiae, quae omnino simplex est.

Hoc etiam modo diversa sumimus, quando negamus in uno ternario diversos esse binarios. Nam licet tertia unitas cum unaquaque aliarum duarum unitatum unum binarium efficiat, et hic binarius non sit ille: diversos tamen binarios dici negamus, cum non sint tota capacitate vel continentia suae essentiae discreti, cum eandem scilicet unitatem communicent.

Sed et cum dicimus aliquem solam domum possidere, hoc est domum et nihil aliud diversum a domo, diversum numero potius quam essentialiter intelligimus. Qui enim do-

*ganzen* Umfang ihrer Essenz gesondert sind, sei es, daß sie nur numerisch [und insofern auch essentiell] voneinander verschieden sind wie Sokrates und Plato, oder zusätzlich der Art nach wie dieser Mensch und dieses Pferd, oder sogar der Gattung nach wie dieser Mensch und die Weißfarbigkeit. Oder sie differieren voneinander durch irgendeine Eigenschaft (forma), sei es, daß es sich bei jener Form um eine unspezifische Differenz (communis differentia) handelt, d. h. ein ablösbares Akzidens wie das Sitzen, oder um eine spezifische Differenz, d. h. ein unablösbares Akzidens wie die Gebogenheit der Nase, oder um eine noch spezifischere Differenz, mithin um eine substanziale wie die Rationalität, die nicht nur ‚einen bestimmten anderen' (alter), d. h. irgendwie unterschiedenen zur Folge hat, sondern auch ‚ein anderes' (aliud), d. h. ein substanziell verschiedenes.

Die genannten Dinge werden nur insofern als mehrere und viele bezeichnet, als *‚mehrere' und ‚viele' eigentlich auf die Zahl bezogen* und ihr gemäß verstanden werden. Daher gibt es essentiell verschiedene Dinge, welche numerisch nicht differieren wie das Haus und die Wand, bzw. ein beliebiges unversehrtes Ganzes und ein Teil von ihm.

[Es folgen einige Beispiele:]

[a] Gott bezeichnet man auf die beiden erwähnten Weisen als von den Geschöpfen ‚verschieden', da die Geschöpfe selber nicht Gott sind und nicht irgendetwas von ihnen die
* göttliche Essenz betrifft, welche gänzlich einfach ist.

[b] In dieser Weise deuten wir ‚verschieden', wenn wir bestreiten, daß es in einer Dreiheit verschiedene Zweiheiten gibt. Denn auch wenn das dritte Element mit je einem der beiden anderen Elemente eine Zweiheit hervorbringt, und diese Zweiheit [essentiell] nicht jene ist, bestreiten wir doch, daß man von verschiedenen Zweiheiten spricht. Denn sie sind nicht durch den gesamten Umfang und das ‚Inventar' ihrer Essenz [voneinander] geschieden, weil sie sich je in ein selbes Element teilen.

[c] Auch wenn wir sagen: ‚einer besitzt nur ein Haus', mithin ein Haus und nichts anderes, vom Haus verschiedenes, verstehen wir ‚verschieden' eher der Zahl nach als

mum possidet, etiam parietem, qui non est domus, in possessione habet. Sed cum sit paries essentialiter diversus a domo, in qua est, non est diversus numero, cum videlicet in ipsa quantitate domus comprehendatur.
Ipse etiam *Aristoteles*[114] de septem compositis quantitatibus locutus, cum ait eas solas proprie dici quantitates et non alia: alia numero intellexit, cum etiam simplices quantitates non minus quantitates dici censeantur.
Loca etiam diversa solemus assignare non solum secundum essentiam vel numerum, verum magis secundum continentiam rerum localiter in ipsis inclusarum. Verbi gratia, cum dicimus nullum corpus esse in diversis locis eodem tempo- O 5
re, nec tamen negamus idem simul contineri in domo et in archa, loca diversa intelligimus, quae tamen res diversas includunt et non eandem, ut videlicet sicuti locus ex continentia rerum, quas ambit, dicitur, ita loca diversa ex ambitu diversorum.

III. Diversa autem diffinitione sunt, quae eadem diffinitione sententiae terminari non possunt, hoc est quae talia sunt, ut sese mutuo non exigant, licet eadem res sit utrumque, sicut est substantia et corpus, vel album et durum. Non enim ex eo quod substantia est, corpus est, vel ex eo quod album est, durum est, cum hoc sine illo queat esse, nec ex se exigat illud.
Et hanc quidem differentiam *Boethius* in I *Topicorum*[115] nos docet, ubi cum dicat idem esse propositionem, quaestionem, conclusionem, dicit tamen ea differre, cum videlicet propositio possit esse, si non sit quaestio sive conclusio, et quaestio, si non sit conclusio, cum hoc non exigat illud,

[114] Boeth., In categ. Aristot. 1. 2, PL 64, 209 A.

[115] De differ. topic. 1. 1, PL 64, 1174 C. Fortasse ad hunc locum spectant, quae scripsit Otto Frisingensis, Gesta Friderici 1. 1 c. 49, ed. alt. G. Waitz (Scriptores Rerum Germanicarum in usum scholarum, Hannoverae 1884) 56: "inter cetera dixit: Sicut eadem oratio est propositio, assumptio et conclusio, ita eadem essentia est Pater et Filius et Spiritus sanctus". Cf. [Introductio Ostlender] p. XXII.

essentiell. Wer nämlich das Haus besitzt, hat auch die Wand, die nicht das Haus ist, in seinem Besitz. Obgleich nun die Wand sich vom Haus, in dem sie ist, essentiell unterscheidet, ist sie nicht numerisch verschieden, da sie im Umfang des Hauses miteinbegriffen ist.

[d] *Aristoteles* sprach von sieben zusammengesetzten Quantitäten, wenn er sagt: Sie allein und keine anderen werden eigentlich als ‚Quantitäten' bezeichnet. Er faßte ‚andere' numerisch auf, da einfache Quantitäten nicht weniger als Quantitäten gelten.

[e] Wir pflegen Örtlichkeiten nicht nur gemäß ihrer Essenz und Zahl ‚verschieden' zu nennen, sondern auch nach dem ‚Inventar' der örtlich in ihnen enthaltenen Dinge. Wenn wir beispielsweise sagen: ‚Es gibt keine Leiche zur selben Zeit an verschiedenen Orten', ohne doch zu bestreiten, daß sie sich zugleich im Haus und in einem Sarg befindet, so verstehen wir unter ‚verschiedenen Orten' solche, die verschiedene und nicht dieselben Dinge enthalten. Entsprechend wie man einen Ort nach dem ‚Inventar' der Dinge, * denen er Raum gibt, benennt, [nennt man] Örtlichkeiten ‚verschieden' aufgrund dessen, daß sie verschiedene Dinge enthalten.

III. ‚*Der Definition nach verschieden*' sind nun diejenigen Dinge, die sich nicht durch die gleiche Definition in ihrem Kerngehalt (sententia) definieren lassen, d. h. welche so beschaffen sind, daß sie sich nicht wechselseitig implizieren, auch wenn beide [essentiell] einerlei sind wie z. B. [eine bestimmte] Substanz und [ein bestimmter] Körper, oder [das betr.] Weiße und [das betr.] Harte. Denn es ist nicht insofern, als es eine Substanz ist, ein Körper, oder insofern, als es weiß ist, hart, da dieses ohne jenes sein kann und nicht aus sich jenes impliziert.

* *Boethius* lehrt uns diese Differenz im 1. Buch der ‚*Topiken*', wo er sagt: Auch wenn eine [bestimmte] Aussage, eine [best.] Frage und eine [best.] Folgerung einerlei sind, un- * terscheiden sie sich doch. Denn es kann einen Aussagesatz geben, ohne daß es eine Frage und eine Folgerung gibt, und es kann einen Fragesatz geben, ohne daß es eine Folgerung gibt, da dieses nicht jenes impliziert, und sie

et singula propriis diffinitionibus terminentur. Qui etiam in *Divisionibus*[116] hoc modo rationale et bipes differre dicit, licet, inquit, nulla ab invicem oppositione disiungantur.

*Porphyrius* quoque *Isagogis*[117] suis huiusmodi differentiam, secundum diffinitionem scilicet, non praetermisit, cum ait: "Quorum termini", id est diffinitiones, "sunt differentes, ipsa quoque sunt differentia". Certum quippe est omnia quae quoquo modo affirmatione et negatione disiungi possunt, differre ab invicem. Verbi gratia, si de aliquibus ostendere possumus quod istud sit animal, et illud non sit animal, clarum est ea differre. Unde etiam oportet concedi quaelibet diffinitionibus diversa, etiam si sint sibi per praedicationem cohaerentia, sicut animal et homo vel album et durum, differre quodammodo ab invicem, cum ea quoque quodammodo affirmatione et negatione ab invicem separentur. Animal quippe esse potest, O 6 ita quod non sit homo; sed homo non potest esse, ita quod non sit animal, et animal hoc tantum exigit, ut sit animatum et sensibile, homo vero non hoc tantummodo, sed insuper, ut sit rationale et mortale. Eodem modo phoenix et hic phoenix, et hoc corpus et hoc animal, sive hic homo sive hoc corpus album diversa esse possunt ostendi, licet eiusdem essentiae sint.

Ad hanc quoque diversitatem illud pertinere videtur, quod Δ ait *Porphyrius*[118] differentias alias esse divisivas generum, alias constitutivas specierum. Nam licet eaedem penitus divisivae sint et constitutivae, aliunde tamen constitutivae

[116] De divisione, PL 64, 881 C sq.
[117] ed. Brandt 338, 14.
[118] Boeth., In Porph., ed. Brandt 258, 9 sq.
Δ [205: Ed. Mews II,923 legit ‚differentiarum' pro ‚differentias']

je für sich mit spezifischen Definitionen definiert werden. Ebenso sagt er in ‚Zur Einteilung': Das Vernunftbegabte und das Zweifüßige unterscheiden sich auf diese Weise, obgleich sie einander durch keine Opposition [mithin nicht essentiell] entgegengesetzt sind.

Auch *Porphyr* überging in seiner ‚Isagoge' solcherlei Differenz, die Differenz nach der Definition, nicht, wenn er behauptet: "Diejenigen Dinge sind auch selber verschieden, deren Termini verschieden sind", [wobei Abaelard hinzufügt: Termini,] d. h. Definitionen. Denn es ist gewiß, daß all diejenigen Dinge, die sich irgendwie vermittels einer Affirmation und Negation auseinanderhalten lassen, verschieden sind. Wenn wir z. B. von irgendwelchen Dingen zeigen können, daß dicscs ein Lebewesen ist und jenes *nicht,* leuchtet ein, daß sie voneinander differieren. Daher ist einzuräumen: Beliebige definitorisch unterschiedene Dinge sind auch dann, wenn sie durch die Prädikation miteinander zusammenhängen wie das [betr.] Lebewesen und der Mensch oder ein [best.] Weißes und ein [best.] Hartes, auf eine gewisse Weise voneinander verschieden, weil sie sich auch auf eine gewisse Weise durch Affirmation * und Negation voneinander sondern lassen. Denn es kann ein Lebewesen geben dergestalt, daß es keinen Menschen gibt, wohingegen es nicht einen Menschen geben kann dergestalt, daß es kein Lebewesen gibt. ‚Lebewesen' impliziert nur, daß [das Wesen] ‚beseelt' und ‚empfindungsfähig' ist. Dagegen impliziert ‚Mensch' nicht nur dies, sondern darüber hinaus, daß [das Wesen] ‚rational und sterblich' ist. Auf die gleiche Weise kann von ‚Phoenix' und ‚dieser Phoenix', ‚dieser Körper' und ‚dieses Lebewesen', ‚dieser Mensch' und ‚dieser weiße Körper' gezeigt werden, daß sie sich unterscheiden, auch wenn sie [je] zu einerlei Essenz gehören.

Ebenfalls auf diese Verschiedenheit scheint sich folgende Aussage *Porphyrs* zu beziehen: Die einen Differenzen, nämlich die der Gattungen, sind ‚einteilend' und die anderen Differenzen, nämlich die der Arten, sind ‚konstitutiv'. Denn obwohl ein und dieselben Differenzen einteilend *und* * konstitutiv sind, sind sie doch von anderswoher konstitu-

sunt, ex eo scilicet quod constituunt, aliunde divisivae, ex eo scilicet quod dividunt ab invicem, hoc est diversificant species. Et ideo alia est proprietas sive diffinitio constitutivi, alia divisivi.

Sic et cum dicimus ‚infinitum', aliud secundum tempus, aliud secundum mensuram, aliud secundum multitudinem et cetera, aliud diffinitione accipimus.

IV. Diversa secundum similitudinem dicuntur, quaecumque in aliquo dissimilia sunt.

V. Diversum mutatione dicimus, quod in aliquo est permutatum, hoc est diversificatum ab eo quod prius erat, ut si modo stet Socrates, modo sedeat.

VI. Diversa effectu sunt, quae diversa agunt vel ad agendum diversa valent. Cum enim *Lucanus*[119] ait: "Omnia Caesar erat", secundum hoc dixit, quod omnia in urbe administrabat vel disponebat. Ad quod et illud *Apostoli* pertinet quod dicit[120] 'deum omnia in omnibus' esse. Tale est etiam quod spiritus sanctus septem spiritibus Δ comparatur et septem spiritus esse dicitur, secundum distributiones scilicet donorum septiformis gratiae suae, quibus eum multiplicem dici *supra*[121] meminimus. Iuxta quod et illud accipitur quod veritas ait[122] : 'Alium paraclitum dabo vobis', hoc est ad aliud efficiendum in vobis, hoc est eundem quem iam accepistis, ad alia dona vobis confe- O 6 renda.

Sed et cum dicimus: ‚opifex alius pistor, alius faber' etc., ‚alium' secundum effecta accipimus, non secundum personas, cum saepe eadem persona utriusque officii sit. Sed cum *Aristoteles* vester dicit in I *Peri Ermenias*[123] , voces et litteras non easdem omnibus esse, sed diversas diversis: secundum officium significandi id dixit, non secundum

119 Bellum civile 1. 3 v. 108, ed. C. Hosius (Lipsiae 1913³) 64.

120 1 Cor. 15, 28.

121 Cf. supra p. 44.

122 Ioh. 14, 16.

123 Boeth., In libr. Aristot. Περὶ ἑρμ. Ed. 1, 1. 1 c. 1, ed Meiser 1, 39, 1–8.

Δ [226 sq.: Ed. Mews II,943 ‚distributionem' pro ‚distributiones']

tiv, daraus nämlich, daß sie ‚aufbauen', und von anderswoher einteilend, daraus nämlich, daß sie einteilen, mithin die Arten voneinander abheben. Folglich hat das Konstitutive [sc. dieselbe Differenz qua konstitutive] ein anderes Eigenwesen, bzw. eine andere Definition als das Einteilende.
Wenn wir vom ‚Unendlichen' behaupten: Es gibt eines der Zeit gemäß, ein anderes nach dem Maß oder der Menge etc., verstehen wir ‚ein anderes' ebenfalls definitorisch.

IV. *Gemäß Ähnlichkeit* werden als *‚verschieden'* bezeichnet beliebige Dinge, die sich in irgendetwas unähnlich sind.

V. *Gemäß Veränderung* wird als *‚verschieden'* bezeichnet, was sich in irgendetwas änderte, d. h. in bezug auf das, was es zuvor war, wandelte, wie wenn Sokrates bald steht und bald sitzt.

VI. *Der Wirkung nach* sind *verschieden* solche Dinge, welche verschiedenerlei tun oder beim Handeln verschiedenes ausrichten. Wenn beispielsweise *Lucanus* sagt: "Caesar war alles", sagte er es demgemäß, daß er in Rom alles unter sich hatte und verwaltete. Hierauf bezieht sich auch jenes *Apostelwort*, wonach 'Gott alles in allem' ist. Das ist auch die Bedeutung dessen, daß man den Hl. Geist ‚sieben Geistwesen' verglich und sagte, er sei deren sieben, nämlich gemäß der Austeilung der Geschenke seiner siebenförmigen Gnade. Wir erinnerten [S. 45], daß man ihn in diesem Sinn einen ‚vielfachen' nennt. Entsprechend wird auch jenes Wort der Wahrheit verstanden: 'Einen anderen Beistand werde ich euch geben', d. h. um anderes in euch zu bewirken. Mithin [handelt es sich um] denselben [Geist], den ihr schon empfangen habt, auf daß er euch andere Geschenke verleihe.
Aber auch wenn wir sagen: Der eine Handwerker ist Müller, der andere Hufschmied etc., deuten wir ‚andere' der Wirkung nach, nicht nach den Personen, weil oft einerlei
* Person beide Funktionen versieht. Euer *Aristoteles* lehrt im 1. Buch seiner ‚Lehre vom Satz', daß die Worte und Buchstaben nicht für alle dieselben sind, sondern für verschiedene verschieden. Er meinte dies nach der Bedeu-

prolationem, quia cum sit prolatio vocum naturalis omnibus, significandi officium apud omnes non tenetur, sed apud eos solummodo qui earum impositionem non ignorant. Qui etiam postmodum cum in II *Peri Ermenias*[124] Δ ait vocem esse unam et affectiones multas, aut cum *Priscianus* dicit[125] multa nomina incidere in unam vocem: ‚multa' seu ‚diversa' accipiuntur secundum hoc quod diversos intellectus efficere valent.

Puto me diligenter distinxisse, quot modis idem seu diversum accipiatur, ut facile postmodum discutiatur, in quo consistat diversitas personarum, quae in deo sunt, quarum eadem penitus est substantia.
Eadem, inquam, essentialiter, sicut eadem est substantia ensis et gladii, vel huius hominis et huius animalis. Sunt tamen ab invicem diversae personae, id et pater et filius et spiritus sanctus, ad similitudinem eorum quae diversa sunt secundum diffinitiones, eo videlicet quod, cum eadem penitus essentia sit pater, quae est filius vel spiritus sanctus, aliud tamen proprium est patris, in eo scilicet quod pater est, et aliud filii, et aliud spiritus sancti, quia cum pater ex eo tantum dicatur quod potens est, filius ex eo quod discretus, id est potens discernere, spiritus sanctus ex eo quod benignus est. Proprium est patris posse, filii discernere, spiritus sancti benignum esse. Proprium etiam patris est a se ipso esse, ut diximus[126], et coaeternum sibi

[124] Non invenitur ad verbum, cf. Boeth. l. c. Ed. 2, l. 1 c. 1, ed. Meiser 2, 30, 17 sqq.: "Sunt ergo ea quae sunt in voce earum quae sunt in anima passionum notae" etc.

[125] Instit. gramm. l. 17 c. 63, ed. Hertz 2, 145, 22: "cum in unam concidant vocem nominum positiones . . .".

[126] Cf. supra p. 84sq.

Δ [243: Lectio ed. Mews II,957 meliorem sensum habet: ‚affirmationes' pro ‚affectiones'.]

tungsfunktion, nicht nach der äußeren Wortgestalt. Denn auch wenn die Verlautbarung der Worte allen natürlich ist, wird nicht von allen die Bedeutungsfunktion gemeistert, sondern nur von denjenigen, die nicht unwissend sind darüber, was den Worten beigelegt wurde. Wenn er hernach im * 2. Buch seiner ‚Lehre vom Satz' ausführt, daß das Wort eines und die Bedeutungen vielerlei sind, oder wenn *Priscian* lehrt, daß mehrere Benennungen in einem Wortlaut übereinkommen, so werden ‚mehrere' und ‚verschiedene' im Hinblick darauf verstanden, daß sie [effektiv] verschiedene * Verständnisse bewirken können.

*++ Zur Anwendung der eingeführten Differenzierungen*

Ich glaube, sorgfältig unterschieden zu haben, auf wieviele Weisen man ‚einerlei' und ‚verschieden' auffaßt, so daß später leicht erklärt wird, worin die Verschiedenheit der Personen besteht, welche in Gott sind und welchen völlig einerlei Essenz eignet.

*‚Einerlei'* meine ich *im essentiellen Sinn,* so wie die Substanz eines schweren Schwertes und eines Zweihänders übereinkommt, oder die Substanz dieses Menschen und dieses Lebewesens. Gleichwohl sind sie, d.h. der Vater, der Sohn und der Hl. Geist, voneinander verschiedene Personen, und zwar nach der Analogie von solchen Dingen, die *nach ihren Definitionen verschieden* sind. Auch wenn nämlich ganz die gleiche Substanz Vater ist, welche Sohn und Hl. Geist ist, gibt es doch ein Proprium des Vaters insofern, als er Vater ist, und ein anderes des Sohnes und ein anderes des Hl. Geistes. Der Grund ist: Der Vater hat seinen Namen nur daraus, daß er *mächtig* ist; der Sohn daraus, daß er *unterscheidend,* d.h. mächtig zur Unterscheidung ist; der Hl. Geist daraus, daß er *gütig* ist. Das Proprium des Vaters besteht im ‚Wirkkräftig-Sein' (posse), dasjenige des Sohnes im ‚Unterscheiden' und dasjenige des Hl. Geistes im ‚Gütig-Sein'. Endlich bedeutet das Proprium des Vaters (wie S. 85f. gesagt): ‚aus sich

filium aeternaliter gignere, filii gigni a solo patre, spiritus sancti procedere tantum ab utroque. O 6
Unde sancti patres has personas ab invicem quasi proprietatibus differre dixerunt iuxta illud *Gregorii*[127]: "Et in personis proprietas, et in essentia unitas" etc. Sed et *Hieronymus* in epistola *De Explanatione Fidei*[128] Augustino missa et Alipio episcopis personas ipsas proprietates appellat dicens: "Non enim nomina tantummodo, sed etiam nominum proprietates, id est personas vel, ut Graeci exprimunt, hypostases, hoc est subsistentias, confitemur".

Non tamen, cum proprietates dici audimus, ita intelligendum est, ut formas aliquas in deo opinemur, sed proprietates quasi propria dicimus, eo scilicet modo quo dicit *Aristoteles* omni substantiae commune esse non esse in subiecto[129], vel non suscipere magis et minus[130], sive nihil esse ei contrarium[131]. Nec in his tamen communitatibus, quas scilicet assignat, ullas intelligit formas, quas scilicet communitates potius removendo aliquid quam ponendo assignat. Et quemadmodum dicimus substantiae proprium esse quod per se subsistit, quia videlicet ex eo quod substantia est, hoc solummodo exigit, et rei informis dicimus proprium esse quod formas non habet, vel rei simplicis quod partibus caret, nullasque formas per hoc intelligi-
Δ mus: ita et patris illud esse proprium dicimus, illud filii vel spiritus sancti, quia videlicet ex eo quod pater est, hoc solum exigit, ut sit potens sive etiam omnipotens[132], hoc est ut nihil ei resistere queat, et ex eo quod filius est, illud tantum, ut sit discretus in omnibus, hoc est ut nihil eum

[127] Gregorius Magn., Liber sacramentorum, Praefatio Dominicae octavas Pentecostes, PL 78, 116 C.

[128] Pseudo-Hieronymus (Pelagius), Libellus fidei ad Innocentium n. 3, PL 45, 1717.

[129] Boeth., In Categ. Aristot. 1. 1, PL 64, 181 D.

[130] L. c. 196 D.

[131] L. c. 195 C.

[132] Cf. Abaelardus, Historia calamitatum c. 10, PL 178, 150 A: "quidam de adversariis meis id submurmuravit, quod in libro scriptum deprehenderat, solum deum patrem omnipotentem esse".

Δ [287: Ed. Mews II, 996 ‚istud' pro ‚illud[1]']

selbst zu sein‘ und ewiglich den ihm koeternen Sohn zu zeugen, dasjenige des Sohnes: ‚vom Vater allein gezeugt zu werden‘, und dasjenige des Hl. Geistes nur soviel wie: ‚von beiden auszugehen‘.
Deswegen lehrten die Kirchenväter, daß sich diese drei Personen durch eine Art *Eigenwesen* (proprietas) unterscheiden gemäß *Gregors* Satz: “[Es gibt] sowohl ein Eigenwesen in den Personen, als eine Einheit [lichkeit] in der Essenz” etc. In seinem an die Bischöfe Augustinus und Alipius gesandten Briefe ‚Zur Erklärung des Glaubens‘ bezeichnet [Pseudo-]*Hieronymus* die Personen selber als Eigenwesen. Er sagt: “Wir bekennen uns nämlich nicht nur zu den Namen, sondern auch zu deren Eigenwesen, das sind die Personen oder, wie es die *Griechen* ausdrücken, die Hypostasen, d. h. die Subsistenzen”.

Indes darf, wenn wir hören, daß sie als ‚Eigenwesen‘ bezeichnet werden, dies nicht so verstanden werden, als ob wir irgendwelche Formen in Gott ansetzten, sondern wir sagen ‚Eigenwesen‘ qua das Eigentümliche (proprietates quasi propria) dergestalt, wie *Aristoteles* erläutert, daß z. B. das jeder Substanz Gemeinsame darin besteht, nicht einem Subjekt zu inhärieren, kein Mehr oder Weniger anzunehmen und nichts sich selbst Entgegengesetztes zu sein.
* Versteht er doch unter diesen ‚allgemeinen Charakteristika‘, welche er zuschreibt, nicht irgendwelche Formen und schreibt sie eher durch Absprechen von etwas als durch eine Setzung zu. Sagen wir: Es ist der Substanz eigentümlich, durch sich zu subsistieren, weil sie nämlich insofern, als sie Substanz ist, nur dies impliziert; es ist dem formlosen Ding eigentümlich, keine Formen zu haben; oder einer einfachen Sache, daß sie der Teile entbehrt – so begreifen wir unter alledem *keine Formen.* Im selben Sinn sagen wir: Jenes ist des Vaters Proprium, jenes dasjenige des Sohnes und des Hl. Geistes, weil er nämlich insofern, als er Vater ist, allein dies impliziert, daß er ‚mächtig
* oder auch allmächtig ist‘, mithin daß nichts ihm Widerstand leisten kann, und insofern, als er Sohn ist, präzis jenes, daß er ‚in allem unterscheidungskräftig‘ ist, mithin nichts ihm verborgen sein kann, und [schließlich] inso-

latere queat, et ex eo quod spiritus sanctus est, illud aliud, ut videlicet benignus sit, quasi pronus ad adiuvandum et nullis machinans incommodum, sed gratis etiam bona sua largiri paratus aut largiens.

Δ Personam itaque hoc loco diversam alteram ab altera O 6 dicimus eo quod diffinitione ab ea disiungatur, hoc est proprietatis suae singularitate, ut videlicet hoc sit huius proprium, quod non sit illius proprium. Quippe deus pater, qui est una persona secundum ipsam nominis sententiam, recte diffiniendus est divina potentia, hoc est deus potens, et deus filius divina sapientia et spiritus dei divina benignitas. Et ita pater a filio proprietate sive diffinitione diversus est, hoc est alius, et similiter uterque a spiritu sancto.

## Capitulum V

### *Quot modis persona dicatur*

Ad hanc quippe diversitatem propriorum sive diffinitionum illud *Augustini* spectat, quod ait[133] in VII *De Trinitate* sic: "Aliud est deo esse, aliud est patrem esse", cum tamen idem numero sit in deo ipsum ens et pater. Quod si expressius prosequi velimus, quid sonet persona in deo, tantumdem valet, quantum si dicamus eum esse vel patrem, hoc est potentem, vel filium, hoc est sapientem, vel spiritum sanctum, hoc est benignum. Et deum esse tres personas tantumdem valet, ac si dicamus eum esse patrem simul et filium et spiritum sanctum. Tale est etiam patrem et filium et spiritum sanctum esse tres personas ab invicem discretas, tamquam si dicamus nullas harum mutuo sese exigere, ita scilicet, ut vel ex eo quod pater est, id est potens, sit filius, hoc est discretus, et e converso, vel ex eo quod pater est, spiritus sanctus sit, id est benignus, et e

[133] c. 4 n. 9, PL 42, 942.

Δ [296: Ed. Mews II,1004 omittit ‚alteram']

fern, als er Hl. Geist ist, jenes weitere, daß er ‚gütig ist', sozusagen geneigt zur Beihülfe und nicht sinnend auf jemandes Nachteil, sondern unentgeltlich seine Güter zu spenden bereit ist und sie spendet.

Daher nennen wir in unserem Kontext eine Person insofern von einer anderen ‚verschieden', als sie sich durch ihre Definition von ihr unterscheidet, d. h. vermittels der Besonderheit ihres Eigenwesens, indem diese nicht dasjenige Proprium hat, was jene. Denn Gott Vater, der gemäß dem Kerngehalt seines Namens die eine Person ist, ist korrekt als göttliche Macht zu definieren, d. h. als mächtiger Gott, und Gott Sohn als göttliche Weisheit und der Geist Gottes als göttliche Güte. Dergestalt ist der Vater vom Sohn *im Blick auf sein Eigenwesen und seine Definition verschieden,* d. h. ‚ein anderer' (alius), und analog jeder von beiden vom Hl. Geist.

## Fünftes Kapitel

*In wievielen Bedeutungen man den Ausdruck ‚Person' verwendet*

Auf diese Verschiedenheit der Eigenwesen oder Definitionen blickt ein Wort *Augustins,* das er im 7. Buch von ‚Über die Dreieinigkeit' folgendermaßen ausdrückt: "Eines bedeutet für Gott zu sein, ein anderes, Vater zu sein", obgleich in Gott das Sein selber und der Vater numerisch einerlei sind. – Wenn wir nun genauer ausführen möchten, was [der Ausdruck] ‚Person in Gott' meint: Er bedeutet präzis soviel, wie wenn wir sagen, daß er *entweder* Vater ist, d. h. mächtig, *oder* Sohn, d. h. weise, *oder* Hl. Geist, d. h. gütig. [Anderseits] bedeutet ‚Gott ist drei Personen': Er ist Vater *und zugleich* Sohn *und* Hl. Geist. Der Vater, der Sohn und der Hl. Geist sind ‚drei voneinander gesonderte Personen', meint schließlich: *Keine* von ihnen *impliziert* im Wechsel dergestalt die andere, daß er insofern, als er Vater ist, d. h. mächtig, Sohn ist, d. h. unterscheidungskräftig, und umgekehrt, oder daß er insofern, als er Vater ist,

converso, vel ex eo quod est filius, sit spiritus sanctus, et e converso.

Ne mireris in eadem divina substantia tres personas distingui secundum expositam rationem, cum etiam secundum grammaticam institutionem[134] eundem hominem tres personas esse concedamus, primam videlicet secundum hoc quod loquitur, et secundam in eo quod ad ipsum sermo dirigitur, nec non et tertiam, cum de ipso alter ad alterum loquitur.

Quarum quidem personarum diversitas cum eadem sit ipsa- O 6
Δ rum substantia, non aliter distingui possunt, quam secundum propria earum, quae diffinitionibus exprimuntur, cum videlicet aliud sit proprium loquentis, in eo scilicet quod loquitur, aliud audientis, vel de quo locutionem alter habet ad alterum, sicut et divinarum personarum diversitas secundum proprias ipsarum diffinitiones est assignata. Praeterea: sicut in grammatica, cum dicimus tres personas, determinate intelligimus loquentem, et ad quem loquitur, et de quo loquitur, ut *supra* meminimus, ita cum dicimus in divinitate tres esse personas, determinate intelligi convenit patrem et filium et spiritum sanctum, ut *supra*[135] quoque astruximus. Alioquin fortasse personas plures quam tres in deo confiteri cogeremur.

Rhetores quoque alio modo quam divini sive grammatici personam accipiunt, pro substantia scilicet rationali, ubi videlicet de persona et negotio agunt[136] et locos rhetoricos per attributa personae et attributa negotio distinguunt. Quam quidem significationem *Boethius* exsecutus in IV *Topicorum*[137] ait: "Purgas, cum facti culpa his ascribitur quibus obsisti obviarique non possit, nec tamen personae sunt. Id enim in aliam constitutionem cadit".

Sic et personas comoediarum[138] dicimus ipsos videlicet homines qui per gestus suos aliqua nobis facta vel dicta

[134] Cf. Priscianus, Instit. gramm. l. 8 c. 17 n. 101, ed. Hertz 1. [448, 11–14.
[135] Cf. supra p. 146,10 sqq.
[136] Cf. Boeth., De differ. topic. l. 4, PL 64, 1212 A.
[137] L. c. 1210 A.
[138] Cf. Boeth., De persona et duabus naturis, PL 64, 1343 D sq.
Δ [28: Ed. Mews II,1036 ‚potest' pro ‚possunt']

Hl. Geist ist, d. h. gütig, und umgekehrt, oder daß er insofern, als er Sohn ist, Hl. Geist ist, und umgekehrt.

Wundere dich nicht, wenn in derselben göttlichen Substanz *drei* Personen unterschieden werden im erklärten Sinn. Denn *auch nach der grammatischen Lehre* [Priscians] geben wir zu, daß der eine Mensch drei Personen ist, eine *erste* demgemäß, daß er spricht, eine *zweite* insofern, als die Rede an ihn gerichtet wird, und endlich eine *dritte*, wenn einer zum andern über ihn spricht.

Während sie dieselbe Substanz haben, kann die Verschiedenheit dieser Personen begrifflich nicht anders nachvollzogen werden als gemäß ihrem Proprium, welches durch die Definitionen ausgedrückt wird. Denn es gibt insofern, als er spricht, ein Proprium des Sprechenden, und ein anderes des Hörenden oder desjenigen, in bezug auf den der eine die Rede an den anderen richtet. Analog wurde die Verschiedenheit der göttlichen Personen nach den ihnen eignenden Definitionen bestimmt. Außerdem: So wie wir in der Grammatik, wenn wir von drei Personen sprechen, [darunter] in definierter Weise einen Sprechenden, einen, zu dem er spricht, und einen, über den er spricht, begreifen, so ist es angemessen, wenn wir sagen, ‚es gibt in der Gottheit drei Personen', darunter *in definierter Weise* (determinate) den Vater und den Sohn und den Hl. Geist zu begreifen. Sonst würden wir vielleicht genötigt, in Gott mehr als drei Personen zu bekennen.

* Anders als die Theologen (divini) und die Grammatiker für ‚rationale Substanz' fassen die *Rhetoren*, wo sie von der Person und der Sachlage handeln, den Personbegriff: Sie unterscheiden die rhetorischen Topoi nach Attributen betr. die Person und solchen betr. die äußeren Verhältnisse (negotium). Diese Bedeutung hat *Boethius* im 4. Buch der ‚Topik' entwickelt; "Du sprichst jemanden frei, wenn die Schuld für die Tat solchem zugeschrieben wird, dem nicht Widerstand geleistet oder entgegengewirkt werden kann, auch wenn es sich nicht um Personen handelt. Dies fällt dann unter eine andere Gesetzesbestimmung".

Des weiteren nennen wir ‚Personen' in den *Komödien* diejenigen Menschen, die für uns durch ihre Gesten gewisse

repraesentant. Tribus itaque modis ac pluribus fortassis hoc nomen ‚persona' sumitur; aliter videlicet a divinis, aliter a grammaticis, aliter a rhetoribus, ut *supra*[139] determinatum est.

Cum autem, sicut in principio[140] operis assignavimus, in tribus divinis personis, patre videlicet, filio, spiritu sancto, tota boni perfectio consistit, et omnia quae ad boni perfectionem pertinent, in his tribus comprehenduntur: bene hae solae tres personae distinctae sunt, cum haec tria nomina secundum vim suae significationis cetera omnia in se concludant quae ad commendationem boni sunt idonea.
Quod enim aeternus est deus, potentiae est, ut videlicet aliquo non eguerit principio, per quod subsisteret; quod vero iustus est sive misericors, benignitatis est. Iustitia namque est, quae unicuique reddit, quod suum est, sive poenam sive gloriam pro meritis retribuendo. Hoc autem O 65
ex benignitatis affectu descendit, quia sicut impium est non vindicare mala, ita e contrario pium est illatas ulcisci iniurias. Unde et vindicta benignitati adscribenda est, quae scilicet benignitas nomine spiritus sancti designatur, sicut scriptum[141] est: 'Spiritu oris sui interficiet impium'. Similiter cetera nomina dei quae ad perfectionem illius summi boni determinandam conveniunt, ad haec tria retorquentur.

Sed huic loco gravissima obiectio occurrit, cum videlicet potens et sapiens, id est pater et filius, ex potentia ⟨et sapientia maxime⟩ dicantur, ut *supra*[142] determinavimus: quomodo melius per sapientiam una est persona distincta quam per aeternitatem, cum similiter aeternitas ad potentiam pertineat sicut et sapientia. Numquid hac ratione multas et innumeras personas in deo convenit confiteri? Quippe sicut potentia dei sese habet tam ad agendum quam ad discernendum, ita et benignitas ipsius tam ad remunerandum vel gratis largiendum quam ad vindicandum,

[139] Cf. supra p. 146 sq.
[140] Cf. supra p. 6.
[141] Cf. Is. 11, 4.
[142] Cf. supra p. 4 sq.

Taten und Worte vorführen. Daher wird der Name ‚Person' auf mindestens drei Weisen aufgefaßt: In der ersten von den Theologen, in einer anderen von den Grammatikern und in einer weiteren von den Redekünstlern.

Wenn nun, wie zu Anfang unseres Werkes [S. 7] dargetan, der Inbegriff des vollendet Guten in den drei göttlichen Personen, im Vater, Sohn und Hl. Geist, besteht, und alles, was sich auf die Vollendung des Guten erstreckt, in diesen drei umfaßt wird, so wurden zutreffend *nur diese drei Personen* unterschieden. Denn diese drei Namen beschließen der Kraft ihrer Bedeutung nach alle übrigen – die sich zur Empfehlung des Guten eignen – in sich.
Z. B. daß Gott ‚ewig' ist, gehört zu seiner Macht, indem er nämlich nicht irgendeines Prinzips bedurfte, durch das er subsistierte; daß er anderseits ‚gerecht und barmherzig' ist, zeugt von seiner Güte. Ja, es ist die Gerechtigkeit, die jedem einzelnen gibt, was ihm zusteht, und die nach Verdienst Strafe und Lob zuteilt. Dies leitet sich aus dem Affekt der Güte her. Denn wie es gewissenlos ist, Untaten nicht zu bestrafen, ist es umgekehrt gottesfürchtig, für zugefügte Ungerechtigkeiten Sühne zu fordern. Deshalb ist die Strafforderung (vindicta) der Güte zuzuschreiben, die man mit dem Namen ‚Hl. Geist' versieht, wie geschrieben steht: 'Durch den Hauch seines Mundes wird er den Ruchlosen beseitigen'. Ähnlich lassen sich die übrigen Gottesnamen, die sich zur Charakteristik des Inbegriffs des höchsten Gutes zusammenfinden, auf diese drei zurückleiten.

An diesem Ort meldet sich *ein gewichtiger Einwand*: Gesetzt, man nennt Ihn mächtig und weise, d. h. Vater und Sohn, aufgrund seiner Macht und seiner Weisheit, wie wir oben [S. 5] definierten. Inwiefern wurde dann die eine Person besser durch die Weisheit als durch die Ewigkeit unterschieden? Denn die Ewigkeit bezieht sich in analoger Weise auf die Macht wie die Weisheit. Wäre es aus diesem Grund konsistent, viele und zahllose Personen in Gott zu bekennen? Wie sich Gottes Macht aufs Handeln und aufs Unterscheiden bezieht, so seine Güte aufs Belohnen, resp. entgeltlose Verschenken und aufs Bestrafen, so daß wir

ut iam tam secundum benignitatem diversae personae distingui possint quam secundum potentiam.

Quod si ideo non oportuit secundum haec effecta benignitatis personas distingui, cum haec omnia in benignitate concludantur: eadem ratione nec per potentiam discernendi, hoc est sapientiam, convenienter distincta est persona filii a persona patris, cum videlicet in ipsa potentia ex qua pater dictus est, sapientia sit inclusa.

Numquid et rationabilius videretur, ut personarum discretio magis acciperetur secundum diversa penitus, quam secundum idem: ut videlicet, cum sint septem diversa omnino spiritus dona, unde ipse septem spiritus dicitur secundum haec diversa dona, idem spiritus diversae personae diceretur, cum nos secundum potentiam simpliciter et secundum potentiam discernendi, quae est sapientia, duas personas accipiamus?

Ad quod respondendum est non hoc nos suscepisse negotium, cur hoc potius modo quam alio personae divinae distinctae sint, sed eas eo modo quo distinctae sunt, convenienter accipi posse, et fidem nostram tueri, si quis non ita, ut credimus, posse stare arguat. Hoc autem discutere O 6 penes ipsum est deum a quo haec est fides tradita, in cuius voluntate omnium rerum causae incommutabiliter consistunt, quarum minimam nulla valet humana ratio comprehendere. Plures autem personas quam tres sive pauciores nullo modo in deo esse concedimus, cum persona in deo tantundem sonet quantum vel pater vel filius vel spiritus sanctus, ut *supra*[143] diffinivimus.

Multa autem tradunt philosophi quae eo solum modo tenentur, quia auctoritate confirmantur philosophorum, non ratione aliqua, quae appareat. Quanto magis ea quae deus tradit, praesertim cum praesto sit ratio, quare videli-

[143] Cf. supra p. 146,7 sqq.

jetzt *sowohl* gemäß seiner Güte verschiedene Personen unterscheiden könnten wie gemäß seiner Macht.

Falls es allerdings nicht geboten war, diesen Wirkungen der Güte gemäß mehrere Personen anzusetzen, da diese Wirkungen alle in der Güte einbeschlossen sind, wurde aus dem gleichen Grund wenig plausibel die Person des Sohnes von der Person des Vaters durch die Macht des Unterscheidens, d. h. die Weisheit, unterschieden. Denn die Weisheit ist in der Macht, von der der Vater seinen Namen * hat, eingeschlossen.

Schiene es gar vernünftiger, die Unterscheidung der Personen eher nach gänzlich verschiedenen als nach einerlei Gesichtspunkt vorzunehmen: Wie es nämlich sieben verschiedene Geschenke des Geistes gibt, weswegen er ‚Siebengeist' genannt wird, ließe sich derselbe Geist gemäß diesen verschiedenen Geschenken als verschiedene Personen ansprechen, zumal wir ja gemäß der Macht schlechthin und der Macht des Unterscheidens, d. i. der Weisheit, zwei Personen ansetzen?

Darauf ist zu antworten: Wir haben es *nicht als unsere Aufgabe* übernommen [zu erklären,] warum die göttlichen Personen eher auf diese denn auf eine andere Weise unterschieden wurden. Vielmehr [wollen wir] darlegen, daß sie so, wie sie unterschieden wurden, mit einem guten Sinn verstanden werden können, sowie unseren Glauben schützen, wenn jemand argumentiert, er könne nicht eine unserem Glauben entsprechende Position einnehmen. Ja, selbst dies zu erörtern, untersteht der Macht Gottes, von dem ein solcher Glaube gelehrt wurde. In seinem Willen haben die Ursachen aller Dinge unwandelbar Bestand, und keine menschliche Vernunft vermag deren geringste zu begreifen. [Abschließend] räumen wir ein: Es gibt *auf keinen Fall mehr oder weniger als drei Personen* in Gott, da ‚Person in Gott' (wie S. 147 definiert) genau soviel bedeutet wie Vater *oder* Sohn *oder* Hl. Geist.

Die Philosophen lehren vieles, das sie nur deswegen festhalten, weil es durch die *Autorität von Philosophen* bestätigt wird, nicht aus irgendeinem Grund, der einleuchtet. Um wieviel mehr [gilt] das, was *Gott* lehrt, zumal

cet dicta sit haec trina personarum distinctio: ad commendationem scilicet vel descriptionem summi boni, sive ad maiorem, ut *supra*[144] quoque meminimus, divini cultus persuasionem, licet haec nobis ratio desit, quare hoc modo potius quam alio summi boni descripta sit perfectio, quae et aliis fortasse multis modis aeque describi aut doceri posset.

His de identitate aut diversitate rerum praelibatis atque insuper assignato, in quo unitas dei, in quo trinitas personarum sit accipienda, ad suprapositas quaestiones atque obiectiones redeamus, singulis ordine, prout dominus annuerit, satisfacientes. Quarum primam primum solvamus.

Explicit liber secundus. Incipit tertius.

[144] Cf. supra p. 6,34 sqq.

ein Grund vor Augen steht, weshalb diese dreifache Distinktion der Personen gelehrt wird: zur Empfehlung und Beschreibung des höchsten Gutes oder, wie [S. 7] erinnert, zur besseren Motivation für den Gottesdienst. Gleichwohl ermangeln wir der Begründung, weshalb die Vollendung des höchsten Gutes eher auf diese denn auf eine andere Weise geschildert wurde. Sie hätte wesensgerecht vielleicht auch auf viele andere Arten geschildert und gelehrt werden können.

Nach einer knappen Darlegung zur Übereinkunft und Verschiedenheit von Dingen und einer zusätzlichen Präzisierung dessen, was unter der ‚Einheit Gottes' und der ‚Trinität der Personen' zu verstehen sei, wollen wir zu den oben artikulierten Fragen und Einwänden zurückkehren. [Wir werden sie] der Reihe nach behandeln, vorbehaltlich der Zustimmung des Herrn. Laßt uns nunmehr den ersten Einwand ‚erledigen'!

Ende des zweiten und Beginn des dritten Buches.

# LIBER III

## Capitulum I

*Solutio prima* O 6

Quaesitum primum est, an trinitas personarum, quae in deo sunt, in vocabulis an in re ipsa potius sit accipienda. Nos autem in re ipsa ita eam accipi debere praedicamus, ut ab aeterno res illa unica simplex omnino et individua, quae deus est, tres personae sit, ut *supra*[1] determinatum est, hoc est pater et filius et spiritus sanctus. Tres quidem, ut diximus, secundum diffinitiones aut proprietates, non secundum numerum.

Nam et haec anima et quaelibet res multa est et infinita secundum diffinitionum proprietates, non secundum numeri discretionem, eo videlicet quod huiusmodi sit res, quae sub diffinitionibus diversis cadat, hoc est cui diversae diffinitiones applicari queant. Diversae, inquam, in sententia, non in rerum continentia. Haec quippe anima et sapiens est et iusta; sed non idem est sensus sive intellectus diffinitionis huius, qui est illius. Sicut ergo dicimus hanc animam esse diversam diffinitionibus, secundum hoc scilicet quod est sapiens et iusta, ita deum concedimus esse diversas diffinitionibus personas, secundum hoc scilicet quod est potens et sapiens et benignus, ut *supra*[2] determinavimus.

Et licet idem numero sit in deo essentia quod personae, non tamen ideo, si est trinus deus in personis, est trinus in essentia, vel si est unus in essentia, in personis est unus; quod est dicere: si sunt tres personae, sunt tres essentiae, vel si est una tantum essentia, est una persona. Quippe cum

[1] Cf. supra p. 142–146.
[2] Cf. supra p. 146.

# DRITTES BUCH

## Erstes Kapitel

### * + *Widerlegung der vorgebrachten Einwände*

I. Zuerst wurde gefragt, ob die Trinität der Personen, welche in Gott sind, in den Worten oder eher in der Sache selber anzunehmen sei. Wir sagen mit Nachdruck, daß sie dergestalt *in der Sache selber* angenommen werden muß, daß von Ewigkeit an jenes einmalige, gänzlich einfache und unteilbare Etwas (res), das Gott ist, drei Personen ist, mithin Vater, Sohn und Hl. Geist. Und zwar drei, wie wir [143–147] ausführten, den Definitionen oder Eigenwesen, nicht der Zahl nach.

Ja, auch diese Seele und ein beliebiges Ding ist vieles und unzähliges den Eigenwesen der Definitionen nach, nicht nach Unterscheidung der Zahl, insofern nämlich, als es etwas von der Art ist, daß es unter verschiedene Definitionen fällt, mithin lassen sich verschiedene Definitionen auf es anwenden. ‚Verschiedene' beziehe ich auf ‚den Kerngehalt und die Bedeutung' (sententia), nicht auf das Inbegriffensein von Dingen. Denn diese Seele ist sowohl weise als gerecht. Aber der Sinn oder der Inhalt der einen Definition kommt nicht überein mit demjenigen der anderen. Analog wie wir demnach sagen: Diese Seele ist ‚verschiedenerlei' im Blick auf die Definitionen, insofern nämlich, als sie weise und gerecht ist, geben wir zu: Gott ist ‚verschiedene Personen' im Blick auf die Definitionen, insofern nämlich, als er mächtig, weise und gütig ist.

Obgleich die Essenz und die Personen in Gott numerisch übereinkommen, [gilt] deswegen doch *nicht:* Wenn Gott dreifältig ist in den Personen, ist er dreifältig in der Essenz, bzw. wenn er einer ist in der Essenz, ist er einer in den Personen. Das bedeutete: Wenn es drei Personen gibt, gibt es drei Essenzen, oder wenn es nur eine Essenz gibt, gibt es

dicimus ‚trinus in personis', hoc est tres personas, ‚tres' secundum diffinitiones accipimus. Cum vero dicimus ‚trinus in essentia', hoc est res essentias, ‚tres' essentialiter sive O 6 numero intelligimus.

Possumus et ita accipere deum esse trinum in personis et unum in essentia, tamquam si dicamus ipsum esse trium diffinitionum sive proprietatum, ut *supra*[2a] determinatum est ex personis ipsis quae ipse est. In eo, inquam, trium diffinitionum, quod ipse est illae personae. Et rursus eundem esse unius diffinitionis ex essentia, quae ipse est, in eo scilicet quod est illa essentia.

Si autem idem esset diffinitione essentia quod personae, ut videlicet idem sonaret penitus essentia quod personae: tunc fortassis necesse esset deum esse trinum in essentia, sicut est in personis, aut unum esse in personis, sicut est in essentia; in hoc videlicet sensu, ut si trium diffinitionum vel proprietatum esset ex personis, et ex essentia similiter, aut si ex essentia unum esset, et ex personis unum. Cum vero non sint idem diffinitione essentia et personae, non est necesse hoc.

Nam et cum homo idem sit numero cum risibili et navigabili, vel Socrates cum loquente et audiente et de quo alter ad alterum loquitur: non tamen, si homo est multa diffinitione in eo quod est risibilis et navigabilis, ideo in eo quod est homo; vel si est unum diffinitione in eo quod est homo, ideo in eo quod est risibilis et navigabilis. Similiter et Socrates cum sit tres personae secundum grammaticos in eo scilicet quod est loquens et audiens et de quo alter ad alterum loquitur, non tamen in eo quod est Socrates vel quod est substantia; immo ipse unus est in substantia et trinus in personis secundum grammaticos acceptis.

[2a] Cf. supra p. 146.

eine Person. Der Grund [weshalb dies nicht zutrifft]: Wenn wir sagen ‚dreifältig in den Personen', d. h. drei Personen, fassen wir ‚drei' den Definitionen gemäß auf. Sagen wir hingegen ‚dreifältig in der Essenz', d. h. drei Essenzen, verstehen wir ‚drei' essentiell oder numerisch.
‚Gott ist dreifältig in den Personen und einer in der Essenz' können wir auch dahingehend auffassen: Er hat drei Definitionen oder Eigenwesen, wie oben aufgrund der Personen, die er ist, definiert wurde. Insofern [hat er], ich wiederhole, *drei Definitionen,* als er selber jene Personen ist. Anderseits eignet ihm aufgrund der Essenz, die er ist, *nur eine Definition,* insofern nämlich, als er jene Essenz ist.
Kämen die Essenz und die Personen definitorisch überein, indem ‚Essenz' gänzlich dasselbe bedeutete was ‚Personen', dann wäre wohl zwingend, daß Gott dreifältig ist in der Essenz, wie er es in den Personen ist, bzw. einer in den Personen, wie er es in der Essenz ist. Und zwar in folgendem Sinn: Vorausgesetzt, er hat drei Definitionen oder Eigenwesen aufgrund der Personen, so gleicherweis aufgrund seiner Essenz, resp. wenn er aufgrund der Essenz eines ist, auch aufgrund der Personen. Da aber die Essenz und die Personen definitorisch *nicht* übereinkommen, ist das nicht zwingend!
Denn auch wenn ein Mensch numerisch identisch ist mit dem Lachfähigen und Schwimmkundigen, oder Sokrates mit dem Sprechenden und dem Hörenden und mit demjenigen, über den der eine zum anderen spricht: [so gilt], obgleich der Mensch der Definition nach insofern, als er lachfähig und schwimmkundig ist, *mehreres* ist, doch nicht, daß er es insofern ist, als er Mensch ist, bzw. wenn er definitorisch *eines* ist insofern, als er Mensch ist, daß er dies auch insofern wäre, als er lachfähig und schwimmkundig ist. Analog wenn Sokrates nach den Grammatikern drei Personen ist insofern, als er sprechend und hörend und derjenige ist, über den einer zum anderen spricht, so ist er es doch nicht insofern, als er Sokrates oder eine Substanz ist. Vielmehr ist er *einer* in der Substanz, aber in den Personen nach Auffassung der Grammatiker *drei.*

Sic et deus unus est omnino in essentia et trinus in personis, quia et in essentia unus tantum est numero et in personis tria diffinitionibus. Trinitas itaque ista ad diversitatem diffinitionum vel proprietatum, ut dictum est, spectat, unitas ad essentiam; ideoque sibi minime adversantur, cum secundum diversa, ut dictum est, trinitas ipsa et unitas accipiantur, illa videlicet secundum proprietates diffinitionum, haec secundum numerum.

II. Quod autem opponitur deum non esse tres personas, nisi etiam sit tria, et per hoc etiam multitudo sit in deo ex partibus iuncta, frivolum est. Tres enim personas dici concedimus et multas personas, sed non ideo tria per se vel multa simpliciter dici convenit. Accidentaliter enim ‚tres' addimus ad personas, cum dicimus tres personas: O 69
ideoque non est necesse, ut per se tria dicamus. Quae enim accidentali praedicatione sibi coniunguntur, non est necesse singillatim dici, quamvis coniunctim dicantur[3]: ut scilicet si quid visum sit fractum, ideo sit fractum, vel si quis sit vicesimus primus, ideo sit vicesimus sive primus; vel si haec sunt viginti unum, ideo sint viginti sive unum; vel si sit dimidia domus sive imperfecta domus, ideo sit domus; vel si hoc corpus sit pratum ridens, ideo sit ridens; vel si sit magnus latro, ideo sit magnus, vel si aliquis sit ‹citharoedus› bonus secundum existimationem, ideo sit bonus; aut si verbum sit factum caro, id est incarnatum, ideo sit factum; vel si deus sit factus adiutor, ideo sit factus; vel si sit propositio simplex, hoc est non habens propositiones in

[3] Cf. Boeth., In libr. Aristot. Περὶ ἑρμ. Ed. 2, 1.5 c. 11, ed. Meiser 2, 370, 18 sqq.

Genauso ist auch Gott durchaus einheitlich (unus) in der Essenz und dreifältig (trinus) in den Personen, weil er der Zahl nach in der Essenz nur einer und den Definitionen nach in den Personen drei ist. Daher bezieht sich wie gesagt die ,Trinität' (trinitas) auf die Verschiedenheit der Definitionen oder Eigenwesen, die ,Einheit[lichkeit]' (unitas) dagegen auf die Essenz. Folglich widersprechen sie sich überhaupt nicht, da ,Trinität' und ,Einheit' gemäß verschiedenen [Hinsichten] aufgefaßt werden, jene *gemäß den Eigenwesen der Definitionen,* diese *gemäß der Zahl.*

II. Das Gegenargument: Gott ist nicht drei Personen, wenn es nicht drei und insofern auch eine aus Teilen gefügte Vielheit in Gott gibt, ist läppisch! Wir räumen ein, daß er ,drei Personen' und ,mehrere Personen' genannt wird, aber es stimmt deswegen *nicht,* daß er ,an sich drei' bzw. ,einfachhin mehrere' genannt wird. Denn wir fügen zu ,Personen' akzidentiell ,drei', wenn wir formulieren ,drei Personen'. Folglich ist es nicht zwingend, daß wir an sich drei sagen. Was nämlich durch eine *akzidentielle Prädikation* miteinander verbunden wird, wird nicht notwendig je für sich prädiziert, auch wenn es gesamthaft prädiziert wird.

[Es folgen einige Beispiele:] Wenn etwas ,zerbrochen schien', [braucht es] deswegen [nicht] zerbrochen [zu sein]. Oder wenn jemand ,der ein-und-zwanzigste' ist, [muß er] deswegen [nicht] entweder der zwanzigste oder der erste [sein]; wenn es ,ein-und-zwanzig' gibt, deswegen entweder zwanzig oder eines; wenn es ein ,halbes Haus' oder ein ,unvollendetes Haus' gibt, deswegen ein Haus;
* wenn dieser ,Körper' ,lachendes Wiesengras' ist, deshalb lachend; wenn einer ein ,großer Räuber' ist, deswegen ein Großgearteter; oder wenn jemand den Ruf eines ,guten Lautenspielers' [genießt], deswegen ein guter [Mensch]. Oder wenn das Wort ,Fleisch wurde' (caro factum), d. h. sich inkarnierte, wurde es deswegen [nicht] geschaffen (factum); [noch] wenn Gott ,zum Helfer wurde' (factus adiutor), ist er deswegen geschaffen worden (factus). Oder wenn ein ,einfacher Satz' vorliegt, der mithin als seine Begriffe nicht seinerseits Sätze hat, ist er deswegen [nicht]

terminis, ideo sit simplex, id est non constitutum omnino ex aliquibus partibus; vel si haec dispersa sint una multitudo, ideo sint unum; vel si haec anima sit multae personae vel multi loci secundum dialecticos, ideo sit multa, hoc est multae res ab invicem discretae.

Est autem haec anima multae personae secundum grammaticos[4], cum scilicet aliquis ad eam loquitur vel de ea. Et de eadem anima diversa argumenta fieri possunt[5], vel secundum hoc scilicet quod est opposita[6] alicui, vel quod est similis[7], vel secundum alias habitudines ex quibus ipsa est diversi loci: nec tamen ideo, quod anima est multi loci secundum dialecticos, eo quod diversas vires probandi habet, ideo concedi oportet eam simpliciter esse multa.

Similiter et deum, licet sit multae personae, hoc est pater et filius et spiritus sanctus, non ideo concedendum est eum esse multa, hoc est multas res sive multas essentias, cum eadem penitus essentia quae pater est, sit filius, sit et spiritus sanctus. Quippe ‚multa' hoc nomen sive ‚tria' et quaelibet numeralia nomina proprie ad numerum pertinent ideoque in rebus tantum numero diversis recte sunt per se accipienda.

Poterit et fortasse non incongrue deus et tria et multa dici, O 7
si videlicet ‚tria' vel ‚multa' diffinitione, non numero intelligamus. Ipse quippe immensus est, aeternus, creator, omnipotens, et alia multa diffinitionibus diversa, et ita quodammodo multitudinem in eo attendi licet, secundum videlicet diffinitionum diversitatem vel proprietatum, non numeri, iuxta quam diversitatem *Apostolus* ait[8]: 'Et tres sunt, qui testimonium dant in caelo, et tres unum sunt', nihil videlicet addens ad hoc nomen ‚tres', neque ‚personas' neque aliud. Hoc etiam *Augustinus* in VII *De Trinitate*[9] confirmat his verbis: "Cum conaretur humana inopia lo-

[4] Cf. supra p. 148.

[5] Scil. secundum dialecticos.

[6] Cf. Boeth., De differ. topic. 1. 2, PL 64, 1191 B: "Ex oppositis vero multiplex est locus".

[7] Cf. Boeth., 1. c. 1191 B: "locus . . . qui a similibus ducitur".

[8] I Ioh. 3,8 [corr. U.N.: I Ioh. 5,7].

[9] c. 4 n. 9, PL 42, 941.

einfach qua absolut nicht aus irgendwelchen Teilen konstituiert; oder wenn diese zerstreuten Dinge ‚eine Vielheit‘ sind, sind sie deswegen [nicht] eines; oder wenn die Seele nach den Dialektikern ‚mehrere Personen‘ oder ‚Gegenstand mehrerer Fragemöglichkeiten‘ (multi loci) ist, ist sie deshalb [nicht] vieles qua mehrere voneinander gesonderte Dinge.

Hingegen ist diese Seele nach den Grammatikern ‚mehrere Personen‘, wenn z.B. jemand zu ihr oder über sie spricht. Zudem lassen sich über dieselbe Seele verschiedene Thesen entwickeln, z.B. demgemäß, daß sie etwas entgegengesetzt ist, oder daß sie [ihm] ähnlich ist, oder gemäß anderen Relationen, aufgrund derer sie Gegenstand verschiedener Fragemöglichkeiten ist. Und obgleich die Seele nach den Dialektikern mehrfacher thematischer Gegenstand ist, weil sie verschiedene Vermögen sich zu zeigen hat, darf doch nicht zugestanden werden, daß sie einfachhin mehreres ist.

Analog mit Gott: Auch wenn er ‚mehrere Personen‘, d.h. Vater, Sohn und Hl. Geist ist, darf nicht eingeräumt werden, daß er vieles, mithin mehrere Dinge oder Essenzen ist, da die völlig gleiche Essenz, welche Vater ist, Sohn und Hl. Geist ist. Denn der Ausdruck *‚viele‘* oder *‚drei‘* oder beliebige Zahlangaben *beziehen sich eigentlich auf die Zahl* und können daher an sich nur in bezug auf numerisch verschiedene Dinge richtig verstanden werden.

Wohl wird man Gott nicht unangemessen ‚drei‘ und ‚mehrere‘ nennen können, falls wir ‚drei‘ oder ‚mehrere‘ *der Definition,* nicht der Zahl nach begreifen. Ist er doch unermeßlich, ewig, Schöpfer, Allmächtiger und vieles andere, nach den Definitionen verschiedene, und es steht aufgrund der Verschiedenheit der Definitionen oder Eigenwesen (nicht der Zahl) frei, sich gewissermaßen auf eine Vielheit in Ihm zu berufen. Im Blick auf diese Verschiedenheit kündet der *Apostel:* ‘Es gibt drei, die im Himmel Zeugnis geben, und die drei sind eines’, wobei er zu diesem Ausdruck ‚drei‘ nichts hinzufügt, weder ‚Personen‘ noch etwas anderes. Dies bestätigt *Augustin* im 7. Buch von ‚Über die Dreieinigkeit‘ mit folgenden Worten: “Als die menschliche

quendo proferre, quod tenet de domino deo, timuit dicere tres essentias, ne intelligeretur in illa summa aequalitate ulla diversitas. Rursus non esse tria non poterat dicere, quod Sabellius dixit."

At si quis multitudinem personarum etiam per se multitudinem dici annuat, cum omnis multitudo ex multis colligatur partibus, numquid et multitudo personarum, quae in deo sunt, partes habebit? Pars autem teste *Boethio*[10] prior est ab eo cuius pars est, et totius constitutivi divisio in priora fit, sicut generis in posteriora. Oportebit itaque quamlibet trium personarum ipsa trinitate quam constituunt, esse priorem, et ipsam trinitatem esse posteriorem singulis illis, si non tempore, saltem natura, sicut est rationalitas rationali animali vel corporeitas corpore, et quaelibet differentia teste *Porphyrio*[11] prior propria specie, quam videlicet constituit. Sed et cum rationalitas et rationale Δ quaedam sit multitudo discretorum essentialiter, dicitur tam rationalitas quam rationale prius esse ipsa multitudine in eo quod ipsam constituunt et constituendo ad esse perducunt, licet rationalitas non queat esse, nisi etiam sit rationalis vel etiam, nisi sit animal rationale, cum omnino non nisi in animali valeat consistere. O 7

At vero quis non abhorreat in deitate aliquid posterius esse vel prius aliquo, quod ibidem sit? Ad quod responderi potest, quod, cum ait philosophica auctoritas[12] partem priorem esse toto, vel totum constitutivum resolvi in priora, cum dividitur in partes: partes in quantitate accepit, quae nullo modo in deo sunt, ut *supra*[13] astruximus, quando videlicet plura numero ita in aliquo toto conveniunt, quod

[10] Boeth., De divisione, PL 64, 879 B sq. – Cf. Guillelm. Campell., Sententiae vel Quaestiones 1, ed. Lefèvre 21 sq.: "Quod et idem de materialibus partibus quilibet potest ratiocinari, cum partes omnes suum vel natura vel tempore compositum antecedant".

[11] Cf. Boeth., In Porph., ed. Brandt 327 sqq.

[12] Scil. Boeth. l. c.

[13] Cf. supra p. 84,20 sq. et 88,58 sq.

Δ [136: Ed. Mews III,118 ‚discretarum essentiarum' pro ‚discretorum essentialiter']

Kümmerlichkeit durch Lehre auszudrücken versuchte, was sie über Gott den Herrn annimmt, war sie – damit sie nicht irgendeine Verschiedenheit in jene höchste Gleichwürdigkeit hineindeute – beunruhigt, von ‚drei Essenzen' zu sprechen. Anderseits konnte sie nicht behaupten, daß es keine drei gibt, was *Sabellius'* These war."

Falls jemand zu verstehen gibt: Eine Vielheit von Personen nennt man auch an sich eine Vielheit, weil jede Vielheit sich aus mehreren Teilen zusammensetzt – wird dann nicht auch die Vielheit der Personen, welche in Gott sind, Teile haben? Freilich ist ein Teil nach *Boethius* früher als dasjenige, dessen Teil es ist, und die Gliederung eines konstituierten Ganzen führt auf Früheres, umgekehrt diejenige einer Gattung auf Späteres. Notwendig wird daher jede der drei Personen *früher* sein als die Trinität, die sie konstituieren, während die Trinität, wenn nicht der Zeit, so wenigstens der Natur nach später sein wird als die einzelnen [Personen], so wie die Vernünftigkeit verglichen mit dem vernünftigen Lebewesen oder die Körperlichkeit verglichen mit dem Körper. Nach *Porphyr* ist jede beliebige Differenz *vor* der zugehörigen Art, die sie konstituiert. Da nun die Vernünftigkeit und irgendein Vernünftiges eine Vielheit essentiell gesonderter [Entitäten] ist, sagt man, daß sowohl die Vernünftigkeit wie das Vernünftige insofern *vor* dieser Vielheit sind, als sie sie konstituieren und durch Konstitution zum Sein führen. Gleichwohl kann es Vernünftigkeit nicht geben, wenn es nicht auch ein Vernünftiges oder sogar ein vernünftiges Lebewesen gibt, weil Vernünftigkeit überhaupt nur in einem Lebewesen Bestand haben kann. Muß indessen nicht ein jeder [vor der Annahme] zurückschrecken, daß in der Gottheit etwas später oder früher denn anderes ist, das es ebenda gibt? – Hierauf ist zu entgegnen: Wenn *die philosophische Autorität* sagt, daß ein Teil früher als das Ganze ist, bzw. daß sich das konstituierte Ganze, in Teile auseinander genommen, in Früheres auflösen läßt, sprach sie von *Teilen in einer Quantität.* Eine solche gibt es, wie oben [S. 85–89] nachgewiesen, auf keinen Fall in Gott. [Sie liegt] nämlich [dann vor,] wenn numerisch mehrere dergestalt in irgendeinem Ganzen zusam-

ipsum totum est illa omnia simul, sicut domus est paries, tectum, fundamentum, hoc est haec tria simul numero ab invicem discreta.

Quod nulla ratione in deo considerari valet, cuius simplex est omnino substantia. Nam cum in *De Divisione* totius ait *Boethius*[13a] non idem esse partem quod totum, hoc est essentiam partis non esse essentiam totius, aperte docuit se non intelligere partem, nisi quae a toto suo diversa est essentialiter, ita videlicet, ut ipsa essentia partis non sit essentia totius. Quod nullo modo assignari potest in trinitate, cum videlicet unica et eadem prorsus essentia sit totius trinitatis et uniuscuiusque personae.

Nullo itaque modo philosophica nos cogit auctoritas aut trinitatem confiteri totum esse aut aliquid in deo prius vel posterius esse, praesertim in his quae ad aeternitatem atque ad necessitatem pertinent, cum videlicet aeterna sit atque ex necessitate ipsa trinitas, sicut sunt et singulae personae, ita quidem, ut nullo modo non esse trinitas queat magis quam singulae personae.

Quod vero aeternum est ac necessarium, nihil naturaliter prius se habere potest, cum a nullo ducat esse, quod necesse est esse. Quippe id quod ad aliquod esse perducitur, utique illud fit ad quod perducitur, dum videlicet ad illud esse praeparatur quod nondum habet. Si quid enim teste *Aristotele*[14] fit aliquid, nondum est illud quod fit et quod esse incipit. Si vero incipit, aeternum non est, quia teste *Boethio*[15] "aeternum est, quod origine caret".

Trinitas vero, ut diximus, omnino aeterna est, sicut et singulae personae; ideoque trinitas neque ex personis neque ex aliquo ducit exordium, hoc est esse trahit, licet in personis tribus simul consistat. In tribus magis dico quam ex tribus, quia fortasse ‚ex' praepositio materialis quod-

[13a] De divisione, PL 64, 879 D.

[14] Boeth., In libr. Aristot. Περὶ ἑρμ. c. 7, ed. Meiser 1, 7, 30.

[15] De differ. topic. l. 2, PL 64, 1193 A.

men kommen, daß das Ganze sie alle zusammengenommen ist, wie das Haus die Wand und das Dach und das Kellergewölbe, [indem] mithin drei numerisch voneinander Gesonderte zusammengenommen [werden].

Dies gilt auf keinen Fall von Gott, dessen Substanz völlig einfach ist. Denn wenn *Boethius* in ‚Zur Einteilung' ausführte, daß ein Teil nicht mit dem Ganzen übereinkommt, mithin die Essenz des Teils nicht die Essenz des Ganzen ist, lehrte er deutlich, daß er unter ‚Teil' nichts anderes als ein vom zugehörigen Ganzen essentiell Verschiedenes versteht, und zwar so, daß die Essenz des Teils nicht die Essenz des Ganzen ist. Dies darf der Trinität unter keinen Umständen zugeschrieben werden, weil die einmalige und gänzlich selbige Essenz der ganzen Trinität *sowie* jeder einzelnen Person für sich eignet.

Demnach nötigt uns *die philosophische Autorität* gar nicht zur Anerkenntnis: Die Trinität ist ein [konstituiertes] Ganzes, resp. es gibt in Gott etwas Früheres oder Späteres, zumal nicht in denjenigen [Wesenszügen], die sich auf die Ewigkeit und Notwendigkeit beziehen. Denn die Trinität als solche ist ewig und aus Notwendigkeit, ebenso die einzelnen Personen, und zwar dergestalt, daß die Trinität * überhaupt nicht mehr sein kann als die einzelnen Personen.

Was aber ewig und notwendig ist, kann natürlich nichts sich Vorhergehendes haben, weil dasjenige, das notwendig Sein ist, von keinem Sein herleitet. Denn ein solches, das zu irgendeinem Sein hingeführt wird, *wird* unabdingbar jenes, zu dem es hingeführt wird, indem es auf jenes Sein hin bereitet wird, das es noch nicht hat. Wenn irgendetwas nach *Aristoteles* zu etwas wird, ist es noch nicht jenes, welches wird und zu sein anhebt. Wenn es nun anhebt, ist es nicht ewig, weil nach *Boethius* "ewig ist, was des Anfangs entbehrt".

Die Trinität ist erklärtermaßen ewig, ebenso die einzelnen Personen. Folglich leitet die Trinität weder aus den Personen, noch aus sonst etwas einen Beginn her, d. h. bezieht [nirgendworaus] ihr Sein, wiewohl sie in den drei Personen zusammengenommen (simul) besteht. Ich sage vorzugsweise ‚in dreien' statt ‚aus dreien', weil die ‚materiale'

dam materiale principium videtur notare, ‚in' vero conti- O 7 nentiam personarum in trinitate demonstrat, hoc est ipsam trinitatem in illis simul consistere, ita ut idem penitus trinitas sonet, quod tres personae.

Sed etiam in creaturis quaedam accipi multitudo debet, quae partibus suis prior nullo modo videtur, cum necessario simul sit cum illis: ita scilicet, ut nec totum sine parte nec pars sine toto permanere queat, sicut in relativis apparet. Verbi gratia ponamus unum totum multitudinem duorum relativorum ad singula, sicut multitudinem domini et servi ad dominum sive ad servum. Nullo modo aut dominus aut servus prior videtur esse ipsa multitudine, cum qua simul necesse habet esse. Dominus quippe esse non potest, nisi et servus simul cum ipso sit; et ita exsistente domino necesse est utrumque simul esse, quod est ipsam multitudinem esse.

Sed et cum diversa sint praedicatione sive oppositione iste digitus et multitudo constans ex hoc digito et altero digito: numquid rationabilius unam iterum multitudinem reddent et iste digitus et multitudo constans ex hoc digito et altero, quam pater et filius et spiritus sanctus, qui eiusdem penitus sunt essentiae, ita quidem, ut essentia patris sit prorsus essentia filii et essentia spiritus sancti, hoc est hoc idem quod pater est, sit tam filius quam spiritus sanctus? Quippe quo magis diversa sunt aliqua, ⟨eo⟩ rectius in illis multitudo accipi videtur. At vero hic digitus et multitudo horum duorum digitorum non solum diffinitione, verum etiam essentialiter disiuncta sunt, ita scilicet, ut essentia unius digiti non sit essentia duorum. Quod si dicamus multitudinem quandam constare ex hoc digito et ex multitudine constante ex hoc digito et altero, quomodo dicemus multitudinem, quae pars est, esse priorem multitudine,

Δ [186: Sensus postulat ‚posterior' pro ‚prior', corr. U.N.]
Δ [193: Ed. Mews III,169 ‚necessario' pro ‚necesse']

Präposition ‚aus' ein gewisses materiales Prinzip zu suggerieren scheint, ‚in' dagegen auf das Enthaltensein der Personen in der Trinität weist. D. h. die Trinität besteht dergestalt in ihnen zusammengenommen, daß ‚Trinität' völlig
* einerlei bedeutet, was die drei Personen.

Sogar in den Geschöpfen ist mit einem Sinn von Vielheit zu rechnen, die keineswegs später als ihre Teile scheint, weil sie *notwendig zugleich* mit ihnen ist, so nämlich, daß weder das Ganze ohne den Teil, noch der Teil ohne das Ganze andauern kann, wie dies bei aufeinander bezogenen Begriffen deutlich der Fall ist. Wir wollen nun die Vielheit zweier Relationsbegriffe als ein Ganzes ins Verhältnis zu den Begriffen für sich setzen, z. B. die Vielheit ‚Herr und Knecht' ins Verhältnis zu ‚Herr' oder zu ‚Knecht'. Weder ‚Herr' noch ‚Knecht' scheint früher zu sein als die Vielheit, mit der sie notwendig zugleich Sein haben. Kann es doch den Herrn nicht geben, wenn es nicht zugleich mit ihm den Knecht gibt. Deshalb sind, wenn der Herr existiert, beide notwendig zugleich, was bedeutet: es gibt die Vielheit als eine solche.

Aber auch wenn dieser Finger und eine Vielheit, bestehend aus ihm und einem anderen Finger, durch Prädikation und Opposition verschieden sind: Ergeben etwa mit mehr Plausibilität dieser Finger und die Vielheit, die aus ihm und dem anderen Finger besteht, wiederum eine Vielheit als [dies der Fall wäre beim] Vater, Sohn und Hl. Geist? Ihnen eignet insofern völlig einerlei Essenz, als die Essenz des Vaters schlicht die Essenz des Sohnes und des Hl. Geistes ist, mithin dies selbe, das Vater ist, ist sowohl Sohn als Hl. Geist.

Je verschiedener irgendwelche Dinge sind, desto legitimer scheint man in bezug auf sie eine Vielheit anzunehmen. Dieser Finger und die Vielheit dieser zwei Finger sind freilich nicht nur definitorisch, sondern auch essentiell unterschieden, so nämlich, daß die Essenz des einen Fingers nicht die Essenz der zwei ist. Sagen wir aber, eine gewisse Vielheit besteht aus diesem Finger plus der Vielheit, die aus diesem und einem anderen Finger besteht, wie werden wir behaupten: Die Vielheit, welche Teil ist, ist früher

quae totum est, cum nullo modo illa quae pars est, sine illa quae totum est, esse queat? Nulla quippe ratione multitudo, quae pars est, potest esse, nisi etiam hic digitus sit, ex quo ipse constat. Et ita non potest esse, nisi et multitudo alia sit, quae totum est ad ipsam.

Sicut ergo in istis ipsa pars non est prior toto, quam necesse est simul esse cum toto, ut dictum est: ita et quaelibet trium personarum non est prior trinitate, immo naturaliter Δ simul cum ea, cum videlicet aliqua personarum sine aliis esse nullatenus queat, ac per hoc nec sine trinitate, cum videlicet tota trinitas atque unaquaeque trinitatis persona aeterna sit atque ex necessitate. O 7

Quod autem diximus in his quae ad aeternitatem atque ad necessitatem pertinent, ad hoc spectat, quod etiam in deo videntur quaedam non ad aeternitatem attinere, quae videlicet magis secundum opera eius quam secundum incommutabilitatem ipsius accipiuntur, utpote quod creator est vel rector vel miserator vel iudex vel dominus vel incarnatus. Non enim ab aeterno deus ita exstitisse videtur, ut videlicet aut creator aut dominus aeternaliter esset aut rector etc., cum scilicet ab aeterno non sint, quae creata sunt, respectu quorum creator dictus est, neque ab aeterno servus, cuius ipse esset dominus, vel ea quibus ipse regendo praeesset.

Haec fortasse non incommode posteriora esse deo sive ipsa trinitate licet confiteri, sicut hoc corpus prius est hoc homine, cum idem tamen numero sit hoc corpus et hic homo; prius, inquam, hoc modo, quod sicut ipsa substantia prius fuit hoc corpus, quam ipsa esset hic homo, ita et deus prius exstitit, quam ipse esset creator aut dominus, hoc est non ab aeterno fuit aut creator aut dominus, sicut est ab aeterno deus. Quodam itaque modo concedendum videtur deum non semper fuisse dominum aut creatorem, si videli-

Δ [221: Ed. Mews III,195 ‚alia' pro ‚aliqua']

als die Vielheit, welche das Ganze ist, zumal diejenige, welche Teil ist, gar nicht ohne jene, welche das Ganze ist, sein kann? Denn auf keine Weise kann es die Teil-Vielheit geben, ohne daß es auch diesen Finger gibt, aus dem sie besteht. Und so kann sie nicht sein, außer es gibt die andere Vielheit, welche auf sie bezogen das Ganze ist.
Wie daher bei diesen Dingen der Teil nicht früher ist als das Ganze, und es notwendig ist, daß er zugleich mit dem Ganzen ist, so ist auch jede der drei Personen nicht früher als die Trinität, ja gewiß *von Natur aus gleichzeitig* mit ihr. Denn die eine Person kann nicht ohne die anderen sein und folglich auch nicht ohne die Trinität, weil die ganze Trinität und jede einzelne Person der Trinität ewig und aus Notwendigkeit ist.

Wir sagten, ‚bei den [Wesenszügen], die sich auf die Ewigkeit und Notwendigkeit beziehen' [S. 167] und stellten in Rücksicht: Sogar bei Gott scheinen sich gewisse [Züge] *nicht auf die Ewigkeit* zu beziehen. Sie werden nämlich eher seinen Werken als seiner Unwandelbarkeit gemäß gedeutet, z. B. daß er Schöpfer, Lenker, Begnader, Richter, Herr oder inkarniert ist. Nicht von Ewigkeit an scheint Gott dergestalt hervorgetreten zu sein, daß er immerdar Schöpfer, Herr oder Lenker wäre. Denn es gibt dasjenige nicht von Ewigkeit an, was geschaffen und im Blick worauf er ‚Schöpfer' genannt wurde. Noch [ist er] von Ewigkeit an Knecht, dessen Herr er selber wäre, noch [gibt es] dasjenige, dem er selber durch Lenkung vorstünde.
Es ist wohl zulässig und nicht inadaequat zuzugeben: [Die aufgezählten Wesenzüge] sind später als Gott und die Trinität, so wie [der Begriff] ‚dieser Körper' früher ist als [der Begriff] ‚dieser Mensch', wiewohl sie numerisch übereinkommen. ‚Früher' meine ich in folgender Bedeutung: Analog wie eine Substanz [bestimmt] als ‚dieser Körper' früher ist als dieselbe [bestimmt] als ‚dieser Mensch', so trat auch Gott hervor, bevor er Schöpfer oder Herr sein würde. Mithin war er nicht von jeher Schöpfer oder Herr, aber von Ewigkeit an Gott. Daher scheint man auf eine gewisse Weise zugeben zu müssen: Gott ist nicht immer schon Herr

cet ‚semper' pro ‚aeternaliter' ponamus, non designativum temporis, quod a mundo incepit vel quod planetis distinguitur iuxta illud *Geneseos*[16]: 'Fiant luminaria in firmamento caeli et dividant noctem et diem et sint in signa et tempora et annos'.

Movet fortassis aliquem, quod dicimus deum aliquando esse, quod aliquando non fuerit, utpote dominum vel incarnatum, cum nulla sit in ipso variatio vel mutabilitas, ut *supra*[17] testati sumus. Ad quod respondendum videtur quod sicut spiritum sanctum multiplicem dicimus secundum effecta, non secundum se, sic et deum dicimus quodammodo in effectis variari, in se ipso autem omnino immutabilem permanere, ita scilicet ut nihil in ipsa divinitatis substantia aliquando sit, quod aliquando non fuerit, sicut in eodem homine quaedam aliquando partes sunt, quae aliquando in ipso non sunt, et frequenter accidentia admittit et amittit.

III. Quod autem in eo quod dicitur "talis pater qualis filius et spiritus sanctus"[18], quaedam similitudo innuitur, ut scilicet pater sit similis filio vel spiritui sancto, tale est ac si ita dicatur: non est in aliquo maiestatis bono ab eo diversus, ut videlicet magis negative quam affirmative in- O 7 telligatur. Et similiter cum dicitur aequalis esse, tale est ac si dicatur in nullo minor secundum divinitatem, cum sint eiusdem penitus essentiae. Sed et cum *Athanasius*[19] praemisso "qualis pater talis filius et spiritus sanctus" statim adiecerit quasi ad determinandum, in quo sint similes, hoc est non diversi, dicens[20]: "Immensus pater, immensus filius" etc., aperte declaravit, quomodo id quod praemiserat, intelligendum esset, ut videlicet idem quod uni personae convenit, et alteri, de his scilicet quae statim adiungit.

Nec fortasse incongruum est, si similia dicamus non solum

[16] Gen. 1, 14.
[17] Cf. supra p. 102 sq.
[18] Cf. nota sequens.
[19] Pseudo-Athanasius, Symbolum Quicumque: Denzinger-Bannwart, Enchiridion Symbolorum nr. 39.
[20] L. c.

und Schöpfer gewesen, falls wir unter ‚immer schon' ‚ewig' verstehen, bezeichnend ein nichts an Zeit, die [ihrerseits erst] mit der Welt anfing, resp. welche man nach den Planeten markiert gemäß dem Genesiswort: 'Mögen entstehen Lichtkörper an der Himmelsfeste und mögen sie scheiden zwischen Nacht und Tag; sie sollen dienen als Merkzeichen für die Zeiten und Jahre'.

Es beunruhigt vielleicht jemanden, wenn wir sagen: Gott ist zu einer Zeit, was er zu einer anderen nicht gewesen ist, z. B. Herr oder inkarniert, da es doch (wie S. 103f. bezeugt) nicht Wechsel noch Veränderbarkeit an Ihm gibt. Darauf muß man offenbar antworten: Entsprechend wie wir den Hl. Geist seinen Wirkungen nach, nicht an ihm selbst, als ‚vielfältig' bezeichnen, sagen wir auch: *Gott verändert sich gewissermaßen in seinen Wirkungen.* An sich selber dauert er als absolut unveränderlich an, und zwar dergestalt, daß es nicht jemals in der Substanz der Gottheit etwas gibt, das es einst nicht gab, so wie es etwa an einem Menschen einmal gewisse Teile gibt, die es ein andermal nicht gibt, und er häufig Akzidentien annimmt und verliert.

III. Die Andeutung einer *gewissen Ähnlichkeit* zwischen Vater, Sohn und Hl. Geist in dem Wort: "wie beschaffen der Vater, so beschaffen der Sohn und der Hl. Geist", besagt: Keiner ist von ihm [d. h. vom Vater] bezüglich seiner Souveränität verschieden. Folglich versteht man [diese Aussage] mehr absprechend als affirmativ. Analog wenn [von der einen Person] gesagt wird, sie ist ‚gleichwürdig', bedeutet das: Sie ist in ihrer Göttlichkeit in nichts geringer, da sie [alle] völlig einerlei Essenz haben. Ebenso wenn [Pseudo-]*Athanasius* dem zitierten Wort: "wie beschaffen der Vater, so beschaffen der Sohn und der Hl. Geist", sogleich beifügte, um zu bestimmen, worin sie ähnlich, d. h. nicht verschieden sind: "unermeßlicher Vater, unermeßlicher Sohn" etc., dann erklärte er deutlich, wie zu verstehen sei, was er vorausgeschickt hatte: Es kommt nämlich dasselbe, was der einen Person, auch der anderen zu betreffend der [Wesenszüge], die er sogleich beifügt.

Wohl nicht unpassend *nennen wir ‚ähnlich'* nicht nur sol-

ea quae essentialiter vel numero diversa sunt, verum etiam quae proprietatibus disiunguntur. Sic propositionem et conclusionem convenire dicimus[21] in terminis et in aliis Δ multis, cum non sint tantum ab invicem numero vel essentialiter disiunctae propositio et conclusio. Sic etiam personas non est incongruum similes ad invicem dici. ‚Simile' etiam quandoque pro ‚eodem' ponitur, sicut in III *Topicorum*[22], ubi ait *Boethius* quod locus a contrario et a repugnantibus videtur esse similis, hoc est idem. Et in hac quoque acceptione potest dici pater similis filio vel spiritui sancto, hoc est idem penitus cum illis in substantia sive in his quae statim *Athanasius* determinavit, cum videlicet illud idem immensum quod est pater, sit et filius etc.

IV. Sed et illud quod opponitur, cum unumquodque quod exsistit, sit vel substantia vel forma, quomodo multa dici possunt, si non sint multae substantiae vel multae formae vel multa ex utrisque coniuncta: iam iugulatum est secundum illud quod iam negavimus omnino deum esse multa, quia licet sit multae personae, non ideo fortassis est multa simpliciter, cum videlicet multitudo, ut dictum[23] O 7 est, recte non sumatur nisi in discretis essentiis ac numero diversis.

Secundum vero illud quod quis receperit deum esse multa, quantum ad diversitatem proprietatum, ut expositum est, seu diffinitionum, non procedit divisio, ut videlicet, si deus sit hoc modo multa, ideo sit aut multae substantiae, quod sonat numero diversae, aut multae formae etc. Eadem quippe anima seu quaelibet substantia est multa diffinitionibus, nec tamen ideo multae substantiae etc. Quod si esset multa numero, tunc indubitanter divisio praemissa procederet.

V. Illud autem quod quaesitum est, quare videlicet magis dicatur deus trinus quam substantia trina, rationabiliter

[21] Cf. Priorum Analyticorum Aristol. interpretatio, PL 64, 668 A–C.

[22] Cf. In Topica Ciceronis l. 3, PL 64, 1086 C: "A contrario quoque idem est". 1087 B: "A repugnantibus etiam ... argumenta sumuntur".

[23] Cf. supra p. 162,105 sqq.

Δ [282: Ed. Mews III,246 ‚tamen' pro ‚tantum']

ches, das sich essentiell und numerisch unterscheidet, sondern auch, *was den Eigenwesen nach differiert.* Z. B. sagen wir: Eine Proposition und eine Konklusion kommen überein in den Begriffen und in vielem anderen, obgleich sie * nicht numerisch und essentiell voneinander differieren. Ebenso ist es nicht unpassend, die [göttlichen] Personen als einander ‚ähnlich' zu bezeichnen. ‚Ähnlich' setzt man dann * für ‚gleich' (idem), wie im 3. Buch der ‚Topiken', wo *Boethius* ausführt: "Eine Redeweise aus dem Gesichtspunkt des Gegenteils und dessen, was sich widerstreitet, scheint ähnlich, mithin dasselbe zu sein". In diesem Sinn kann der Vater als dem Sohn und dem Hl. Geist ‚ähnlich' bezeichnet werden, d. h. als mit ihnen in der Substanz oder in den [Wesenszügen], die [Pseudo-]*Athanasius* sogleich beifügte, gänzlich übereinkommend. Denn jenes selbe Unermeßliche, das Vater ist, ist auch Sohn etc.

IV. Gesetzt, ein jegliches, das existiert, ist entweder Sub- * stanz oder Form, wie kann von vielen die Rede sein, wenn es nicht mehrere Substanzen oder mehrere Formen oder mehrere aus beiden verbundene Entitäten gibt? – Dieser Einwand wurde bereits insofern zunichte gemacht, als wir bestritten: Gott ist überhaupt nicht mehrere Etwas! Denn obgleich er viele Personen ist, ist er deswegen nicht viele schlechthin. Spricht man doch wie gesagt [S. 163] nur in bezug auf voneinander abgesonderte Essenzen und numerisch Verschiedene korrekt von einer ‚Vielheit'.
Demzufolge aber, als man deutete, daß Gott mehreres in bezug auf die Verschiedenheit der Eigenwesen oder (wie erläutert) der Definitionen ist, ergibt sich *nicht* die Alternative: Wenn er auf diese Weise mehrere ist, ist er deswegen entweder mehrere Substanzen, was bedeutet numerisch verschiedene, oder mehrere Formen etc. Denn auch ein und dieselbe Seele oder eine beliebige Substanz ist den Definitionen nach mehreres, aber sie ist trotzdem nicht mehrere Substanzen etc. Existierten indes essentiell viele, ergäbe sich unzweifelhaft die genannte Alternative.

V. Die Frage, weshalb man eher ‚trinitarischer Gott' als ‚trinitarische Substanz' sagt, wird mit Vernunft gestellt.

interrogatur; et magis oportet dici deum esse trinitatem quam deum esse trinum, quia licet sincera intelligentia et sana esse possit, si dicamus deum trinum, non tamen ratio videtur, quare magis dicamus deum trinum quam substantiam trinam.

VI. Illud vero multis modis refellitur, quod cum unaquaeque trium personarum sit deus sive substantia, non tamen ideo plures dii[24] sunt sive substantiae.
Cum enim duobus hominibus assistentibus mihi profero hanc vocem ‚homo', per quam uterque intelligit animal rationale mortale, alia quidem est essentia huius intellectus et essentia illius, quarum unaquaeque est intellectus, nec tamen ideo multos intellectus dicimus, cum diversi non sint modi concipiendi, ut iam *supra*[25] determinavi- Δ mus. Et cum multa nomina vel multae affectiones incidant in unam vocem[26], omnis autem affectio et omne nomen sit vox sive essentia, non tamen ideo multas voces dicimus sive multas essentias, de quo etiam satis *supra*[27] docuimus.

Praeterea: in uno homine multae sunt partes ita ab invicem diversae, ut haec non sit illa, vel in uno ligno vel in una margarita, quae ceteris partibus abscisis vel remotis O 7 Δ homines vel ligna sive margaritae dicuntur, quarum partium ante abscisionem unaquaeque homo erat sive lignum seu margarita. Non enim separatio nostra quicquam in substantia confert ei quod remanet vel quod remotum est, Δ quod prius non haberet, quia abscisa manu id quod nunc homo permanet, et ante abscisionem homo permanebat,

[24] Hic impugnatur Roscelinus. Cf. Anselmus Cantuar., Epistola 41, PL 158, 1192 D: "Roscelinus clericus dicit in Deo tres personas esse tres res ab invicem separatas, sicut sunt tres angeli, ita tamen ut una sit voluntas et potestas: aut Patrem et Spiritum sanctum esse incarnatum, et tres deos vere posse dici, si usus admitteret". Cf. infra p. 178, 364: "tres deos . . . sive tres substantias".

[25] Cf. supra p. 140sq. [26] Cf. supra p. 140sq. [27] Cf. supra p. 140sq.

Δ [326sq.: ed. Mews III,286sq ‚affirmationes/affirmatio' pro ‚affectiones/affectio']

Δ [333: Sensus distinctior cum additione ‚etiam' post ‚quarum', cf. ed. Mews III,293]

Δ [337: Sensus postulat transponere ‚quod' (finis 337) ante ‚et' (338), add. U.N.]

Und es geziemt sich eher zu sagen: ,*Gott ist eine Trinität*'
als: ,Gott ist dreifältig'. Denn auch wenn es ein ungetrübtes
und gesundes Verständnis geben kann, wenn wir von einem
,dreifältigen Gott' sprechen, wird trotzdem kein Grund
eingesehen, weshalb wir eher ,dreifältiger Gott' als ,drei-
fältige Substanz' sagen.

VI. Ein weiterer Vorbehalt wird in meinen Argumenten
[VI–VIII] widerlegt: Auch wenn jede einzelne der drei
Personen Gott oder Substanz ist, gibt es deswegen doch
* *nicht mehrere Götter oder Substanzen.*
Äußere ich zwei anwesenden Menschen gegenüber das
Wort ,Mensch', worunter beide verstehen: ,Lebewesen,
vernünftig, sterblich', so ist die Essenz dieses Begriffs eine
* andere als die Essenz von jenem, und jeder für sich kommt
ein Begriff zu. Gleichwohl nennen wir sie deshalb nicht
mehrere Begriffe, da sich die Auffassungsweisen nicht
unterscheiden, wie wir oben [S. 141 f.] ausführten. Auch
wenn mehrere Benennungen und mehrere Bedeutungen in
einem Wort zusammenfallen, und jede Bedeutung und jede
Benennung [für] ein Wort oder eine Essenz [stehen], spre-
chen wir trotzdem nicht von mehreren Worten oder Es-
senzen, was wir früher hinreichend darlegten.

Dazu kommt: An einem Menschen gibt es dergestalt
mehrere voneinander verschiedene Teile, daß dieser nicht
jener ist. [Das gleiche gilt für] ein Stück Holz oder eine Per-
le. Solche Teile werden nach Abtrennung oder Beseitigung
anderer Teile ,Menschen', ,Hölzer' oder ,Perlen' genannt.
Jeder Teil war vor der Abtrennung für sich ein Mensch, ein
Stück Holz oder eine Perle. Nicht nämlich verleiht unsere
Teilung demjenigen, das entweder zurückbleibt oder ent-
fernt wurde, irgendetwas in der Substanz, das es zuvor
* nicht gehabt hätte. Denn nach der Verstümmelung der
Hand bleibt dasjenige, das auch vor der Verstümmelung
ein Mensch, [beziehungsweise] ein gewisser unbemerkter

quaedam pars latens in homine, qui integer[28] erat. Similiter postea, si pes abscidatur, residuum homo est, quod etiam homo erat ante ipsam abscisionem, cum tunc quoque diffinitionem hominis haberet, cum tunc etiam animal esset, quod erat animatum et sensibile et eodem modo rationale et mortale, quomodo et nunc.

Cum itaque ante omnem abscisionem multae partes essent in homine uno, quarum unaquaeque esset homo, non tamen ideo multi homines erant in uno homine, quia multos homines non dicimus, nisi multis animabus vegetatos.

Si autem cum essentialiter diversae res sunt, quarum unaquaeque est intellectus sive homo, non ideo tamen dicimus multos intellectus vel multos homines, quanto magis non oportet dici multos deos vel multas substantias, quamvis unaquaeque personarum deus est sive substantia, quarum eadem penitus est essentia.

Cum enim trium personarum secundum grammaticos, quae in Socrate sunt, unaquaeque sit Socrates sive homo, cum videlicet ipse loquens sit homo sive Socrates et ipse ad quem aliquis loquitur, vel de quo loquitur: non ideo tres Socrates vel tres homines dicimus, cum sit trium personarum eadem essentia, hoc est eius qui loquitur, et ad quem aliquis loquitur, vel de quo loquitur.

Eadem de causa et trium personarum, quae in deo sunt, cum sit una essentia, licet unaquaequae ipsarum sit deus sive substantia, non ideo oportet tres deos dici sive tres O 7 substantias, cum saepe, ut *supra*[29] meminimus voces ex

[28] Cf. Roscelinus, Epist. ad Abael., ed. Reiners 80: "Sed forte Petrum te appellari posse ex consuetudine mentieris. Certus sum autem, quod masculini generis nomen, si a suo genere deciderit, rem solitam significare recusabit. Amodo enim neutri generis abiectionem, sicut et suum significatum, penet . . ., et cum *hominem integrum* consueverit, dimidium forsitan significare recusabit. Solent enim nomina propriam significationem amittere, cum eorum significata contigerit a sua perfectione recedere. Neque enim ablato tecto vel pariete domus, sed imperfecta domus vocabitur. Sublata igitur parte quae hominem facit non Petrus, sed imperfectus Petrus appellandus es."

[29] Cf. supra p. 160 sq.

Teil am unversehrten Menschen war, ein Mensch. Analog wenn später ein Fuß amputiert wird, ist das Verbleibende ein Mensch, weil es sich auch vor der Amputation um einen Menschen handelte. Hatte er doch auch damals die Definition von einem Menschen und war ein Lebewesen, das beseelt, empfindungsfähig und auf dieselbe Weise vernünftig und sterblich war wie jetzt!

Auch wenn es daher vor jeder Verstümmelung mehrere Teile in dem einen Menschen gegeben hätte, von denen jeder einzelne ein Mensch gewesen wäre, handelte es sich deswegen doch nicht um mehrere Menschen in dem einen Menschen, weil wir nur dann von ‚mehreren Menschen' sprechen, wenn sie durch mehrere Seelen belebt [sind].

* Selbst wenn es also essentiell verschiedene Dinge gibt, davon jedes einzelne ein Begriff oder Mensch ist, sprechen wir deswegen doch nicht von mehreren Begriffen oder mehreren Menschen. Weit weniger darf von ‚mehreren Göttern' oder ‚mehreren Substanzen' gesprochen werden, obgleich jede einzelne der Personen, denen durch und durch die gleiche Essenz eignet, Gott oder Substanz ist.

Gesetzt, von den drei Personen, welche nach den Grammatikern in Sokrates sind, ist jede für sich Sokrates oder ein Mensch, weil er selber der sprechende Mensch oder Sokrates *und* derjenige ist, zu dem und über den jemand spricht. [Gleichwohl] sprechen wir deshalb nicht von ‚drei Sokraten' oder ‚drei Menschen', da die drei Personen einerlei Essenz haben, d. h. derjenige, der spricht, und [derjenige], zu dem und über den jemand spricht.

Da nun auch den drei Personen, welche in Gott sind, *eine* Essenz eignet (mag auch jede für sich Gott oder Substanz sein), geziemt es sich aus demselben Grund nicht, von ‚drei Göttern' oder ‚drei Substanzen' zu sprechen. Denn oft ändern, wie [S. 161] erinnert, die Worte aus dem Beige-

adiunctis significationem suam varient, utpote haec dictio ‚tres' et aliae multae. Eundem quippe hominem tres opifices dicimus esse secundum trium officiorum scientiam, non tamen ideo tres homines.

Graeci tamen teste *Augustino* non reverentur tres substantias dicere magis quam tres personas. Unde in VII *De Trinitate*[30] ait ipse: "Dictum est a nostris Graecis una essentia, tres substantiae, a Latinis una substantia vel essentia, tres personae". Non est autem nunc nobis sermo adversus Graecos, nec fortassis a nobis in sensu diversi sunt, sed in verbis tantum, abutentes nomine substantiae pro persona.

VII. Quod autem opponitur, quare potius tres personas dicimus quam tres dominos aut tres essentias, iam arbitror ex *supra*[31] positis esse manifestum, quia diversitas personarum ad distinctionem proprietatum pertinet, non ad discretionem essentiarum. Ideoque tres sunt personae, quia diversa insunt propria eidem essentiae, cum ex eo quod pater est, aliud proprium habeat et aliud exigat ex eo quod filius est vel spiritus sanctus.
Tale est ergo deum esse tres personas, ac si dicamus ipsum esse patrem et filium et spiritum sanctum. Plures autem deos si dicamus, sicut plures homines, discretionem rerum essentialiter demonstramus, quarum unaquaeque sit deus. Sic et Socratem secundum grammaticos dicimus plures personas, sed non plures homines.

VIII. Obiectum est quoque, quomodo dicimus ‚personae sunt', nisi dicamus ‚entia, id est essentiae sunt'. Sed hoc modo dictum est quo dicimus ‚Athenae sunt', vel ‚hic albus et hic sedens idem sunt'. Non enim semper pluralitas vel singularitas vocis[32] ad significationem respicit, sed quandoque ad determinationem vocis, cum dicimus ‚nume-

[30] c. 4, PL 42, 939; eundem locum citat Roscelinus, Epistola ad Abaelardum, ed. Reiners 70, 13 sq.

[31] Cf. supra p. 158, 34–40.

[32] Cf. Priscianus, Instit. gramm. l. 8 c. 3 n. 11, ed. Hertz 1, 376, 14–19.

fügten ihre Bedeutung, z. B. der Redeteil ‚drei' und anderes mehr. Zwar sagen wir von demselben Menschen, er sei in seiner Kompetenz in drei Berufen ‚drei[facher] Handwerker', doch [sagen wir] deshalb nicht ‚drei Menschen' [vgl. 141].

Immerhin scheuten die Griechen nach *Augustin* nicht davor zurück, eher von ‚drei Substanzen' als von ‚drei Personen' zu sprechen. Im 7. Buch von ‚Über die Dreieinigkeit' sagt er deshalb: "Von unseren *Griechen* wurde formuliert: ‚eine Essenz und drei Substanzen', von den Lateinern: ‚eine Substanz oder Essenz und drei Personen'." Eine Darlegung gegen die Griechen ist nicht unsere Aufgabe. Übrigens weichen sie wohl weniger in der Bedeutung als in den Worten von uns ab, indem sie einen unzuläßigen Gebrauch
* vom Wort ‚Substanz' für ‚Person' machen.

VII. Wenn vorgebracht wird, weshalb wir eher von ‚drei Personen' als von ‚drei Herren' oder ‚drei Essenzen' sprechen, so erhellt meines Erachtens aus dem [S. 157f.] Gesagten: Die Verschiedenheit der Personen bezieht sich auf eine Unterscheidung von Eigenwesen, *nicht auf eine Unterscheidung von Essenzen.* Es gibt deshalb drei Personen, weil derselben Essenz verschiedene Propria einwohnen und sie insofern, als sie Vater ist, ein anderes Proprium hat und begrifflich anderes impliziert denn insofern, als sie Sohn oder Hl. Geist ist.

‚Gott ist drei Personen' bedeutet also: *Er* ist Vater *und* Sohn *und* Hl. Geist. Sprächen wir hingegen so wie von ‚mehreren Menschen' von ‚mehreren Göttern', träfen wir in bezug auf diejenigen Entitäten, deren jede für sich Gott ist, eine essentielle Unterscheidung. Analog nennen wir nach den Grammatikern Sokrates ‚mehrere Personen', aber nicht ‚mehrere Menschen'.

VIII. Des weiteren wurde eingewandt: Wie sagen wir, ‚es gibt Personen', ohne zu sagen, ‚es gibt Seiende, mithin Essenzen'? — Auf diejenige Weise wurde es ausgedrückt,
* auf die wir sagen, ‚die Pyrenäen *sind*' oder ‚dieser Weiße und dieser Sitzende *sind* einerlei'. Der Plural oder Singular eines Wortes bezieht sich nicht immer auf seine Bedeutung, sondern zuweilen auf die ‚grammatische Bestimmung' (determinatio vocis), z. B. wenn wir sagen: ‚die Zahl *ist*', d. h.

rus est‘, hoc est unitates sunt, et ‚Athenae sunt‘, hoc est haec civitas est.

Quandoque etiam secundum solam pluralitatem vocum plurale verbum figurate proferimus sive etiam plurale no- O 7 men, etiam quando eadem est penitus vocabulorum intelligentia, non tantum eadem essentia, veluti cum dicimus ensem et gladium esse multivoca. Unde *Boethius* in I *Topicorum*[33] : “Quarum, inquit, rerum eadem est diffinitio, ipsae quoque res sunt eaedem”. Cum autem figurate dicimus ‚sunt‘, ubicumque scilicet una tantum res est subiecta, non est necesse dici entia vel essentias, quia saepe, cum eaedem sint voces in significatione per se acceptae, una earum constructionem habere potest per figuram in uno sensu, quam non habet alia[34] .

IX. De eo etiam arbitror esse discussum, quod dictum est hoc nomen ‚deus‘ magis universale quam singulare dicendum esse, cum de diversis dicatur personis. Quippe diversitas illa personarum non in discretione essentiae constat, sed magis in diversitate propriorum, ut diximus, sicut et diversitas personarum secundum grammaticos, quae scilicet personae insunt Socrati, propter quas tamen non minus hoc nomen ‚Socrates‘ singulare est.

X. Sed illud hoc loco maximum impedimentum occurrit, quod essentialiter quoque ab invicem personae, quae in deo sunt, discretae sunt, cum haec scilicet non sit illa, quod non est in personis grammaticis. Ad quod respondendum est quod non magis istae personae essentialiter discretae sunt quam illae, cum sit harum quoque sicut illarum una eademque penitus essentia: ad comparationem unitatis cuius, hoc est divinae essentiae, nulla vel corporea

[33] De differ. topic., PL 64, 1178 C.

[34] Cf. Priscianus, Instit. gramm. l. 17 c. 25 n. 187, ed. Hertz 2, 201, 11–16: “Omnis enim constructio, quam Graeci σύνταξιν vocant, ad intellectum vocis est reddenda. Itaque per diversas figuras variare solent auctores in constructione accidentia, de quibus iam supra docuimus, quae, quamvis quantum ad ipsas dictiones incongrue disposita esse videantur, tamen ratione sensus rectissime ordinata esse iudicantur, utputa prima persona et tertia in unam figurate coeunt”.

[soundsoviele] Einheiten *sind,* oder ‚die Pyrenäen *sind*', d. h. dieses [eine] Gebirge *ist*.
In anderen Fällen führen wir sogar nur wegen dem Plural der Substantive in einem übertragenen Sinn ein Verb oder ein Substantiv im Plural an, obgleich der Sinn der Worte (und nicht nur die Essenz) durchaus einerlei ist, z. B. ‚ein * schweres Schwert und ein Zweihänder *sind* verschiedennamig'. Um solcher Dinge willen lehrte *Boethius* im 1. Buch der ‚Topiken': "Diejenigen Dinge, welche dieselbe Definition haben, sind selber einerlei". Sagen wie aber dort, wo nur ein Ding vorliegt, *in einem übertragenen Sinn ‚sie sind'*, ist es nicht zwingend, ‚Seiende' oder ‚Essenzen' zu sagen. Denn auch wenn die Worte für sich genommen in der Bedeutung übereinkommen, kann oft das eine vermittels einer übertragenen Redeweise (per figuram) in dem einen Sinn eine Konstruktion haben, die das andere nicht hat.

IX. Meines Wissens wurde auch darüber diskutiert, daß der Name ‚Gott' eher als ein Universale denn als ein Eigenname zu bezeichnen sei, da er auf verschiedene Personen angewendet wird. – Freilich besteht jene Verschiedenheit der Personen nicht in einer Unterscheidung der Essenz, sondern vielmehr, wie wir [S. 181] wiederholten, in der Verschiedenheit der Propria analog zur Verschiedenheit der Personen, welche nach den Grammatikern Sokrates einwohnen und um derentwillen der Name ‚Sokrates' nicht weniger ein *Eigenname* ist.

X. An diesem Ort tritt ein ernstzunehmendes Hindernis auf: Anders als bei den grammatischen Personen sind die Personen, welche in Gott sind, auch essentiell voneinander verschieden, weil *die eine nicht die andere ist.* – Hierauf ist zu antworten: Die göttlichen Personen sind nicht eher essentiell verschieden als die grammatischen; denn es eignet ihnen ebenso wie den grammatischen Personen *eine* völlig gleiche Essenz, ja im Vergleich zu ihrer Einheit, der Einheit der göttlichen Essenz, darf weder ein körperliches noch ein

vel spiritualis creatura dicenda est una. Unde bene eam philosophi monadem[35], id est unitatem magis quam unam vocare voluerunt. O 7

Cum autem in personis nulla sit discretio essentiae ab invicem, non tamen oportet dici: pater est filius vel spiritus △ sanctus est, vel filius est spiritus sanctus, quia et si quis sanum sensum in his verbis habere queat, eo scilicet quod eadem essentia quae pater est, sit et filius et spiritus sanctus: sensus omnino falsus est secundum sanctorum patrum acceptionem, quae est huiusmodi, ac si dicamus idem esse proprium patris et filii in eo scilicet quod pater est et quod filius est, hoc est idem esse diffinitione patrem quod filium. Nam et sic solemus dicere non idem esse grammaticum et oratorem, cum scilicet aliud sit proprium huius, aliud illius, quia licet eadem essentia sit grammatici et oratoris, aliud est esse grammaticum, aliud est esse oratorem. Sic etiam, licet eadem sit patris et filii substantia, diversum est tamen esse patrem et esse filium. Unde *Augustinus* in V libro *De Trinitate*[36]: "Quamvis, inquit, diversum sit patrem esse et filium, non est tamen diversa substantia". *Idem*[37] in VII: "Aliud est deum esse, aliud patrem esse".

*Tullius* quoque in I *Rhetoricae*[38] contra Hermagoram disputans, cum deliberationem et demonstrationem constituat genera constitutionum ac postmodum neget deliberationem ac demonstrationem esse vel constitutionem vel partem, id est speciem aliquam constitutionis: non aliter hanc negationem accipere potest, nisi quantum ad diversitatem proprietatum. Idem quippe essentialiter est delibera-

[35] Cf. Macrobius, In Somnium Scipionis l. 1 c. 6 n. 7 sq., ed. Eyssenhardt 496, 30 sqq.: "unum autem, quod μόνας id est unitas dicitur . . . haec monas initium finisque omnium neque ipsa principii aut finis sciens ad summum refertur deum". Pseudo-Dionysius Areopag., De caelesti hierarchia c. 7, versio Ioh. Scotti, PL 122, 1013: "Et quia monas est . . .". Ioh. Scottus, De divis. nat. l. 3 c. 11 sq., PL 122, 651–661; l. c. c. 12, 659 B: "de ipsa monade, quae est causa sola et creatrix omnium visibilium et invisibilium".

[36] c. 5 n. 6, PL 42, 914.

[37] c. 4 n. 9, PL 42, 942.

[38] De inventione l. 1 c. 9 sq. n. 12 sq., ed. Friedrich 1, 124 sq.

△ [432: Ed. Mews III,380 ‚sanctus' pro ‚sanctus est']

reingeistiges Geschöpf als ‚einheitlich‘ charakterisiert werden. Deshalb wollten sie die Philosophen zutreffend als eine ‚*Monade*‘ bezeichnen, was eher ‚Einheit/-lichkeit‘ als ‚eine‘ bedeutet.

Obgleich es, was die Personen im Verhältnis zueinander betrifft, keine Unterscheidung der Essenz gibt, ist es doch *nicht legitim* zu sagen: ‚der Vater ist Sohn oder Hl. Geist‘ oder ‚der Sohn ist Hl. Geist‘. Denn auch wenn jemand insofern einen gesunden Sinn mit diesen Worten verbinden kann, als die gleiche Essenz, die Vater ist, auch Sohn und Hl. Geist ist, ergibt das nach Deutung der *Kirchenväter* einen ganz verkehrten Sinn! Ihre Deutung zielt darauf, als ob wir sagten: Der Vater und der Sohn haben einerlei Proprium in dem, was ‚Vater‘ und ‚Sohn‘ bedeuten, mithin käme der Vater der Definition nach mit dem Sohn überein.

Ebenso pflegen wir von einem Grammatiker und einem Redner zu sagen, daß sie nicht identisch sind, weil der eine dieses und der andere jenes Proprium hat. Denn auch wenn dem Grammatiker und dem Redner dieselbe Essenz eignet, ist es eines, ein Grammatiker zu sein, und ein anderes, ein Redner zu sein. Analog gilt: Obgleich Vater und Sohn einerlei Substanz haben, ist es doch verschiedenerlei, Vater und Sohn zu sein. Deshalb schreibt *Augustin* im 5. Buch von ‚Über die Dreieinigkeit‘: "Auch wenn es verschiedenerlei ist, Vater und Sohn zu sein, gibt es doch nicht verschiedenerlei Substanz". Im 7. Buch führt er aus: "Eines ist es, Gott zu sein, und ein anderes, Vater zu sein".

Wenn *Tullius* im 1. Buch der ‚Rhetorik‘ (De inventione I) in der Auseinandersetzung mit Hermagoras die ‚deliberative Rede‘ und die ‚demonstrative Rede‘ als Gattungen von Plädoyers definiert und hernach leugnet, daß es sich bei ihnen entweder um ein Plädoyer oder den Teil eines solchen handelt, d. h. nicht um irgendeine Art von Plädoyer, dann läßt sich diese Zurücknahme nur im Blick auf die Verschiedenheit der Eigenwesen deuten. Essentiell kom-

tio quod constitutio, vel demonstratio quod constitutio, sed aliud habet ex eo quod deliberatio est, aliud ex eo quod est constitutio. Ac similiter aliud exigit ex eo quod est demonstratio, aliud ex eo quod est constitutio. Sunt autem illa verba Tullii huiusmodi[39] : "Deinde si constitutio O 8 et ipsa et pars eius quaelibet intentionis depulsio est" etc. usque illuc: "Placet autem ipsi" etc.

Sed et cum eadem vox sit quandoque nomen et verbum vel dictio simul et oratio, nomen tamen non esse verbum concedimus, cum hoc sine tempore sit, illud cum tempore, et dictionem non esse orationem, cum partes dictionis in ea significativae non sint, sicut sunt orationis.

Sed mihi dicit aliquis: Dicam ‚pater est filius', et sane intelligam ita scilicet, quod eadem essentia quae est pater, est etiam filius. Nam et ipsius *Augustini* testimonio in libro *De Duabus Animabus*[40] de verbis, cum res constet, controversia facienda non est. *Idem* in IV *Super Genesim*[41] : "Dum intelligatur, inquit, quod intelligendum est, non magno opere curandum est, quid vocetur". Et post pauca[42] : "Hoc est, inquit, quod dixi, dum res conceditur, non esse de vocabulis laborandum".

Ad quod respondeo quod placet mihi sana intelligentia, sed requiro etiam verba catholica, quia non sine causa *Apostolus* novitates[43] verborum nos vitare admonet, tum ideo, ne contemptores sanctorum videamur et spiritus sancti, qui loquitur in eis, tum etiam magis, ne si tu in verbis tuis sanum sensum haberes, alius in eis offenderetur,

[39] L. c. c. 10 n. 13, ed. cit. 125, 29–37: "Deinde si constitutio et ipsa et pars eius quaelibet intentionis depulsio est, quae intentionis depulsio non est, ea nec constitutio nec pars constitutionis est. At si, quae intentionis depulsio non est, ea nec constitutio nec pars constitutionis est, deliberatio et demonstratio neque constitutio nec pars constitutionis est. Si igitur constitutio et ipsa pars eius intentionis depulsio est, deliberatio et demonstratio neque constitutio neque pars constitutionis est."

[40] Cf. c. 6 n. 7, PL 42, 99: "nullam de verbo facerem controversiam".

[41] c. 4 n. 9, CSEL 28, 101; PL 34, 300.

[42] c. 5 n. 11, l. c.

[43] Cf. 1 Tim. 6, 20.

men nämlich die ‚deliberative Rede' und das Plädoyer überein, ebenso die ‚demonstrative Rede' und das Plädoyer. Indes hat sie insofern, als eine ‚deliberative Rede' vorliegt, eine andere Charakteristik denn insofern, als ein Plädoyer vorliegt. Analog impliziert sie deswegen, weil es sich um eine ‚demonstrative Rede' handelt, eine andere Bestimmung als deswegen, weil es sich um ein Plädoyer
* handelt. Die einschlägige Erörterung von Tullius lautet: "Wenn zweitens das Plädoyer entweder in seiner Ganzheit oder ein Teil von ihm in der Replik auf eine Anklage besteht [. . .]" bis zu "Doch hält er selber [sc. Hermagoras] dafür [. . .]".

Auch wenn einerlei Wort einmal ein Substantiv und einmal ein Verb ist oder ineins ein [bloßer] Redeteil und ein [vollständiger] Satz, behaupten wir nicht, daß das Substantiv ein Verbum sei, weil jenes anders als dieses ohne Zeit[-bestimmung] ist. Noch ist ein Redeteil ein Satz, da des Redeteils Teile an sich nicht bedeutungstragend sind, wie es die Teile eines Satzes sind.

Nun legt mir jemand die Formulierung ‚der Vater ist Sohn' nahe: Ich möge sie nämlich insofern akzeptabel finden, als dieselbe Essenz, welche Vater ist, auch Sohn ist. Denn nach *Augustins* Schrift ‚Über zwei Seelen' soll keine Kontroverse entfacht werden, wenn man sich über die Sache verständigt hat. Im 4. Buch seiner Genesisauslegung sagt er: "Wenn eingesehen wird, was einzusehen ist, braucht man sich nicht groß zu kümmern, wie es ausgedrückt wird". Wenig später fährt er fort: "Das bedeutet, was ich sagte: Sobald die Sache zugestanden ist, soll man sich in bezug auf die Worte nicht abquälen".

Replik: Ich befürworte gesunde Vernunft, doch suche ich darüber hinaus den *rechtgläubigen Ausdruck* (verba catholica)! Denn nicht ohne Grund ermahnte uns der *Apostel*, Neuartigkeit der Worte zu meiden, zum einen um nicht als Verächter der Heiligen und des sich in ihnen zu Wort meldenden Hl. Geistes dazustehen. Dann besonders (selbst wenn du in deinen Worten einen gesunden Sinn hast) aus dem Grund, daß nicht jemand an ihnen Anstoß nimmt,

qui sensum tuum non intelligeret et scandalum erroris inde assumeret.

Habe itaque etiam cum sensu verba idonea, ad aedificationem, non ad scandalum, et dicas ad hunc sensum manifestandum: non est pater filius, sed hoc quod est pater, filius est, hoc est eadem est utrorumque essentia sive substantia. Nec dicas hanc personam esse illam, quod est dicere idem esse proprium utriusque, sed hanc personam idem esse quod illa est, hoc est eiusdem substantiae esse.

In quanta autem veneratione etiam verba divina habenda sint, vis ipsorum admonet, quae cotidie sacramenta ecclesiae conficit, cum ad invocationem sui nominis mira deus operatur etiam per immundissimos ministros. Ipse etiam *Priscianus*[44] doctor et scriptor loquendi in locutionibus O 8 maxime usum aemulandum esse admonet. Bene equidem, cum locutio significationem non ex natura, sed ex placito hominum habeat.

Quod vero ait *Augustinus* in libro *De Duabus Animabus*[45]: de verbis cum res constet, controversia facienda non est, ibi sane intelligendum est, ubi de rebus vel de sensu verborum potius quam de proprietate verborum contentio orta est. Rem etiam, hoc est significationem ipsorum verborum intellexit, ad quam scilicet significationem verba illa sunt instituta. Cum itaque noverimus ita esse, ut verba ipsa habent dicere, non est curandum, quo genere verborum ad doctrinam illud efferatur quod iam docendum non est, cum de illo constet.

△ Dicet fortasse aliquis quod secundum praepositam expositionem, in qua dicitur: pater non est filius, hoc scilicet modo quod non est idem proprium utriusque, licet etiam dicere: pater non est deus, vel homo non est animal, cum videlicet non sit idem proprium istorum, sicut nec illorum.

Ad quod respondendum est quod verba nostra ad deum translata, ut iam *supra*[46] meminimus, ex ipsa singularitate

[44] Cf. Instit. gramm. l. 8 c. 1 n. 4, ed. Hertz 1, 371, 18–22.

[45] L. c.

[46] Cf. supra p. 116, 112–115.

△ [509: In ed. Mews III,449 lectio melior: ‚propositam' pro ‚praepositam']

weil er deinen Sinn nicht versteht, und [sie ihm] daher eine ‚Falltür' zum Irrtum werden.
Suche daher mit dem Sinn auch geeignete Formulierungen, zur Auferbauung und nichts zum Skandal! Verwende sie, um folgenden Sinn auszudrücken: Der Vater ist nicht Sohn, aber dasjenige, das Vater ist, ist Sohn, mithin haben beide einerlei Essenz oder Substanz. Aber sage *nicht:* Diese Person ist jene, was bedeutete, daß beiden einerlei Proprium eignet. Vielmehr sage: Diese Person ist dasselbe, was jene, d. h. sie hat die gleiche Substanz.

In wie großer Verehrung übrigens die göttlichen Worte
zu halten sind, mahnt ihre Kraft, welche täglich die Sakra-
* mente der Kirche vollendet (conficere), wenn bei der An-
rufung seines Namens Gott selber durch wenig reine Priester Wunderbares wirkt! *Priscian,* Gelehrter und Publizist zu Fragen des Stils, ermahnt dazu, vornehmlich dem Normalgebrauch (usus) nachzueifern. Das ist plausibel, zumal eine Äußerung ihre Bedeutung nicht von der Natur, sondern aus menschlicher Konvention hat.
*Augustins* Rat in seiner Schrift ‚Über zwei Seelen', wonach über die Worte keine Kontroverse entfacht werden soll, wenn man sich über die Sache geeinigt hat, kann dort vernünftig verstanden werden, wo eher ein Streit zur Sache und zum Sinn der Worte als über das Eigenwesen der Wor-
* te ausgebrochen ist. Unter ‚Sache', d. h. dem Wortsinn,
verstand er die Bedeutung, auf die hin jene Worte eingerichtet wurden. Wenn wir daher wissen, daß es so ist, wie es den Worten zu sagen gegeben ist, soll man sich nicht kümmern, mit welcher Wortart jenes zum Unterrichtszweck geäußert wird, weil es keines Unterrichts mehr bedarf, wenn man, was jenes betrifft, übereingekommen ist.

Vielleicht wird jemand vorbringen, daß nach der vorgeschlagenen Erklärung, wonach der Vater nicht Sohn ist insofern, als die beiden nicht dasselbe Proprium haben, auch die These erlaubt ist: Der Vater ist nicht Gott und der Mensch ist kein Lebewesen. Denn es kommt ihnen so wie jenen nicht dasselbe Proprium zu.
Antwort hierauf: Wie [117f.] erinnert, legen sich die auf Gott übertragenen Worte — wegen der Einzigartigkeit der

divinae substantiae sicut singularem significationem, ita et singularem nonnunquam in constructione contrahunt sensum. Praeterea non oportet figurativas et improprias locutiones porrigi ultra hoc quod auctoritas vel usus habet, si ad doctrinam et intelligentiae facilitatem loqui intendimus. Nec fas est cuiquam a consueta significatione sermonem commutare, nisi ei cuius gravissima videtur auctoritas, Δ aut aliqua ornatus hoc commendat gratia.

XI. Illud autem *Athanasii* quod ait[47]: "Omnipotens pater, omnipotens filius, omnipotens spiritus sanctus", maxime confirmare videtur, ut concedamus filium sive spiritum sanctum esse patrem, cum scilicet, ut *supra*[48] saepe diximus, pater ex potentia sit dictus. Quis etiam negare queat, quin unaquaeque personarum potens sit et sapiens et benigna? Cum itaque filius sit potens, et tantumdem valeat dicere potentem quantum dicere patrem, numquid et filius est pater?

Ad quod respondendum est quod saepe, ut diximus, voces per se acceptae eandem vim penitus habent atque aequi- O 8 pollentiam iuxta aliquam significationem, quae tamen eandem vim non custodiunt in constructione. Nam teste *Prisciano*[49] ,amans' et ,qui amat' idem valent; non tamen sicuti de eo qui modo non amat, verum est dicere quod erit amans, ita verum est dicere quod erit, qui amat.

Similiter licet potens et pater per se dicta eiusdem significationis in deo sint, in contextu tamen orationis non eandem vim penitus habent secundum sensum, cum videlicet haec enuntiatio: ,pater est potens sive benignus' ad identitatem tantum essentiae sit accommodata, ac si dicatur, quod id quod pater est, sit potens sive benignum. Haec autem enuntiatio: ,pater est filius vel spiritus sanctus' ad identitatem proprietatis, ut dictum est, tantummodo spec-

[47] Pseudo-Athanasius, Symbolum Quicumque: Denzinger-Bannwart, Enchiridion Symbolorum nr. 39.

[48] Cf. praecipue supra p. 4 sq. [10.

[49] Cf. Instit. gramm. l. 11 c. 7 n. 25, ed. Hertz 1, 564, 26–565,

Δ [524 Ed. Mews III,462 proponit ,commendet' pro ,commendat'. Secundum hanc versionem etiam ,videatur' pro ,videtur' in 523 exspectari debet. Non persuadit.]

göttlichen Substanz – so wie eine einzigartige Bedeutung bisweilen auch in der grammatischen Konstruktion einen einzigartigen Sinn bei. Außerdem ist es, wenn wir zu Unterrichtszwecken und zugunsten einer guten Verständlichkeit sprechen wollen, nicht zulässig, übertragene und uneigentliche Reden über dasjenige hinaus auszudehnen, woran sich Autorität und Normalgebrauch halten. Und es gibt für niemanden ein Recht, die Rede hinsichtlich ihrer gebräuchlichen Bedeutung zu verändern, ausgenommen für denjenigen, dessen Autorität sehr eindrucksvoll ist, oder wenn es die Gefälligkeit in der Formulierung empfiehlt.

XI. Der Anruf von [Pseudo-]*Athanasius:* "Allmächtiger Vater, allmächtiger Sohn, allmächtiger Hl. Geist!", liefert scheinbar am meisten Bestätigung dafür, daß wir zugeben: Der Sohn oder der Hl. Geist ist Vater. Denn der Vater erhielt, wie wiederholentlich erwähnt, aufgrund der Macht seinen Namen. Wer könnte ferner bestreiten, daß jede Person für sich mächtig, weise und gütig ist? Wenn folglich der Sohn mächtig ist, und es gleich viel bedeutet, ‚mächtig' wie ‚Vater' zu sagen, ist dann etwa nicht auch der Sohn Vater?

Wir entgegnen: Oft haben die Worte für sich genommen völlig dieselbe Kraft und in der einen Bedeutung eine *logische Gleichwertigkeit* (aequipollentia). Gleichwohl bewahren sie in der [grammatischen] Konstruktion nicht einerlei Kraft. Z. B. bedeuten nach *Priscian* ‚Liebender' und ‚derjenige, der liebt' einerlei. Trotzdem: Von einem, der zu einer Zeit nicht liebt, ist es wahr zu sagen: ‚er wird ein Liebender', aber es ist nicht wahr zu sagen: ‚er wird [substanziell] derjenige, der liebt'.

Analog [gilt]: Obwohl ‚mächtig' und ‚Vater' für sich genommen in Gott dieselbe Bedeutung haben, besitzen sie im Kontext einer Rede nicht dieselbe Bedeutungskraft. Denn die Aussage: ‚der Vater ist mächtig oder gütig' wurde nur auf die Identität der Essenz angewendet, wie wenn man sagt: Dasjenige, das Vater ist, ist mächtig oder gütig. Dagegen bezieht sich die Aussage: ‚der Vater ist Sohn oder Hl. Geist' nur auf die Identität des Eigenwesens,

tat, ut videlicet idem sit utriusque proprium, ut expositum est, ideoque tantummodo falsa est.

Magna itaque discretio adhibenda est in his enuntiationibus quae de deo fiunt, quae videlicet tantum ad identitatem essentiae, quae ad identitatem quoque proprietatis sint accomodatae. Ad identitatem quidem essentiae tantum hae spectant: ‚pater est deus, filius est deus, spiritus sanctus est deus, vel aeternus, vel dominus, vel creator, vel omnipotens, vel immensus, seu iustus, seu misericors' et aliae multae, ideoque verae sunt. Hae vero enuntiationes: ‚pater est filius vel spiritus sanctus, vel pater est genitus sive procedens', ad identitatem proprietatis aspiciunt, ideoque omnino falsae sunt.

Ut itaque iuxta *Athanasium*[50] neque confundamus personas, hoc est permisceamus eas, alteram scilicet in proprietate alterius, neque separemus unitatem substantiae: oportet diligenter vim singularum enuntiationum distinguere, quae videlicet ad identitatem substantiae, quae ad identitatem proprietatis sint accomodatae.

XII. Apparet etiam ex his quae dicta sunt, de discretione scilicet enuntiationum, illud refelli quod *supra*[50a] opponebatur, cum videlicet opponeretur quod, sicut ostenditur per hoc quod pater est deus, et deus est aeternus, pater esse aeternus: ita etiam ostendi possit per hoc quod pater est deus, et deus est filius, pater esse filius. O 8

Ibi quippe ea propositio quae consequitur ex duabus praemissis, quae videlicet ait: ‚pater est aeternus', ad solam identitatem essentiae spectat sicut et praemissae, ut iam *supra*[51] determinavimus, ideoque ex ipsis convenienter infertur. Quae vero ait: ‚pater est filius', non solum essentiae, verum insuper proprietatis identitatem ostendit ideoque ex praemissis non procedit, quae simpliciter ad identitatem essentiae spectant. Immo apertissime falsum esse

[50] L.c.
[50a] Cf. supra p. 104.
[51] Cf. p. 172,257 sq. [corr. U.N.].

so daß dann (wie erläutert) beide einerlei Proprium hätten; folglich ist sie schlicht falsch!

*Viel Achtsamkeit ist daher geboten bei den über Gott gemachten Aussagen, welche nämlich ausschließlich auf die Identität der Essenz und welche auch auf die Identität des Eigenwesens bezogen wurden.* Lediglich auf die Identität der Essenz beziehen sich folgende: ‚der Vater ist Gott, der Sohn ist Gott, der Hl. Geist ist Gott' oder ‚[er ist] Herr, Schöpfer, allmächtig, unermesslich, gerecht oder barmherzig' und andere mehr. Folglich sind sie wahr. Im Gegensatz dazu richten sich die nachstehenden Formulierungen auf die Identität des Eigenwesens und sind daher ganz falsch: ‚der Vater ist Sohn oder Hl. Geist' oder ‚der Vater ist gezeugt oder hervorgehend'.

Damit wir nach [Pseudo-]*Athanasius* die Personen nicht verwechseln, d. h. die eine betreffend ihr Eigenwesen mit der anderen vertauschen, und damit wir die Einheit der Substanz nicht aufspalten, empfiehlt es sich, sorgfältig die Kraft der einzelnen Formulierungen zu unterscheiden, welche nämlich auf die Identität der Substanz und welche auf die Identität des Eigenwesens bezogen wurden.

XII. Aus dem, was [soeben] über die Unterscheidung von Formulierungen ausgeführt wurde, wird der obige Einwand [105] einleuchtend widerlegt. Er lautete: So wie daraus, daß der Vater Gott und Gott ewig ist, bewiesen wird: ‚der Vater ist ewig', ließe sich daraus, daß der Vater Gott und Gott Sohn ist, beweisen: ‚der Vater ist Sohn'.

Grund der Widerlegung: Im ersten Fall bezieht sich der Satz, der aus zwei Prämissen folgt und der besagt: ‚der Vater ist ewig' wie diese Prämissen ausschließlich auf die Identität der *Essenz* [vgl. S. 173]. Daher geht er korrekt aus ihnen hervor. Dagegen weist der Satz, der besagt: ‚der Vater ist Sohn' nicht allein auf die Essenz, sondern darüber hinaus auf die Identität des *Eigenwesens.* Also folgt er nicht aus den Prämissen, welche sich lediglich auf die Identität der Essenz beziehen. Folglich ist es sonnenklar *falsch,* deswegen, weil der Vater Gott und Gott

liquet ideo quod pater est deus, et deus est filius, oportere concedi patrem esse filium. Quod est dicere, ut *supra*[52] iam exposuimus, idem esse proprium patris et filii, in eo scilicet quod pater est et filius.

Quod si ad hanc quoque complexionem comprobandam illa inducatur dialecticorum regula[53] quae ait: quotiens aliquid praedicatur de aliquo, quidquid praedicatur de illo praedicato et de subiecto, id est quotiens aliqua res est aliquid, et illud idem rursus est aliquid, primum est ultimum: facile comprehendi potest nihil ad hanc complexionem regulam attinere, nec eam ex regula monstrari posse, cum videlicet regula illa ad enuntiationes illas tantum attineat quae ad identitatem solam essentiae spectant, non etiam ad identitatem proprietatis, sicut facit haec quae ait: ‚pater est filius'. Immo si vim verborum ipsius argumentationis diligenter attendamus, talis potius ei regula inducenda esset, si vera esset: quotiens aliquid praedicatur de aliquo, et aliquid praedicatur de praedicato, idem est proprium primi subiecti et ultimi praedicati. Quod cum aperte falsum sit, non est pro regula habendum.

Sunt et aliae consimilis dispositionis argumentationes, quibus propter terminorum dispositionem praemissa regula competere videtur, cum a sensu verborum longe sit. Quales sunt huiusmodi complexiones: ‚hic homo est hoc corpus; sed hoc corpus est semper; ergo hic homo est semper'. Item: ‚hic homo est hoc corpus, et hoc corpus est materia Δ huius hominis, vel factum est hic homo, vel prius est hoc homine. Ergo hic homo est materia huius hominis, vel O 8 factus est hic homo, vel prior est hoc homine. Item: hic miles est hic citharoedus, et hic citharoedus bonus est vel

[52] Cf. supra p. 184.

[53] Scil. Aristotelis; Boeth., In Categ. Aristot. l. 1, PL 64, 175 C.

Δ [608: Textus Stölzle, i.e. *Ms. Erlangen*, terminatur in linea 608 ‚hominis'. Versio longior tantummodo in *Ms. Berlin* tradita est.]

Sohn ist, einräumen zu sollen: ‚der Vater ist Sohn'! Das bedeutete, wie bereits [185] erläutert, daß der Vater und der Sohn insofern, als der Vater ebenfalls Sohn wäre, einerlei Proprium besäßen.

Angenommen, man zieht zur Erhärtung dieser Schlußfolgerung jene Regel der Dialektiker bei, die besagt:

– Immer wenn etwas von etwas prädiziert wird, wird all das, was von jenem Prädikat prädiziert wird, auch vom Subjekt prädiziert, d. h. so oft irgendein Ding etwas ist und dies nun wiederum etwas, ist das erstgenannte auch das letztgenannte.

Nun ist leicht erweislich, daß diese Regel nichts mit unserer Schlußfolgerung zu schaffen hat und daß sie nicht aus ihr bewiesen werden kann. Diese Regel ist nur auf solche Aussagen anwendbar, die sich auf die Identität der *Essenz* beziehen, nicht auch auf die Identität des Eigenwesens, wie es jene Schlußfolgerung tut, die lautet: ‚der Vater ist Sohn'. Vielmehr sollte, wenn diese Argumentation wahr wäre und wir sorgsam auf die Kraft ihrer Worte achten, eher folgende Regel eingeführt werden:

– So oft etwas von etwas prädiziert wird und etwas [weiteres] von dem Prädikat prädiziert wird, kommen das *Proprium* des ersten Subjekts und des letzten Prädikats überein.

Da dies offensichtlich *falsch* ist, darf man es nicht als Regel aufrechterhalten.

Es gibt auch andere, ähnlich angelegte Argumentationen, auf die wegen der Anordnung der Begriffe die vorhergeschickte Regel zu passen scheint, obwohl sie den Sinn der Worte verfehlt. Die nachstehenden Schlüsse sind von dieser Art: [1] Dieser Mensch ist dieser Körper, aber dieser Körper ist immer; also ist dieser Mensch immer. [2. a–c] Dieser Mensch ist dieser Körper, und dieser Körper ist die Materie dieses Menschen oder wurde zu diesem Menschen oder ist früher als dieser Mensch; also ist dieser Mensch die Materie dieses Menschen oder wurde zu diesem Menschen oder ist früher als dieser Mensch. [3] Dieser Soldat ist dieser Lautenspieler, und dieser Lautenspieler ist gut und lo-

Δ laudandus; ergo hic miles. Sed de his in *Dialectica nostra*[54] latius prosecuti sumus.

Quod autem solus filius, non etiam pater vel spiritus sanctus, incarnatus dicitur, cum tamen eadem essentia quae pater est sive filius vel spiritus sanctus, sit incarnata, non sine magna ratione traditum est. Hoc enim his verbis ostenditur, cum dicitur: ‚filius dei est incarnatus', lumen divinae sapientiae per hanc incarnationem carnalibus effulsisse. Quod innuens *Iohannes* evangelista[55]: 'Vita erat, inquit, lux hominum, et lux in tenebris lucet, et tenebrae eam non comprehenderunt'. De qua etiam illuminatione scriptum[56] est: 'Surge, illuminare, Ierusalem, quia venit lumen tuum et gloria'. Et iterum[57]: 'Ambulabunt gentes in lumine tuo'. Et *Psalmista*[58]: 'In lumine tuo videbimus lumen'. Et Simeon[59]: 'Lumen ad revelationem gentium'. Et *Platonici*[60]: "Verbum deus est lumen verum" etc. Tale est ergo sapientiam dei esse incarnatam, ac si dicatur ad hoc deum incarnatum esse, ut verae doctrina iustitiae nos instrueret, tum praedicatione, tum etiam exemplo corporalis conversationis suae. Sapientiam itaque dei in carne esse tale est: carnales, id est homines, hac incarnatione verae sapientiae lumen suscepisse.

Sed dicit mihi aliquis quod haec incarnatio, cum ex summa et sola misericordiae divinae gratia, non ex meritis facta sit, maxime spiritui tribuenda est, ut scilicet spiritus potius quam filius incarnari diceretur. Unde et scriptum[61] est: "Conceptus ex spiritu sancto", hoc est ex sola benignitate misericordiae suae incarnatus.

[54] Argumentationes praedictae non inveniuntur sic in Abaelardi scriptis logicis, quae supersunt; cf. B. Geyer, Peter Abaelards philosophische Schriften 616 sq.

[55] Ioh. 1, 4 sq. [56] Is. 60, 1. [57] Is. 60, 3.

[58] Ps. 35, 10. [59] Lc. 2, 32.

[60] Augustinus, Confessiones l. 7 c. 9 n. 13, CSEL 33, 154, 16; PL 32, 740. Vide supra p. 50, 157.

[61] Symbolum Apostolicum, Denzinger-Bannwart, Enchiridion Symbolorum nr. 6.

Δ [612: Post Ostlender novis temporibus argumentationes inveniuntur in Dialectica, ed. De Rijk [1]1956, 115sqq.]

* benswert; also ist es dieser Soldat. – In unserer *Dialektik* gingen wir ausführlicher auf solche [Fehlschlüsse] ein.

Obzwar die eine Essenz, welche Vater oder Sohn oder Hl. Geist ist, Fleisch wurde, wurde nicht ohne guten Grund gelehrt: *Der Sohn allein,* nicht auch der Vater oder der Hl. Geist, *heißt ‚inkarniert'.* Mit den Worten: ‚der Sohn Gottes inkarnierte sich' wurde darauf hingewiesen, daß das Licht der göttlichen Weisheit durch diese Inkarnation vor den Irdischen leuchtete. Der Evangelist *Johannes* deutete es an, als er sagte: 'Er war das Leben und das Licht der Menschen, und das Licht leuchtet in der Finsternis, aber die Finsternis hat es nicht begriffen'. Über diese *Erleuchtung* steht [bei *Jesaja*] geschrieben: 'Erhebe dich, werde erleuchtet Jerusalem, weil dein Licht und Ruhm kommt!'. Ferner: 'Es werden wandeln die Völker in deinem Licht'. Und der *Psalmist*: 'In deinem Licht werden wir das Licht sehen'. Und *Simeon:* 'Licht zur Offenbarung der Völker'. Schließlich die *Platoniker*: "Das Wort, Gott, ist wahres Licht" etc.

‚Die Weisheit Gottes ward Fleisch' bedeutet: Gott inkarnierte sich, damit die Lehre wahrer Gerechtigkeit uns den Weg weist, sowohl durch ihre Verkündigung wie durch das Beispiel ihres körperlichen Lebenswandels. ‚Die Weisheit Gottes ist im Irdischen (in carne)' bedeutet: Die Irdischen (carnales), das sind die Menschen, empfingen durch diese Inkarnation das Licht wahrer Weisheit.

Nun wendet jemand ein, daß diese Inkarnation vornehmlich dem Geist zuzuordnen sei, weil sie aus der höchsten und alleinigen Gnade göttlichen Mitleids heraus, nicht wegen verdienstlichen Handlungen erfolgte, so daß es *eher vom Geist* als vom Sohn heißen sollte, daß er sich inkarnierte, weswegen auch geschrieben steht: 'Empfangen vom (ex) Hl. Geist', d. h. aus der alleinigen Güte seines Mitleids inkarniert.

Ad quod respondendum est quod aliud est concipi ex spiritu, aliud spiritum concipi, hoc est incarnari; sicut aliud est 'ex aqua et spiritu'[62] regenerari, aliud est aquam et spiritum regenerari. Si quis itaque vim enuntiationis atten- O 8
dat: ,filius est incarnatus', ad quam eam sanctorum auctoritas instituit: solus est filius incarnatus, non etiam pater vel spiritus[63], quia hic est sensus, ac si dicamus quod ad hoc maxime deus incarnatus est, ut suos praedestinatos verae sapientiae luce illustraret.

Cum itaque sint indivisa opera trium personarum, quarum nullo modo diversa est essentia[64], pro diversitate tamen personarum et operum quaedam specialiter opera uni personae tamquam propria tribuuntur, quaedam alii.

Patri quidem proprie tribuuntur ea quae ad potentiam pertinent, sicut est creasse cuncta ex nihilo, vel disponere omnia pro arbitrio suo, vel imperare, vel potestates dare, vel mittere filium in mundum, vel oboedientiam impendi. Unde scriptum[65] est: 'Oboediens patri usque ad mortem'. Et postremo omnia quae ad potentiam ac reverentiam maiestatis pertinent, patri tribuuntur. Quod etiam ipsa verba Christi aperte insinuant, cum videlicet humanitas eius in anxietate posita[66], quotiens a divinitate in unam personam sibi unita opem virtutis postulat aut quascumque preces ei fundit, solo vocabulo ,patris' usus est, ipsam scilicet commemorando potentiam qua potens est efficere, quod rogatur. Quod adhuc mos ecclesiasticus observat, maxime in specialibus orationibus suis, quae in sollemniis missarum ad altare fiunt, quae scilicet ad solum patrem intenduntur.

[62] Ioh. 3, 5.

[63] Cf. Anselmus Cantuar., De fide trinitatis c. 3, PL 158, 266 A: "Si, inquit (scil. Roscelinus), tres personae sunt una tantum res, et non sunt tres res, unaquaeque per se separatim, sicut tres angeli aut tres animae, ita tamen, ut voluntate et potentia omnino sint idem: ergo Pater et Spiritus sanctus cum Filio incarnatus est". Cf. supra p. 176, nota 24.

[64] Cf. nota praecendens.

[65] Phil 2, 8.

[66] Mt. 26, 38 sqq., Mc. 14, 34 sqq.

Darauf ist zu erwidern: Es ist eines, vom (ex) Geist empfangen zu werden, aber ein anderes, daß der Geist empfangen wird, d.h. sich inkarniert, ebenso wie es verschiedenerlei ist, [in der Taufe] ‚aus Wasser und Geist' wiederhergestellt zu werden, oder wenn Wasser und Geist [selber] wiederhergestellt werden. Achtet einer daher auf die Wirkkraft der Aussage: ‚der Sohn inkarnierte sich', auf die hin sie die Autorität der Theologen formulierte, [gewahrt er]: *Ausschließlich der Sohn* inkarnierte sich, nicht auch der
* Vater oder der Geist. Denn es bedeutet: Gott inkarnierte sich vornehmlich zu dem Zweck, daß er seine Erwählten durch das Licht wahrer Weisheit erleuchtete.

Wiewohl die Werke der drei Personen, deren Essenz in keiner Weise verschieden ist, gemeinschaftlich (indivisa) sind, werden wegen der Verschiedenheit der Personen und ihrer Werke trotzdem gewisse Werke *gleichsam als Sonderwerke* speziell der einen Person zugeordnet, gewisse einer anderen Person.

Und zwar wird dem *Vater* dasjenige zugeordnet, was Bezug hat auf die *Macht:* Z. B. daß er das All aus dem Nichts schuf; alles aus eigenem Ermessen anordnet, befiehlt und Machtbefugnisse erteilt; seinen Sohn in die Welt schickt und [ihm] Gehorsam auferlegt wird, weswegen es heißt: '[Er wurde] dem Vater gehorsam bis in den Tod'. Endlich wird alles, was sich auf die Macht und Verehrung seiner Souveränität bezieht, dem Vater zugeteilt. Darauf deuten offenkundig auch Christi Worte hin: Wenn seine Menschnatur, in Todesangst versetzt, die ihr in derselben Person vereinte Gottnatur um ein Werk der Stärke anflehte und Gebete vor ihr ausgoß, gebrauchte sie allein die Anrede ‚Vater', indem sie sich an die Macht erinnerte, dadurch er mächtig ist zu bewirken, worum er gebeten wird. Das hat der kirchliche Brauch bis heute bewahrt, zumal bei den Sondergebeten, die anläßlich der Messefeierlichkeiten vor dem Altar verrichtet werden. Sie richten sich nämlich *nur an den Vater*.

Filio autem ea maxime adscribuntur quae ad sapientiam attinent, sicut est iudicare, quod discretionis est. Unde scriptum[67] est: 'Pater omne iudicium dedit filio', quia potentia sapientiae cedit in discussione iudicii, ubi aequitas magis examinanda est, quam vis potentiae exercenda. Ad hoc etiam illa inscriptio *Psalmi* IX pertinet quae ait[68] : 'Pro occultis filii', scilicet iudiciis. Qui et bene mens[69] patris seu O 8 ratio sive 'angelus consilii'[70] dictus est, quia omnia in hac sapientia rationabiliter pater disponit, sive creando mundum sive eundem reparando post lapsum. Et in hoc pater verum consilium nostrae ignorantiae dedit, cum eo incarnato nos visitaverit.

Spiritus autem ea proprie sunt quae ad operationem divinae gratiae attinent, sicut est remissio peccatorum et quorumcumque donorum distributio ex sola bonitate eius, non ex meritis nostris proveniens, qualis est regeneratio in baptismo ad dimittenda peccata, confirmatio per impositionem manus episcopi ad dandam armaturam virtutum; quibus scilicet virtutibus post remissionem peccatorum perceptam resistere valeamus inimico tunc vehementius insurgenti. Sic et cetera sacramenta quae in ecclesia Δ conficiuntur, ex bonitate dei spiritui tribuenda sunt. Nam etsi idem sit dialecticus quod orator, aliud tamen oratori tribuendum est secundum officii sui proprietatem, aliud dialectico.

XIII. Superest autem extrema obiectio, qua scilicet opponitur idem a se ipso nasci vel a se procedere. Quae recte discuti non valet, nisi prius, quae sit huiusmodi generatio vel processio, terminetur.

67 Ioh. 5, 22.

68 Ps. 9, 1.

69 Cf. supra p. 30,218–224.

70 Glossa ordinaria in Is. 9, 6 (Vulgata: consiliarius), PL 113, 1248 B: "Septuaginta: Magni consilii angelus".

Δ [690: Ea sententia, quae variatio sententiae in 184,440–443 est, in contextu sensum non habet.]

Dem *Sohn* wird besonders dasjenige zugeschrieben, das sich auf die *Weisheit* bezieht, wie das Urteilen, das zur Unterscheidungskraft gehört. Darum steht geschrieben: 'Der Vater übergab alle Urteilskraft dem Sohn', weil die Macht bei der Diskussion eines Urteils – wo es eher darum geht, die Billigkeit zu erforschen denn die Kraft der Macht zu entfalten – der Weisheit weicht. Hierauf bezieht sich der * Beginn von Psalm 9: 'Für des Sohnes verborgene [Gedanken]', nämlich seine Urteile. Er wurde auch zutreffend "Geist oder Vernunft des Vaters" oder "Engel des Rats" genannt, weil der Vater in dieser Weisheit alles vernünftig anordnete, sowohl als er die Welt schuf wie dann, als er sie nach dem Fall wiederherstellte. Und der Vater gab unserer Unwissenheit in ihm einen *wahren Ratgeber*, als er uns vermittels seiner Fleischwerdung besuchte.

Zum *Geist* gehören eigentlich die [Wesenszüge], die sich auf die *Realisation der göttlichen Gnade* beziehen, wie die Sündenvergebung und die Austeilung aller möglichen Gaben. Sie gehen allein aus seiner Güte hervor, nicht aus unseren Verdiensten. So beschaffen ist die Wiederherstellung in der Taufe zum Sündenerlaß und die Stärkung durch Handauflegung des Bischofs, die eine ‚Tugendrüstung' verleiht. Mit diesen Tugenden vermögen wir nach der Sündenvergebung dem sich dann ziemlich heftig erhebenden Feind Trutz zu bieten. So sind auch die übrigen Sakramente, welche aufgrund der Güte Gottes in der Kirche verliehen werden, dem Geist zuzuordnen. (Denn auch wenn der Dialektiker und der Redner ineinsfallen, muß die eine [Charakteristik] dem Redner gemäß dem Eigenwesen seines Berufes und die andere dem Dialektiker zugeschrieben werden.)

XIII. Nunmehr bleibt ein letzter Einwand übrig: Es [sei] nämlich, wird eingeworfen, einerlei, ‚von sich selber abzustammen' oder ‚aus sich selber hervorzugehen'. – Dieser Einwurf kann nur befriedigend erörtert werden, wenn zuvor abgehandelt wird, was ‚Zeugung' (generatio) und was ‚Hervorgang' (processio) dieser [auf Gott bezogenen] Art bedeuten.

## Capitulum II

*De generatione verbi divina*

Ac primum de generatione disseramus. De qua id considerandum est quod, si per hoc nomen ‚pater' non simpliciter divinam potentiam, sed omnipotentiam exprimamus, ut videlicet non sonet hoc tantum quod ‚deus potens', sed etiam quod ‚deus omnipotens': dictum est sapientiam gigni ex omnipotentia, hoc est filium a patre, ad eam similitudinem qua is qui ex alio natus est, sic ex ipsa genitoris substantia esse dicitur, quasi quaedam sit paternae substantiae portio.

*Qua similitudine deus dicatur paer sive filius*

Ipsa quippe sapientia quaedam est potentia atque aptitudo discernendi, et sapiens dicitur, qui plurimum discernere valet, etsi actu non discernat. Cum itaque sapientia, id est potentia discernendi, quasi quaedam, ut ita dicam, pars sit O 8 omnipotentiae divinae, sicut et quilibet filius quaedam portio dicitur patris, ex cuius substantia est: non incongrue secundum expositam similitudinem dicta est sapientia ex omnipotentia gigni, quasi quoddam esse ex omnipotentia, cum sit ipsa quaedam potentia. Cum enim deus ex omnipotentia sua ad infinita agenda se habeat, hoc est ad omnia quaecumque efficere potest, ex sapientia, hoc est potentia discernendi, ad unum tantum, hoc est ad discernendum se habet.

Δ Nemo tamen hoc loco me mihi contrarium autumat, qui nunc sapientiam quasi partem omnipotentiae dico, cum *superius*[71] omnino negaverim partes in deo esse atque id necessario confirmaverim. Ibi enim partes in quantitate divinae essentiae esse anathematizavi. Hic vero dico sapien-

[71] Cf. supra p. 88.

Δ [26: Ed. Mews III,639 ‚quod' pro ‚qui']

## Zweites Kapitel

### *Zur göttlichen Zeugung des Wortes*

Zuerst wollen wir von der ‚Zeugung' handeln. Sie betreffend ist zu beachten: Der Name ‚Vater' drückt nicht einfach göttliche Macht, sondern *Allmacht* aus, so daß er nicht nur mächtiger Gott, sondern ‚allmächtiger Gott' bedeutet. Man formulierte, ‚die Weisheit wird von der Allmacht gezeugt', d. h. der Sohn vom Vater, nach der folgenden Analogie: Derjenige, der von einem anderen abstammt, ist dergestalt aus der Substanz seines Erzeugers, als ob er * *eine Art Teil* der väterlichen Substanz wäre.

### *Vermittels welcher Analogie man Gott ‚Vater' oder ‚Sohn' nennt*

Allerdings ist ‚Weisheit' eine gewisse Macht und Begabung zu unterscheiden, und ‚weise' nennt man, wer am hervorragendsten zu unterscheiden vermag, auch wenn er aktuell nicht unterscheidet. Gesetzt, die Weisheit, d. h. die Macht zu unterscheiden, ist nun gleichsam ein ‚Teil' der göttlichen Allmacht, so wie jeder Sohn eine Art Teil des Vaters, * von dessen Substanz er ist, heißt. Dann wurde nicht ohne guten Sinn der erläuterten Analogie nach gesagt, daß ‚die Weisheit von der Allmacht gezeugt wird', gleichsam als ein Sein aus der Allmacht, da sie selber eine Art Macht (quae- * dam potentia) ist. Wenn sich Gott aufgrund seiner Allmacht auf unendlich vieles, das der Realisation harrt, bezieht, d. h. auf all das, was er bewirken kann, so bezieht er sich aufgrund der Weisheit, der Macht zu unterscheiden, präzis auf das eine, nämlich das Unterscheidenswerte.

Niemand [soll] behaupten, ich widerspreche mir an diesem Ort, indem ich die Weisheit jetzt einen ‚*Teil*' der Allmacht nenne, obwohl ich früher rundheraus bestritt, daß es Teile in Gott gibt, und dies schlüssig begründete [vgl. 85ff. 161ff. 175.]. Denn dort verurteilte ich die These, wonach es Teile in der Quantität der göttlichen Essenz gibt, wäh-

tiam quasi partem omnipotentiae, non secundum quantitatem alicuius compactae rei, sed magis secundum vim efficaciae, quod ex eo videlicet quod est omnipotens, aeque omnia efficere potest, ex eo vero quod est sapiens, discernere tantum valet et iudicare aeque omnia. Hoc autem modo et spiritus sanctus multiplex dicitur quantum ad effecta, non quantum ad quantitatem essentiae suae, et unusquisque septem spirituum. Verbi gratia: spiritus sapientiae et intellectus[72] quodammodo pars septiformis spiritus dicitur quantum ad effecta, quia et haec multiplicitas tota ad effecta respicit.

Quod si hoc nomen ‚pater' dicat simpliciter ‚potens', non etiam ‚omnipotens', tunc quoque non incongrue dicimus sapientiam gigni ex potentia, hoc est sapientem esse ex potente, ad illum scilicet modum quo dicimus ceream imaginem esse ex cera, cum tamen idem sit in essentia cera ipsa et cerea imago, et eo locutionis modo quo philosophi dicunt speciem ex genere gigni, utpote hominem ex animali, cum idem tamen sit homo quod animal, nec unquam prius animalis natura in homine fuerit quam hominis, cum ipse nunquam prius animal fuerit quam homo.

Hanc autem generationem speciei, scilicet ex genere, *Boethius* in libro *Divisionum*[73] aperit dicens genus dividi "in quasdam a se creationes quoddammodo". Quo etiam modo *supra*[74] *Mercurius* ait quod "deus secundum fecit dominum", hoc est pater genuit filium. Qui scilicet Mercurius postea quasi corrigendo hoc quod dixit ‚fecit' et non dixit ‚genuit', adiecit[75]: "Dilexit eum tamquam unigenitum suum". Et alibi[76]: "Filius, inquit, benedicti dei". O 8
Non enim proprie creari vel fieri dicitur nisi id quod incepit atque ab alio factum est, cum prius non esset. Ideo autem quasi ad determinationem ‚proprie' apposuimus, quia fortassis indifferenter et ‚creari' pro ‚gigni' et ‚gigni' pro

[72] Is. 11, 2.
[73] PL 64, 878.
[74] Cf. supra p. 28,209 sqq.
[75] Ibid.
[76] Ibid.

rend ich hier behaupte, daß die Weisheit gleichsam ein Teil der göttlichen Allmacht ist, und zwar nicht wie die Quantität irgendeines zusammengefügten Dinges, sondern *eher bezogen auf den Grad der Wirksamkeit*: Insofern, als er allmächtig ist, kann er nämlich alles in Gerechtigkeit bewirken, insofern aber, als er weise ist, vermag er lediglich zu unterscheiden und alles in Gerechtigkeit zu beurteilen. Ebenso nennt man den Hl. Geist inbetreff seiner Wirkungen, nicht inbetreff der Quantität seiner Essenz ‚vielfältig' und [benennt] jedes der sieben Geistwesen für sich. Z. B. gibt man einen Teil des siebenförmigen Geistes inbetreff seiner Wirkungen für den ‚Geist der Weisheit und der Einsicht' aus, weil auch diese Mehrfältigkeit ausschließlich die Wirkungen reflektiert.

Sogar wenn der Name ‚Vater' *einfachhin mächtig*, nicht auch allmächtig bedeutet, sagen wir nicht inkonsistent: ‚die Weisheit wird aus der Macht gezeugt'. Der Weise wäre dann auf solche Art aus dem Mächtigen, wie wir sagen: ‚ein Wachsbild *ist aus* Wachs', auch wenn das Wachs mit dem Wachsbild essentiell übereinkommt. Auch nach derjenigen Ausdrucksweise, nach der die *Philosophen* formulieren: ‚die Art wird aus der Gattung erzeugt', z. B. der Mensch aus dem Lebewesen, auch wenn der Mensch [essentiell] einerlei ist, was das Lebewesen, und niemals die Natur des Lebewesens früher als die Natur des Menschen in einem Menschen war, weil er nicht früher ein Lebewesen als ein Mensch gewesen ist.

Auf diese *Erzeugung der Art aus der Gattung* weist *Boethius* in seinem Buch ‚Zur Einteilung' mit der These, daß die Gattung "gewissermaßen in eine Art Schöpfungen von sich" eingeteilt wird. Ebenso behauptet *Mercurius,* daß "Gott einen zweiten Herrn machte", mithin der Vater einen Sohn zeugte. Später fügte er als Korrektur dessen, daß er ‚machte' statt ‚zeugte' sagte, hinzu: "Er liebte ihn wie seinen einzig-gezeugten Sohn". Anderswo spricht er vom "Sohn des gebenedeiten Gottes".

Man spricht nur dann im eigentlichen Sinn davon, daß etwas ‚geschaffen oder gemacht wurde', wenn es einen Anfang hatte und von einem anderen gemacht wurde, da es

‚creari' scriptura abutitur, ut ‚genitore' pro ‚creatore' et e converso. Cum enim *Plato*[77] "genitorem universitatis deum" nominat, aut cum dicimus librum Geneseos, id est de genitura, hoc est de creatione, per ‚genitorem' ‚creatorem', per ‚genituram' ‚creationem' accipimus.

E converso autem, cum in *Proverbiis* sapientia dicit[78]: 'Dominus creavit me principium viarum suarum', et rursus in *Ecclesiastico* scriptum[79] est: 'Prior omnium creata est sapientia, et intellectus prudentiae ab aevo', et iterum[80]: 'Ipsemet creavit illam in spiritu sancto': ‚creari' pro ‚gigni' dictum puto.

Cui et illud *Boethii* concinit, cum in *Topicis* ait[81] "recte videri proprium patris procreatorem esse, quia filii procreatum esse". Sed et *Mercurius*, cum ait[82]: "secundum fecit dominum", ‚fieri' pro ‚gigni' abusus est, quia recte, ut diximus, creari vel fieri non dicitur nisi id quod de non-esse ad esse perductum est, solique deo proprie tribuenda est creatio.

Generatio vero recte dicitur, ubicumque aliquid ex substantia alterius est, sive illa simul sint, sive alterum sit prius Δ altero. Ita namque animatum corpus ex corpore est et splendor ex sole, ut simul semper fuerint; cerea vero imago posterior est quam cera. Sic autem dicimus animatum corpus esse ex corpore, vel hominem ex animali et ceream imaginem esse ex cera, ac si diceremus id quod est animatum corpus, ita esse corpus, ⟨quod⟩ ex eo quod animatum corpus est, exigit quod sit corpus, sed non convertitur.

[77] Timaeus c. 41 A, ed. Wrobel 43, 10.

[78] Prov. 8, 22: 'Dominus possedit me in inito viarum suarum'. [18,55 habet hanc ab Ostlender ex Vulgata citatam versionem (*possidere*). Versio Abaelardi in 206,70 (*creare*) propius accedit ad sensum *Hebraicum* ‚qanani' et translationem *Graecam* in Septuaginta. Huius observationis interest propter Epist. IX (hortatio virginum in studium) et Abaelardi ipsius scientiam linguarum veterum.]

[79] Eccli. 1, 4. [80] Eccli. 1, 9.

[81] De differ. topic. l. 2, PL 64, 1191 D. [82] Cf. supra p. 28,209.

Δ [84–89: Ed. Mews III,690–6 legit cum B versus Ostlender ‚inanimatum' pro ‚animatum', quod sensum logicum *non variat*. Suspicor auctorem amantem exempla fortia (cf. Ethica) memorem fuisse 136,162 sqq (corpus in archa = corpus inanimatum, iam in E).]

zuvor nicht war. ‚Im eigentlichen Sinn‘ (proprie) fügten wir * zwecks Präzisierung deshalb hinzu, weil die Schrift wohl auch ununterschieden ‚gezeugt werden‘ für ‚geschaffen werden‘ sowie ‚Erzeuger‘ für ‚Schöpfer‘ und umgekehrt mißbraucht. Z. B. wenn *Plato* sich auf den “Erzeuger des Alls, Gott” beruft, oder wenn wir vom Buch der ‚Genesis‘ sprechen, was [griechisch] ‚Erzeugung‘ und mithin ‚Schöpfung‘ meint, verstehen wir unter ‚Erzeuger‘ Schöpfer und unter ‚Erzeugung‘ Schöpfung.

Umgekehrt wurde wohl ‚geschaffen werden‘ für ‚gezeugt werden‘ gesagt, wenn die Weisheit in den ‚Sprüchen‘ sagt: ‘Der Herr schuf mich als den Anfang seiner Wege’, oder wenn es im Buch ‚Jesus Sirach‘ heißt: ‘Als allererste wurde die Weisheit geschaffen und die Einsicht der Klugheit von Ewigkeit an’, und endlich: ‘Er selber erschuf sie im Hl. Geist’.

Damit stimmt *Boethius’* These überein, wenn er in den ‚Topiken‘ sagt: “Trefflich sieht man das Proprium eines * Vaters darin, ‚Procreator‘ zu sein, weil dasjenige des Sohnes darin besteht, ‚hervorgebracht‘ (procreatus) worden zu sein”. Dagegen vertauschte *Mercurius* ‚gemacht werden‘ mit ‚gezeugt werden‘, wenn er schreibt: “Er ‚machte‘ einen zweiten Herrn”. Denn korrekt sagen wir nur von einem solchen ‚es wird geschaffen oder gemacht‘, das vom Nichtsein zum Sein geführt wurde, und *‚Schöpfung‘* darf im eigentlichen Sinn *allein Gott* zugeschrieben werden.

* Von *‚Zeugung/Hervorbringung‘* spricht man dagegen zutreffend überall dort, wo etwas aus der Substanz eines anderen ist, sei es, daß die beiden zugleich sind, oder daß das eine vor dem anderen ist. Denn ein beseelter Körper ist aus einem Körper und die Strahlung [ist] von der Sonne dergestalt, daß sie immer zugleich gewesen sind, während das wächserne Bild später ist als das Wachs. Wir verbinden die Formulierungen ‚der beseelte Körper ist aus dem Körper‘, ‚der Mensch aus dem Lebewesen‘ und ‚das Wachsbild aus dem Wachs‘ mit folgendem Sinn: Dasjenige, das ein beseelter Körper ist, ist dergestalt ein Körper, daß es insofern, als es ein beseelter Körper ist, impliziert, daß es ein Körper ist, aber nicht umgekehrt.

Atque ad hunc modum sapientiam dicimus esse ex potentia, hoc est filium gigni ex substantia patris, cum videlicet ipsa sapientia ita sit potentia, id est hoc ipsum quod est filius, sit pater, quod ex eo quod sapientia est, id est potentia discernendi, exigit quod sit potentia, sed non e converso.

Attende itaque ad hanc similitudinem qua dicunt philosophi speciem ex genere gigni[83], illum summum philosophorum *Platonem* mentem, quam noym appellat[84], ex deo natam esse asserere, hoc est filium ex ipsa patris O 8 substantia esse, cum videlicet ipsius sapientiae hoc ipsum esse sit quod est potentia, cum ipsa scilicet sapientia quaedam, ut dictum est, potentia sit, sicut homini hoc ipsum esse est quod animal est, cum ipse homo quoddam animal sit atque ex hoc ipso, quod homo est, exigat, ut animal sit, sed non e converso.

Quod autem ex hoc quod homo est, exigat, quod animal sit, sed non e converso, ipsorum nominum vis ipsa sententiae protestatur, cum hoc nomen ‚homo', quod sonat ‚animal rationale mortale', totam animalis naturam demonstret et insuper rationale et mortale determinet, ‚animal' vero hoc nomen simpliciter naturam animalis assignet, hoc est substantiam animatam sensibilem, non etiam rationalitatem et mortalitatem determinet. Sic et ‚filius' hoc nomen, quod sonat sapientiam, id est potentiam discernendi, cum ‚pater' hoc nomen simpliciter potentiam sonet, ex ipsa vi sententiae suae monstrat filium ex ipsa patris substantia esse modo iam *supra*[85] exposito.

Cum autem ad generationem speciei duo conveniant, genus quidem tamquam materia et differentia tamquam forma, utpote in homine animal ipsum et rationalitas sive mortalitas: ex substantia, ⟨id⟩ est essentia generis, non ex substantia differentiae species esse recte perhibetur, cum ipsa generis essentia sit essentia speciei, quia hoc ipsum

[83] Cf. supra p. 204,47 sq.
[84] Macrobius, In Somnium Scipionis l. 1 c. 2 n. 14. ed. Eyssenhardt 482, 12–15.
[85] Cf. supra p. 204,42 sqq.

Dem entspricht unsere These, wonach ‚die Weisheit aus der Macht ist, d. h. der Sohn aus der Substanz des Vaters gezeugt wird'; denn die Weisheit ist selber eine Macht, d. h. dies selbe, das Sohn ist, ist Vater, weil [die Weisheit] insofern, als sie Weisheit und die Macht zu unterscheiden ist, impliziert, daß sie eine Macht ist, aber nicht umgekehrt.

Beachte daher: Gemäß derjenigen Analogie, nach der die Philosophen von der *Art* behaupten, *daß sie aus der Gattung erzeugt* wird, versichert jener überragende Philosoph *Plato:* Der Geist, den er ‚nous' nennt, stammt von Gott ab. Mithin ist er ein Sohn von der Substanz des Vaters. Zur Weisheit gehört genau solch ein Sein, wie es die Macht hat, weil die Weisheit wie gesagt eine Art Macht ist. Analog hat der Mensch präzis das Sein, das ein Lebewesen hat, da der Mensch ein bestimmtes Lebewesen ist und insofern, als er Mensch ist, impliziert, daß er ein Lebewesen ist, aber nicht umgekehrt.
Diesen Sachverhalt (daß er insofern, als er Mensch ist, impliziert, ein Lebewesen zu sein, aber nicht umgekehrt) belegt die Bedeutungskraft der Namen selber. Der Name ‚Mensch', der bedeutet: Lebewesen, vernünftig und sterblich weist hin auf die Vollnatur eines Lebewesens und bestimmt es darüber hinaus als ‚vernünftig' und ‚sterblich'. Dagegen schreibt der Name ‚Lebewesen' einfach die Natur eines Lebewesens zu: beseelte und empfindungsfähige Substanz, d. h. er schließt nicht auch die Vernünftigkeit und Sterblichkeit mit ein. Entsprechend weist der Name ‚Sohn', der Weisheit und die Macht zu unterscheiden bedeutet (wohingegen der Name ‚Vater' einfachhin Macht bedeutet), aufgrund seiner Bedeutungskraft darauf hin, daß der Sohn nach der erläuterten Weise der Substanz des Vaters entstammt.

Wenn nun zwecks Erzeugung der Art zwei zusammenkommen – *die Gattung sozusagen als Materie und die Differenz als Form,* z. B. im Menschen das Lebewesen als solches nebst Vernünftigkeit und Sterblichkeit – so wird korrekt dargelegt, daß die Art aus der Substanz, d. h. der Essenz der Gattung, *nicht* aus der Substanz der Differenz ist. Denn die Essenz der Gattung ist die Essenz der Art, weil

homo est quod animal est, sed non id ipsum homo est quod est rationalitas sive mortalitas. Atque in hunc modum filius ex ipsa substantia patris esse asseritur, hoc est sapientia ex potentia, cum videlicet hoc ipsum quod potentia est, sit sapientia, cum ipsa, ut dictum est, sapientia quaedam sit potentia, atque ipsi sapientiae hoc etiam ipsum esse sit quod est potentia, cum ipsa, ut dictum est, sapientia eo ipso, quod sapientia est, quaedam sit potentia.
Et attende quod, licet in homine eadem essentia sit homo et animal, vel in cerea imagine idem sit cerea imago quod cera ipsa: homo tamen ex animali est, ut *supra*[86] expositum est, et cerea imago ex cera, non animal ex homine vel cera ex cerea imagine, neque animal ex animali vel cera ex cera, neque homo ex homine vel cerea imago ex cerea imagine, sed homo tantum ex animali et imago cerea ex cera.
Sic et licet idem sit numero sive essentialiter sapientia quod potentia, hoc est filius quod pater: sapientia tamen ex potentia est modo *superius*[87] exposito, quod est filium gigni ex patre, non potentiam ex sapientia, quod esset patrem gigni ex filio, vel potentiam ex potentia, vel sapientiam ex sapientia, quod esset idem ex se ipso gigni. At ve- O 9
ro, si idem essent diffinitione sapientia et potentia, vel homo et animal, vel cerea imago et cera, vel stilus et ferrum: tunc fortassis concedi oporteret quod, si sapientia esset ex potentia, vel homo ex animali, vel cerea imago ex cera, vel stilus ex ferro, idem esset ex se ipso atque per hoc ex se ipso gigneretur, ut supra expositum est.

Alioquin nullo modo verum est, immo falsum est quod idem ex se sit vel ex se gigneretur, quia tale est dicere idem ex se ipso esse vel ex se gigni, hoc est ex ipsa propria substantia esse, ac si dicatur aliquam rem ita se ipsa esse, quod ex eo quod ipsa est, exigit quod ipsa sit, sed non e conver-

[86] Cf. supra p. 204 sqq.
[87] Cf. supra p. 208.
Δ [156: Ed. Mews III,754 ‚seipsam' pro ‚se ipsa']

dies selbe, welches Lebewesen ist, Mensch ist, aber nicht dies selbe, das Vernünftigkeit und Sterblichkeit ist, Mensch ist. Dem entspricht die These, wonach der Sohn von der Substanz des Vaters, bzw. die Weisheit aus der Macht ist, weil dies selbe, das Macht ist, Weisheit ist, indem die Weisheit wie gesagt eine Art Macht ist. Zur Weisheit gehört präzis dies selbe Sein, wie es die Macht hat, da die Weisheit als solche eine Art Macht ist.

Merke: Obwohl im Menschen der Mensch und das Lebewesen essentiell übereinkommen, oder im Wachsbild dieses einerlei ist mit dem Wachs, besteht der Mensch trotzdem in der erläuterten Weise *aus* dem Lebewesen und das Wachsbild *aus* dem Wachs, nicht aber das Lebewesen aus dem Menschen oder das Wachs aus dem Wachsbild, noch das Lebewesen aus dem Lebewesen und das Wachs aus dem Wachs, noch endlich der Mensch aus dem Menschen und das Wachsbild aus dem Wachsbild. Vielmehr [gilt] prägnant: Der Mensch ist aus dem Lebewesen und das Wachsbild aus dem Wachs.

Auch wenn demnach die Weisheit und die Macht, bzw. der Sohn und der Vater, numerisch und essentiell übereinkommen, ist doch die Weisheit *aus* der Macht, mithin wird der Sohn vom Vater gezeugt, nicht die Macht von der Weisheit, was bedeutete, daß der Vater vom Sohn gezeugt wird, noch die Macht aus der Macht und die Weisheit aus der Weisheit, was bedeutete, daß einerlei von sich selbst gezeugt wird. Falls freilich die Weisheit und die Macht oder der Mensch und das Lebewesen oder das Wachsbild und das Wachs oder der Griffel und das Metall definitorisch übereinkämen, müßte [unter der richtigen Zusatzannahme], daß die Weisheit aus der Macht, der Mensch aus dem Lebewesen, das Wachsbild aus dem Wachs oder der Griffel aus dem Metall ist, wohl zugestanden werden: Eines ist aus sich selbst und wird durch sich aus sich selbst erzeugt.

Schon an und für sich ist auf keine Weise wahr und mit Sicherheit falsch, daß ein Selbiges aus sich ist, bzw. aus * sich gezeugt würde. Denn das hieße: Es ist aus der selb-eigenen Substanz, als ob man sagte, daß eine Sache dergestalt sich selbst ist, daß sie insofern, als sie ist, impliziert,

so, hoc est non ex eo quod exigit, quod ipsa sit, ⟨ipsa est⟩; quod omnino falsum est.

Nullo itaque modo aliquid ex se ipso gignitur[88], licet idem sit numero generans et generatum sicut materia et materiatum. Quippe qui dicit aliquid ex se esse, nihil his verbis diversum diffinitione innuit, sicut cum dicitur homo ex animali esse. Non enim sicut homo et animal diffinitione diversa assignant, ita etiam faciunt pronomina subiuncta nominibus, cum dicitur aliquid esse ex se, vel eandem rem ex se esse, cum videlicet ipsa quoque pronomina sicut praemissa nomina, ad quae referuntur, ipsam similiter essentiam demonstrent, cum omne pronomen proprie essentiam meram significet, hoc est non proprietatem etiam determinet aliquam.

Sed dicis mihi quod secundum hanc rationem non convenit dici[89] "deum de deo, lumen de lumine" propter filium, qui ex patre est, cum videlicet ‚deus' et ‚deus' et ‚lumen' et ‚lumen' idem sunt etiam diffinitione. Ad quod respondemus quod, cum dicimus deum esse de deo, vel Δ lumen ex lumine, ‚deus' et ‚deus', vel ‚lumen' et ‚lumen' determinate ad personas mittunt, tamquam diffinitionibus diversa sint, pro deo filio scilicet et pro deo patre accepta. Et cum dicimus ‚de deo' vel ‚de lumine', in ipsis praepositionibus ipsa relatio ostenditur inter generatum et generantem, hoc est filium et patrem, ideoque per appositas praepositiones ‚deus' et ‚deus' sive ‚lumen' et ‚lumen' ad personas magis quam ad substantiam sunt accomodata hoc loco.

Saepe autem voces ex adiunctis a propria significatione evocantur ad aliam, sicut *alias*[90] de translationibus trac-

[88] Cf. supra p. 106 sq.

[89] Symbolum Nicaeno-Constantinopolitanum, Enchir. Symbol. nr. 86.

[90] Logica ‚Ingredientibus', Super praedicamenta, ed. Geyer 121, 11 sqq.

Δ [177: Ed. Mews III,772 habet analoge ‚de' pro ‚ex'. Eadem variatio in 218,253 = ed. Mews III,841.]

was sie ist, aber nicht umgekehrt, mithin nicht aufgrund dessen, daß sie impliziert, was sie ist, als solche [erschließ-
* bar] ist, was gänzlich falsch ist.

Demnach wird keinesfalls etwas aus sich gezeugt, auch wenn das Zeugende und das Gezeugte wie die Materie und das Konstituierte numerisch einerlei sind. Gewiß weist, wer sagt: ‚etwas ist aus sich', mit diesen Worten nicht auf definitorisch Verschiedenes, wie wenn vom Menschen gesagt wird, daß er aus dem Lebewesen ist. Nicht nämlich in der Weise, wie ‚Mensch' und ‚Lebewesen' *definitorisch verschiedene* bezeichnen, richten dies die an die Stelle der Substantive gesetzten Pronomen aus, wenn gesagt wird ‚etwas ist aus sich' oder ‚dieselbe Sache ist aus sich'. Der Grund ist, daß auch diese Pronomen analog wie die vorhergeschickten Substantive, auf die sie bezogen werden, auf die Essenz selber weisen, da *jedes Pronomen eigentlich bloß die Essenz* bezeichnet, mithin nicht auch irgendein Eigenwesen.

Nun wendest du ein, daß es nach dieser Begründung im Blick auf den Sohn, der vom Vater ist, unstimmig ist zu sagen: "Gott von Gott, Licht von Licht", da ‚Gott' und ‚Gott' sowie ‚Licht' und ‚Licht' offensichtlich auch *definitorisch ineinsfallen.* – Stellungnahme dazu: Sagen wir ‚Gott ist von Gott her', bzw. das ‚Licht vom Licht', beziehen sich ‚Gott' und ‚Gott' sowie ‚Licht' und ‚Licht' *in definierter Weise und insofern auf die Personen, als sie definitorisch verschieden sind* und darunter Gott der Sohn und Gott der Vater aufgefaßt wurden. Und wenn wir formulieren ‚von Gott, bzw. vom Licht her', wird kraft
* der Präposition (de) auf die Beziehung zwischen dem Gezeugten und dem Zeugenden, dem Sohn und dem Vater, hingewiesen. Demnach wurden an diesem Ort vermittels der beigefügten Präpositionen ‚Gott' und ‚Gott', bzw. ‚Licht' und ‚Licht' eher auf die Personen denn auf die Substanz bezogen.

Oft werden Worte aufgrund des Beigefügten ihrer Eigenbedeutung auf eine andere hin enthoben, wie wir an anderem
* Ort dargelegt haben, als wir von den sog. *Übertragungen* handelten. Auch in diesem Werk belegten wir mit mehre-

tantes ostendimus et hic quoque pluribus confirmavimus exemplis quod nomen ex adiuncto significationem com- O 9 mutat. Cum dicimus ‚homo mortuus', quia tale est ‚homo', ac si diceretur ‚quod fuit homo', aut cum dicimus ‚auriga navis' pro remige, vel cum dicit *Aristoteles* in II *Peri Ermenias*[91], utrum contraria est affirmatio negationi aut oratio orationi, et *Boethius* in *Hypotheticis*[92], quod propositionem conditio sequatur vel conditionem propositio: per generale nomen speciem accipimus, hoc est per orationem affirmationem, per propositionem categoricam propositionem.

Sed et cum dicimus: ‚deus creavit omnia' et ‚Achilles superat omnes Graecos', ⟨‚omnia'⟩ praeter ⟨deum⟩ et ‚omnes Graecos' praeter Achillem intelligimus; et cum dicimus rem simplicem et propositionem simplicem, diversas significationes ex adiunctis contrahit ‚simplex'. Res quippe simplex est, quae ex pluribus non constat rebus, et propositio, quae non ex diversis propositionibus, et dictio, quae non ex diversis dictionibus. Et cum dicimus[93]: 'Bonum est sperare in domino, quam in homine', ipsa comparativi ad-
Δ verbii suppositio ‚bonum' pro ‚melius' poni exigit.

Sed et cum dicit *Aristoteles*[94] eorum quae in subiecto sunt, rationem non praedicari quidem de subiecto, per hoc quod praemissum est ‚in subiecto': eodem modo accipitur subiectum, cum subditur ‚de subiecto', cum antea idem Aristoteles, cum diceret ‚in subiecto' et ‚de subiecto', diverso modo subiectum acciperet, pro fundamento scilicet et supposito in substantia.

91 Boeth., In libr. Aristot. Περὶ ἑρμ. c. 14, ed. Meiser 1, 25, 1 sq.
92 Boeth., De syllogismo hypothetico l. 1, PL 64, 838 C.
93 Cf. Ps. 117, 8 sq.
94 Boeth., In Categ. Aristot. l. 1, PL 64, 184 B sq.
Δ [208: Secundum sensum vocabula ‚melius' et ‚bonum' commutanda sunt.]

ren Beispielen, daß ein Substantiv aus dem Beigefügten seine Bedeutung ändert [vgl. S. 161. 183. 189ff.]. Wenn wir formulieren ‚toter Mensch', bedeutet ‚Mensch', als ob man sagte ‚was ein Mensch gewesen ist', oder wenn wir sagen ‚Fahrer des Schiffes', [ist] ‚Ruderer' [gemeint]. Wenn *Aristoteles* im 2. Buch seiner ‚Lehre vom Satz' fragt, ob die Bejahung der Verneinung entgegengesetzt ist, bzw. ein Satz einem anderen, und wenn *Boethius* in seiner Erörterung des hypothetischen Syllogismus schreibt, daß die Bedingung entweder einer Aussage folgt oder eine Aussage der Bedingung, dann unterlegen wir dem allgemeinen Begriff den spezifischen Begriff, [meinen] nämlich mit ‚Satz' eine bejahende Rede und mit ‚Aussage' eine kategorische Aussage.

Des weiteren, sagen wir: ‚Gott schuf alles' oder ‚Achilles war allen Griechen überlegen', implizieren wir, daß alles außer Gott, resp. alle Griechen ausgenommen Achilles gemeint sind. Wenn wir von einer ‚einfachen Sache' und von einer ‚einfachen Aussage' sprechen, verbindet sich [das Attribut] ‚einfach' aus dem Hinzugefügten mit verschiedenen Bedeutungen. Denn eine Sache ist dann einfach, wenn sie nicht aus mehreren Sachen besteht, eine Aussage dann, wenn sie nicht aus verschiedenen Aussagen besteht und ein Redeteil [schließlich], wenn er nicht aus mehreren Redeteilen zusammengesetzt ist. Sagen wir: 'Gut ist es, auf Gott zu hoffen [mehr] als (quam) auf einen Menschen', verlangt die Setzung des komparativischen Adverbs, daß ‚besser' an die Stelle von ‚gut' gesetzt wird.

Ferner, wenn *Aristoteles* sagt, man spricht dem Subjekt [1] nicht Aufschluß über [all] dasjenige, was im Subjekt [2] ist, zu – wird [dann] in der Formulierung ‚dem Subjekt' der Subjektsbegriff in derselben Weise aufgefaßt, wenn fortgefahren wird ‚im Subjekt'? [Trifft das zu,] obgleich Aristoteles selber den Subjektsbegriff, als er zuvor [die Wendungen] ‚dem Subjekt' und ‚im Subjekt' gebrauchte, auf verschiedene Weise auffaßte, nämlich einmal als die Satzgrundlage [1] und dann als das in der Substanz [reell] Unterlegte [2]?

Nec solum nomina, verum etiam ceterae partes ex adiunctis significationes variant, ut cum dicimus ‚prata rident', id est florent, vel ‚facio domum', id est compono, vel ‚rideo illum', id est derideo, vel cum dicimus de eo qui modo stat, quod aliquando sedit. Sed et cum dicimus de stante modo, quod fuit sedens, participium ‚sedens' praesentis temporis significationem deponit. Et cum dicimus: ‚hoc corpus erit semper', hoc adverbium ‚semper' ad futurum tantum aspicit. Aut cum dicimus ‚in urbe' et ‚in urbem', vel ‚super Hectorem' et ‚super Hectore': pro diversitate casuum variatur significatio praepositionum. Quis etiam nescit singulas dictiones ad interrogationem redditas ex subintellectu praecedentium vim enuntiationis implere? O 9
Ut cum quaerimus: ‚quis legit?', et respondetur: ‚Socrates'; vel cum quaerimus: ‚quid agit Socrates?', et respondetur: ‚legit'. Cum itaque ex adiunctis voces significationem varient, recte *Tullius*[95] sensum scripturae ex praecedentibus vel subsequentibus diiudicari indicat.

Quid ergo mirum, si in *Symbolo Fidei* commune nomen trium personarum, quod est deus, vel lumen, ex appositis transeat in significationem personalium nominum? Ut cum praemissum sit[96] de filio: "ex patre natum ante omnia saecula" et statim adiungitur: "deum de deo, lumen de lumine", licet ex adiunctis sive praepositis orationibus sive interpositis praepositionibus ‚deum' et ‚deum', ‚lumen' et ‚lumen' determinate pro patre et filio accipi, cum dicimus: ‚deum de deo, lumen de lumine'.

Notandum vero quod, cum tam prophetae quam philosophi divinam generationem attingere ausi sunt, multo apertius philosophi[97] hanc designaverint dicendo ‚natum ex deo' sive ‚filium dei', quam prophetae dicendo ‚verbum

[95] De inventione l. 2 c. 40 n. 117, ed. Friedrich 1, 215, 23–25: "Deinde ex superiore et ex inferiore scriptura docendum id, quod quaeratur, fieri perspicuum".

[96] Symbolum Nicaeno-Const. I. c.

[97] Cf. supra p. 206 sq.

Nicht allein die Substantive, sondern auch die übrigen Satzteile variieren aufgrund des Beigefügten ihre Bedeutungen. Z. B. meint ‚die Wiesen lachen', daß sie blühen; ‚ich mache das Haus', daß ich die Aufsicht darüber führe; ‚ich belächle ihn', daß ich mich über ihn lustig mache. Oder wir sagen von einem, der eben erst steht, daß er zuvor saß. Wenn wir nun über den eben erst Stehenden sagen, daß er ‚sitzend gewesen ist', verliert das Partizip ‚sitzend' seine Bedeutung die gegenwärtige Zeit betreffend. Sagen wir: ‚dieser Körper wird immer sein', bezieht sich das Adverb ‚immer' lediglich auf das Zukünftige. Sagen wir ‚in der (in) Stadt' oder ‚zur (in) Stadt' sowie ‚neben (super) Hektor' und ‚über (super) Hektor', dann wechselt die Bedeutung der Präpositionen wegen der Verschiedenheit der grammatischen Kasus. Endlich, wer weiß nicht, daß vereinzelte, auf eine Frage hin artikulierte Redeteile aus dem Mitverständnis der vorangehenden den Umfang einer vollen Antwort erhalten? Z. B. wenn wir fragen: ‚Wer liest?' und geantwortet wird: ‚Sokrates'. Oder wenn wir fragen: ‚Was tut Sokrates?' und erwidert wird: ‚[er, sie oder es] liest'. Da also die Worte aufgrund des Beigefügten ihre Bedeutung ändern, weist *Tullius* darauf hin, daß der Sinn eines Passus aus dem Vorangehenden und Nachfolgenden beurteilt wird.
Was verwundert es daher, wenn im Glaubensbekenntnis der den drei Personen *gemeinsame Name* ‚Gott' oder ‚Licht' aus dem Hinzugefügten *übergeht in die Bedeutung der Personennamen?* Wie wenn über den Sohn vorausgeschickt wurde: "vom Vater abgestammt vor aller Zeit", und sogleich beigefügt wird: "Gott von Gott, Licht von Licht", steht es aufgrund der beigefügten und vorangestellten Redeteile, bzw. dazwischengesetzten Präpositionen frei, ‚Gott' und ‚Gott' sowie ‚Licht' und ‚Licht' in der definierten Weise mit dem Vater und dem Sohn zu identifizieren, wenn wir sagen: ‚Gott von Gott, Licht von Licht'.

Nunmehr gilt es kritisch anzumerken: Als sowohl die Propheten wie die Philosophen die göttliche Zeugung vorsichtig erwähnten, bezeichneten sie *die Philosophen* [vgl. S. 209], indem sie sagten ‚von Gott abgestammt' oder ‚Sohn Gottes', *um vieles deutlicher als die Propheten,* die

domini'. Et convenientius *Plato*[98] ipsam rationem sive sapientiam dei vocavit ,mentem', quam illi ,verbum', et commodius patrem appellavit ,deum', quam illi ,dominum'; ne forte, si diceret ,mentem domini' sicut ,mentem dei', quandam prolationis dignitatem videretur tribuere patri, quem dominum appellaret. Cum vero dicit ,filium' ac per hoc ipsum ex substantia patris ostendit, per ipsam substantiae unitatem indicat dignitatis aequalitatem.

Bene itaque *Christus* dominus verbis philosophorum maxime assentiens se filium dei magis quam verbum appellat dicens[99]: 'Pater clarifica filium tuum', non solum ideo, quod apertius philosophi quam prophetae hanc generationem distinxerunt, verum etiam, quia hanc fidem in gentibus maxime fructificaturam noverat, quae facilius a gentibus susciperetur, si aperte testimonio suorum doctorum, id est philosophorum, commendaretur.

Haec autem fides temporibus rudis populi a prophetis occultanda fuit. Tempore vero philosophorum multiplicato studio inquirendae veritatis una cum creaturarum doctrina crevit et creatoris intelligentia. Unde *Apostolus*[100]: 'Invisi- O 9
bilia, inquit, ipsius a creatura mundi, per ea quae facta sunt, intellecta conspiciuntur'; quia cum omnis notitia humana a sensibus surgat, ex rerum visibilium similitudine invisibilium naturam ratio vestigavit; verbi gratia ex generatione visibilis rei et corporeae, sicuti cereae imaginis ex cera, vel hominis ex animali, generationem verbi ex patre.

Quod autem per successionem tum studio tum ingenio scientiae convaluerunt, considerabat *Daniel,* licet cum dicebat[101]: 'Pertransibunt plurimi, et multiplex erit scien-

[98] Macrobius l. c.
[99] Ioh. 17. 1.
[100] Rom. 1, 20.
[101] Dan. 12, 4.

‚Wort des Herrn' sagten. Angemessener als jene mit ‚Wort' bezeichnete *Plato* die Vernunft oder die Weisheit Gottes mit ‚Geist/Bewußtsein' (mens). Und zuträglicher als jene den Namen ‚Herr', nannte er den Vater ‚Gott', um nicht scheinbar, indem er ‚Geist des Herrn' statt ‚Geist Gottes' sagen würde, dem Vater (den er ‚Herr' nennen würde), diesen Würdeausdruck zuzuschreiben. Indem er aber von einem ‚Sohn' spricht und insofern zeigt, daß er aus der Substanz des Vaters ist, unterstreicht er mit der Einheit-
* lichkeit der Substanz die Gleichheit der Würde.

Den Worten der Philosophen zustimmend, nennt sich *Christus* der Herr trefflich eher ‚Sohn Gottes' als ‚Wort': 'Vater, erleuchte deinen Sohn!' [Er tat dies] nicht allein deshalb, weil die Philosophen diese Zeugung deutlicher als die Propheten begrifflich erarbeiteten, sondern auch weil er wußte, daß dieser Glaube bei den Völkern ausnehmend fruchtbar werden würde. Leichter würde er nämlich bei den [heidnischen] Völkern Aufnahme finden, falls er deutlich durch das Zeugnis ihrer Lehrer, der Philosophen, empfohlen sei.

Anderseits mußte dieser Glaube von den Propheten zu Zeiten eines noch unkultivierten Volkes verborgen werden. Aber *in der Zeit der Philosophen* vervielfachte sich der Eifer zur Erforschung der Wahrheit, und es wuchs ineins mit der Lehre von den Geschöpfen die Einsicht in ihren Schöpfer. Darum sagt der *Apostel*: 'Das Unsichtbare von Ihm wird ausgehend von der Schöpfung der Welt, vermittels der Erkenntnis dessen, was geschaffen wurde, erblickt'. Denn wie jede menschliche Erkenntnis von den Sinnen anhebt, erforscht die Vernunft die Natur der unsichtbaren Dinge aufgrund ihrer Ähnlichkeit mit den sichtbaren Dingen, z. B. in Analogie zur ‚Hervorbrinung und Zeugung' eines sichtbaren und körperlichen Dinges wie des Wachsbildes aus dem Wachs oder des Menschen aus dem Lebewesen die Zeugung des Wortes vom Vater.

*Daniel* hatte im Auge, daß sich die Wissenschaften in ihrer Aufeinanderfolge sowohl durch harte Arbeit als Erfindungsgabe konsolidierten, als er ankündigte: 'Viele [Jahre] werden vorübergehen, und es wird eine vielverzweigte Wis-

tia'; et *Psalmista*[102] teste *Gregorio*[103], ubi ait: Deus in gradibus dignoscetur.

Haec quidem de generatione verbi ex deo patre breviter perstrinximus, hoc est divinae sapientiae ex divina potentia sive ex omnipotentia.

Sed dum quaerimus quaestiones expedire, difficiliores fortassis incurrimus controversias, et dum quosdam dissolvimus nodos, aliis fortioribus nos alligamus. Ecce enim secundum priorem rationem de generatione verbi ex patre, hoc est sapientiae ex omnipotentia, si videlicet vocabulo patris non simpliciter potentiam, sed etiam omnipotentiam exprimamus, videmur cogi concedere filium esse naturaliter priorem patre, cum scilicet ipsa sapientia, hoc est potentia discernendi, ut dictum est, quasi quaedam pars constitutiva sit omnipotentiae. Secundum vero eam rationem qua per nomen patris non omnipotentiam, sed simpliciter divinam potentiam intelligimus, e converso videtur, ut videlicet pater potius filio prior sit, quam filius patre, hoc est divina potentia prior sit quam divina sapientia, sicut animal homine et quaelibet materia materiato, de quibus *superius*[104] inducta ⟨est⟩ similitudo ad propositae generationis modum disserendum.

Sed et iuxta *Aristotelem,* qui in tractatu prioris[105], ubi videlicet secundum modum prioris exsequitur, docet illud naturaliter prius esse altero, quod necessario consequitur ad illud, sed non convertitur, ut videlicet e converso antecedat, sicut unum duobus prius est et quodlibet superius inferiori, quis dubitat patrem priorem esse filio, hoc est O 9
potentiam sapientia, cum sapientia, hoc est potentia discernendi, quoddam sit inferius, id est species potentiae, sicut est homo animal, ac per hoc, ut dictum est, posterior illa?

102 Ps. 129, 1 (Canticum graduum).

103 Cf. In septem Psalmos poenitentiales expositio, Ps. 6, PL 79, 632 A–C; 636 C: "ut gradibus eisdem ad deum accedant".

104 Cf. supra p. 208 sq.

105 Boeth., In Categ. Aristot. l. 4, PL 64, 284 B.

senschaft geben'. Desgleichen [drückt das] nach *Gregor* der *Psalmist* [aus], wo er sagt: Gott wird stufenweis und fortschreitend erkannt werden.

Soweit unser kurzer Streifzug betreffend die Zeugung des Wortes vom Vater, d. h. der göttlichen Weisheit aus der göttlichen Macht oder Allmacht.

Während wir Probleme zu lösen streben, treffen wir auf vermutlich noch schwierigere Streitpunkte; indem wir bestimmte Knoten auflösen, verwickeln wir uns in andere und hartnäckigere! Überleg nämlich: *Gemäß der erstgenannten Erklärungsart* [S. 203f.] zur Zeugung des Wortes vom Vater, d. h. der Weisheit aus der *Allmacht* (wenn wir mit dem Wort ‚Vater' nämlich nicht einfach Macht, sondern Allmacht ausdrücken), scheinen wir zum Eingeständnis veranlaßt zu werden, daß *der Sohn von Natur aus vor dem Vater ist,* da die Weisheit, die Macht zu unterscheiden, gewissermaßen eine Art konstitutiver Teil der Allmacht ist. *Gemäß der* [*anderen*] *Erklärungsart,* wonach wir unter dem Namen ‚Vater' nicht Allmacht, sondern *schlicht göttliche Macht* verstehen [205–209], scheint im Gegensatz *eher der Vater vor dem Sohn* als der Sohn vor dem Vater, mithin die göttliche Macht vor der göttlichen Weisheit zu sein, analog dem Lebewesen verglichen mit dem Menschen oder einem beliebigen Stoff verglichen mit dem daraus Aufgebauten (auf diese Beispiele bezogen wurde oben eine einschlägige Analogie dargelegt).

Aber auch nach *Aristoteles,* der bei seiner Behandlung
* von Antezedenz, wo er nämlich den *zweiten Modus von ‚früher'* entwickelt, lehrt: Jenes ist ‚von Natur aus vor einem anderen', [wenn] das letztere zwingend auf jenes folgt, aber nicht umgekehrt vorhergeht, so wie ‚eins' verglichen mit ‚zwei' früher ist und ein beliebiger Oberbegriff vor einem untergeordneten. Wer zweifelt nun, daß der *Vater vor* dem Sohn ist, mithin die Macht vor der Weisheit, da die Weisheit als Macht des Urteilens gewissermaßen ein untergeordneter Begriff ist, d. h. analog zu Mensch und Lebe-
* wesen eine Art von Macht (species potentiae) und insofern wie behauptet später als diese?

Quod si quis forte hunc modum prioris a deo patre per hoc removere nitatur, quod dicat potius divinam potentiam et divinam sapientiam a se mutuo converti, cum videlicet neutra absque altera possit esse: tunc quoque obicietur quod sit pater prior filio secundum quintum prioris modum, quemque ipse *Aristoteles* ex sua parte addidisse videtur et maxime commendasse, ut videlicet digne prius dicatur sic[106]: "Videtur autem praeter eos qui dicti sunt, alter esse prioris modus; eorum enim quae convertuntur secundum essentiae consequentiam, id quod alteri quolibet modo causa est, digne prius natura dicatur".
Quis patrem vere esse causam filii neget, cum ex ipso sit filius, non pater ex filio, immo nec ab aliquo pater sit, sed a se ipso tantum? Quis etiam dubitet omne generans esse principium generati, cum videlicet ei quod generat, esse conferat? Unde etiam dicimus[107] patrem ‚principium sine principio', filium ‚principium de principio', hoc est de patre.

Sed ab his quoque obiectis, si diligentius inspiciamus quae dicta sunt et quae opposita, facile nos expediemus nec ullum inconveniens ex superius inductis incurremus similitudinibus, si videlicet in eo tantum accipiuntur similitudines in quo sunt inductae. Omnis quippe similitudo aliqua ex parte inducitur, et nulla similitudo per omnia discurrit, quia omne simile in aliquo dissimile[108] esse necesse est. Si qua ergo similitudo in eo tantum est accipienda ad quod affertur, maxime in deo ad quem, ut dictum[109] est, minus plenae similitudines inveniuntur, cum longe a creaturis suis natura divinitatis diversa sit.

[106] L. c. 285 D.

[107] Cf. Augustinus, Contra Maximum Arianorum episcopum l. 2 c. 17 n. 4, PL 42, 784: "Pater ergo principium non de principio, Filius principium de principio".

[108] Cf. Boeth., In Porph. Ed. 2, ed. Brandt 152, 16 sq.: "simile et dissimile aliud alii esse proponimus". Vide notam secundo subsequentem.

[109] Vide supra p. 122, 186.

Jemand mag sich nun bestreben, diese Art des ‚früher' von Gott dem Vater insofern zu entfernen, als er sagt: Die göttliche Macht und die göttliche Weisheit lassen sich *eher wechselweise* ineinander überleiten, weil nämlich keines von beiden ohne das andere sein kann. Dann wird entgegengehalten: Der Vater ist vor dem Sohn nach dem *fünften Modus von Antezedenz,* den *Aristoteles* aus freien Stücken hinzugefügt zu haben scheint und besonders ans Herz legte, indem ‚früher' passend wie folgt definiert wird: "Es scheint nun außer den Modi, die aufgezählt wurden, einen weiteren Modus des ‚früher' zu geben: Von solchem, das sich in
* der Abfolge seiner Prädikation (essentia) auseinander herleiten läßt, ist dasjenige, das für das andere irgendwie Ursache ist, füglich als das von Natur aus ‚Frühere' zu bezeichnen".
Da der Sohn vom Vater ist, [und] nicht der Vater vom Sohn noch von irgendeinem Vater, vielmehr ausschließlich von sich selber – wer bestreitet, daß der Vater wirklich *Ursache* des Sohnes ist? Wer möchte ferner in Zweifel ziehen, daß jedes Zeugende ein *‚Prinzip'* des Gezeugten ist, da es doch dem, das es zeugt, Sein verleiht? Folglich behaupten wir: Der Vater ist ‚Prinzip ohne Prinzip' und der Sohn ‚Prinzip vom Prinzip', mithin vom Vater.

Selbst von den *folgenden Bedenken,* wenn wir sorgfältig die Thesen und Gegenthesen untersuchen, werden wir uns leicht freimachen und keineswegs aufgrund der oben eingeführten Analogien auf irgendetwas Ungereimtes stoßen, vorausgesetzt, die Analogien werden nur in dem Punkt akzeptiert, im Blick auf den sie eingeführt wurden. Denn *jede Analogie* wird aufgrund eines bestimmten Aspekts eingeführt, und keine durchläuft sie allesamt, weil jedes Ähnliche notwendig in irgendetwas unähnlich ist. Wenn auf diese Weise also eine Analogie nur in demjenigen akzeptiert werden darf, auf das hin man sie beibringt, so gilt das vornehmlich [im Aussagebereich] von Gott, in bezug auf den wie gesagt [123] nur mangelhafte Analogien gefunden werden, da die Natur der Gottheit außer Reichweite von ihren Geschöpfen verschieden ist.

Quas tamen deus ex aliqua respicit similitudine[110], cum in pluribus ex eis disiuncta sit[111], et frequenter etiam ex his O 9 similitudines ad eum inducuntur, in quibus est vitium[112] manifestum. Veluti cum eum dicimus paenitere, vel iram aut furorem[113] habere, vel oblivisci[114] vel ignorare patrata, cum videlicet paenitentia semper ad correptionem culpae soleat aspicere et ira aut furor tormenta sint animi, vel ignorantia sive oblivio aperte sit vitium, sicut eorum contraria virtutes sunt.

Quid ergo mirum, si cum ad omnes creaturas aliquam habeat deus similitudinem, atque ex his quoque inducatur similitudo quae aperte ad vitium spectant: ipsum in aliquo tamquam partem constitutivam, in aliquo tamquam materiam consideremus, hoc est similem in aliqua re parti vel materiae, cum tamen ipse non sit in eo quod simile est parti vel materiae, vel pars vel materia dicendus?

Pars quippe constitutiva alicuius recte non dicitur, nisi quod alicui esse conferat constituendo ipsum. Quod vero necesse est esse atque ideo aeternum, omnino caret principio, a quo esse contrahat, ut iam ex *supra*[115] expositis

110 Cf. Ioh. Scottus, De divis. nat. l. 1 c. 66, PL 122, 510 D sq.: "Non autem irrationabiliter, ut saepe diximus, omnia, quae a summo usque deorsum sunt, de eo (scil. deo) dici possunt *quadam similitudine*, aut *dissimilitudine*, aut contrarietate, aut oppositione, quoniam ab ipso omnia sunt, quae de eo praedicari possunt. Non autem *similia* sibi solummodo condidit, sed etiam *dissimilia*, quoniam ipse *similis* est *et dissimilis*". L. c. c. 67, 512 B: "ex *natura condita ad naturam conditricem* transformatione quadam figurataque significatione *transferuntur*". – Cf. Guillelm. Campell., Sententiae vel Quaestiones 1, ed. Lefèvre 22: "per quandam similitudinem".

111 Scil. natura divinitatis.

112 Cf. Ioh. Scottus l. c. 511 A: "Nullum enim *vitium* invenitur, quod non sit alicuius virtutis umbra, aut quadam fallaci similitudine, aut aperta contrarietate. Similitudine quidem, ut superbia verae potentiae umbram gerit, luxuria quietis, *furor* fortitudinis, *ira* correctionis iustitiaeque, et similia. Cf. etiam Guillelm. Campell. I. c. 23: "ut de furore dei et ira".

113 Cf. nota praecedens.

114 Cf. Ioh. Scottus. I. c. 512 A: "translationes ex . . . oblivione".

115 Cf. supra p. 166, 175.

Dennoch bezieht sich Gott vermittels irgendeiner Analogie auf die Geschöpfe, auch wenn er in den meisten [Wesenszügen] von ihnen geschieden ist, und häufig wird sogar, was Ihn betrifft, aus solchen Analogien geschlossen, bei denen eine Defizienz offenkundig ist. Z. B. sagen wir, daß er bereut, ärgerlich ist oder Wut verspürt, vergißt oder Fehltritte übersieht, obwohl Reue gewöhnlich mit einem Tadel angesichts von Schuld korreliert, Ärger und Wut heftige Wirkungen aufs Gemüt sind und Unkenntnis und Vergessen offenbar Verfehlungen sind wie ihr Gegenpart Tugenden.
Weil indessen *Gott bezogen auf alle Geschöpfe irgendeine Ähnlichkeit hat,* was verwundert es, wenn man sogar eine Analogie aufgrund von Eigenschaften einführt, die sich auf eine Defizienz beziehen? In der einen Hinsicht wollen wir Ihn sozusagen als einen ‚konstitutiven Teil', in einer anderen als ‚Stoff' (materia), mithin *als irgendworin einem Teil oder der Materie ähnlich,* betrachten, obzwar er selber insofern, als er einem Teil oder der Materie ähnlich ist, doch weder als ‚Teil' noch als ‚Materie' bezeichnet werden darf.

Denn *‚konstitutiver Teil'* von etwas wird zu Recht nur dasjenige genannt, das etwas Sein verleiht, indem es dieses konstituiert. Was aber notwendig Sein ist und folglich ewig, entbehrt gänzlich eines Prinzips, von dem es Sein bezieht, wie aus dem [S. 23 und 167] Dargelegten erhellt. Da-

manifestum est. Unde nec omnipotentia dei aut sapientiam eius aut aliquid aliud principium habere potest. Quam tamen quodammodo similem esse toti constitutivo monstravimus, ita quidem quod, quemadmodum totum ad plures partes, quas continet, se habet, eas scilicet comprehendendo, ita omnipotentia ad sapientiam in se ita comprehensam quantum ad effecta, quod deus ex omnipotentia sua aeque omnia efficere potest, ex sapientia vero tantum discernere valet.

Quis etiam neget filium quasi partem patris dici, quem constat dexteram[116] patris seu brachium appellari? Aut quis O 9 neget deum quasi totum accipi, cum sub quodam similitudinis typo modo oculos vel aures, modo manus vel pedes seu etiam caput ac ceterorum quoque membrorum officia ⟨ei⟩ solent assignari?

Quippe nisi de ipso more creaturarum loquimur, quid est quod de ipso demonstrare possimus? Unde et nonnunquam bestiarum quoque et avium seu reptilium nec non materiarum vocabula, et similitudine aliqua congrue, ad ipsum translata[117] sunt, et fere rerum omnium nominibus non incongrue designatur, qui universis quae condidit, aliquam sui reliquit imaginem[118], ut ex operibus suis artifex[119] ipse innotesceret, et per similitudinem creaturarum, quod de eo recte creditur, defendi atque assignari valeret.

Quis etiam nesciat ipsius quoque divinitatis nomen ad ministros eius translatum esse, cum scriptum[120] sit: 'Ego dixi: dii estis', et rursus[121] : 'Deus deorum dominus locutus est', et in *Moyse* legatur[122] : 'Si dixerit servus: Diligo domi-

[116] Cf. Ps. 43, 4: 'dextera tua et brachium tuum'.

[117] Cf. Ioh. Scottus l. c. 512 C: "significativa naturalium seu non naturalium naturae *conditae* motuum verba de natura conditrice *translative*, non autem proprie posse praedicari".

[118] Cf. Gen. 1, 26 sq.

[119] Cf. Sap. 13, 1.

[120] Ps. 81, 6.

[121] Ps. 49, 1.

[122] Exod. 21, 5.

rum kann die Allmacht Gottes auch nicht ihre Weisheit oder sonst etwas zum ‚gründenden Anfang‘ (principium) haben. Wir wiesen auf, daß sie trotzdem auf eine gewisse Weise einem konstituierten Ganzen ähnlich ist: Wie ein Ganzes sich auf mehrere Teile, die es enthält, bezieht, indem es diese in sich befaßt, so [setzt sich] die Allmacht zu der in ihr einbegriffenen Weisheit [ins Verhältnis], und zwar rücksichtlich der Wirkungen. Denn Gott kann *alles* aufgrund seiner *All*macht in Gerechtigkeit bewirken, aufgrund der Weisheit vermag er aber *lediglich* zu unterscheiden.

Wer möchte denn bestreiten, daß der Sohn, den man notorisch als ‚die Rechte oder den Arm des Vaters‘ anspricht, eine Art ‚Teil‘ des Vaters genannt wird? Oder will jemand leugnen, daß Gott gleichsam als ein Ganzes aufgefaßt wird, wenn man ihm nach einer bildlichen Analogie bald Augen oder Ohren, bald Hände oder Füße oder auch ein Haupt und die Dienste der übrigen Glieder zuzuschreiben pflegt? Allerdings, wenn wir nicht nach einem kreatürlichen Modell von Ihm sprechen, was gibt es, auf das wir Ihn betreffend zeigen könnten? Darum wurden passend bisweilen die Ausdrücke für wilde Tiere, Vögel und Reptilien, ja sogar materieller Gegenstände vermittels irgendeiner Analogie auf Ihn angewandt. Ja, er wurde nicht ohne guten Sinn beinahe mit dem Namen *aller* Dinge bezeichnet, der er in allem, das er begründete, irgendwie ein Bild von sich zurückließ, um als Schöpfer aus seinen Werken bekannt zu werden, und damit durch die Analogie mit den Geschöpfen verteidigt und präzisiert werden konnte, was über Ihn zu Recht geglaubt wird.

Wer wüßte nicht, daß sogar der Name der Gottheit auf ihre Diener bezogen wurde, wenn geschrieben steht: ‘Ich habe gesagt: Götter seid ihr’, und auch: ‘Gott, der Herr der Götter, hat gesprochen’. Auch bei *Mose* ist nachzulesen: ‘Wenn der Sklave erklärt: ‚Ich liebe meinen Herrn, meine Frau

num meum et uxorem ac liberos, non egrediar liber: offeret eum dominus diis' etc.

Cum itaque omnia ex aliqua similitudine summum principium, quod deus, aspiciant ideoque mutuo ipsorum vocabula ad alterutrum transferantur: quis abhorreat divinam potentiam aut sapientiam quadam similitudine totius et partis *superius*[123] assignata se habere, cum tamen ideo neutram alterius aut totum aut partem dici conveniat?

Nec minus abhorrendum atque omnibus modis anathematizandum est divinam potentiam esse materiam divinae sapientiae, quamvis quandam similitudinem ad ipsam habeat, ut *supra*[124] quoque docuimus, secundum, inquam, generationis naturam expositam, non secundum materiae proprietatem.

Materias quippe in II *Topicorum*[125] diffiniens *Boethius* dicit eas esse "quae specierum formas subiectae suscipiunt", hoc est quibus adveniunt formae, per quas scilicet formas species, id est materiatum aliquod, subsistit. At vero in deo nullae formae penitus sunt, ideoque nec materia aliqua nec materiatum in ipso est, sed tamen simile materiae sive materiato, non in proprietate materiae sive materiati, sed in natura generationis superius exposita, O 97
quod videlicet, quemadmodum materiatum ex materia est, utpote stilus ex substantia ferri, vel homo ex animali, ita sapientia ex potentia, hoc est filius ex patre, cum videlicet id quod sapientia est, ita sit potentia, quod ex eo quod sapientia est, necessario exigit, ut sit potentia, sed non e converso.

Quod vero obiectum est iuxta *Aristotelis* rationem divinam potentiam naturaliter priorem esse divina sapientia, hoc est patrem filio, sive illo modo prioris quem

123 Cf. supra p. 202,16 sq. et 27.
124 Cf. supra p. 208, 120.
125 Cf. De differ. topic. l. 2. PL 64, 1189 C.

und meine Kinder und möchte nicht freigelassen werden', so soll ihn der Herr den Göttern vorführen' etc.
Da somit alles durch eine Analogie zum höchsten Prinzip, Gott, in Beziehung steht, und sich die Benennungen folglich im Wechsel aufeinander übertragen lassen, wer findet es skandalös, wenn die göttliche Macht und die Weisheit *nach einer bestimmten Analogie von Ganzem und Teil* [vgl. 203 f.] einander korrelieren, auch wenn man übereinkommt, keines von ihnen deshalb des anderen ‚Ganzes' oder ‚Teil' zu nennen?

Nicht weniger muß man vor der These zurückschaudern und sie in jeder Hinsicht streng verurteilen, wonach die göttliche Macht der ‚Stoff' der göttlichen Weisheit ist, obgleich sie, wie [209 ff.] erläutert, eine *gewisse Analogie zur Materie* aufweist, und zwar, wohlgemerkt, der dargelegten Natur der Zeugung, nicht dem Eigenwesen der Materie nach.
Als *Boethius* im 2. Buch der Topiken [das Wesen der] ‚Stoffe' definiert, sagt er, daß sie es sind, "die als Zugrundeliegende die Formen der Arten aufnehmen", denen sich mithin die Formen beigesellen, durch welche die Art, d. i. ein aus Stoff Aufgebautes, subsistiert. Freilich gibt es in Gott absolut keine Formen, folglich gibt es weder ‚Stoff', noch ein daraus Aufgebautes in Ihm, aber doch eines, [das] dem Stoff und dem daraus Aufgebauten *analog* [ist], nicht zwar was das Eigenwesen von Stoff oder des daraus Aufgebauten, sondern was die erläuterte Natur der Zeugung betrifft. Denn auf die Weise, wie das Aufgebaute aus einem Stoff ist, z. B. der Griffel aus der Substanz von Eisen oder der Mensch aus dem Lebewesen, ist die Weisheit aus der Macht, d. h. der Sohn vom Vater, weil nämlich das, was Weisheit ist, dergestalt Macht ist, daß es insofern, als es Weisheit ist, impliziert, daß es Macht ist, aber nicht umgekehrt.

In Anlehnung an *Aristoteles'* Theoreme, nämlich jenen Modus von ‚früher', den er als *zweiten* anführt, und denjenigen, den er als *fünften* hinzufügt [vgl. 221 und 223], führte man ins Feld, daß die göttliche Macht *von Natur aus vor* der göttlichen Weisheit, bzw. der Vater *vor* dem

Aristoteles secundum ponit, sive quem ipse quintum adiungit[126], pluribus fortassis modis refelli potest.

Primo quidem in eo quod, ut *supra*[127] meminimus, constat a regulis seu tractatu Aristotelis aut ceterorum philosophorum maxime deum exclusum et eos doctrina creaturarum contentos esse.

Sed et si diligentius utrumque modum prioris consideremus, neuter poterit hic aptari. Cum enim *Aristoteles* ‚prius secundum non-conversionem' describit[128], conversionem consequentiae subsistendi determinat ita quidem, ut aliquo necesse sit aliud aliquid subsistere, quo scilicet secundo subsistente necesse sit primum esse. Verbi gratia: "ut unum, inquit[129], duobus prior est. Duobus enim existentibus mox consequens est unum esse. Uno autem existente non necessarium est duo esse". Quod est dicere: impossibile est duo esse ita, quod non sit unum; sed unum possibile est esse ita, ⟨quod⟩ non sint duo. Ideoque unum naturaliter prius est duobus, cum videlicet unum possit esse absque duobus, duo vero nequaquam absque uno.

Haec autem ratio prioris vel posterioris omnino a potentia dei vel sapientia disiuncta est. Cum enim aequaliter tam sapientiam dei quam potentiam necesse sit esse, nullo modo alteram possibile est esse ita, quod altera non sit; atque ideo modus suprapositus[130] prioris, quem Aristoteles secundum constituit, a divina generatione penitus absistit.

Nec minus quintus prioris modus a deo patre removetur, quando videlicet aliquid ad alterum mutuam conversionem habet et causa illius est. Non enim recte dici causa potest alicuius, nisi ipsi cuius causa est, esse conferat. Ei autem quod necesse est esse, nihil est, quod conferat O 9
esse, vel quod recte principium esse dicatur eius quod aeternum est, cum aeternum sit, quod origine caret[131], hoc

[126] Cf. supra p. 222, 313 sqq.
[127] Cf. supra p. 114,89 sqq.
[128] Boeth., In Categ. Aristot. l. 4, PL 64, 284 B.
[129] L. c.
[130] Cf. supra p. 220, 299 sqq.
[131] Boeth., De differ. topic. l. 2, PL 64, 1193 A.

Sohn sei. [Diese Argumentation] kann auf mehrere Weisen widerlegt werden.
Zum einen insofern, als bekannt ist [115]: Von den Regeln und der Theorie sowohl des Aristoteles als der übrigen Philosophen wurde Gott zur Hauptsache ausgeklammert, und sie gaben sich mit einer Lehre über die Geschöpfe zufrieden.
Sobald wir anderseits sorgfältig jeden der beiden Modi von Antezedenz untersuchen, läßt sich keiner hier anwenden. Wenn *Aristoteles* nämlich ‚früher' der Unumkehrbarkeit nach beschreibt, definiert er dergestalt eine Richtung in der Folge des Subsistierens, indem es für etwas zwingend ist, daß ein anderes subsistiert, und es bei Subsistenz von jenem zwingend dieses gibt, z. B. "wie eines früher als zwei ist. Gibt es zwei, dann folgt, daß es eines gibt, wohingegen es bei Existenz von einem nicht zwingend ist, daß es zwei gibt". Das bedeutet: Es ist unmöglich, daß es zwei gibt, ohne daß es eines gibt. Aber es ist möglich, daß es eines gibt, dieweil es keine zwei gibt. Demnach ist die Einzahl von Natur aus vor der Zweizahl, weil eines ohne zwei sein kann, dagegen keinesfalls zwei ohne eines.
Dieses Theorem des früher und später steht freilich in logischem Gegensatz zur Macht und Weisheit Gottes. Denn *notwendig* gibt es in ebenbürtiger Weise sowohl die Weisheit wie die Macht, und keinesfalls kann es das eine unter der Voraussetzung geben, daß es das andere nicht gibt. *Folglich steht der dargelegte Modus von Antezedenz,* den *Aristoteles* als *zweiten* aufführt, *der göttlichen Zeugung völlig fern*!

*Nicht minder entfernt sich der fünfte Modus von Antezedenz von Gott Vater,* wonach etwas zu einem anderen eine reziproke Beziehung hat und *Ursache* von ihm ist. Normalerweise kann man nur dann von einer ‚Ursache' von etwas sprechen, wenn es dem, dessen Ursache es ist, Sein verleiht. Angesichts dessen, das notwendig Sein hat, gibt es nichts, das [ihm] Sein verleiht, oder von dem man zu Recht sagt, es sei sein Prinzip, weil es ewig ist. Denn ‚ewig'

est principio. Nihil etiam naturaliter prius est altero, nisi Δ possit esse absque eo quod prius est, hoc est ita exsistere, quod non sit illud. Potentia autem divina nullo modo absque sapientia potest esse, cum nec deus ipse exsistere possit ⟨absque⟩ sapientia, cum aeque sapientiam ipsam necesse sit esse sicut et deum.

Non itaque recte dicimus filium contrahere ex patre esse suum, hoc est ab ipso accipere, quod aeternaliter habet; sed potius dicendum est ab ipso habere esse suum, quam accipere esse suum. Nemo enim recte accipere dicitur hoc quod iam habet, nec conferri aliquid dicitur quod iam habetur. Nascitur itaque filius ex patre, non ex ipso contrahendo vel accipiendo esse, sed potius aeternaliter habendo. Qui et semper ex ipso gignitur et semper ex ipso genitus est, quia et semper est ex patre et nunquam incepit esse ex patre, sed plenum et perfectum esse semper habet ex patre. Cum itaque pater proprie dici non possit conferre filio esse, non est recte inter principia vel causas enumerandus ex hac generatione sempiterna.

Quod vero dicitur[132] filius esse ‚principium de principio', non additur ‚suo', ideoque per hoc non cogimur confiteri patrem esse principium filii, sed tantummodo principium omnium quae inceperunt esse, non filii, sicut et ipse filius est. Quod si quis dicat sane intelligi posse patrem principium filii esse secundum naturam, non secundum successionem exsistentiae, eo videlicet quod ex patre filius nascatur: non possumus huiusmodi sensum refellere. Verbis tamen omnino supersedendum esse censemus, quia quocumque modo intelligamus filium dei habere principium, hoc est incipere sive incepisse, videmur ei aeternita-

[132] Cf. supra p. 222, 324.

Δ [451: Lego ‚quo' (Ablativus comparationis) pro ‚quod'.]

ist, was eines Ursprungs, d. h. eines Prinzips entbehrt. Auch ist eines nur dann von Natur aus früher als ein anderes, wenn es ohne dieses, verglichen mit dem es früher ist, sein kann, mithin unter der Voraussetzung existieren kann, daß es jenes nicht gibt. Indessen: Die göttliche Macht kann unter keinen Umständen ohne die Weisheit sein, weil Gott selber nicht ohne die Weisheit existieren kann. Denn es ist gleicherweise nötig, daß es die Weisheit als solche wie auch Gott gibt.

Deshalb sagen wir normalerweise *nicht*: ‚der Sohn bezieht sein Sein vom Vater', d. h. empfängt von ihm, was er ewig hat. Vielmehr muß eher formuliert werden: ‚er *hat* von ihm sein Sein' statt: ‚er empfängt sein Sein'. Von niemandem sagt man gewöhnlich, daß er empfängt, was er bereits hat, noch daß etwas verliehen wird, das schon gehabt wird. Folglich entstammt der Sohn vom Vater nicht insofern, als er von ihm sein Sein bezöge oder empfinge, sondern eher insofern, als er es *ewig hat.* Er entstammt ihm immerfort und er entstammte immer schon von ihm, weil er immer vom Vater ist und niemals vom Vater zu sein anhob, sondern das volle und vollendete Sein immer vom Vater hat. Wenn sich daher vom Vater nicht im eigentlichen Sinn sagen läßt: ‚er verleiht dem Sohn Sein', darf man ihn, was diese ewigdauernde Zeugung betrifft, korrekterweise *nicht unter die Prinzipien und Ursachen zählen.*

Wenn es gleichwohl heißt [223], der Sohn sei "Prinzip vom Prinzip", wird nicht beigefügt ‚[von] seinem', mithin werden wir nicht zum Eingeständnis genötigt, der Vater sei das Prinzip des Sohnes, sondern – so wie der Sohn seinerseits – ausschließlich das Prinzip von alledem, das zu sein anhob. Falls jemand findet, daß sich der Vater in gesunder
* Weise nach der Natur, nicht nach der Abfolge in der Existenz, als ‚Prinzip' des Sohnes begreifen läßt, insofern nämlich, als der Sohn vom Vater abstammt, so können wir einen derartigen Sinn nicht widerlegen. Freilich sind wir der Auffassung, daß eine solche Formulierung suspendiert werden muß. Denn in welch beliebiger Weise wir einsehen mögen, daß der Sohn Gottes ein Prinzip hat, d. h. anfängt oder angefangen hat, erwecken wir den Anschein, ihn der

tem auferre, et quantumcumque sanum sensum habet in verbis his, qui hoc dicit, facile in ipsis scandalum gignere poterit, cum in usu non dicatur aliquid habere principium sive incepisse, nisi quod de non-esse ad esse perductum est.

Sed neque omnia quae vera sunt, dici convenit, cum honestatis reverentia non solum factorum, verum etiam verborum obscenitatem effugiens pro verbis propriis saepe translationibus utatur in eodem sensu, quando videlicet in vulgaribus verbis aliquid inest turpitudinis quod auditores Δ offendat, eo quod turpitudinem minus aperte loquantur, O 9 ut si ‚concumbere' dicamus ‚cognoscere', sicut est illud *Prophetae*[133]: 'Cognovit Adam uxorem suam', aut si ‚digerere', id est purgare ventrem, dicamus ‚exire'.

Quod si propria verba tunc commutamus, cum ex aliqua offenduntur turpitudine etiam in creaturis, quanto magis id abhorrendum est in deo, cum eius ineffabili dignitati derogare in aliquo verba videntur! Unde cum deum ubique esse et credamus et praedicemus, nemo tamen dicere praesumat eum in immundo loco esse ita, ut locum ipsum aut latrinam nominet aut aliquo nomine alio determinatae spurcitiae ipsum assignet.

Sed et *Platone* sanciente, ut ait[134] *Boethius,* didicimus cognatos, de quibus loquuntur, rebus oportere ⟨esse⟩ sermones, ut videlicet pro dignitate rei verba excogitentur idonea, maxime in deo in nullo excellentiae eius derogantia. Unde nec ei aliquid assignari principium convenit nec aliquid eo prius dici quod solum universis rebus prius est et supremum principium.

Sed rursus opponitur quod eo modo divina potentia prior sit divina sapientia, id est pater filio, quo dicunt phi-

[133] Gen. 4, 1.

[134] Cf. De consolatione philosophiae l. 5 c. 6, ed. Weinberger 123, 25–28. Vide supra p. 116, notam 100.

Δ [490: Ed. Mews III,1048 proponit ‚nimis' pro ‚minus'. Sicut Ostlender coniungo: "translationibus utatur ... eo quod ... minus aperte loquantur", cum editio critica legit: eo quod = id est = causa dictae offensionis.]

Ewigkeit zu berauben. Und wieviel gesunden Sinn jemand mit diesen Worten auch verbindet, leicht kann durch sie Anstoß erregt werden. Denn im herkömmlichen Sprachgebrauch sagt man nur dann von etwas, daß es ‚ein Prinzip hat oder angefangen hat', wenn es vom Nichtsein zum Sein geführt wurde.

Freilich eignet sich nicht einmal all das, was wahr ist, ausgesprochen zu werden, weil die Ehrfurcht nicht allein die Schimpflichkeit von Taten, sondern auch die von Worten meidet und für die eigentlichen Worte oft *übertragene Reden* (translationes) verwendet. Im selben Sinn drückt man in landläufigen Ausdrücken, wenn etwas Beschämendes in ihnen steckt, das die Hörer beleidigt, die Unschönheit weniger offen aus, z. B. wenn wir für ‚Beischlaf haben' ‚erkennen' sagen entsprechend dem Wort des *Propheten*: 'Adam erkannte seine Gattin', oder wenn wir für ‚abführen', d. h. den Bauch entleeren, ‚sich erleichtern' sagen. Wechseln wir bereits dann die eigentlichen Worte aus, wenn sie *in den Geschöpfen* wegen einer gewissen Peinlichkeit Anstoß erregen, um wieviel mehr muß *in Gott* davor zurückgeschreckt werden, falls die Worte den Anschein haben, in irgendeiner Hinsicht seiner unaussprechlichen Würde abträglich zu sein! Glauben und verkünden wir z.B., daß Gott überall ist, erwartet wohl niemand, daß er insofern an einem schmutzigen Ort ist, als er diesen Ort eine ‚Latrine' nennt oder mit einem anderen Namen von bestimmter Anrüchigkeit versieht.
Wie *Boethius* sagt, schärfte *Plato* ein und wir lernten [von ihm]: Die Reden sollen den Dingen, von denen sie handeln, verschwistert sein, indem wirklich der Würde der Dinge entsprechend geeignete Worte gebildet werden, die besonders, was Gott betrifft, in keinem Punkt seine Erhabenheit herabsetzen. Folglich paßt es nicht, Ihm etwas als Prinzip zuzuschreiben, noch [paßt es] zu behaupten, daß etwas vor Ihm ist, weil Er allein vor allen Dingen und ihr oberstes Prinzip ist.

Erneut wird opponiert: Angenommen, die göttliche Macht ist in der Weise vor der göttlichen Weisheit, d. h. der Vater vor dem Sohn, wie nach Auffassung der Philosophen

losophi[135] omne superius esse prius inferiori secundum non-conversionem, cum videlicet, ut *supra*[136] astruximus, divina sapientia sit quaedam divina potentia. Sed numquid hac ratione oporteret concedi substantiam esse priorem deo, cum ipse deus, hoc est divina substantia, quaedam sit substantia?

Cum autem, ut iam *supra*[137] diximus, constet philosophicas traditiones deum omnino praetermisisse, nihil est quod secundum philosophos hoc loco de deo opponitur. Sed neque generaliter accipiendum est quod dicunt philosophi superiora naturaliter inferioribus esse priora, quia nec res prior est naturaliter re per se exsistente, hoc est substan- Δ tia, quae tamen substantia quoddam sit inferius rei, nec numerus binario, nec homines duobus hominibus, nec corpus corpore simplici, cum nullo modo haec superiora absque his inferioribus esse queant, immo simul sint naturaliter cum illis. Sic et deus et substantia naturaliter simul sunt et rursus divina potentia ac divina sapientia, cum videlicet neutrum absque altero queat exsistere.

Sed et cum divina potentia singulare sit, sicut et divina sapientia, O 1 cum haec de differentibus numero dici non possit sicut nec illa, neutra tamquam superius ad alteram ponenda est, cum aeque utraque sit singularis. Poterit et fortassis convenientius in vocibus accipi ‚prius secundum non-conversionem' quam in rebus, quia conversio proprie terminorum est, qui transponuntur, non rerum, et quidem secundum *Aristotelem*[138].

Si quis itaque hoc nomen ‚substantia' prius esse hoc nomine ‚deus' recipiat secundum non-conversionem, eo fortassis quod, cum necessario sequatur: si deus est, substantia est, non e converso recipiat: si substantia est, deus est: non

[135] Cf. Boeth., In Categ. Aristot. l. 4, PL 64, 285 B sq.

[136] Cf. supra p. 204 sq.

[137] Cf. supra p. 108–118.

[138] Cf. Boeth., De syllogismo categorico, PL 64, 804 A: "sed in illis terminorum tantum commutatio conversionem facit".

Δ [523: Ed. Mews III,1076 proponit ex B ‚quedam' pro ‚quoddam'. Claritas textus non augeri videtur, quoniam ‚quoddam' cum ‚inferius' bene convenit.]

jeder Oberbegriff nach [dem Prinzip] der Unumkehrbarkeit vor einem Begriff darunter, weil (wie S. 205–209 gezeigt) die göttliche Weisheit eine Art göttliche Macht ist. Müßte aus diesem Grund zugestanden werden, daß *die Substanz vor Gott* ist, weil Gott selber, die göttliche Substanz, eine Art Substanz ist?

Wenn allerdings gilt, daß die philosophischen Traditionen Gott weitgehend [vgl. 109–119] übergangen haben, gibt es hier im Blick auf Gott von philosophischer Seite nichts einzuwenden. Des weiteren darf nicht generell die These von Philosophen gutgeheißen werden, wonach Oberbegriffe von Natur aus früher als die ihnen untergeordneten sind. Der Grund ist: Kein Ding ist von Natur aus früher als das durch sich existierende Etwas, die Substanz. Gleichwohl ist die Substanz gewissermaßen ein untergeordneter Begriff der Sache, und [es gibt] weder die Zahl vor der Zweiheit, noch ‚Menschen' vor zwei Menschen, noch ‚Körper' vor einem einfachen Körper, weil es keinesfalls die erstgenannten Oberbegriffe ohne die ihnen untergeordneten geben kann. Ja, sie sind von Natur aus *gleichursprünglich* mit ihnen. Ebenso sind auch Gott und die Substanz von Natur
* aus gleichursprünglich sowie anderseits die göttliche Macht und die göttliche Weisheit. Denn es kann keines von beiden ohne das andere existieren.

Weil überdies die göttliche Macht wie die göttliche Weisheit ein Einzigartiges (Subst.) ist, indem man diese wie jene nicht numerisch verschiedenen [Dingen] zusprechen kann, darf gar nicht die eine der anderen begrifflich übergeordnet werden. Jedes von beiden ist in gleicher Weise singulär. Mit besserem Sinn läßt sich wohl *in den Worten*
* als in der Realität ein ‚unumkehrbares Früher' postulieren, weil es sich *nach Aristoteles eigentlich um eine Relation der Termini* [d. h. der Definitionen, vgl. 139] handelt, die ins Verhältnis gesetzt werden, nicht der Dinge.

Gesetzt, jemand nimmt nun an, daß der Name ‚Substanz' unumkehrbar früher ist als der Name ‚Gott', vielleicht deshalb, weil notwendig folgt: wenn Gott ist, ist er eine Substanz, aber nicht umgekehrt: wenn die Substanz ist, ist sie Gott. Dann wird er deswegen *nicht* genötigt zuzugeben,

ideo cogendus erit, ut ullo modo rem ipsam quae substantia est, re, quae deus est, priorem esse annuat.

Parum etiam fidelibus debet esse, quidquid de auctoritate infidelium contra fidem opponitur, sive philosophorum sive aliorum, cum secundum verae fidei tenorem constet eos errasse in multis, non solum in his quae ad deum, verum etiam quae ad creaturas attinent. Unde et saepe alii in alios invehuntur non mediocriter eos arguendo, et proprio ipsi iudicio auctoritates suas dissipant.

Sed rursus obicis mihi ex his quae ipsemet posui, quod sicut dico sapientiam ex potentia nasci, hoc est filium ex patre, ad eam scilicet similitudinem qua dicimus speciem ex genere nasci, ita etiam dici convenit divinam Δ substantiam, hoc est deum patrem, ex deo et spiritum sapientiae ex spiritu, cum tamen pater omnino ingenitus sit, nec ullo modo spiritus sit genitus.

Ad quod respondendum est quod, etsi proposita similitudo in his quoque aptari possit et causa eadem assignari pro qua filius dicitur gigni, non tamen ideo, nisi novam faciamus impositionem de nomine patris aut filii, aut pater aut spiritus dicendus est filius, hoc est genitus, aut substantia dicenda pater dei.

Nam et cum homo dictus sit ab ‚humo', eo videlicet quod ille qui hoc nomen ‚homo' composuit secundum similitudinem huius nominis quod est ‚humus', propter hoc fecit, quod homo ex humo constat: non tamen omnia quibus causa nominis convenit, hoc est quae ex humo constant, oportet ideo vocari homines. Nam et ille homo qui hoc nomen ‚homo' imposuit et fecit ipsum secundum similitudinem huius nominis ‚humus' pro eo quod homo ex humo constat: non tamen ‚humus' per hoc nomen ‚homo' no-

Δ [555sq.: Sensus postulat lectionem ‚ex substantia' pro ‚ex deo' et ‚ex sapientia' pro ‚ex spiritu'. Utraeque coniecturae elucidant ex 562 sq. ‚*substantia* dicenda pater dei' et ‚spiritus (sc. spiritus sapientiae) dicendus est filius', ergo *sapientia* pater eius spiritus est.]

daß irgendwie die Realität, die Substanz ist, früher ist als die Realität, die Gott ist.

Überhaupt darf den Gläubigen einigermaßen unwichtig sein, was seitens der Autorität Ungläubiger, seien es Philosophen oder andere, gegen den Glauben vorgebracht wird. Denn aus dem Standpunkt des wahren Glaubens kommt man überein: Sie haben in mancherlei geirrt, nicht allein in [Fragen], die Gott, sondern auch in solchen, die die Geschöpfe betreffen! Darum befehdeten oft die einen die anderen, indem sie sich nicht mild kritisierten und in ihrem Urteil die eigenen Autoritäten zerzausten.

Du wiederholst deinen Einwand gegen mich auf der Grundlage dessen, was ich darlegte: Entsprechend meiner These, die Weisheit entstammt der Macht, d. h. der Sohn vom Vater, und zwar gemäß derjenigen Analogie, wonach wir sagen, die Art entsteht aus der Gattung, paßt es, die göttliche Substanz alias Gott Vater als *der Substanz [entstammend]* und den Geist der Weisheit als *der Weisheit [entstammend]* zu bezeichnen (auch wenn der Vater überhaupt nicht gezeugt wurde und auch der Geist auf keine Weise).

Darauf ist zu erwidern: Selbst wenn die dargelegte Analogie ebenso auf die Genannten angewendet und ihnen aus demselben Grund zugeschrieben werden könnte, aus dem man vom Sohn sagt, daß er gezeugt wird, [gilt das] doch nur unter der Voraussetzung, daß wir eine *neue Referenz* (nova impositio) betr. die Namen ‚Vater' und ‚Sohn' einführen, indem sowohl der Vater wie der Geist ‚Sohn', d.h. ‚gezeugt', und die Substanz ‚Vater Gottes' zu nennen wären.

Denn auch wenn der Mensch insofern nach der Erde benannt wurde, als jener, der den Namen ‚Mensch' (homo) in Angleichung an den Namen ‚Erde' (humus) bildete, dies deswegen tat, weil der Mensch aus Erde besteht, so braucht doch nicht all das, dem die Ursache dieses Namens angemessen ist und das mithin aus Erde besteht, deswegen ‚Menschen' genannt zu werden. Jener Mensch, der den Namen ‚Mensch' einführte und ihn in Analogie zum Namen ‚Erde' bildete aus dem Grund, weil der Mensch aus Erde besteht –, nicht einmal er wollte mit dem Namen ‚Mensch'

tare voluit, quod ex humo constet, sed tantum animal rationale mortale.

Alia itaque causa est de forma et compositione nominis, alia de significationis eius intelligentia, quam per ipsum O 10 efficere volumus. Saepe etiam causa eadem aeque pluribus communis est, quae tamen in uno eorum ad hoc valet ad quod in altero non valet, hoc est id efficit in uno quod non in altero. Ut cum plures idem furtum fecerint, alius detentus propter furtum suspenditur, alius evadit; et cum plures de genere Cornelii sint, alius Cornelius cognomine dicitur, quia de genere illo est, alius minime.

Sic et licet supraposita similitudo inducta ad generationem filii ex patre possit ceteris quae dicta sunt, assignari: non ideo tamen in illis aut patrem aut filium oportet dici, ⟨nisi⟩ nova nominum impositio fiat, cum ‚pater' hoc nomen in deo proprium sit unius personae et tantumdem sonet quantum ‚divina potentia', et ‚filius' proprium alterius personae tantumdem sonans quantum ‚divina sapientia'. Neque enim unusquisque de genere Cornelii proprio nomine dictus est Cornelius sicut iste cui placuit ab impositore hoc proprium nomen aptari, quia de genere Cornelii erat, non ceteris de eodem genere, licet eadem causa eis conveniret. Sic et licet assignata ratio de generatione verbi ex deo patre multis aliis possit aptari, non tamen ideo aut nomen patris proprium aut nomen filii ad ea translatum est.

Sed dicis mihi: non curo de nominibus, sed veritatem Δ sententiae insisto, tenendo scilicet quod deus pater ex deo genitus est sicut verbum ex patre. Ad quod respondeo: sentire quidem sane potes, existimando scilicet quod eo-

Δ [600: ‚ex substantia' pro ‚ex deo', cf. p. 238.]

(weil er aus Erde besteht) Erde bedeuten, sondern präzis: vernünftiges und sterbliches Lebewesen.
Folglich sind der Grund für die Gestalt und Bildung eines Namens und der Grund für das Verständnis seiner Bedeutung, das wir durch ihn bewirken wollen, zweierlei. Oft und zu Recht ist einerlei Grund mehreren [Dingen] gemeinsam, allerdings gilt er in dem einen von ihnen, was er in dem anderen nicht gilt, mithin bewirkt er in dem einen, was nicht in dem anderen. Wie wenn mehrere denselben Diebstahl begangen haben und der eine erwischt und für den Diebstahl gehängt wird, während der andere entkommt. Und wie wenn mehrere zur Sippe des Cornelius gehören, wird doch der eine, weil er zu jener Sippe gehört, mit dem Beinamen ‚der Cornelier' bedacht, keinesfalls aber ein anderer.
Obgleich die dargelegte Analogie, die im Blick auf die Zeugung des Sohnes vom Vater eingeführt wurde, auch den übrigen erwähnten Sachverhalten zugeschrieben werden könnte, darf man bei ihnen doch nicht von einem ‚Vater' oder ‚Sohn' sprechen, [weil sonst] eine Zusatzreferenz in bezug auf diese Namen entstünde. Denn *der Name ‚Vater'* meint in Gott *das Proprium der einen Person* und präzis soviel wie *‚göttliche Macht'*. *Der Name ‚Sohn'* meint *das Proprium der zweiten Person* mit der exakten Bedeutung *‚göttliche Weisheit'*. Nicht jeder aus der Sippe des Cornelius wurde mit dem persönlichen [Sippen-]Namen ‚der Cornelier' versehen wie derjenige, dem dieser persönliche Name, weil er aus der Sippe des Cornelius war, nach Gutdünken des Namengebers zugeteilt wurde; [mithin wurde er] nicht den übrigen aus derselben Sippe, auch wenn derselbe Grund auf sie zugetroffen hätte, [zugeteilt]. Analog: Obwohl sich die Begründung, welche für die Zeugung des Wortes von Gott Vater geltend gemacht wurde, auf vieles andere anwenden ließe, wurden die *persönlichen Namen* ‚Vater' und ‚Sohn' nicht auf sie übertragen.

Nun führst du ins Feld: Nicht kümmere ich mich um die Namen, sondern ich insistiere auf dem Wahrheitsgehalt, indem ich vorschlage, daß Gott Vater von der Substanz gezeugt wird wie das Wort vom Vater. – Ich entgegne:

Δ dem modo se habeat deus pater ad deum, quomodo verbum ad patrem. Sed quod dicis deum patrem esse genitum Δ ex deo, omnino falsum est, cum videlicet haec enuntiatio ad nullum sanum sit accomodata sensum, quia ‚genitus', id est filius, eam communem significationem non tenet quam existimas, qua videlicet unamquamque rem genitam dicas quae ita ex alia est, sicut est verbum ex patre; immo et ‚filius' sive ‚genitus' et ‚pater' sive ‚ingenitus' propria nomina sunt in deo singularum personarum, sicut et ‚spiritus sanctus', ut videlicet tantumdem determinet ‚filius' sive ‚genitus', quantum divina sapientia, et ‚pater' sive ‚ingenitus', quantum divina potentia.
Nam et solum patrem ingenitum *Augustinus ad Orosium*[139] scribens docet. Sicut ergo non dicis hominem unamquamque rem quae ex humo constat, nec Cornelium proprio nomine unumquemque de genere Cornelii, licet aeque omnes in causa nominis imponendi conveniant, ita non est O 10 necesse in his quae obiecta sunt, aut patrem aut filium dici. Dicamus itaque patrem omnino et spiritum non esse genitum removentes ab utroque personam verbi, cuius est proprium nomen ‚genitus' sive ‚filius'.

Pulsat fortassis animum alicuius, an pater aliqua dignitate praecedat filium, cum filius ex patre sit, non pater ex filio, ac per hoc filius quodammodo obnoxius sit patri, non pater filio, cum filius patri hoc ipsum quod est, debeat, non pater filio. Cui etiam rationi illud *Mercurii* assentire videtur, qui filium vocat[140] ‚secundum dominum'. Qui cum tempore secundus non sit, videtur dignitate secundus dici. Sed profecto hoc modo animal dignius est homine, cum magis natura hominis naturam animalis praecellere videatur, cum homo ex se rationalis sit, quod non habet animal ex se.
Nullo itaque modo aliquid dignius est alio, cum quo peni-

[139] Pseudo-Augustinus, Dialogus quaestionum Orosii et Augustini qu. 2, PL 40, 734; cf. Abael., Sic et non. PL 178, 1375 D sq.

[140] Cf. supra p. 28, 209.

Δ [603/605: ‚ad substantiam' pro ‚ad deum', ‚ex substantia' pro ‚ex deo', cf. p. 238.]

Du magst zwar eine plausible Vorstellung haben, wenn du der Ansicht bist, Gott Vater stehe auf dieselbe Weise in Relation zur Substanz wie das Wort zum Vater. Aber daß du behauptest: ‚Gott Vater wurde von der Substanz gezeugt', ist *schlicht falsch.* Diese Behauptung wurde mit keinem gesunden Sinn verbunden, weil ‚gezeugt', d. h. Sohn, *nicht die allgemeine Bedeutung hat,* die du im Sinn hast und aufgrund derer du etwas ‚gezeugt' nennst, das dergestalt von einem anderen ist wie das Wort vom Vater. Im Gegenteil: ‚Sohn' und ‚Vater', resp. ‚gezeugt' und ‚ungezeugt' sind genauso wie ‚Hl. Geist' *Eigennamen für einzelne Personen in Gott,* indem ‚Sohn' und ‚gezeugt' präzis ‚göttliche Weisheit' bedeuten und ‚Vater' und ‚ungezeugt' soviel wie ‚göttliche Macht'.
Auch [Pseudo-]*Augustin* lehrt in seinem Schreiben an Orosius, daß allein der Vater ungezeugt ist. So wie du also nicht alles, das aus Erde besteht, ‚Mensch' nennst, noch jeden aus der Sippe des Cornelius mit dem persönlichen Namen ‚der Cornelier' (mögen auch alle, was den Grund für diese Namengebung betrifft, übereinkommen), ist es nicht zwingend, bei den vorgebrachten Sachverhalten von einem ‚Vater' oder ‚Sohn' zu sprechen. Im Ergebnis halten wir fest: Der *Vater* und der *Geist* wurden in jeder Hinsicht *nicht gezeugt.* Von beiden heben wir die Person des Wortes ab, dessen *Eigenname ‚gezeugt'* oder *‚Sohn'* lautet.

Verwirrt mag sich jemand fragen, ob der Vater dem Sohn irgendwie an Würde voransteht, da der Sohn vom Vater, nicht der Vater vom Sohn ist, indem der Sohn dem Vater dadurch gewissermaßen unterstellt ist, nicht umgekehrt. Verdankt doch der Sohn dem Vater just das, was er ist, nicht der Vater dem Sohn. Mit dieser These stimmt offenbar auch das Wort von *Mercurius* überein, der den Sohn einen *‚zweiten Herrn'* nennt [29. 205f.]. Weil er nicht in der Zeit der zweite ist, scheint er der Würde nach ‚zweiter' genannt zu werden. Nun, auf eben diese Weise wäre das Lebewesen würdiger als der Mensch, obgleich einleuchtet, daß eher die Natur des Menschen die Natur des Lebewesens überragt. Ist doch der Mensch aus sich vernünftig, was das Lebewesen nicht aus sich hat.
Demnach ist etwas auf keine Weise würdiger als ein ande-

tus eiusdem essentiae est, quia non potest dignitatis differentia esse, ubi nulla est essentiae diversitas; nec dispar potest esse gloria, ubi eadem est penitus substantia, quia non potest essentia sibi ipsi in aliquo praeferri, cum idem bonum ipsa ⟨non⟩ simul ⟨habere⟩ et non habere possit. Quod itaque ait Mercurius ‚secundum dominum', ‚secundum' dixit quasi ‚alium', id est personaliter diversum.

Notandum quoque quod, ⟨cum⟩ relative pater et filius dicuntur ad invicem, videtur hoc nomen ‚pater' et hoc nomen ‚filius' divinam potentiam et divinam sapientiam non in eo tantum significare, quod sunt divina potentia vel divina sapientia, verum etiam in eo quod haec ex illa est et gignitur. Alioquin non magis relative dicerentur quam potentia divina et sapientia divina.

Haec de generatione verbi dicta terminemus. Nunc de processione spiritus sancti ipso inspirante dicamus.

## Capitulum III

*De processione spiritus*

Spiritus quasi a spirando dictus est. Unde veritas[140a]: 'Spiritus, inquit, ubi vult, spirat', ideoque ipso nomine suo procedere ex patre et filio potius quam gigni perhibetur. Benignitas quippe, quae hoc nomine demonstratur, non est aliqua potentia sive sapientia, immo caritatis affectus O 1
sive effectus. Caritas autem teste[141] *Gregorio* "minus quam inter duos haberi non potest. Nemo enim, inquit, ad semetipsum habere caritatem dicitur, sed dilectione in alterum tendit, ut esse caritas possit." Procedere itaque dei est se

[140a] Ioh. 3, 8.
[141] Homiliae in Evangelia l. 1 hom. 17, PL 76, 1139 A.

res, mit dem es sich in einerlei Essenz teilt. Es kann *keinen Unterschied in der Würde* geben, wo keine Verschiedenheit der Essenz vorliegt. Und es gibt nicht eine Ungleichheit ‚an Ruhm und Ehre', wo völlig einerlei Substanz existiert, weil die Essenz nicht irgendworin sich selbst vorgezogen werden kann und nicht ein selbes Gut ineins haben und nicht haben kann. Als Mercurius von einem ‚zweiten Herrn' sprach, meinte er daher mit ‚zweiten' einen anderen, d. h. persönlich verschiedenen.

Abschließend ist festzuhalten: Wenn Vater und Sohn ihre Namen in bezug aufeinander erhalten, scheint der Name ‚Vater' und der Name ‚Sohn' nicht nur insofern die göttliche Macht und Weisheit zu bezeichnen, als sie entweder ‚göttliche Macht' oder ‚göttliche Weisheit' bedeuten (sunt), sondern zusätzlich insofern, als *diese von jener ist und gezeugt wird.* Sonst würden sie nicht mehr wie die göttliche Macht und die göttliche Weisheit in bezug aufeinander genannt.

Wir beschließen unsere Darlegung über die Zeugung des Wortes. Jetzt wollen wir vom Hervorgang des Hl. Geistes handeln – mag Er uns inspirieren!

## Drittes Kapitel

### *Über den Hervorgang des Geistes*

‚Geist' nannte man ihn sozusagen ‚wegen seines Hauchwesens'. Darum sagt die Wahrheit: 'Der Geist weht, wo er will'. Deswegen und wegen seines Namens wird erklärt, * daß er eher vom Vater und vom Sohn *hervorgeht* denn gezeugt wird. Ist doch die Güte, auf die durch seinen Namen gewiesen wird, nicht eine Art Macht oder Weisheit, sondern vielmehr ein Affekt und Effekt der Liebe. Liebe aber nach *Gregor* "kann nicht zwischen weniger als zweien gehabt werden. Wie man sagt (erläutert er) hat niemand Liebe für sich selber, sondern man strebt mit Zuneigung zu einem anderen, damit es Liebe geben kann". Das ‚Hervorgehen Gottes' bedeutet daher: Er streckt sich durch den

ad creaturas per affectum caritatis quodammodo extendere, ut eis gratiae suae dona largiatur.

Sed notandum quod duobus modis ‚procedere' dicimus, vel nativitate scilicet vel affectu. Quod enim ex alio nascitur, non incongrue ex ipso procedere dicitur, iuxta illud[142] *Psalmistae:* 'Procedens de thalamo', et illud *Micheae*[143]: 'Et egressus eius ab initio, a diebus aeternitatis'. Hoc itaque modo filius quoque ex patre procedere dicitur, secundum hoc scilicet quod ex ipso nascendo generatur.
Ille autem alius modus procedendi, per affectum scilicet benignitatis suae, proprius est spiritus sancti. Et hunc quidem modum procedendi *Athanasius in Symbolo Fidei*[144] tam a patre quam a filio removet. Tale est autem spiritum a patre et a filio procedere, ac si dicamus ipsum affectum benignitatis dei in effectum prodire ex potentia moderante ratione. Si enim potentia, quae efficiat, desit, nullus effectus sequetur affectum. Quod si effectum nulla providentia sapientiae gerat atque conducat, non est rationalis effectus. Neque ei quod indiscrete geritur, ullae sunt referendae gratiae, nec pro gratia nec pro bono reputandum est, quod nulla agitur discretione.

Graeci tamen ex solo patre, non etiam ex filio spiritum sanctum procedere confitentur, eo scilicet quod veritas in *Evangelio* de processione spiritus loquens solum patrem commemorat dicens[145]: 'Spiritus, qui a patre procedit'. Sed et *Hieronymus* scribens *De Fide*[146] Augustino et Alipio episcopis[147] solum patrem commemorat, sicut et *Symbolum Nicaeni Concilii*[148] habet.

[142] Ps. 18, 6.
[143] Mich. 5, 2.
[144] Symbolum Quicumque, Enchir. Symbol. nr. 39.
[145] Ioh. 15, 26.
[146] Pseudo-Hieronymus (Pelagius), Libellus fidei ad Innocentium n. 3, PL 45, 1716: "Spiritum sanctum, verum Deum ex Patre procedentem".
[147] Haec nomina ab Abaelardo in Theologia christiana (1304 A) omissa sunt.
[148] Enchir. Symbol. nr. 86.

Affekt der Liebe gewissermaßen nach den Geschöpfen aus, um ihnen freigebig die Geschenke seiner Gnade mitzuteilen.

Nun ist zu beachten: Wir sprechen auf *zwei Weisen von ‚hervorgehen'*, entweder bezogen auf eine abstammungsmäßige Abkunft (nativitas) oder den Affekt. Von dem nämlich, das aus einem anderen entsteht, sagt man nicht unpassend, daß es aus ihm hervorgeht, jenem Wort des *Psalmisten* entsprechend: 'hervorgegangen aus dem Brautgemach', sowie jenem des *Micha*: 'Und sein Hervorgang ist von Anfang an, von den Tagen der Ewigkeit'. Auf diese Weise sagt man auch, daß der *Sohn* aus dem Vater hervorgeht, insofern nämlich, als er für sein Abstammen von ihm gezeugt wird.
Jener andere Modus des Hervorgehens – *vermittels des Affekts seiner Güte* – eignet spezifisch dem *Hl. Geist*. Und diesen Modus des Hervorgehens setzt *Athanasius* im Glaubensbekenntnis sowohl vom Vater als vom Sohn ab. ‚Der Geist geht vom Vater und vom Sohn aus' bedeutet: Der Affekt der Güte Gottes geht im Ausgang von der Macht unter Anleitung der Vernunft zu einer Wirkung über. Wenn die Macht, die hervorbringt, ausbleibt, wird auf den Affekt kein Effekt folgen. Wenn anderseits keine weisheitliche Planung den Effekt reguliert und koordiniert, gibt es keinen vernünftigen Effekt. Überdies braucht man sich für das, was umsichtslos realisiert wird, nicht erkenntlich zu zeigen, noch sollte für Gnade oder ein Gut gehalten werden, was ohne feine Unterscheidung getan wird.

Die *Griechen* formulieren in ihrem Bekenntnis: Der Hl. Geist geht *vom Vater allein,* nicht auch vom Sohn aus, und zwar deshalb, weil die Wahrheit im Evangelium, was den Hervorgang des Geistes betrifft, nur den Vater erwähnt: 'der Geist, der vom Vater ausgeht'. Ebenso erwähnt [Pseudo-]*Hieronymus* in seinem Brief ‚Vom Glauben' an die Bischöfe Augustinus und Alipius einzig den Vater, wie es sich auch im *Nicänischen Glaubensbekenntnis* findet.

At vero, cum etiam 'spiritus[149] sapientiae' dicatur sicut et 'spiritus[150] patris', profecto ex filio sicut ex patre procedere monstratur. Unde et *Apostolus* dicit[151] quod 'misit deus spiritum filii sui in nos clamantem: abba, pater'. Sed et ipse se daturum discipulis et missurum spiritum sanctum promittit[152] tamquam suum. Quod etiam argumentum apertius esse potest ad hoc convincendum quod spiritus sanctus ex filio quoque procedat, quam id, quod incarnata sapientia discipulis insufflans ait[153]: 'Accipite spiritum sanctum'? Quo enim facto apertius docere potuit spiritum ex se procedere quam insufflando? O 1(

Sed et si quis illam philosophicam Platonicae rationis considerationem altius inspiciat, qua videlicet de deo opifice[154] ad similitudinem quandam sollertis artificis agit, praemeditantis scilicet et deliberantis ea quae facturus est, ne quid inconvenienter componat, et prius singula ratione quam opere formantis, ad hunc quippe modum *Plato* formas exemplares in mente divina considerat[155], quas ideas appellat, ad quas postmodum quasi ad exemplar quoddam summi artificis providentia operata est: videbit spiritum ex filio quoque recte procedere, cum ex ratione sapientiae universa dei opera administrentur et ita quodammodo conceptus divinae mentis in effectum per operationem prodeat.

Effectus autem ad spiritum pertinent, qui ex bonitate conditoris eveniunt, quia spiritus ipse bonitas est. Unde et *Gregorius*[156]: "Spiritus ipse, inquit, amor est". Et *Apostolus*[157]: 'Deus caritas est'.

149 Is. 11, 2.
150 Mt. 10, 20.
151 Gal. 4, 6.
152 Ioh. 16, 7.
153 Ioh. 20, 22.
154 Cf. Timaeus 39 E, ed. Wrobel 39, 19 sqq.
155 Cf. Macrobius, In Somnium Scipionis l. 1 c. 2 n. 14, ed. Eyssenhardt 482.
156 Homiliae in Evangelia l. 2 hom. 30, PL 76, 1220 B.
157 1 Ioh. 4, 16.

Spricht man freilich von einem ‚Geist der Weisheit' wie von einem ‚Geist des Vaters', wird in der Tat gezeigt, daß er *ebenso vom Sohn* wie vom Vater ausgeht. Darum sagt der *Apostel:* 'Gott sandte den ‚Geist seines Sohnes', der in uns ruft: ‚Abba, Vater!''. Er verspricht, den Jüngern den Hl. Geist zu geben und ihn gleichsam als seinen eigenen zu * senden. Welches Argument kann stichhaltiger sein, um davon zu überzeugen, daß der Hl. Geist *auch vom Sohn* ausgeht als [die Tat], wonach die inkarnierte Weisheit die Jünger anhauchte und sprach: 'Empfanget den Hl. Geist!'? Durch welche Tat, verglichen mit dieser Anhauchung, konnte sie unverhüllter lehren, daß der Geist aus ihr hervorgeht?

Aber auch wenn jemand tiefer auf jenes philosophische Theorem im platonischen Lehrgebäude eingeht, wonach von Gott dem Demiurgen (opifex) nach Analogie eines geschickten Baumeisters gesprochen wird: Er plant voraus und erwägt, was auszuführen er im Begriff steht, um nicht unabgestimmt zu bauen. Er formt die Einzeldinge, bevor er sie realisiert, in der Vernunft. Dergestalt setzt *Plato* urbildhafte Formen im göttlichen Geist an, die er ‚Ideen' nennt. Im Blick auf sie, gleichsam auf ein Vorbild hin, schritt die Fürsorge des höchsten Baumeister hernach zur Realisation. [In der Vergegenwärtigung dieses Theorems] wird man verstehen, daß der Geist tatsächlich *auch vom Sohn ausgeht.* Denn alle Werke Gottes werden aufgrund der Vernunft der Weisheit gelenkt, und so geht gewissermaßen das Begreifen des göttlichen Geistes in der Handlung zu einer Wirkung über.

Die Wirkungen, die aus der Güte des Schöpfers hervortreten, gehören zum Bereich des Geistes, weil der Geist als solcher Güte ist. Auch *Gregor* sagt: "Der Geist als solcher ist Liebe", und der *Apostel:* 'Gott ist Liebe'.

Dicamus itaque spiritum ex filio quoque recte procedere, cum ratio divinae providentiae ad effectum benignitatis perducitur et, quod ab aeterno faciendum providerit, temporaliter, quando vult, facit. Hanc autem processionem, qua scilicet conceptus mentis in effectum operando prodit, Δ *Priscianus* in I *Constructionum* diligenter aperit dicens[158], "generales et speciales formas rerum intelligibiliter in mente divina constitisse, antequam in corpora prodirent", hoc est in effecta per operationem. Quod est dice- O 1 re: antea providit deus, quid et qualiter ageret, quam illud opere compleret; ac si diceret: nihil impraemeditate sive indiscrete egit.

Et notandum quod, sicut non est necesse idem ex se gigni, cum filius ex patre gignatur, quia licet sit utriusque eadem substantia, non est eadem secundum diffinitionem proprietas, eadem ratione nec spiritus ex se procedit.

## Capitulum IV

### *Quomodo Plato animam mundi creatam esse intelligit*

Occurrit hoc loco illud determinandum quod *Plato* animam mundi incepisse voluerit[159] nec coaeternam esse deo et menti. Quod si diligenter consideretur, non est abhorrendum.

Cum enim spiritum sanctum animam magis quam spiritum appellaverit quasi ab animando, hoc est vivificando nos donis gratiae suae per incrementa virtutum: non semper anima, id est vivificans, spiritus fuit, quia dum nondum

[158] Instit. gramm. l. 17 c. 6 n. 44, ed. Hertz 2, 135, 7–9.

[159] Cf. supra p. 38, 343 et 48, 109 sq.

Δ [73: Secundum ed. Mews III,1254 corrigendum fuit: ,in I' pro ,in II'.]

Wir wollen daher festhalten, daß der Geist richtig verstanden *auch vom Sohn* ausgeht, weil die Vernunft der göttlichen Fürsorge in die Wirkung der Güte mündet und in der Zeit, wann sie will, realisiert, was sie von Ewigkeit an als Realisierbares voraussah. Diesen Vorgang, wodurch das Begreifen des Geistes durch Arbeit in eine Wirkung übergeht, erläutert *Priscian* sorgfältig im 1. Buch der ‚Konstruktionen': "Die allgemeinen und die speziellen Formen der Dinge stellten sich in einer intelligiblen Weise im göttlichen Geist ein, bevor sie körperhaft hervortraten", mithin durch eine Handlung in Wirkungen [übergingen]. ‚Gott sah voraus, was und wie er handelte, bevor er es im Werk ausführte' bedeutet: Er handelte nicht ohne vorgängige Überlegung oder feine Unterscheidung.

Anzumerken bleibt: So wie es nicht zwingend ist zu behaupten, ein selbes wird aus sich gezeugt, wenn der Sohn vom Vater gezeugt wird – denn obwohl beide einerlei Substanz haben, gibt es kein definitorisch übereinkommendes Eigenwesen – geht aus demselben Grund auch der Geist *nicht aus sich* [*selber*] hervor.

## Viertes Kapitel

### *Inwiefern Plato annahm, daß die Weltseele geschaffen wurde*

An diesem Ort legt sich eine Untersuchung der These nahe, wonach *Plato* geltend machte, daß die Weltseele einen Anfang hatte und weder Gott noch dem Geist (mens) koetern ist [39 Mitte und 49 oben]. – Bei sorgfältiger Deutung braucht sie nicht zurückgewiesen zu werden. Plato bezeichnete den Hl. Geist eher als ‚Seele' (anima) denn als ‚Geist', vermutlich wegen des Ausdrucks ‚Beseelen' (animare), d.i. die uns [zuteilwerdende] Belebung vermittels der Geschenke seiner Gnade im Zuwachs von Tugenden. Der Geist war nicht immer Seele, d. h. ein Be-

creaturae essent, quibus dona sua distribueret, nullam donorum distributionem exercebat.

Sicut ergo spiritum sanctum, qui in se est omnino simplex, multiplicem tamen dicimus et 'septem spiritus'[160] appellamus secundum diversitatem donorum: ita etiam philosophus eundem qui ⟨in⟩ essentia propria aeternaliter subsistit, incepisse quantum ad effecta sua voluit, ex quibus eum animam magis quam spiritum appellavit. ‚Spiritus' quippe nomen est naturae, ‚anima' vero officii, ab animando scilicet. Sicut ergo Christum secundum humanitatem incepisse, secundum vero divinitatem aeternum esse praedicamus, ita et spiritum sanctum secundum subsistentiam essentiae suae aeternum, secundum effecta vero incepisse dicamus, quod est dicere effecta potius quam ipsum incepisse.

Et hunc quidem philosophi sensum esse arbitror sub illo animae typo quo eam creatam esse, id est incepisse perhibet. Vocet itaque Plato spiritum sanctum animam secundum effectum operum, nos vero dicamus spiritum secundum naturalem bonitatis suae affectum, quem ita ab aeterno habuit, ut tunc opere eum impleret, quando implendum esse providit. Dicat ille animam incepisse secundum effecta, nos vero spiritum in affectu suae bonitatis O 10 aeternaliter perseverare. Dicat ille animam incepisse, nos spiritum omnino aeternum esse. Sit processio spiritus secundum affectum aeterna, quia scilicet ab aeterno sic voluit; sit processio animae secundum effectum temporalis.

Videtur etiam *Augustinus* V libro[161] *De Trinitate* spiritum secundum effecta appellare, secundum quae etiam principium ei assignat et eum donum dei vocat, quod esse non potest, nisi sit, cui detur. Ait quidem sic: "Spiritus sanctus et patris et filii spiritus est. Sed ipsa relatio non

[160] Cf. Apoc. 5, 6.
[161] c. 11 n. 12, PL 42, 919.

lebendes, weil er solange keine Zuteilung von Geschenken vornahm, als es noch keine Geschöpfe gab, denen er sie zuteilte.
Entsprechend unserem Brauch, den Hl. Geist, der an sich absolut einfach ist, gemäß der Verschiedenheit seiner Gaben ‚vielfältig' und einen ‚Siebengeist' zu nennen, wollte auch der Philosoph, daß der Geist – der in seiner eigentlichen Essenz ewig subsistiert – einen Anfang hat, was seine Wirkungen betrifft. *Aufgrund der Wirkungen sprach er eher von einer ‚Seele' als von einem ‚Geist'.* Der Name ‚Geist' gehört zu seiner Natur, der Name ‚Seele' zu seiner Beseelungsfunktion. *Wie wir* verkünden: *Christus* hatte in seiner Menschennatur einen Anfang, aber ist in seiner Gottnatur ewig, so formulieren wir, daß der *Hl. Geist* nach der Subsistenz seiner Essenz ewig [ist], nach den Wirkungen hingegen angefangen hat, was bedeutet, daß eher die Wirkungen als er selbst angefangen hat.
Meiner Meinung nach verbindet der Philosoph diesen Sinn mit jenem Bild (typus) von der Seele, mit dem er erläutert, daß sie geschaffen wurde und mithin einen Anfang hatte. Deswegen nennt *Plato* den Hl. Geist nach der Wirkung seiner Werke ‚Seele', während *wir* vom ‚Geist' sprechen, [und zwar nennen wir ihn so] nach dem natürlichen Affekt seiner Güte, den er von Ewigkeit an hatte, um ihn zu dem Zeitpunkt im Werk zu vollenden, als er sah, daß er vollendet werden mußte. Soll *jener* sagen: Die Seele hatte nach den Wirkungen einen Anfang, wohingegen *wir* [festhalten], daß der Geist im Affekt seiner Güte ewiglich beharrt. Soll *er* sagen, die Seele begann, *wir* [bleiben dabei], daß der Geist absolut ewig ist. Soll der *Hervorgang des Geistes dem Affekt nach ewig* sein, weil er von Urzeit an in dieser Weise wollend war, und mag der *Hervorgang der Seele dem Effekt nach zeitlich* sein.

Auch *Augustin* scheint im 5. Buch von ‚Über die Dreieinigkeit' den Geist hinsichtlich seiner Wirkungen zu beschreiben, denen gemäß er ihm sogar ein ‚Prinzip' zuschreibt und ihn ‚Gottes Geschenk' nennt, das nur sein könne, wenn es jemanden gibt, dem es gegeben wird. Und zwar sagt er wörtlich: “Der ‚Hl. Geist' ist Geist sowohl vom

apparet in hoc nomine. Apparet autem, cum dicitur[162] "donum dei'; donum est enim patris et filii. [. . .] Donum ergo donatoris et donatur doni, cum dicimus, relative dicimus." *Item*[163] : "Quid tam manifeste relative dicitur quam pignus? Ad hoc quippe refertur ad quod pignus dicitur". Ubi et post aliqua adiecit[164] : "Datum et ad eum qui dedit, et ad eos quibus dedit, refertur". *Item* in *eodem*[165] : "Fatendum est patrem et filium principium esse spiritus sancti".

Liquet itaque hoc loco Augustinum spiritum accepisse secundum effecta magis quam secundum naturalem suae benignitatis affectum. Unde bene secundum effecta pater et filius priores spiritu dicuntur et quasi principium eius, quia ex potentia moderante sapientia effectus ⟨gratiae⟩ descendit, ex quo spiritus appellatur, et prius potentiam et sapientiam esse oportet, ut postea aliquid per eas in effectum ducatur. Tale est ergo patrem et filium esse principium spiritus sancti, ac si dicamus spiritum ex ambobus ⟨per effectum⟩ procedere, hoc est potentiam moderante ratione ad actum perduci.

Hoc quidem modo, si quis nomen spiritus accipiat, secundum scilicet gratiae suae effecta, non recte dicitur spiritus aeternus, quia, ut diximus, non semper spiritus ⟨secundum effecta⟩ exstitit. Unde et bene evangelista *Iohannes* ab aeternitate dei inchoans, cum verbum apud deum aeternaliter esse ostenderet dicens[166] : 'In principio erat verbum, et verbum erat apud deum, et deus erat ver- O 1
bum. Hoc erat in principio apud deum. Omnia per ipsum facta sunt' etc.: nullam spiritus mentionem habuisse videtur, qua eum aeternum esse astrueret, cum de deo et verbo eius loquens patri et verbo solummodo aeternitatem ascribit dicens: 'Hoc erat in principio apud deum'. Qui in

[162] Act. 8, 20.
[163] L. c. c. 12 n. 13, ibid.
[164] L. c. c. 14 n. 15, 921.
[165] L. c.
[166] Ioh. 1, 1–3.

Vater als vom Sohn. Indes kommt diese Beziehung im Namen nicht zum Vorschein, erscheint aber, sobald man ihn ‚*Geschenk Gottes*‘ nennt. Er ist nämlich ein Geschenk von Vater und Sohn [. . .] Wenn wir demnach von einem Geschenk des Gebers und einem Geber des Geschenkes sprechen, sprechen wir auf eine in-Beziehung-setzende Weise [. . .].” Ebenso: “Was drückt man so offensichtlich in relationaler Weise aus wie ein ‚Pfand‘ (pignus)? Allerdings spricht man von einem ‚Pfand‘ im Blick auf dasjeni- * ge, worauf es bezogen wird”. Dort fügt er nach einigen Worten bei: “Ein Gegebenes wird bezogen auf den, der gab, und auf die, denen er gab”. Ebenso im selben Kon- * text: “[Wir] müssen bekennen: Der Vater *und* der Sohn sind das *Prinzip* des Hl. Geistes”.

Daher erhellt, daß *Augustin* hier den Geist *mehr den Wirkungen* als dem natürlichen Affekt seiner Güte nach auffaßte. Trefflich werden der Vater und der Sohn, was die Wirkungen betrifft, als früher denn der Hl. Geist und gleichsam als dessen ‚Prinzip‘ beschrieben. Denn aus der Macht steigt unter Anleitung der Weisheit die Gnadenwirkung herab, um derentwillen man vom ‚Geist‘ spricht. Es ist logisch, daß die Macht und Weisheit früher sind, damit in der Folge etwas durch sie zur Wirkung gelangt. ‚Der Vater und der Sohn sind das Prinzip des Hl. Geistes‘ bedeutet: Der Geist geht in seinem Wirken von beiden aus, mithin mündet die Macht unter Anleitung der Vernunft in einer Handlung.

Wenn einer den Namen ‚Geist‘ dergestalt nach den Wirkungen seiner Gnade auffaßt, heißt er richtig verstanden nicht ‚ewiger Geist‘, weil der Geist wie gesagt den Wirkungen nach nicht immer existierte. Der Evangelist setzte zutreffend bei der Ewigkeit Gottes an, als er darauf hinwies, daß das Wort ewig bei Gott ist: ‘Am Anfang war das Wort und das Wort war bei Gott, und Gott war das Wort. Dieses war am Anfang bei Gott. Alles entstand durch ihn’ etc. *Johannes* scheint keine Erwähnung des Geistes niedergeschrieben zu haben, vermittels der er bewiesen hätte, daß der Geist ewig ist, als er über Gott und sein Wort sprach und allein dem Vater und dem Wort Ewigkeit zu-

eo fortasse quod subiunxit de effectu operum dicens: 'Omnia per ipsum facta sunt', spiritum designasse videtur secundum effecta, ⟨secundum⟩ quae, ut diximus, aeternus non est, sicut nec anima mundi, quam Plato ponit. Nec mirum hunc locum evangelistae maxime cum Platone convenire, cum totam istorum verborum sententiam in libris Platonicorum *Augustinus,* ut *supra*[167] meminimus, invenerit.

## Capitulum V

*Quod fidem trinitatis omnes homines naturaliter habeant*

Superest novissima quaestio, quomodo scilicet hanc fidem trinitatis soli Christiani teneant et non ⟨etiam⟩ vel Iudaei vel gentes.

Cum enim deum esse patrem et filium et spiritum sanctum tale sit, ut diximus, deum esse potentem et sapientem et benignum, cum istud nemo discretus ambigat, sive Iudaeus sive gentilis, nemini haec fides deesse videtur. Quod et nos quidem concedimus sequentes *Apostolum,* qui ait[168] : 'Quod notum est dei, manifestum est illis', ac si diceret: quod ad divinitatem pertinet, ratione perceperunt, quia haec de deo naturaliter ratio unumquemque edocet. Unde et *superius*[169] , cum Platonicorum sententias de verbo dei *Augustinus* praesentaret: solum quod ad divinitatem pertinet verbi, se in eis repperisse confirmavit et nihil de incarnationis mysterio, in quo totam humanae salutis summam consistere certum est, sine quo cetera Δ 'frustra creduntur'.

Haec nos de altissima et incomprehensibili philosophia divinitatis coacti frequenter et provocati ab importunitate infidelium scribere ausi sumus, nihil asserentes de eis quae

[167] Cf. supra p. 48–52.
[168] Rom. 1, 19.
[169] Cf. supra p. 50 sq.
Δ [20: Allusio ad 1 Cor. 15, 2.]

schrieb: 'Es [das Wort] war bei Gott'. Wohl scheint er insofern, als er betreffend die Wirkung der Werke beifügte: 'Alles entstand durch ihn', auf den *Geist nach seinen Wirkungen* hingewiesen zu haben, nach denen er wie gesagt nicht ewig ist, ebensowenig wie die Weltseele, die *Plato* lehrt. Und es verwundert nicht, daß dieser Passus des Evangelisten weitgehend mit Plato übereinstimmt, da Augustin (wie S. 51f. ausgeführt) den ganzen Inhalt dieser Worte in den Büchern der Platoniker gefunden hat.

## Fünftes Kapitel

### *Alle Menschen haben von Natur aus einen Glauben an die Trinität*

Eine letzte Frage bleibt übrig: Inwiefern halten allein die Christen diesen Glauben an die Trinität fest und nicht auch die Juden oder die Heiden?
‚Gott ist Vater und Sohn und Hl. Geist' bedeutet: Gott ist mächtig, weise und gütig, weil niemand mit Urteilskraft dies in Zweifel zieht, weder ein Jude noch ein Heide. Dieser Glaube scheint niemandem zu fehlen. Wir folgen dem *Apostel* und räumen ein: 'Was von Gott bekannt ist, ist ihnen offenbar'. Das bedeutet: Was sich auf die *Göttlichkeit* erstreckt, nahmen sie mit der Vernunft wahr. Denn die Vernunft bringt diese [Wesenszüge] Gottes von Natur aus jedem bei. Darum hieß es früher, als *Augustin* die These der *Platoniker* zum Wort Gottes auseinandersetzte: Er bestätigt ausschließlich dasjenige, was sich auf die Göttlichkeit des Wortes bezieht, bei ihnen gefunden zu haben, *nichts vom Geheimnis der Inkarnation,* worin, wie ver-
* bürgt, das Wesentliche des menschlichen Heils gründet, und ohne das alles Übrige 'vergeblich geglaubt wird'.

Wiederholt bezwungen von der hohen und unbegreiflichen Philosophie der Gottheit, dann auch von der Unverfrorenheit der Ungläubigen herausgefordert, wagten wir diese [Abhandlung] niederzuschreiben. Dabei geben wir für nichts, das wir auseinandersetzen, eine absolute Ver-

dicimus, nec veritatem ⟨docere⟩ intendentes, quam neque nos posse scire profitemur. Sed neque hi qui fidem nostram impugnare gloriantur, veritatem quaerunt, sed pugnam. Quibus si resistere possumus lacessiti, satis esse debet, quod nos defendimus. Hi vero qui impetunt, nisi vicerint, a O 10 proposito cadant atque deficiant. Et quoniam philosophicis maxime rationibus nos aggrediuntur, et nos eas praecipue prosecuti sumus, quas credo ad plenum nemo intelligere valet, nisi qui philosophicis et maxime dialecticis studiis invigilaverit. Necesse autem erat, ut adversariis nostris ex his quoque quae recipiunt, resisteremus, cum nemo nisi ex his quae concesserit, arguendus sit aut refellendus, ut illud veritatis iudicium in eis compleatur quo dicitur[170]: 'Ex ore tuo te iudicio, serve nequam'.

Petri Abaelardi Palatini Peripatetici Theologia explicit.

[170] Lc. 19, 22.

sicherung (asserere), noch machen wir uns anheischig, die Wahrheit zu lehren. Von der Wahrheit bekennen wir, sie nicht wissen zu können. Aber diejenigen, welche sich rühmen, unseren Glauben anzufechten, suchen nicht einmal nach der Wahrheit. Sie suchen den Streit. Wenn wir als die Herausgeforderten ihnen Widerstand zu leisten verstehen, [dann] muß es genügen, daß wir uns verteidigen. Mögen sodann diejenigen, welche angreifen (und wenn sie nicht gesiegt haben), von ihrem Vorsatz ablassen und zermürbt werden! Und da sie uns *zumeist mit philosophischen Argumenten* angreifen, benutzten auch wir vorzugsweise * solche. Meiner Überzeugung nach vermag sie nur derjenige in ihrer vollen Wirkung einzuschätzen, der sich philosophischer und insbesondere logischer Studien befliß. Es war unumgänglich, unseren Kontrahenten auf der Ebene dessen, was sie gelten lassen, Widerstand zu leisten, weil jemand nur auf der Grundlage desjenigen kritisiert und widerlegt werden kann, was er zugestanden hat. In der Folge mag sich an ihnen jenes Urteil der Wahrheit erfüllen, das lautet: 'Aus *deinem* Mund richte ich dich, unnützer Knecht!'

Ende der Theologie Peter Abaelards, des Peripatetikers von Le Pallet.

# ANMERKUNGEN DER HERAUSGEBERIN

[1] 3, 29: Eine nochmalige Werkübersicht folgt S. 85 und ein Hinweis auf Motiv und Adressaten des Werkes wird in den Textanm. zu S. 65 und 109,5 gegeben.

17, 11: Während der lat. Text des Zitates (suis) für Abaelards Verwendung offen ist, trägt ihn die dt. Übers. in einen dem Alten Testament fremden Kontext ein; denn nach der Vulgataüberschrift ,sapientiae natura' meint der alttestamentliche Kontext die Weisheit, die in ihrem gütigen Walten (= Geist) nicht eine Schmähung entlassen wird von *ihren* Lippen, böte demnach eher einen Hinweis auf die *zweite* trinitarische Person.

21, 3: Neutralisierende Übersetzung von ,als Empfangenes geboren'.

21, 7: Nach den damaligen biologischen Vorstellungen ist das neue Wesen bereits im väterlichen Elternteil vollständig enthalten, da der Mutter nur die Funktion eines ,Mutterbodens' zufällt, darin der Same sich entwickelt.

25, 32: Dieser Absatz würde sich 2 Absätze früher vor neuer Zeile „Wenn sie indessen ..." besser in den Text einfügen.

27, 10: An diesem Ort scheint Abaelard seine heidnische Autorität ,getauft' zu haben; denn in der Übersetzung des Passus aus De inventione, ed. Hubbell (Loeb 386), 1976, 87 steht: „Philosophers are atheists."!

41, 22: Der letzte Absatz enthält ein Fazit zum Wort und paßte besser zwischen den ersten und zweiten Absatz auf dieser Seite.

55, 17: Die griech. Buchstaben (ich zähle nur 26, Augustin mag den Aspirat dazugezählt haben) lauten: Ιησοῦς χριστός ϑεός υἱός σωτήρ und die Anfangsbuchstaben dieser fünf Worte ergeben ihrerseits ἰχϑύς = Fisch, das war das Erkennungszeichen der Urchristen.

59, 5: In einer modernen Vulgataausgabe steht bloß ,Deum meum', während mit ,redemptor' zu Zitatanfang das hebr. Wort ,goël' Rechtsbeistand, Anwalt wiedergegeben wird.

65, 14: Obwohl auch direkte Anreden vorkommen, z.B. 118, 152, spricht Abaelard oft im Plural von seinen Gegnern, wobei er über

[1] Bei den Angaben bezieht sich die erste Ziffer auf die Seite, die zweite Ziffer auf die Zeile der Bezugsstelle. Im Text sind die betreffenden Stellen durch ein * am Rand gekennzeichnet.

die „Feinde Christi", unter denen er die Häretiker, Juden und Heiden zusammenfaßt, die professores dialecticae (66,28ff.) stellt, also Leute wie sein Jugendlehrer Roscelin. Tatsächlich spricht neben dem Text der TSB auch ein Brief an den Pariser Bischof davon, daß Abaelard seine erste Theologia vornehmlich gegen die trinitätstheologische Häresie Roscelins, den Tritheismus, richtete, vgl. meine Einleitung, S. XXIVff. Zu einem anderen professor dialecticae (Ulger von Angers) vgl. die Textanm. S. 93.

Den Seiten 64–180 sind die Textauszüge betr. Roscelin entnommen, die Picavet 124–127 und Gentile 258–266 (mit ital. Übers.) abdruckten, vgl. die Bibliographie, Abteilung 2. Es handelt sich genauer um die folgenden Zitate: 64,6–17; 66,28–37; 70f.,109–131; 72f.,137–149; 74f.,170–174; 76,177–189; 78,205–213; 80,232–237; 80f.,248–274; 84,8f.; 86,33ff.; 88,62–65,67–70; 94,129–132; 110,36–40; 118f.,152–166; 122,186–194; 176,317ff.; 176f., 330–344; 180,370–376.

67, 16: Unter den „Sieben Freien Künsten" begreift man das *Trivium*, bestehend aus Grammatik, Rhetorik und Dialektik (= Logik), und das *Quadrivium*, bestehend aus Arithmetik, Geometrie, Astronomie und Musik, vgl. die Bibliographie unter 4.: Paul Abelson (1906) oder die etwas populärere Darstellung bei Anders Piltz, The World of Medieval Learning, Oxford 1981 (schwed. Orig. 1978, auch deutsch 1982).

Abaelard entbehrte anders als sein Zeitgenosse Thierry von Chartres der Vertrautheit mit dem Quadrivium, vgl. Jolivet, Arts du Langage (1969)19: „Cette pensée est avant tout une réflexion sur le contenu du trivium ...". Mews weist darauf hin, daß Abaelard nach der TSB weiterhin über Gegenstände des Trivium schrieb. Die Logica Nostrorum petitioni sociorum belegt dies für die Dialektik, während aus Selbstverweisen der T.chr. und T.sch. die Existenz einer Grammatik postuliert werden kann. Zudem wissen wir aus seinem Kommentar zu Boethius' Topiken von seinem Plan, eine Rhetorik zu schreiben. Vgl. C. Mews, On dating 92–95. 127f. (Bibliogr. 1a).

69, 22: Buchangabe bezieht sich auf Boethius' Kommentar.

69, 26: Ich verdanke C. Mews, On dating 90 Anm. 80 weitere Stellenhinweise (z.T. berichtigt): Zur Vereinbarung der menschlichen Freiheit mit der göttlichen Providenz hat sich Abaelard schon in der Dialectica, ed. De Rijk 215f. und in den Glossen zu Perihermeneias (LI), ed. Geyer 425–431 geäußert. In T.chr., ed. Buytaert 196 wiederholt er die Bemerkung der TSB, um dann in T.chr. 371f. und T.sch., ed. Buytaert / Mews 535–547 auf die Frage einzutreten.

73, 3: In seinem Brief an Abaelard wies Roscelin, den man 1092 in Soissons verurteilt hatte, entrüstet von sich, daß er der schlimmsten Häresie überführt, verrufen und allerseits ins Exil vertrieben worden war: „Wenn ich nämlich einmal durch eine Lehrmeinung gefehlt oder von der Wahrheit abgewichen bin, so habe ich keine hartnäckige Verteidigung unternommen, sondern war offen für eine entsprechende Zurechtweisung, stets bereiter zu lernen als zu lehren. Nicht ist ein Häretiker, wer zwar irrt, aber seinen Irrtum nicht verteidigt ..." (übers. aus ed. Reiners 65,2–6). Hier reagiert Roscelin m.E. eher auf Abaelard als umgekehrt, vgl. Einl., S. XXVIf. u. XXXIV.

81, 7: Nach der von Ostlender Anm. 48 erw. Quelle Hilduins handelt es sich um den Klosterheiligen von St. Denis. – 1122 wird der aus der Kerkerhaft entlassene Abaelard zufällig auf einen mit Hilduins Bericht konfligierenden Passus des englischen Kirchenhistorikers Beda stoßen. Diese Entdeckung führt, von den Mitmönchen wegen der Bedeutung des hl. Dionysius als Schutzpatron des französischen Königtums zur ‚Staatsaffäre' aufgebauscht, zum Zerwürfnis mit seinem Kloster und treibt Abaelard zu einer nächtlichen Flucht in die Einöde, vgl. H.C. 941ff. (ed. Brost 45f.) und Epist. XI, ed. E. R. Smits, Groningen 1983, 137, 249ff.

83, 20: ‚homines animales' sind nicht „tierische Menschen", sondern solche, die nach der gnostischen Dreiteilung in Somatiker, Psychiker und Pneumatiker nicht zur letzteren Gruppe gehören. Nach S. 37ff. sind sie ‚beseelt' und ‚empfindungsfähig', aber entbehren des ‚spirituellen Lebens'. In Anm. 55 verweist Ostlender zur Stelle auf 1 Kor. 2,14ff.

85, 10: Die zwischen S. 109–157 liegenden Kap. handeln von den Philosophen und ihrer Gottrede, den Modi des ‚idem et diversum' und den Bedeutungen von ‚persona', während S. 203–259 (Schluß) die respektiven Weisen der Abkunft von Sohn und Hl. Geist besprochen werden, wobei S. 251–257 ein letztes Stück abaelardscher Platoapologie folgt.

85, 24: Zu ‚forma' vgl. die Textanm. zu 175,18.

85, 28: ‚eadem penitus': Im Dt. klingt es ungewohnt, wenn zu dem eine Identität ausdrückenden Pronomen „dieselbe" die adverbiale Zusatzbestimmung: „völlig", „gänzlich", „absolut", „im Innersten" (für ‚penitus' und ‚omnino') gefügt wird, weswegen ich das Pronomen bisweilen adjektivisch mit „die gleiche", „eine übereinkommende" oder „die selb(ig)e" übersetzte. Vgl. die Textanm. S. 131.

91, 2: Der Verfasser gibt zu verstehen, daß die ‚Vaterschaft' weniger als Sohn-habe denn als Aus-sich-Sein und Nicht-selber-Sohn-Sein verstanden wird.

91, 19: Wenn Abaelard im Anschluß an die trinitätstheologische Problematik in T.chr. V und T.sch. III von der Einheit und Natur Gottes handelt, wählt er in augustinischem Geist den *Willen* und die *Macht* Gottes als Leitfaden, vgl. Opera theol. II, ed. Buytaert 354ff und Opera theol. III, ed. Buytaert / Mews 507ff.

93, 7: In Anm. 65 identifiziert Ostlender die genannte These betr. das Verhältnis der göttlichen Eigenschaften zu Gott als diejenige des Ulger. Ulger lehrte in Angers und wurde dort im Sept. 1125 Bischof. Vgl. zur hier referierten Lehre T.chr., ed Buytaert 301, Z 1109ff. und T.sch., ed. Buytaert / Mews 438–441 (= tertius). Auch in früheren Teilen der Dialectica hat Abaelard häufig auf diesen „magister noster V." verwiesen, vgl. ed. De Rijk 105,16; 112,27; 141,27 und 168,11. – Jolivet und Mews wandten sich gegen eine Identifikation des „magister noster V." mit Ulger. Sie beziehen den Hinweis auf Wilhelm von Champeaux (Schreibfehler V. statt W.), vgl. Mews, On dating 84f. Anm. 54.

Von den *sechs* zeitgenössischen Professoren, die Abaelard in T.chr. 300–303 attackierte, überging er in T.sch. 438–441 Thierry und Bernhard von Chartres, geißelte aber die ‚cathedra pestilentiae' der *vier* anderen (alle mit Bischofswürde!). – In der TSB werden Auffassungen der beiden Logiker Roscelin (vgl. Textanm. zu S. 65 und 177,10) und Ulger kritisiert, und wir wissen, daß sich Alberich gegen einen bestimmten Lehrpunkt wandte (Textanm. zu S. 109,1 und 211).

95, 11: Indem der artbildende Unterschied ‚vernünftig' zu ‚Lebewesen' tritt, ist die Art ‚Mensch' konstituiert. Ihr ist dann als Proprium die ‚Lachfähigkeit' eigen, die die Vernünftigkeit voraussetzt, aber nicht umgekehrt von ihr impliziert ist (die reinen Geistwesen = Engel lachen nicht).

105, 17: Zu ‚individuus' vgl. die Textanm. zu S. 107.

105, 35: Gemäß dem unter no. I genannten Syllogismus.

107, 12: Zu den Bedeutungsnuancen von ‚individuus': Während Abaelard 84,20 für *unteilbar* ‚indivisibilis' schreibt, gebraucht er 94,130; 96,156; 106,142 und 108,163 dafür ‚individuus'. – Dagegen heißt es 104,121ff.: „... erscheint als noch eigener Name, mithin als individueller, weil er die individuelle (individua), d.h. gänzlich unteilbare (indivisibilis) *und* völlig einfache und unike Substanz bezeichnet." Somit näherte sich die Bedeutung von ‚individuus' den Ausdrücken ‚singularis' und ‚unicus' an: Wie das „Singuläre" das Einzige seiner Art und das „Unike" das Einmalige ist, ist „individuell", was *ein* Exemplar seiner Art prägt (wobei der allgemeine Sprachgebrauch kaum unterscheidet zwischen „spezifisch" qua arteigen und „individuell"). Vgl. auch 106,147, wo sich anders als

106,142 die Übersetzung „individuell" für ‚individuus' nahelegt, weil ein Einfaches (simplex) per def. ‚unteilbar' ist.

109, 1: In H.C. 751–781 (ed. Brost 37f.) wird von einem charakteristischen Streitgespräch zwischen Abaelard und seinem Verleumder *Alberich* berichtet: Barsch wies er Abaelards Anerbieten, Vernunftgründe vorzutragen, ab, woraufhin ihm Abaelard dieses Augustinuswort in dem mitgebrachten Folianten der TSB zeigte.

Mit seiner Verlegenheitsauskunft: „Das ist einer guten Erklärung bedürftig" (Z. 771f.: bene est intelligendum, in der Übers. Brosts kommt die Pointe nicht heraus), stellte sich Alberich genau auf denjenigen Standpunkt der menschlichen und vernünftigen Argumente, von dem sein überlegener Kontrahent ausgegangen war!

109, 5: In Textanm. S. 65 und 125 weise ich darauf hin, daß das Erstlingswerk anders als die späteren Theologien polemisch ausgerichtet war auf ‚Philosophen vom Fach'. Mit ihnen teilte der Verfasser die Zuversicht in eine logisch-vernünftige Darlegung. Diese in unserem Werk öfters artikulierte Zuversicht (vgl. 38,353;48,112f.;80f., 248–280; 122f.,189–223; 142,247ff.; 222,327ff.) rückte er in den Vordergrund, als er in seiner Autobiographie das *Anliegen der TSB* beschrieb: „Für meine Studenten habe ich es unternommen, die Grundlagen unseres christlichen Glaubens mit Analogien, die der menschlichen Vernunft entstammen, zu erläutern, und verfaßte eine theologische Abhandlung ‚Über die göttliche Einheit und Dreieinigkeit'. Meine Studenten begehrten nämlich menschliche und philosophische Begründungen, da sich die Zelebrierung von Worten, denen keine Einsicht folgt, erübrigt. Geglaubt werden kann nur, was irgendwie verständlich ist, ja es scheint geradezu lächerlich, wenn jemand anderen predigt, was weder er selber noch seine Hörer rational erfassen können ..." (meine Übers. von H.C. 690–700; ed. Brost 1987, S. 35.)

Angesichts dieses Anspruchs auf eine ‚rationale Durchdringung' übersahen seine monastischen Gegner Abaelards tiefen Glauben und suchten seine Erklärungen zu konkreten Irrlehren in Verbindung zu setzen, weil sie seinem neuen methodischen Ausgangspunkt nicht gewachsen waren. Vgl. zum Skandalcharakter der TSB die im „Anhang II" gegebene schematische Übersicht.

111, 16: Liest sich wie ein Anklang an Phaidon 111b5f., freilich war Henricus Aristippus' lateinische Übersetzung des Phaidon und Menon erst nach Abaelards Zeit ab 1156 zugänglich.

113, 27: Nach Abaelards Dialectica rüstet sich „jede lateinisch sprechende Versiertheit in dieser Disziplin" mit den sieben Grundwerken der drei Großen, das sind 1) die Kategorienschrift (Praedi-

camenta) und 2) die Lehre vom Satz (De Interpretatione oder Perihermenias) von Aristoteles, 3) die Isagoge (De quinque vocibus) von Porphyr sowie die vier eigenen logischen Schriften des Boethius, nämlich 4) De divisionibus 5) De differentiis topicis 6) De syllogismo categorico und 7) De syllogismo hypothetico, vgl. ed. De Rijk, 146,10–17.

123, 14: Unüberhörbar ist der ironische Unterton dieses Passus: In seiner Beschwerde (Epist. XIV) an den Pariser Bischof nennt Abaelard Roscelin einen Pseudochristen und Pseudodialektiker (vgl. ed. E. R. Smits 280,41 mit TSB 118, 152), während ihn Roscelin daran erinnert, daß er in zartem Alter profitable Lehrjahre bei ihm verbrachte (ed. Reiners 63,3f. und 65,26f.).

123, 20: Vgl. die Textanm. S. 83.

125, 26: In der Revision der TSB in T.chr. wird die Darlegung der *sechs* Modi des idem et diversum in 124,1–142,246 auf deren *fünf* reduziert, vgl. ed. Buytaert 247–255. Es fehlt der letzte Modus, bzw. Abaelard scheint in T.chr. 250, Z. 1795–99 den fünften Modus (Unveränderbarkeit) mit dem sechsten Modus (Wirksamkeit) zusammen zu denken. Charakteristischerweise findet 126,14ff. in T.chr. *keine* Entsprechung, vgl. die Textanm. zu 127,12.

Die T.sch. (zw. 1134–1140) entbehrt der polemischen Ausrichtung ihrer beiden Vorläuferinnen: Weder geht es ihr wie der TSB darum, die schlechte Trinitätstheologie als Ergebnis eines Mißbrauchs der Dialektik zu entlarven, noch bekämpft sie wie die T.chr. die Borniertheit von Fideisten, die sich zuviel auf ihre christliche Spezialoffenbarung einbilden und deshalb gegenüber den heidnischen Wahrheitszeugen blind sind. Sie gibt, als erster Teil eines einleitend skizzierten Lehrganzen, eine schlichte Darstellung der ‚Lehre von Gott'; entsprechend wird in ihr der logische Apparat noch mehr eingeschränkt. Wir finden in ed. Buytaert / Mews 454ff. nur noch die *drei* wichtigsten Modi der essentiellen, numerischen und definitorischen = proprialen Identität und Verschiedenheit expliziert.

127, 5: Ich kenne im Deutschen nicht zwei Bezeichnungen für „Schwert", daher die sinngemäße Variierung von Abaelards Beispiel.

127, 12: In der späteren Logica Nostrorum petitioni sociorum (1125), die der T.chr. nahesteht, unterscheidet Abaelard die Identität nach der Prädikation von der essentiellen Identität: „Diese [d.i. die essentielle] Identität scheint für gewisse [Autoren] einerlei zu sein mit der Identität nach der Prädikation: Das ist nicht richtig, weil es viele essentiell und nicht der Prädikation nach Selbige gibt ..." (Übersetzung aus LN ed. Geyer 558,17ff.). Damit trifft sich die Aussage in T.chr., ed. Buytaert 260, Z 2147ff.: „Et fortasse cum

dicimus in Deo personas diversas, ita scilicet ut non solum sint definitione diversae, *verum etiam praedicatione ab invicem disiunctae* ...". Nach Auffassung der TSB sind dagegen die essentiell miteinander übereinkommenden göttlichen Personen auch der Prädikation nach einerlei!

Ich merke an, daß meine Beobachtungen Geyers Thesen (l.c. 598–603) bestätigen, während Mews, The development (Essay 1980), 185 und 195 Anm. 17, vorschlug, LN *vor* TSB anzusetzen, und behauptete, letztere reproduziere LN hinsichtlich der genannten Modi „almost exactly" (?). – Übrigens lassen sich die drei Bezüge auf logische Lehren durchaus in der Logica Ingredientibus (108,11 → ed. Geyer 324,39 und 212,187 → ed. Geyer 121,11ff.) und in der Dialectica (196,612 → ed. De Rijk 115ff.) belegen. Vgl. neuerdings auch Mews, A neglected gloss (= Pv) ..., in FZPT 31(1985), 35–55.

129, 20: Vgl. S. 189–199 oben, die besonders aufschlußreich sind zur proprietas verborum und vis enuntiationis.

131, 18: Im Dt. spräche man nicht von einer „Einerleiheit" aufgrund von Ähnlichkeit, sondern man sagte „Gleichheit". Das legitimiert die S. 85 (dritte Textanm.) angemerkte freiere (adjektivische) Wiedergabe des Pronomens ‚idem, eadem, idem', von der ich häufig Gebrauch machte.

133, 20: Vgl. die Textanm. zu 127,12.

133, 22: Das sind die sog. Prädikabilien Gattung, Art, Differenz, Proprium und Akzidens, wie sie in der Isagoge erörtert werden. Vgl. zu diesen über irgendwelchen substanzialen und akzidentiellen Eigenschaften (formae) von Dingen liegenden ‚communitates' 144,279ff.

133, 26: Vgl. Porphyrs Isagoge 4 b Ende: Eine Art wäre nicht eine solche, fiele sie mit der Gattung ineins. Daher kann weder eine Art zur obersten Gattung werden, noch eine Gattung zur subordiniertesten Art.

133, 27: Nach dem gegebenen Beispiel spricht Abaelard von den Kategorien, die er sonst „Prädikamente" nennt, vgl. 100,49f.; 110f.,43 und 48f. Nachdem Aristoteles in Kap. 1–3 seiner Kategorienlehre unter der Bezeichnung „Anteprädikamente" einige Unterscheidungen und Leitsätze angegeben hat, handelt er in Kap. 4–9 die Prädikamente ab, um im dritten Teil Kap. 10–15 schließlich noch die sog. Postprädikamente wie „Gegensatz", „Früher", „Zugleich", „Bewegung" und „Haben" (weiter als die gleichnamige Kategorie) als urspr. Bestandteile der Kategorien zu rechtfertigen.

135, 27: Nach dem spinozistischen „Deus sive natura" gäbe es dagegen nur eine essentielle, keine numerische Differenz zwischen Gott und seinen Geschöpfen.

137, 20: Z.B. das „Haus Gottes“ oder das „Regierungsgebäude“.

137, 33: Obwohl Ostlender in seiner Einleitung XXII zunächst Stölzle zustimmt, wonach *Otto von Freising* sich auf eine ‚mündliche Aussage‘ Abaelards beziehen könnte, äußert er in Anm. 115 die Vermutung, daß Otto im Blick auf diesen Passus rapportiert haben könnte: „Unter anderem sagte er: ‚So wie einerlei Rede eine Proposition, Assumption und Konklusion ist, ist einerlei Essenz Vater, Sohn und Hl. Geist‘“.

Nun konnte aber der um 1110 geborene Otto von Freising die Ereignisse in Soissons (1121) nur vom Hörensagen gekannt haben. Die einschlägigen Autoren (s. Abteilung 6. J. Jolivet, Sur quelques critiques 14f. und E. M. Buytaert, Abelard's trinitarian doctrine 133) interpretieren das Abaelardzitat Ottos dahingehend, daß unter „einerlei Rede“ ein Syllogismus zu verstehen sei, was eine ‚Teilung‘ der göttlichen Essenz zur Folge hat und mit dem erhobenen Vorwurf des Sabellianismus kollidiert.

Dagegen berechtigt der Textbefund der TSB (vgl. 136,176ff. mit 174,280–284) m.E. zur Vermutung, daß Abaelard in Soissons tatsächlich die von Otto berichtete Analogie vorgetragen haben könnte, nur meinte er mit ‚eadem oratio‘ nicht den ganzen Syllogismus, sondern eine beliebige Aussage (vgl. Sprachgebrauch in 186,465; 214,193ff.; 216,239), die je an die Stelle der maior, minor und conclusio treten kann, vgl. die folg. Textanm.

137, 36: Ein beliebiger Satz, z.B. „Einige Philosophen sind glücklich“, kann in einem Syllogismus an erster oder zweiter Stelle stehen, dann ist er eine Behauptung oder eine Annahme. Bringt man ihn dagegen mittels Inversion und Fragezeichen in die Frageform, wird er in seinem Behauptungs- und Annahmecharakter eingeschränkt. Ebenso ist er, wird er an die dritte Stelle eines Syllogismus gesetzt, z.B. „Der Stein der Weisen macht glücklich. Einige Philosophen finden ihn. Ergo sind einige Philosophen glücklich“, keine bloße Behauptung oder Annahme mehr, sondern ein abgeleiteter Satz mit einer ‚anderen logischen Definition‘.

139, 22: Die Erklärung, wonach sich die definitorische Verschiedenheit von mehreren, nach Essenz und Prädikation übereinkommenden Dingen in Rekurs auf eine Affirmation und Negation beschreiben läßt, scheint die spätere und für die T.chr. wichtige These vorzubereiten, wonach essentiell Übereinkommendes nicht nur definitorisch, sondern gerade auch durch Prädikation verschieden sein kann, vgl. die Textanm. zu 127,12.

139, 39: Z.B. teilt die Differenz vernünftig/unvernünftig einerseits die *Gattung* „Lebewesen“ ein, während sie anderseits nebst der

Differenz sterblich/unsterblich die *Art* „Mensch" konstituiert.

141, 36: Buchangabe bezieht sich auf Boethius' Kommentar.

143, 6: Vgl. die letzte Textanm. und Ostlenders Anm. 124. Ferner zweifle ich, daß ed. Mews 150,956f. mit Perihermeneias 18b 18–20 (13) der Textnachweis gelungen ist.

143, 11: Anhand der Ausdrücke ‚vox' und ‚sermo' haben Geyer und neuerdings Mews Abaelards begrifflichen Anstrengungen nachgeforscht. Während in den frühen logischen Schriften und der TSB eine einschlägige Distinktion fehlt, verstehen LN und T.chr. unter ‚vox' präzis das ‚verlautbarte Wort' und unter ‚sermo' das ‚bedeutungstragende Wort'. Mit zwei Beispielen illustriert Mews diesen Sachverhalt, dem Vergleich von Pv (voces), TSB 130,90f. (voces) und LN (sermones) sowie der Kontrastierung von TSB 140f.,235–244 (voces) und T.chr., ed. Buytaert 255 (sermones, mit Erläuterung zu vox), vgl. C. Mews, On dating 80f.

Die Spannung zwischen 130,90f.; 236,534 einerseits und 142,244 anderseits belegt, daß ‚vox' auf der Entwicklungsstufe *vor* LN und T.chr. einmal ‚bedeutungstragende Rede', dann aber auch lediglich ‚Wortlaut' bedeutete, was im Blick auf die Diskussion mit Roscelin und das Universalienproblem eine terminologische Präzisierung nahelegen mußte.

145, 24: Gemeint sind die Prädikabilien, vgl. die Textanm. zu 133,22.

145, 36: Vgl. dazu no. 4 in „Anhang II".

149, 27: Entsprechend seinem neu geprägten Titel „Theologia" nannte Abaelard die hier noch ‚sancti' (48, 76 und 198) oder ‚divini' (148f.) genannten Fachleute später ‚theologi', z.B. T.chr., ed. Buytaert S. 225 und 262f. Freilich bezeichnete er weiterhin das *Lehrfach* – anders als den Werktitel – mit ‚sacra lectio' / ‚divina scriptura', vgl. H.C., ed. Monfrin Z 247.258.668f.676ff., oder mit ‚divinitas', vgl. Dialogus, ed. Thomas S. 88,1265f.

In seinem Traktat gegen Abaelard verballhornte Bernhard v. C. den originellen Titel zu ‚stultilogia', Torenrede (vgl. Epist. 190, ed. Leclercq / Rochais VIII (1977), 24 Z 25), nachdem sich bereits Wilhelm v. St. Thierry in seiner Anzeige über andere monströse Werktitel wie ‚Scito te ipsum' und ‚Sic et Non' ausgelassen hatte (Epist. 326, ed. Leclercq in Revue bénédictine 79 (1969), 378, Z 72ff.).

Anzumerken ist, daß nicht nur im Geist ihres Verfassers, sondern auch in dem Brief des Erzbischofs von Rheims (Epist. 191, ed. Leclercq / Rochais VIII (1977), 41f.) die erste (TSB) und die letzte „Theologia" (T.sch.) unter diesem schlichten Titel *identifiziert* wur-

den. Erst die Abaelardforscher fügten zwecks Unterscheidung das Incipit bei, dieweil Abaelard aus Gründen der Selbstrechtfertigung in den Titel der zweiten (unveröffentlichten) Theologie selber das Beiwort „christiana" aufgenommen hatte.

Was den Theologiebegriff betrifft, halten wir mit Buytaert, A' trinitarian doctrine 128 fest: „Theology in the strict sense, he believes, deals with the triune God, with the accent on the first syllable of triune", vgl. zum totius disputationis thema auch TSB 84,3ff.

153, 10: Die Weisheit kann, wie den späteren Darlegungen zu entnehmen ist (vgl. die Textanm. zu 221, 37), auf zweierlei Weise in der Macht ‚eingeschlossen' sein:

a) Verstanden als quaedam potentia (eine gewisse = ‚Art von' Macht), ist die Weisheit *begriffliches Implikat* der väterlichen Allmacht (omnipotentia) als dem Inbegriff aller Macht.
b) Verstanden als species potentiae (eine Art von Macht im strengen Wortsinn) gehört die Weisheit zwar *zum Begriffsumfang*, aber nicht zum Begriffsinhalt der Macht schlechthin (potentia simpliciter), die der Vater in diesem Fall ist.

Aus dem ersten Modell erhellt besser die Gleichnotwendigkeit des Sohnes mit dem Vater, das zweite Modell verdeutlicht die Abkünftigkeit des Sohnes bei substantieller Übereinkunft mit dem Vater.

157, 3: Wie zu 125,26 angemerkt, reduzierte sich Abaelards logischer Apparat in dem Maß, als seine Theologia an Reife zunahm. Ihre zunächst vorherrschenden polemischen (TSB) und apologetischen Interessen (T.chr.) wichen zunehmend einer ausschließlichen Auseinandersetzung mit der Sache. Dem hier bis S. 201 folgenden Widerlegungsgang entspricht T.chr.IV., ed. Buytaert 266–297, wohingegen die T.sch. praktisch ohne Entsprechung bleibt, vgl. ed. Buytaert / Mews 80f.

161, 30: ‚corpus' oder ‚corpusculum' kommt als dichterischer Ausdruck für ‚Blumenstrauß' vor.

167, 23 Hier (Z. 166f.) entschied ich mich um der Verständlichkeit und des größeren Kontextes willen gegen die lexikographisch naheliegendere Übersetzung: „... und zwar dergestalt, daß die Trinität auf keine Weise eher nicht sein kann als die einzelnen Personen". Die Übersetzung von ‚eher' für ‚magis' hebt auf die Koeternität ab, während die bevorzugte Variante ‚mehr' (ein ‚mehr' an Seinsmächtigkeit versus ein quantifizierbares ‚mehr' = lat. plus) den Aspekt der Konsubstantialität einschließt.

169, 5: Vgl. 146,10ff.

175, 5: Sondern eben definitorisch, vgl. die Textanm. zu 137,36.

175, 8: Vgl. die Textanm. zu 85,28 und 131.

175, 18: Ich habe es unterlassen, ‚forma' durch „Akzidens" wiederzugeben. Auf der Grundlage von 100,48f.; 134,124–131 und 228,402ff. möchte ich gegen Buytaert, Abaelard's trinitarian doctrine 131 festhalten: In Abaelards Terminologie sind „Akzidens" und „forma" nicht einerlei. Vielmehr bleibt „forma" ein Sammelname für ‚Eigenschaft überhaupt', sei das nun ein Akzidens, ein Proprium oder eine spezifische Differenz und substanziale Eigenschaft.

177, 10: Der *Tritheismus* ist historisch belegbar, vgl. die beiden einschlägigen Briefe Anselms v. C., die zu seiner Streitschrift De Incarnatione Verbi (ed. Sal. Schmitt I.II, 3–35 mit einer prior recensio in I.I, 281–290) gehören: Im Brief an Fulco (Epist. 136) wird die häretische Lehrmeinung resumiert und berichtet, daß *Roscelin* versicherte, daß der sel. Erzbischof Lanfranc und Anselm sie (wohl in dem, was der Logiker bei ihnen extrapolierte) vertreten hätten. Im Brief an den Mönch Johannes (Epist. 129) wird die gleiche Irrlehre als die eines Ungenannten dargestellt: „...Zum Brief, den mir Eure Liebe betr. jenen sandte, der behauptete, daß es in Gott entweder drei Personen als drei Dinge gibt oder daß der Vater und der Hl. Geist mit dem Sohn inkarniert wurden: Ich habe deswegen so lange eine Antwort aufgeschoben, weil ich diese Angelegenheit umfänglicher behandeln wollte" (l.c. II.I. 279 und 271, meine Übers.; vgl. auch die Textanm. zu 199,10).

177, 14: Vgl. S. 87f. und S. 97 und 135 je oben.

177, 32: Ostlender notierte in Anm. 28 die gemeine einschlägige Polemik Roscelins: „Du wirst vorgeben, Dich aus Gewohnheit „Peter" nennen zu können. Doch bin ich sicher, daß ein Name masculini generis sich weigert, seines Geschlechtes verlustig, die gewohnte Sache zu bezeichnen ... Nach Entfernung also des Teiles, der einen zum Mann macht, darfst Du nicht „Peter", sondern mußt „unvollständiger Peter" (imperfectus Petrus) genannt werden" (übers. aus ed. Reiners 80,9–19). Auch hier dünkt mich eher Roscelin auf die sachlich-ruhige Darlegung Abaelards zu reagieren als umgekehrt, vgl. Einl., S. XXVIf. und XXXIV.

179, 14: Nach dem ersten Beispiel unter VI sind die essentiell verschiedenen auch numerisch verschieden, im weiteren gab es eine essentielle Unterschiedenheit in bezug auf numerisch einerlei.

181, 14: Vgl. meine Texteinleitung Anm. 12 sowie die einschlägigen Ausführungen Anselms v. C. im Monologion: Opera I, ed. S. Schmitt, S. 8 (Prolog: Graecos secutus sum), 44 und 86.

181, 35: Das ist ein sinngemäßes Beispiel unter Verwendung eines dt. Pluraletantums: Wie das Gebirge „die Pyrenäen" nur im

Plural zu nennen ist, so steht die Stadt „Athen" im Lateinischen im Plural.

183, 7: Vgl. die Textanm. zu 127,5.

187, 8: Cicero wandte gegen Hermagoras ein, daß eine ‚deliberatio' oder eine ‚demonstratio' kein Plädoyer (constitutio) sein kann, weil er mit Aristoteles die Redekunst gemäß ihrem Publikum in drei Klassen teilte: die ‚deliberative Rede' wendet sich an eine gesetzgeberische Instanz, die ‚forensische Rede' (das eigentliche Plädoyer) an einen Gerichtshof und die ‚demonstrative Rede' an solche, die unterhalten werden wollen.

Nun hatte Hermagoras die ‚constitutio generalis' nicht nach dem Publikum, sondern nach ihrem Gehalt eingeteilt, indem die ‚deliberative Rede' zukünftige Handlungen auseinandersetzt, die ‚epideiktische oder demonstrative Rede' eine Person lobt oder tadelt, während die ‚juridische' (juridicalis) auf grundsätzliche Fragen der Billigkeit und die ‚Fallrede' (negotialis) auf Gesetzesdeutungen eintritt, vgl. De inventione, ed. Hubbell (Loeb 386), 1976, 346 Excursus.

Mit seiner These: Essentiell gesehen kommen die ‚deliberative Rede' und das Plädoyer überein, nicht aber dem Eigenwesen nach, söhnt Abaelard die Divergenz der Einteilungen keineswegs aus. Vielmehr geht er gar nicht auf sie ein und folgt der Einteilung nach Hermagoras.

189, 13: Abaelard will wohl sagen, daß die Sakramente, die sich nach kirchlicher Lehre aus ‚res et verba' zusammensetzen, durch die Worte ihren vollen Gehalt bekommen, aber nicht, daß sie durch die Worte allein zustandegebracht werden. Conficere meint sowohl ‚zustandebringen' wie ‚zuendeführen'.

189, 25: Freilich geht es im vorliegenden Kontext gerade um diese ‚proprietas verborum' und ‚vis enuntiationis', vgl. S. 188–198, Z. 492; 534ff.; 542f.; 565f.; 596f.; 643.

197, 1: Vgl. Dialectica, ed. De Rijk 115ff. (Ostlender, Anm. 54 und Geyer, P.A.s philosophische Schriften 616f. konnten diesen Selbstverweis noch nicht identifizieren).

199, 10: In Anselm v. C. Streitschrift gegen Roscelin lesen wir: „Laßt uns hören, auf welche Weise dieser Christ seinen Glauben verteidigt: 'Wenn die drei Personen nur eine Sache sind und nicht drei je voneinander getrennte (so wie drei Himmelswesen oder drei Seelen mit einem Willen und Macht), dann inkarnierte sich der Vater und der Hl. Geist mit dem Sohn.' – Seht, was dieser Mensch sagt, wie dieser Christ seinen Glauben verteidigt! Gewiß will er entweder drei Götter bekennen oder er versteht nicht, was er sagt ... 'Wenn der Zahl nach ein und dieselbe Sache Gott ist und sie Vater ist und Sohn ist: Inwie-

fern ist, wenn der Sohn sich inkarnierte, nicht auch der Vater Fleisch geworden?'" (De Incarnatione Verbi, meine Übers. aus ed. Sal. Schmitt I. II, 10f., 14). Vgl. die Textanm. zu 177,10.

201, 8: Nach moderner Bibelkritik bleibt die Bedeutung dieses Psalmeneingangs unverständlich, vgl. die Jerusalemer Bibel, S. 734 Anm. zur Stelle.

203, 11: Die Wiedergabe „eine Art Teil" deckt im folgenden mehrere lat. Ausdrücke ab: ‚quasi quaedam portio' 202,10f.; ‚quasi quaedam pars' 202,16f; ‚quasi pars' 226,366.

203, 20: Vgl. die Textanm. zu 21,7.

203, 24: Vgl. die Textanm. zu 221,37.

207, 2: Für den zeitgenössischen Leser entbehrte es wohl nicht der Provokation, wenn Plato und die Genesis einander unter dem Titel ‚scriptura' beigeordnet wurden.

207, 19: ‚Procreator' meint Hervorschöpfer und dann auch Erzeuger.

207, 27: Aus den gegebenen Beispielen wird deutlich, daß ‚generatio' auch ‚Sein aus etwas', bezw. ‚Hervorbringung' bedeutet, also den engeren Wortsinn oder unser Verständnis von ‚Zeugung' sprengt.

211, 37: Über diesen Punkt hatte Alberich unseren Scholastiker in Soissons zu einem privaten Streitgespräch gereizt, und Abaelard hatte auf das einschlägige Augustinuszitat (vgl. Textanm. zu 109,1) verwiesen.

Als ausdrücklicher Zeuge referiert Abaelard in der T.chr. die einschlägige Irrlehre des ungenannt bleibenden französischen Theologen, wobei er mit einiger Schärfe beifügt: „et sicut arrogantissimus omnium, omnes plane haereticos vocat quicumque ita non tenent", vgl. ed. Buytaert 301f, während in der T.sch. nur noch der Sachpunkt erwähnt wird, vgl., ed. Buytaert / Mews 440,1009ff.

213, 3: Dieser Passus verursachte mir einiges Kopfzerbrechen, und ich habe versucht, den Abaelard unterlaufenen ‚dialektischen Schein' aufzuklären.

213, 29: Abaelard gebraucht hier noch wechselweis ‚ex' und ‚de', in der letzten Fassung der T.sch. reserviert er dagegen ‚ex' für die Zeugung des Sohnes und bezieht ‚de' auf das Hervorgehen des Geistes, vgl. die Textanm. zu 245,27.

213, 37: Ich verdanke Mews, On dating 89 Anm. 77 weitere Stellenhinweise: Abaelard hat den Begriff der ‚translatio' in der Dialectica noch nicht gebraucht und ihn dann in den Glossen zur Kategorienlehre (LI) eingeführt, vgl. Ostlenders Verweis in Anm. 90. Eine ausführlichere Diskussion des Begriffs folgte im Kommentar zu Perihermeneias (LI), vgl. ed. Geyer 478,20–479,40; 336,20–27;

338,21–40 und 327,28–35 (Reihenfolge der Beispiele in TSB 215f.).

219, 10: In Buch I, 27ff. kündete Abaelard nach reinen Schriftzitaten noch ohne Abstufung Zeugnisse der Philosophen an und ließ unmittelbar auf ein Cicerozitat eines von Paulus, Salomo, Augustin, Johannes und Plato folgen. Im Buch II und III betont er demgegenüber mehrfach (81f., 109, 217f. und 259) das Desiderat einer „von der Philosophie erarbeiteten Unterscheidungsweise", ja bezeichnete eine solche als summa omnium quaestionum (108,162–7). An unserer Stelle macht Abaelard wie in seinem Soliloquium (vgl. PL 178, 1877C) keinen Hehl aus seiner *Präferenz der Philosophen*.

In Textanmerkungen zu S. 65; 109,5 und 125 wies ich darauf hin, daß Abaelards erste Theologie anders als die späteren ausdrücklich an ‚Philosophen vom Fach' gerichtet war und möchte das hier noch mit der *Zitierfrequenz* belegen: Es leuchtet ein, wenn ein Mönch des zwölften Jhts. häufig aus der Hl. Schrift zitiert und es angesichts weniger zuhandener Werke ‚zwei Philosophen' braucht, um die Zahl der Pauluszitate wettzumachen. Auffälliger ist, daß der meistzitierte patristische Text, Augustins De Trinitate (7x), deutlich von den häufigsten philosophischen Werken abfällt: Platos Timaios 11x, Boethius' De Differentiis Topicis 11x, Porphyrs Isagoge 8x, Aristoteles' Kategorienlehre 8x, Aristoteles' Perihermeneias 6x und Ciceros De Inventione 6x. – Mews, On dating 92 Anm. 90 zählte in der TSB insgesamt 45 patristische gegen 68 ‚klassische' Zitate, während sich die Proportion in T.chr. 199: 101 und T.sch. 164: 55 (Letztfassung 177: 59) deutlich umkehrt.

221, 28: Ostlender verweist in Anm. 105 auf Boethius' Kommentar In Categ. Arist. IV, vgl. PL 64, 284C. Es lohnt sich, zum thematischen Kontext auch direkt das 12. Kap. von Aristoteles' Kategorienlehre beizuziehen.

221, 37: Im Dt. läßt sich nach beiden Erklärungsmodellen in 220,284–297 das Verhältnis des Sohnes zum Vater als eine „Art von Macht" beschreiben, während im Latein. auseinanderzuhalten sind eine ‚species potentiae': die Weisheit ist im Vollsinn als eine ‚Art' der Gattung Macht subsumierbar, und eine ‚quaedam potentia': als eine gewisse Macht gehört die Weisheit nicht nur zum Begriffsumfang von „Macht", sondern ist Teil des Begriffsinhalts von „Allmacht". Freilich wird diese Differenz nicht systematisch durchgeführt, z.B. finden wir 208f., 102f./129f./132 und 236,513 ‚quaedam potentia' statt ‚species potentiae'. Vgl. die Textanm. zu 153,10 und Anhang II Vorwurf 4.

223, 12: Aristoteles' Beispiel zu diesem Modus im 12. Kap. seiner Kategorienlehre lautet: Die Existenz eines Menschen (A) und die

Wahrheit der Aussage, daß er existiert (B) folgen auseinander: Wenn A, dann B, und wenn B, dann A. Aber B ist keinesfalls die Ursache von A, sondern umgekehrt.

Angesichts dieses Beispiels schien mir die Wiedergabe von ‚essentia‘ durch „Essenz“ oder „Existenz“ inadaequat, weil zu stark mit einem Sachverhalt konnotiert. – Der Vorteil meiner Übersetzung „Prädikation“ erhellt aus einem späteren Passus: Unter dem Titel „Abfolge in der Existenz“ in 232,474f. lassen sich m.E. sowohl der zweite wie der fünfte aristotelische Modus subsumieren, wobei die Abfolge ‚in der Existenz‘ *beidesfalls irreversibel* ist, nur die Abfolge ‚in der Prädikation‘ ist beim fünften Modus („auseinander herleiten“) eine wechselseitige.

233, 32: Unter der negierten „Abfolge in der Existenz“ lassen sich sowohl der zweite (vgl. 230,425ff.441f.) als der fünfte (vgl. die Textanm. S. 223) aristotelische Modus subsumieren. – Die Alternative „der Natur nach“ ist entweder als eine verkürzende Redeweise für „der dargelegten Natur der Zeugung nach“ (vgl. S. 228,398f. und 407) zu verstehen oder läßt sich etymologisch verdeutlichen: Dem Gewachsen- und Gewordensein von griech. physis von phyo wachsen entspricht lat. natura von nasci abstammen.

237, 22: Vgl. auch die unten (236, 538ff.) gegebene Präzisierung zu einem möglichen Primat von substantia.

237, 31: Abaelard hat den Vater und den Sohn in Gott mit der Macht und der Weisheit *verglichen*. Seine Bemerkung, wonach die begriffliche Ausfaltung der Analogie mehr die Analoga als die Analogata betrifft, verdient im Licht der späteren Vorwürfe hervorgehoben zu werden.

Noch namhafte moderne Historiker wie Grabmann, vgl. ed. Apologia 38ff. und Ostlender, Die Theologia ‚Scholarium‘ 278 haben Abaelard in diesem Punkt mißdeutet. Sie legten ihm eine Identifikation der drei göttlichen Personen mit dem Ternar von Macht, Weisheit und Güte zur Last. – Dabei ist freilich anzumerken, daß gewisse Formulierungen Abaelards einer solchen Identifikation und Fehldeutung Vorschub leisteten, z.B. 244,646f.: „quod *sunt* divina potentia vel divina sapientia“ (gemeint ‚sunt‘ = significant per analogiam).

245, 27: Lat. ex kann ‚aus‘ oder ‚von‘ bedeuten, und die deutsche Idiomatik wäre mit ‚hervorgehen aus‘ besser gewahrt als mit ‚hervorgehen von‘. Ein besonderer Umstand ließ mich trotzdem die ungelenkere Version wählen: In der Verteidigung seiner Theologia Scholarium in den späten dreißiger Jahren unterschied Abaelard scharf nicht nur wie in unserem Text die ‚generative‘ und die ‚affektiv-effektive‘ Weise des Hervorgehens (247 ff.), sondern auch die

zugehörigen Präpositionen: Während sich dem ,nasci' und ,genitus esse' des Sohnes ex oder de zuordnen lassen, ist für des Geistes ,procedere' ausschließlich de zulässig, vgl. Ostlender, Die Theologia ,Scholarium' 276f. und Luscombe, School 121f.

249, 7: In H.C. 1120–95 (ed. Brost 52–55) gibt Abaelard eine umständliche Rechtfertigung der Umbenennung des urspr. zu Ehren der hl. Dreifaltigkeit gegründeten Oratoriums „Paraklet". Der springende Punkt liegt in dem hier angedeuteten Wechselbezug, den der „Beistand" der johanneischen Abschiedsreden mit allen drei göttlichen Personen hat.

255, 10: Bei einem Pfand gibt es nebst dem Geber und dem, der es bekommt, noch dasjenige, wofür das Pfand gegeben wird: Der Geist ist biblisch gesprochen das „Angeld" auf die Wiederkunft/Erlösung und der „Trost und Beistand", den der sich verabschiedende Christus versprach, vgl. auch 2. Kor. 1,22 und 5,5 und Eph. 1,14.

255, 13: Im augustinischen Kontext wird weniger akzentuiert, daß *beide* Personen das *Prinzip* der dritten Person sind, als vielmehr hervorgehoben, daß die beiden als *ein* Prinzip im Verhältnis zum Hl. Geist stehen, so wie anderseits die drei Personen in ihrer Eigenschaft als Schöpfer das eine Prinzip der Geschöpfe darstellen, vgl. De Trinitate V, c. 11–14, PL 42, 918–921, Zitat 921.

257, 29: Die dritte Theologie, die T.sch., wurde mit ihrer ,Lehre von Gott' dann als erster Teil eines in der Einleitung skizzierten christlichen Lehrganzen konzipiert. Danach gründet "das Wesentliche (summa) menschlichen Heils auf dreierlei: Glaube, Liebe und Sakramente". Neben die ,Theologia' wären eine ,Anthropologia' als Lehre von der Menschwerdung Gottes und eine ,Ethica' als (eine über den Skopos von "Scito te ipsum" hinausreichende) Tugendlehre getreten. Abaelard trug in seiner zweiten Pariser Lehrtätigkeit dieses dreiteilige Lehrganze vor, vgl. nebst den Sentenzensammlungen C. Mews in: RTAM 53 (1986), 165ff. – Buytaert und Mews sprechen im Blick auf das Lehrganze von einer ,summa'. Nun verwendet Abaelard diesen Terminus *nicht* als Titel, sondern begreift darunter eine Quintessenz, bzw. einen auf das Wesentliche beschränkten kurzen Abriß von der Art, wie er in der Einl. T.sch. I, ed. Mews S. 318–326 gegeben wird, vgl. auch TSB 84,4; Dialogus 89,1277 und T.sch. 313,2; 317,1f.; 318,1; 326,215f. Daher wäre es unmißverständlicher, künftig von einem ,Lehrganzen' statt von ,summa' zu sprechen.

259, 12: Vgl. die Textanm. zu 109,5.

# ANHANG I: KONKORDANZ DER EINWÄNDE MIT DEN AUFLÖSUNGEN

Anders als in den späteren Theologien[1] scheint Abaelard in der TSB den Problembereich von ,de deo trino' und ,de deo uno' noch ungeschieden oder zumindest in fortlaufender Anordnung vorzustellen, vgl. die Liste der Einwände. Bei genauerem Zusehen zeichnet sich aber bereits die spätere Dichotomie ab und die vorgebrachten Probleme bekommen ihre ,Lösung' in zwei gesonderten Argumentationsreihen:

1) Die Auflösungen S. 157–201 (A I–XII) gehen auf S. 97–109 ein, das sind sämtliche Einwände zur Trinität (T I–XV) und zur Einheit (E I–IV) mit Ausnahme des letzten.
2) Dieser letzte Einwand E V (107f.) läßt den in den voranstehenden vier Einwänden entwickelten Roscelinschen (vgl. Textanm. S. 199) Syllogismus zur Inkarnation auch des Vaters in der grundlegenden Frage nach der ,Selbsterzeugung der göttlichen Substanz' gipfeln. Er bleibt in A XIII (201) als offenes Problem stehen, bzw. wird erweitert zur Frage, wie die göttliche Substanz überhaupt etwas und namentlich mehreres in Unterschiedenheit voneinander aus sich entlassen kann. Darauf wird zuerst und weit ausführlicher in einem Argumentationsgang zur „Zeugung des Sohnes" (203–245) eine Antwort erteilt, um danach in einem zweiten Argu-

[1] Abgesehen von Buch II und seiner Verteidigung heidnischer Lehre behandelt die Theologia christiana in Buch I–IV trinitarische Probleme und widmet dann das Buch V der Vollendung und Einheitlichkeit Gottes, vgl. die Capitula librorum in Opera theologica II, ed. Buytaert 1969, 71. Der Stoff von T.chr. V wird im letzten (III) Buch der Theologia Scholarium ebenfalls losgelöst von der trinitätstheologischen Problematik im engeren Sinn besprochen.

mentationsgang auch den „Hervorgang des Geistes" (245–251)[2] zu erläutern.

Es folgt eine Liste der einzelnen Einwände (T gegen die Trinität und E gegen die Einheit) sowie ihrer Auflösungen (A).

| | | | | |
|---|---|---|---|---|
| T I | (97f.) | A I | (157ff.) | |
| T II | (99) | A I | (157ff.) | |
| T III | (99) | A I | (157ff.) | |
| T IV | (99) | A I | (157ff.) | und A VII (181) |
| T V | (99) | A II | (161–173) | |
| T VI | (99f.) | A III | (173f.) | |
| T VII | (101) | A IV | (175) | |
| T VIII | (101) | A V | (175f.) | |
| T IX | (101) | A VI | (177ff.) | |
| T X | (101) | A VI | (177ff.) | und A VIII (181f.) |
| T XI | (101) | A VI | (177ff.) | und A VII/VIII (181f.) |
| T XII | (103) | A VI | (177ff.) | |
| T XIII | (103) | A VIII | (181f.) | |
| T XIV | (103) | A IX | (183) | |
| T XV | (103f.) | A I | (157ff.) | und A II (161–173) |

| | | | |
|---|---|---|---|
| | | (a) | (b) |
| E I | (105) | (a) A X (183 ff.) und A XI (191 f.) | (b) zusammengefaßt in sog. Prädikationsregel in A XII (193 ff.) |
| E II | (105) | (a) | (b) |
| E III | (105) | (a) | (b) |
| E IV | (107) | | (b) |
| E V | (107f.) | A XIII (201): Der urspr. Einwand wird in einer umfassenderen Frage aufgegriffen, um in zwei nachfolgenden Argumentationsgängen 203–245 / 245–251 eine befriedigende Lösung zu finden. | |

[2] Der Schlußteil der TSB 251ff. kommt auf Platos Lehre von der Weltseele zurück, die in Buch I (bes. 39–49) erörtert wurde, während im Buch II ihrer Thematik kein spezieller Einwand gewidmet wurde.

| | | | | | | |
|---|---|---|---|---|---|---|
| A I | (157ff.) | T I | (97f.) | bis | T IV | (99) |
| | | | | und | T XV | (103f.) |
| A II | (161–173) | T V | (99) | und | T XV | (103f.) |
| A III | (173f.) | T VI | (99f.) | | | |
| A IV | (175) | T VII | (101) | | | |
| A V | (175f.) | T VIII | (101 | | | |
| A VI | (177ff.) | T IX | (101) | bis | T XII | (103) |
| A VII | (181) | T XI | (101) | und | T XII | (103) |
| ist Nachtrag zu A VI | | | | | | |
| A VIII | (181f.) | T XIII | (103) | | | |
| A IX | (183) | T XIV | (103) | | | |
| A X | (183–191) | } E I – III | | | | |
| A XI | (191f.) | | | | | |
| [3] A XII | (193–201) | E I | (105) | bis | E IV | (107) |
| | | in der sog. Prädikationsregel zusammengefaßt | | | | |
| A XIII | (201) | Folgerung aus E V | (107f.) | | | |

[3] Mews verschob, ohne dies in der Corrigendaliste zur Edition Ostlenders anzumerken, die Ziffer XII bei den Auflösungen: XII war von Ostlender (82,29 = PhB 192,568 = ed. Mews III,501) aus der T.chr. entnommen worden, während Mews diese Ziffer dort in unserem Text *ergänzte*, wo T.chr. die Ziffer XIII hat (84,5 = PhB 196,614 = ed. Mews III,542). Im übrigen entsprechen die Ziffern in unserer Edition denjenigen in ed. Mews.

E und L, die erste Fassung der TSB, brechen nach der Prädikationsregel, die summarisch auf E I ff. eingeht, ab, das ist in unserer Edition zu Anfang von A XII und in ed. Mews zu Ende von XI. – In der erweiterten Fassung von B wird für ähnliche Fehlschlüsse auf die Dialectica verwiesen, nochmals auf die ausschließliche Inkarnation des Sohnes eingegangen und eine abschließende Charakteristik der zugleich gemeinschaftlichen und speziell zuzuordnenden Werke der göttlichen Personen gegeben. Dann setzt die zweite Argumentationsreihe ein.

# ANHANG II: ÜBERSICHT ÜBER DIE GEGEN ABAELARDS TRINITÄTS-THEOLOGIE INSGESAMT ERHOBENEN VORWÜRFE

*Vorwurf 1: Sabellianismus* (wonach nur zum Schein eine Dreiheit gelehrt wird)

Kritiker:

Roscelin, Epist. XV, ed. Reiners 73,12–17: „ex hac Sabelliana singularitate"

Otto von Freising, Gesta Frid., ed. Waitz-Simson 69,20–24: „non vacua nomina tantum, sed res distinctas ... nimis adtenuans"

Wilhelm von St. Thierry c. 2[1] (nur bei ihm): P.F.SS. impropria nomina

Anknüpfungspunkt TSB: Der nominalistische Ausgangspunkt der TSB besteht darin, daß ihr Vf. von der Einzigartigkeit (singularitas) der göttlichen Substanz ausgeht, vgl. 4,6f.; 84,22f.; 86,34f.; 88,57f.; 94,140f.

Beurteilung: Für den Nominalisten Roscelin war die ‚universale' Essenz ein flatus vocis. Allein die drei individuellen göttlichen Personen sind real. Wenn es daher Gott nur gibt in einer der drei Weisen von Impersonalisation = Realisation, gibt es drei Götter.

Die TSB entstand in Bekämpfung des Roscelinschen Tritheismus: Indem Abaelard ebenfalls unter nominalistischem Vorzeichen die göttliche Substanz als einmalig, einzigartig und individuell ansetzte, brachte er Roscelin um seine Pointe. Freilich war es leichter, in bezug auf das Analogon, den philosophischen Begriff des Höchsten Gutes, eine Besonderung in verschiedene Funktionen durchzuführen, als in bezug auf eine bereits einzigartig-individuelle Natur. In Abstützung auf die alten Logiker suchen die beiden Argumentationsgänge unter 2), vgl. Konkordanz

[1] Die Verurteilungssätze (capitula) sind numeriert nach der Synopse in: P.A. Opera theologica II, ed. Buytaert 1969, 469.

S. CIX, die Abkünftigkeit der zweiten und dritten Person unter Wahrung der göttlichen Einheit plausibel zu machen.

*Vorwurf 2: Pneumatologische Falschlehren* (in der Lehre vom Hl. Geist soll Abaelard die platonische Lehre christianisiert und die christliche Lehre platonisiert haben)

Kritiker:

Wilhelm v. St. Thierry, Bernhard v. Clairvaux u. Thomas v. Morigny

c. 5: Spiritus Sanctus = anima mundi

c. 4: SS. non de (Wilhelm: ex) substantia Patris

c. 3 (Teil): SS. nulla potentia

Der Hauptvorwurf c. 5 findet sich nur bei Wilhelm als gesonderter Vorwurf, bei Bernhard ist er, wenigstens in der Liste von Rivière, mit c. 4 zusammen genommen.

Nur in Wilhelms Formulierung trifft c. 4 den Wortlaut von Abaelards späterer Lehre, wonach der Hl. Geist zwar *de*, aber *nicht ex* substantia Patris ist wie der Sohn.

c. 3 wurde bei Thomas frei formuliert, nämlich als Kritik an Abaelards Analogien in der Theologia Scholarium.

Anknüpfungspunkt TSB: In c. 5 geht es um die Adaption der platon. Lehre von der Weltseele, wie sie 39–49 und 251–257 entwickelt wird.

Abaelard lehrt, daß der Hl. Geist nach seinem Wirkaspekt nicht ewig ist, insofern ginge er nicht wie der Sohn aus der Substanz des Vaters hervor (c. 4).

Die Proprietät der dritten Person ist Liebe, d.i. nach Abaelard weniger eine Macht als ein guter Wille (c. 3).

Beurteilung: Abaelard hat *keine Identifikation*[2] zwischen der platon. Weltseele und der dritten trinitarischen

[2] Erstmals G. Robert, Les écoles et l'enseignement ... 1909, 190 sah, daß sich Abaelard in der Lehre von der Weltseele, wie er sie in

Person behauptet, sondern nur den einen Aspekt des Hl. Geistes, nämlich sein Wirken bezogen auf die Schöpfung, mit der Weltseele verglichen.

Obgleich vom Analogon, der Weltseele, gilt, daß sie nicht ewig ist, so gilt das deswegen nicht vom Analogatum, dem Hl. Geist, dessen Konsubstantialität mit Vater und Sohn Abaelard nie bestritten hat.

Schließlich bewiesen Abaelards Kritiker ihren Mangel an dialektischer Bildung, weil sie nicht wußten, daß logisch aequipollente Begriffe im konkreten Satzgefüge nicht einfach durcheinander ersetzt werden dürfen. Auch wenn der Hl. Geist Liebe ‚ist', und diese ihrem Wesen nach mehr ein guter Wille als eine Macht ist, gilt nicht: Der Hl. Geist ist keine Macht. Die Glieder des trinitarischen Ternars Macht, Weisheit und Güte/Liebe mögen zwar je besonders einer trinitarischen Person zugeordnet werden (sog. Appropriationen), aber sie bleiben aufgrund der Konsubstantialität der göttlichen Personen konvertibel, so daß gilt: Der Hl. Geist ist Macht.

*Vorwurf 3: Schlechte Beispiele mit Beleg*

Kritiker:

Otto von Freising, Gesta Frid., ed. Waitz-Simson 69,24–27: „non bonis usus exemplis, inter caetera dixit: ‚Sicut eadem oratio est propositio, assumptio et conclusio, ita eadem essentia est pater et filius et spiritus sanctus.'"

Anknüpfungspunkt TSB: Das Zitat Ottos läßt sich sinnvoll auf 136f.,175–180 beziehen.

Beurteilung: Bei Ottos Exempel kann es sich keineswegs um einen Zeugenbericht handeln; denn Otto war 1121 elf Jahre alt. Aber als mündliche Überlieferung eines Bei-

der Theologia und in der Dialectica präsentiert hatte, weder widersprochen noch widerrufen hatte. Vgl. des weiteren Buytaert, Opera theologica I, XXIVf. Anm. 42/44 und Mews, Development Theologia 185 (Essay 1980) und ders., On dating, 1985, 99.

spiels, das Abaelard seinerzeit in Soissons vortrug[3], ist sein Zitat nicht unplausibel, da es sich unter Zuhilfenahme eines Passus in der TSB deuten läßt.

Jolivet und Buytaert interpretierten die ‚eadem oratio‘ als Syllogismus. Der schlechte Vergleich implizierte damit eine Teilung der göttlichen Essenz: Wie derselbe Syllogismus ineins Proposition, Assumption und Konklusion ist, so einerlei Essenz ineins Vater, Sohn und Hl. Geist.

Dagegen schlug ich in der zweiten und dritten Textanm. S. 137 eine andere Deutung vor, die dem Sabellianismusvorwurf Ottos (vgl. Vorwurf 1) weniger zuwiderläuft: Danach meint ‚eadem oratio‘ eine *beliebige Aussage*, die je an die Stelle der maior, minor oder conclusio treten kann, bzw. nach der TSB entweder eine Behauptung, Frage oder Schlußfolgerung ist. Diese beliebige Aussage ist der göttlichen Essenz, die sich je in einer der drei göttlichen Personen impersonalisiert, vergleichbar: Wie dort die ‚logische Definition‘ derselben Aussage wechselt, so hier das ‚trinitätstheologische Proprium‘ bezogen auf dieselbe göttliche Essenz.

*Vorwurf 4: Arianismus* bzw. *Subordinatianismus* (indem Abaelard die Allmacht der ersten trinitarischen Person zuordnete, habe er wie Arius Stufen in die Gottheit eingeführt)

Kritiker: Anläßlich der Verbrennungszeremonie in Soissons rügt ein (anonym gebliebener) hellsichtiger quidam: „solum patrem Deum omnipotentem esse“, vgl. H.C., ed. Monfrin 873f., ed. Brost 1987, S. 42.

Alle späteren Kritiker einschl. des Walter von Mortagne folgen ihm darin, vgl.

c. 18: Ad Patrem, quia ab alio non est, proprie vel specialiter attinet omnipotentia.

[3] Abaelard nutzte in Soissons jede Gelegenheit, seine Lehre zu explizieren, vgl. H.C., ed. Monfrin 739–744, ed. Brost 1987, S. 37.

c. 3: P. plena potentia, F. quaedam potentia, SS. nulla potentia est.

Anknüpfungspunkt TSB: Wie die spätere Theologia Scholarium enthielt bereits die TSB Ausführungen über die Propria der drei göttlichen Personen, welche Abaelards Kritiker zur Unterstellung von c. 3 verleiten konnten.

Dagegen ist mit c. 18 sowohl Wortlaut als Intention unseres Scholastikers in beiden Werken getroffen, vgl. u.a. 4,3ff.; 144,289f. und 202,4f.

Beurteilung: Der trinitätstheologische Hauptvorwurf c. 3 stellt, wie unter Vorwurf 2 erläutert, die dialektische Ignoranz des Wilhelm von St. Thierry, Bernhard v. C. und Thomas v. M. bloß.

Interessanter ist c. 18, weil dieser Vorwurf bereits in Soissons, und zwar fairerweise erhoben wurde. In der Confessio fidei universis, die Abaelard in Vorbereitung auf das Konzil von Sens verfaßte, parierte er diesen Vorwurf mit der Versicherung, daß die Appropriationen konvertibel seien, d.h. der Vater ebenfalls weise, der Sohn in gleicher Weise gütig, vgl. ed. Burnett, MSt 48(1986), 137 (no. XIV) sowie die Apologia, ed. Buytaert, Opera theol. I, 365 (no. 12).

Von Augustin her, der darüber spekuliert hatte, daß Gott den Teufel nicht durch ‚schiere Macht', sondern bewußt durch Gerechtigkeit besiegen wollte, fällt Abaelards Akzentuierung der väterlichen Allmacht unangenehm auf, zumal er sie als ‚uneingeschränktes Durchsetzungsvermögen' beschreibt.

Andererseits stellt Abaelard 203–209 zur göttlichen Zeugung zwei Erklärungen nebeneinander: „Vater" bedeutet einmal ‚Allmacht', dann auch ‚einfachhin Macht', und korrespondierend ist der Sohn als ‚quaedam potentia' (= vorzugsweise) und ‚species potentiae' beschrieben, vgl. die Anm. zu 153, 10 u. 221, 37.

Allerdings ergibt sich eine wechselseitige Implikation zwischen Vater und Sohn nur dann, wenn der Vater als ‚Allmacht' affirmiert wird: Die Allmacht umfaßt die besondere Macht des Unterscheidens =

Weisheit, wie diese umgekehrt nicht nur zum Begriffsumfang der Allmacht (was auch auf das genus ‚Macht' und die species ‚Weisheit' zuträfe), sondern zu deren Begriffsinhalt gehört. Dergestalt erweist sich der Totalitätsbegriff ‚All-macht' als logisch adaequater.

*Vorwurf 5: Hermeneutik I: Anmaßung* (mit seinem Insistieren auf vernünftigen Begründungen provozierte Abaelard sowohl die Traditionalisten der Anselmschule wie die monastischen Theologen)

Kritiker:

Nach einer Episode in H.C., ed. Monfrin 757ff. wies Alberich von Rheims Abaelards Erklärungsbereitschaft barsch zurück: „Non curamus, inquit ille, rationem humanam aut sensum vestrum in talibus, sed auctoritatis verba solummodo."

Der hl. Bernhard weiß dann von „ruchlosen Neuheiten" (Epist. 332) zu künden und wirft Abaelard vor (Epist. 190, no. 13, ed. Leclercq t. VIII, 27): „Sed qui venerunt post Apostolos, Doctores non recipis, 'homo qui super omnes docentes te intellexisti'."

Anknüpfungspunkt TSB: Abaelard schlug auf Alberichs Credo hin das einschlägige Augustinuszitat nach, vgl. 106f., 154–158.

Vgl. das Register zu
– Autorität
– Glaubensposition
– Vf., sein Anliegen
– Hermeneutik, singuläre.

Obgleich Bernhards Vorwurf auf spätere Werke gemünzt war, läßt er sich insofern auf die TSB beziehen, als ihr Vf. 12,4f. diese selbstbewußte Erklärung Davids ohne den abmildernden Parallelvers (vgl. Ps. 118,99) zitiert, um sich 81f. ausdrücklich mit David zu identifizieren.

Beurteilung: In der erwähnten Episode widerlegt sich der Traditionalist mit eigenen Worten, wenn er verlegen

meint: „Dieses Augustinuszitat bedarf einer guten Erklärung“.[4]

In der Reaktion auf die Verurteilung der TSB in Soissons begann Abaelard seine Kirchenväteranthologie Sic et Non, die auf die Pointe dieses Streitgesprächs mit Alberich abzielt. Unter einzelnen Fragen wird der Widerstreit im Chor der verschiedenen und zuweilen auch einer einzigen Autorität gezeigt, um dem Leser deutlich zu machen, daß dieser „Wachsnase der Autorität“ (Alain von Lille) nur methodisch-rational beizukommen ist. Im berühmten Prolog zu Sic et Non bekommt der Student dieses wohlgeordneten Zitatenschatzes hermeneutische Richtlinien an die Hand.

Abaelard ging es nicht um die Suspension theologischer Autoritäten, sondern darum, daß sie in freier Initiative angeeignet und intellektuell verantwortet wurden. Während die Monastiker die meditative Versenkung und existentielle Erfahrenheit in den Vordergrund rückten, akzentuierte unser Scholastiker die *intellektuelle Durchdringung* der Glaubenssätze.

*Vorwurf 6: Hermeneutik II: Unsicherheit / Meinen* (Abaelards Absicht, menschliche Begründungen zu geben, führte zu einer vorsichtigeren Formulierung des theologischen Wahrheitsanspruches)

Kritiker: Nach zwei Zitaten aus dem Prolog der Theologia Scholarium fragt Walter von Mortagne: „Quis autem orthodoxus de fide catholica tractaturus non veritatem, sed sensum opinionis suae promittat exponere?“ (Epist. ad. P.A., ed. Ostlender 35,1–7).

Während Walters Anfrage vornehmlich methodisch gemeint war, begegnet dieser Punkt bei Bernhard v. C.

[4] Die Pointe der Episode wird in der Literatur allgemein verkannt, z.B. Briefwechsel, ed. Brost 1987, S. 38 und M. Fumagalli, Heloise und Abaelard 1986, 122f. (ital. Orig. 1984, 102); vgl. zur Interpretation die erste Textanm. S. 109.

ausschließlich im Rahmen seiner Kritik an Abaelards Glaubensbegriff (Epist. 190, no. 9, ed. Leclercq t. VIII, 25): „... et non magis totum quod in ea [in fide vel spe nostra] est, certa ac solida veritate subnixum ... ‚Fides est aestimatio'? Tu mihi ambiguum garris, quo nihil est certius."

Anknüpfungspunkt TSB: In unserem Werk spricht sich Abaelards Selbstbescheidung am deutlichsten 82,264–280 und 256f.,21–25 aus.

Vgl. im Register bes.
– Selbstbegrenzung (4),
dann auch
– Glaubensposition
– Geheimnis
– Hermeneutik, singuläre
– Gott, seine Unbegreiflichkeit, Unaussprechlichkeit und Verborgenheit
– Vf., sein Anliegen.

Beurteilung: Vor Abaelard bestand Theologie vornehmlich darin, die Probleme durch Herbeischaffung und Harmonisierung einschlägiger Texte aus Bibel, Kirchenvätern und Konzilsbeschlüssen zu lösen (Pastoraltheologen der Anselmschule), oder sich in individuell-persönlicher Meditation in diese Autoritäten zu versenken (monastische Theologen). Der Gläubige brauchte nicht daran zu zweifeln, daß „die Wahrheit selbst" (traditionell-objektiv oder monastisch-subjektiv) faßbar wurde.

Aber mit Abaelards scholastischer Zielsetzung, die nicht selten dunklen und logisch ambivalenten Formulierungen der Tradition zu erläutern und seinen Studenten rationale Begründungen zu liefern (vgl. die zweite Anm. S. 109), tut sich ein Graben auf zwischen demjenigen, was der jeweilige Interpret einholen kann, und dem Wortlaut der Tradition. Es ist nicht länger „die Wahrheit selber", die präsentiert wird, sondern ihre Aneignung durch einen bestimmten Theologen oder eine bestimmte Schulrichtung.

Wenn daher Abaelards berechtigtem Stolz über seinen Lehrerfolg und dem kühnen Vertrauen in seine Methode auch eine vermehrte Vorsicht beigemischt war, so verdankte sich diese nicht gotteslästerlicher Skepsis und Glaubensmangel. Vielmehr war diese Vorsicht bedingt durch eine neue Klarheit über den Status der eigenen Erörterungen. Abaelard wußte nicht nur wie Paulus im Glauben, sondern wie Sokrates *intellektuell* um den Stückwerkcharakter seines Unternehmens – von der Lernunfähigkeit seiner Hörer ganz zu schweigen, die behaupteten, ihr Professor erkläre alles[5] !

[5] Vgl. Walter von Mortagne, Epist. ad P.A., ed. Ostlender 34,1–13: „Quidam discipuli vestri ... affirmant ... quod perfecte et ad plenum cognoscatis, qualiter tres personae sint in una divina essentia et in personarum pluralitate unitas divinae essentiae. Dicunt etiam, quod ad plenum disserere et aliis intimare soleatis ...“.

# KOMMENTIERTE BIBLIOGRAPHIE

Die in der Einleitung und in den Anmerkungen abgekürzt zitierten Titel werden hier vollständig nachgewiesen und in den Abteilungen der Bibliographie in chronologischer Ordnung aufgeführt. Siglen und häufiger verwendete Kurztitel sind den jeweiligen Originaltiteln in runden Klammern nachgestellt, erläuternde Kommentare zu einzelnen Titeln folgen im Anschluß an die vollständige bibliographische Angabe und stehen ebenfalls in runden Klammern. – Die bibliographischen Angaben zu den Zitatnachweisen von Heinrich Ostlender unter dem lateinischen Text sind dem Zitatenregister dieser Ausgabe (s. S. 313) vorangestellt.

## 1. Textausgaben und Übersetzungen

### *a) Gesammelte Werke, Schriften zur Editionsgeschichte*

Es gibt noch keine ‚kritische Gesamtausgabe' der Schriften Abaelards, aber es liegen bereits viele seiner Werke in kritischen Einzelausgaben vor. Für die in nächster Zukunft geplanten Editionen vgl. den ‚Bericht aus Groningen vom Mai 1985' unter Abteilung 7. Für Texte, die noch nicht in kritischen Einzelausgaben vorliegen, bleiben die Sammelausgaben von Victor Cousin und von J. P. Migne unentbehrlich.

Cousin, Victor (ed.): Ouvrages inédits d'Abélard, Paris 1836.

Cousin, Victor (ed.): Petri Abaelardi Opera I und II, Paris 1849 und 1859, Reprint Olms, Hildesheim/New York 1970.

Migne, J. P. (ed.): Petri Abaelardi Opera omnia (PL 178 = Patrologiae Latinae t. 178), Paris 1855, Reprint Brepols, Turnhout 1979, 1988. (Nach P. Glorieux: Pour révaloriser Migne, Tables rectificatives, Mélanges de science relig. IX(1952), cahier suppl. 67–70, S. XXXIX schrieb man das sog. ‚Petri Abaelardi Epitome Theologiae Christianae', PL 178, 1685–1758 dem Abaelardschüler Hermann zu, was heute wieder umstritten ist, vgl. unter e) dieser Abteilung.)

Schriften zur Editionsgeschichte

Callus, D. A.: The philosophical writings of Abelard, in: Blackfriars 17(1936), 137–141.
Van den Eynde, D.: Les écrits perdus d'Abélard, in: Antonianum 37(1962), 467–480.
Luscombe, David: The School of Peter Abelard, Cambridge 1969, 60–102. (Zur zeitgenössischen Verbreitung Abaelardschen Schriftgutes.)
Häring, N. M.: Abelard Yesterday and Today, in: Cluny 1972 (s. Abteilung 3), 341–403.
Jolivet, Jean: Abélard entre chien et loup, in: Cahiers de Civilisation Médiévale XX(1977), 307–322 oder in: Jolivet 1987, 169–184.
Lemoine, Michel: Un philosophe médiéval au temps des Lumières: Abélard avant Victor Cousin, in: Art des confins. Mélanges offerts à M. de Gandillac, Paris 1985, 571–584.
Mews, Constant: On dating the works of P. A., in: Archives d'hist. doctr. et litt. du moyen âge 52(1985), 73–137. (Zur Chronologie von Abaelards Schriften und dem neuesten Datierungsvorschlag.)
Vgl. auch die Abteilung 7 genannte ‚Checklist'.

*b) Schriften zur Logik*

Wie von den Theologien (TSB, T.chr., T.sch.) liegt von den logischen Kommentarwerken Abaelards eine Trilogie vor, das sind die *frühen Literalglossen*, deren Identifizierung mit den von Abaelard öfters zitierten, aber möglicherweise verloren gegangenen ‚Introductiones Parvulorum' (IP) neuerdings nicht unbestritten ist, und die ausgearbeiteteren Kommentare zu Porphyrs Isagoge und Aristoteles' Kategorienlehre und Lehre vom Satz in der ‚Logica Ingredientibus' (LI) und ‚Logica Nostrorum petitioni sociorum' (LN). Daneben hat Abaelard eine autonome und fortlaufende Darstellung seiner Logik hinterlassen, in welcher er die sieben Grundwerke der drei Großen Porphyr, Aristoteles und Boethius integriert zu haben beansprucht, das ist seine ‚Dialectica' (D). Vgl. zu den septem codices meine Textanmerkung S. 113.

Neben der Dialectica ist LI für die Logik Abaelards besonders wichtig, weil die für das Universalienproblem einschlägige Erörterung von Porphyrs quinque voces (praedicabilia) in jener fehlt. Für das Studium der LI sind heute die drei Editionen von Geyer, Dal Pra und Minio-Paluello beizuziehen. Zudem scheint sich die Forschung über

die Zusammensetzung der LI nicht einig zu sein: Nach Tweedale, Abailard on Universals, Amsterdam 1976, 12 umfaßt sie die drei unter diesem Titel edierten Glossen, während Dal Pra daneben noch eine weitere Glosse zu Boethius' De differentiis topicis zu LI rechnet.

Zur Abfolge der logischen Schriften untereinander und der Neudatierung der ‚Dialectica' auf die Zeit um 1117 vgl. (oben 1a) Mews, On dating, bes. 94 und 126. Mews verwahrt sich ibid. 75 dagegen, die erhaltenen frühen Literalglossen mit den öfters von Abaelard zitierten IP zu identifizieren (gegen Dal Pra und De Rijk), weil man damals unter „Introductiones" unabhängige Abhandlungen und keine Kommentare verstanden habe.

Mit neuen Argumenten wird jetzt wiederum Abaelards Autorschaft für die ‚Glossae super Porphyrium secundum vocales' (Pv) vertreten, vgl. Mews in: Freib. Z. f. Philos. u. Theol. 31(1985), 33–55. Betr. die ‚Secundum magistrum Petrum sententiae' (S) kam Beonio-Brocchieri Fumagalli, Logic of Abaelard (s. Abteilung 4), 90–97 zum Ergebnis: „... it is hard to think of anyone other than the Palatine master". Dagegen dürften zwei von Cousin, Ouvrages inédits d'Abélard, Paris 1836 abgedruckte Fragmente unecht sein, nämlich ‚De generibus et speciebus', 505–550 (ist nach Geyer, P. Abaelards philos. Schriften, a.a.O., 595 einem Schüler des Gauslenus von Soissons zuzuschreiben) und ‚De interpretatione', 597–601 (nach Tweedale, a.a.O., 13). Zum ‚Tractatus de intellectibus' (TI), dessen Echtheit nicht länger in Zweifel gezogen wird, vgl. Mews, On dating, a.a.O., 93f. – Eine Konkordanz zu IP, LI, LN, S und TI wird vorbereitet von D. Luscombe.

## Editionen

Geyer, Bernhard (ed.): Peter Abaelards philosophische Schriften (LI/LN), in: Beiträge Bd. XXI, Heft 1–4, Münster 1919–1933.

Ottaviano, Carmelo (ed.): Un opusculo inedito di Abelardo (Pv), in: Fontes Ambrosiani 3(1933), 95–207.

Dal Pra, Mario (ed.): P. A.: Scritti filosofici (IP/LI), Rom/Mailand 1954 (= P. A.: Scritti di Logica, Florenz $1969^2$).

De Rijk, L. M. (ed.): P. A.' Dialectica. First complete edition of the Parisian manuscript (D), Assen 1956, $1970^2$.

Minio-Paluello, L. (ed.): Twelfth-Century Logic vol. II: Abaelardiana inedita (LI/S), Rom 1958. (Die Ausgabe bietet neben S den ergänzten und berichtigten Text der von Geyer in Heft 3 edierten Glosse von LI.)

Urbani Ulivi, L.: La psicologia di Abelardo e il Tractatus de intellectibus (TI), Rom 1976. (Enthält die Edition des TI auf S. 103–127.)

Übersetzungen

McKeon, Richard: The glosses of P. A. on Porphyry, in: Selections from Medieval Philosophers, New York 1928[1], 208–58. (Englische Übersetzung eines Teils von LI.)

De Gandillac, Maurice: Oeuvres choisies d'Abélard, Paris 1945, 1–32. (Dasselbe französisch.)

Flasch, Kurt: Geschichte der Philosophie Bd. 2: Mittelalter, Stuttgart 1982, 233–62. (Dasselbe deutsch.)

*c) Schriften zur Theologie*

Neben der ursprünglich auf fünf Bände geplanten, jetzt in drei Bänden vorliegenden kritischen Ausgabe der ‚Opera theologica', gibt es eine Reihe von Einzeleditionen, darunter auch von ‚Sic et Non', für dessen Edition im Rahmen der Opera die Bände IV und V vorgesehen waren.

Buytaert, E. M. (ed.): Petri Abaelardi Opera theologica I/II (= CCCM XI und XII), Turnhout 1969. (Bd. I bietet nach einer ‚General Introduction' den ‚Römerbriefkommentar' und das 1930 erstmals von Ruf/Grabmann edierte Fragment der ‚Apologia'; Bd. II enthält die ‚Theologia christiana', die kurzen Versionen der ‚Theologia Scholarium' und die anonymen ‚Capitula Haeresum'. Vgl. auch die S. 57–68 gegebene Konkordanz zu den drei Theologien sowie die S. 469 gegebene Synopse zu den Verurteilungssätzen gegen Abaelard.)

Buytaert, E. M. † /Constant Mews (ed.): Petri Abaelardi Opera theologica III (= CCCM XIII), Turnhout 1987. (Bd. III enthält die ‚Theologia Summi boni' in vermehrter Abstützung auf das *Oxforder Ms. L* und die längste Version der ‚Theologia Scholarium', wie sie allein das berühmte Oxford, Balliol College Ms. 296 bietet.)

Stölzle, Remigius (ed.): Abaelards 1121 zu Soissons verurteilter ‚Tractatus de unitate et trinitate divina', Freiburg i.Br. 1891. (Erstausgabe der TSB, der Schluß fehlte noch im zugrundegelegten *Erlanger Ms.*, im Anhang Hinweise auf die T.chr.)

Ostlender, Heinrich (ed.): Peter Abaelards Theologia ‚Summi boni',

in: Beiträge Bd. 35, Heft 2–3. Münster 1939. (Erste kritische Ausgabe der TSB auf der Grundlage eines zweiten = *Berliner Ms.*, wozu unterdessen Häring die Varianten eines dritten = Oxforder Ms. beisteuerte, vgl. in: Mediaeval Studies 18(1956), 215–223.)

Thomas, Rudolf (ed.): Petrus Abaelardus: Dialogus inter Philosophum, Iudaeum et Christianum, Stuttgart/Bad Cannstatt 1970. (Laut dem ‚Bericht von Groningen', s. Abteilung 7, plant Orlandi eine neue Edition der ‚Collationes' = ‚Dialogus', und es existiert auch von diesem Werk wie von ‚Sic et Non' eine unpublizierte Transkription von Buytaert.)

Synan, E. A. (ed.): Exortatio magistri ad discipulum de inquisitione summi boni, in: Essays ... A. C. Pegis, Toronto 1974, 176–192. (Ed. auch von R. Thomas, Privatdruck Oberkostenz 1982.)

Boyer, Blanche B. / Richard McKeon (ed.): Peter Abailard: Sic et Non, a Critical Edition, Univ. of Chicago Press 1976/77.

Übersetzungen

De Gandillac, Maurice: Oeuvres choisies d'Abélard, Paris 1945, 213–330. (‚Dialogus' französisch.)

McCallum, J. R.: Abaelard's Christian Theology, London 1948. (Auszüge aus der T.chr., englisch.)

Polka, B. / B. Zelechow: Readings in Western Civilization, vol. 1, Toronto 1970, 102–114. (Engl. Übers. des Prologs von ‚Sic et Non'.)

Fairweather, E. R.: A Scholastic Miscellany, 1970, 1984², 276–87. (Auszug aus dem ‚Römerbriefkommentar', englisch.)

Jolivet, Jean: Abélard: Du bien suprême, Montréal/Paris 1978. (TSB französisch.)

Payer, P. J.: Peter Abelard: A Dialogue of a Philosopher with a Jew and a Christian, Toronto 1979. (‚Dialogus' englisch.)

Flasch, Kurt: Geschichte der Philosophie Bd. 2: Mittelalter, Stuttgart 1982, 262–269. (Enthält eine um die Hälfte gekürzte deutsche Übersetzung des Prologs von ‚Sic et Non'.)

*d) Parakletschriften*

Bei den unter c) aufgeführten Opera theologica handelte es sich um scholastische Werke. Davon ausgenommen werden nebst der Ethica die für die Nonnen von Paraklet verfaßten geistlich-theologischen

Schriften, das sind der im Anschluß an die Autobiographie (Historia Calamitatum) entstandene ‚Briefwechsel mit Heloisa', die ‚Problemata Heloissae', die ‚Epistulae' IX und XVII, die ‚Hymnen', die ‚Predigten' und nebst einigen kleineren Auslegungen die ‚Expositio in Hexaemeron'. Diese Schriften, früher nur in Cousin, Opera I und PL 178 greifbar, wurden oder werden erst in neuester Zeit kritisch ediert.

Editionen und Untersuchungen

Hauréau, B. (ed.): Le poème adressé par Abélard à son fils Astralabe, in: Notices et extraits des mss. de la Bibliothèque nationale XXXIV, 2, Paris 1895, 153–187.

Ballanti, G.: Insegnamenti ad figlio ... (lat.-ital.), Rom 1984.

Vecchi, G. (ed.): Pietro Abelardo I ‚Planctus', introduzione, testo critico, trascrizioni musicali, Modena 1951. (Der ‚Bericht von Groningen', s. Abt. 7, nennt eine Edition von Meyer (1951) und eine von Weinrich (1968), aus denen eine neue Edition herzustellen sei.)

Muckle, J. T. / T. P. McLaughlin (ed.): (Edition des Briefwechsels, Briefe 1–8) in: Mediaeval Studies (Toronto) Bd. 12(1950), 163–213; Bd. 15(1953), 47–94; Bd. 17(1955), 240–81; Bd. 18(1956), 241–92 (Zählung abweichend, Br. 2 = hier Br. 1, etc.).

Monfrin, J. (ed.): Abélard: Historia Calamitatum, texte critique avec une introduction, Paris 1959, 1967[3]. (Im Anhang die Briefe 2 und 4 von Heloisa und Abaelards abschließende Stellungnahme gegen Ende von Brief 5.)

Szöverffy, J. (ed.): Peter Abelard's Hymnarius Paraclitensis, 2 Bde., Albany N. Y. 1975. (Chrysogonus Waddell bereitet eine neue Edition für Cistercian Liturgy Series 8 vor.)

Worstbrock, J. J. (ed.): Ein Planctus von P.A., in: Mittellat. Jb. 16 (Ratingen) 1981, 166–173.

Luscombe, D.: (bereitet für die Oxford Medieval Texts eine neue Edition des Briefwechsels vor und edierte ein Ms., das Exzerpte dieser Briefe enthält) letzteres in: Pascua Mediaevalia, Studies voor Prof. Dr. J. M. Smet, Leuven 1983, 529–544.

De Santis, Paola: Abelardo interprete del Cantico dei Cantici per il Paracleto ? in: ibid., 284–294.

Smits, E. R. (ed.): Abelard's Letters IX–XIV, Groningen 1983.

Barrow, J.: Tractatus mag. P.A. De sacramento altaris, in: Traditio 40(1984), 328–336.

Cizewski, Wanda: A Study of Peter Abelard's Expositio in Hexaemeron ..., (Ph. D. thesis) Univ. of Toronto 1984.
Burnett, Ch. (ed.): Expositio Orationis Dominicae ... Peter Abelard's exposition of the Lord's Prayer?, in: Revue bénédictine 95(1985), 60–72.

Des weiteren wurde von Luscombe und Waddell eine Edition der ‚Institutiones nostrae' vorbereitet. Es gibt bereits eine Edition der Satzungen von Paraklet durch Lalore, vgl. M. L'abbé Lalore, Collection des principaux cartulaires du diocèse de Troyes, tome II: Cartulaire de l'abbaye du Paraclet, Paris 1878. Chr. Waddell hat gottesdienstliche Texte, das Brevier und das Ordinarium herausgegeben. In Vorbereitung sind kritische Ausgaben der ‚Predigten' (ed. durch Engels und Kortekaas, vgl. Engels in: Corona Gratiarum. Festschrift für Eligio Dekkers, Brügge 1975, Bd. II, 195–228), der ‚Problemata' (Barrow korrigierte Cousins Edition), der kleineren Kommentare (ed. von Kortekaas) sowie der ‚Expositio in Hexaemeron' (Mary Romig, Ph. D. thesis, Los Angeles 1981), ergänzt um die ‚Abbreviatio expositionis P.A. in Hexaemeron' durch Barrow, Burnett und Luscombe.

Übersetzungen

Wiederholt wurden der Briefwechsel (B) oder zumindest die Historia Calamitatum (H.C.) in die modernen Sprachen übertragen: die altfranzösische Übersetzung von B edierte F. Beggiato, Le Lettere di Abelardo ed Eloisa nella traduzione di Jean de Meun, zwei Bde., Modena 1977; hervorragende deutsche Übersetzung von B durch Eberhard Brost, Abaelard: Die Leidensgeschichte und der Briefwechsel mit Heloisa, Heidelberg $^{1}$1938, $^{2}$1954, $^{3}$1963, $^{4}$*1979 = zit. Ed. 1987 (mit ergänzenden Texten); englische Übersetzungen von H. A. Bellows (H.C., 1958), M. M. McLaughlin (B, New York 1960), J. T. Muckle (H.C., Toronto 1964) und Betty Radice (B, London 1974); französische Übersetzungen von Octave Gréard (B, Paris 1825, $^{2}$1875, neu hg. 1959) und Paul Zumthor (B, Paris 1979); italienische Übersetzungen von C. Ottaviano (B, Palermo 1934), A. Crocco (H.C., Neapel 1968) und N. Cappelletti Truci (B, lat.-ital., Turin 1979); russische Übersetzung von Drboglav, Sidorova u.a. (H.C., Moskau 1959). – Patricia, Sister Jane: The Hymns of Abelard in English, Lanham (N.Y.) – London 1986.

*e) Ethik, apologetische Schriften und Schulwerke*

Luscombe, David E. (ed.): Peter Abelard's Ethics, an edition with introduction, English translation and notes, Oxford 1971. (Der krit. latein. Text mit englischer Übersetzung.)

Übersetzungen der Ethik

McCallum, J. R.: Abailard's Ethics, Oxford 1935, Reprint New York 1976. (Englisch.)

Dal Pra, Mario: P.A. Conosci te stesso, Etica, Classici del pensiero I, Vicenza 1941, Reprint 1976. (Italienisch.)

De Gandillac, Maurice: Oeuvres choisies d'Abélard, Paris 1945, 129–209. (Französisch.)

Hommel, Ferdinand: Nosce te ipsum. Die Ethik des P.A., Wiesbaden 1947. (Deutsche Übersetzung, basiert wie all die vorgenannten Übersetzungen nicht auf Luscombe's krit. Text.)

Apologetische Schriften

Ruf, P. / M. Grabmann (ed.): Ein neu aufgefundenes Bruchstück der Apologia Abaelards (Sitzungsberichte der Bayerischen Akademie der Wissenschaften, Philos.-hist. Abt., Jg. 1930, Heft 5) München 1930, S. 10–18.

Buytaert, E. M. (ed.): Petri Abaelardi Apologia contra Bernardum, Neuedition der Apologia in: Opera theologica I, Turnhout 1969 (s. unter c)).

Burnett, Ch. (ed.): Confessio fidei ad Heloisam (= Epist. XVII), in: Mittellatein. Jb. 21 (1986), 147–155.

Burnett, Ch. (ed.): Confessio fidei ‚universis', Abelard's reply to accusations of heresy, in: Mediaeval Studies 48(1986), 111–138. (In PL 178, 105–8 unter dem Titel ‚Apologia seu fidei confessio'.)

Burnett, Ch. (ed.): P.A., Soliloquium: a critical Edition, in: Studi Medievali 25/2 (1984), 857–894 (mit engl. Übers.).

Leclercq, J. (ed.): Epistula Petri Abaelardi contra Bernardum abbatem, in: Études sur saint Bernard et le texte de ses écrits, Rom 1953, 104f.

Klibansky, R. (ed.): Peter Abailard and Bernard of Clairvaux, A Letter by Abelard, in: Mediaeval and Renaissance Studies V(1961), 1–27, 6f.: Epistula P. A. contra Bernardum abbatem.

Werke aus der ‚Schule Abaelards'

Rheinwald, R. H. (ed.): Sententie Petri Abaelardi (Sententie Hermanni), Berlin 1835, abgedruckt in PL 178 (1855), 1685–1758 u. d. T. ‚P. A. Epitome Theologiae christianae'.

Buzzetti, Sandro (ed.): Sententie Petri Abaelardi, Florenz 1983. (Buzzetti vertrat S. 16 gegen Ostlender und Luscombe Abaelards Autorschaft. Mews, The Sententie of P.A., in: RTAM LIII(1986), 130–184 kommt S. 174 zum Ergebnis, daß die ‚Sententie Florianenses', die ‚Sententie Abaelardi', die ‚Sententie Parisienses' und der ‚Liber sententiarum' – in dieser chronologischen Folge – zwar keine literarischen Werke Abaelards sind, aber von den anderen Schulwerken unterschieden werden sollten, in denen Hörer Abaelards auch die Ideen anderer Lehrer verarbeiteten. Als getreuerer Widerhall aus dem Hörsaal würden die vier genannten Texte Abaelards Ideen über den Glauben an Gott und Christus, seine Sakramentenlehre und Ethik vermitteln. – Nach dem ‚Bericht von Groningen', s. Abt. 7, wird von den ‚Sententie P.A.' eine neue Edition von Barrow, Luscombe und Mews vorbereitet. Dabei werden die verschiedenen Mss. auf die Stadien der ‚Theologia' bezogen. Neueditionen anderer Sentenzensammlungen würden künftig zu den ‚Sententie P.A.' in Verbindung gesetzt.)

Gietl, A. M. (ed.): Die Sentenzen Rolands, nachmals Papstes Alexander III, Freiburg 1891.

Ostlender, H. (ed.): Sententiae Florianenses, Florilegium Patristicum, Fasc. XIX, Bonn 1929.

Landgraf, A. (ed.): Ysagoge in theologiam, in: Écrits théol. de l'école d'Abélard, Spicilegium Sacrum Lovaniense Vol. XIV, Louvain 1934, 63–285. (Neuerdings wurde ein Teil einer Neufassung der Ysagoge in einem Londoner Ms. identifiziert, von dem Burnett und Luscombe eine Edition vorbereiten.)

Landgraf, A. (ed.): Sententie Parisienses I, in: ebenda, 3–60.

Landgraf, A.: Petri Abaelardi Expositionis in epistolam S. Pauli ad Romanos abbreviatio, in: Bohoslavia Vol. XIII, Lemberg 1935, 1–45.

Landgraf, A. (ed.): Commentarius Cantabrigiensis in epistolas Pauli e schola Petri Abaelardi, 4 Teile, Notre-Dame, Indiana 1937–45.

Stegmüller, F. (ed.): Sententie Varsavienses, in: Divus Thomas, Piacenza vol. XLV (1942), 301–42.

Trimborn, J. (ed.): Sententie Parisienses II (unter dem Titel „Sententie ‚Quoniam misso'"), Köln 1962. (Luscombe unternahm für seine Diss. von 1961 unabhängig von Trimborn ebenfalls eine Transkription.)

Barrow, J.: (Edition der ,Sententie' von Omnebene in Vorbereitung.)

Mews, C.: The Sententie of Peter Abelard, in: RTAM 53 (1986), 130–184 (aus Exzerpten der Kritiker S. 177–183 den ,Liber sententiarum' rekonstruiert.)

Burnett, Ch./D. Luscombe: (Edition einer ,Reportatio', d.i. einer Nachschrift von Abaelards theologischem Lehrvortrag in Vorbereitung.)

## 2. Verzeichnis zeitgenössischer Dokumente

Ein Quellenbuch zur Geschichte Abaelards liegt noch nicht vor. Die nachstehende Liste sucht diesem Mangel abzuhelfen.

### Abaelard und Heloisa

Charrier, Charlotte: Héloisa dans l'histoire et dans la légende, Paris 1933.

Ottaviano, C.: P.A.: Epistulario completo, Palermo 1934. (Nebst Briefwechsel von A. und H. die Briefe von Peter dem Ehrwürdigen, Fulco von Deuil, Roscelin und Bernhard in italienischer Übersetzung.)

Brost, Eberhard: Abaelard: Die Leidensgeschichte und der Briefwechsel mit Heloisa, Heidelberg $^{4}$1979 = 1987, S. 367–420. (Enthält einige wertvolle Dokumente in Ergänzung des Briefwechsels in deutscher Übersetzung.)

Dronke, Peter: Abelard and Heloisa in medieval testimonies, Glasgow 1976. (Enthält zeitgenössische Dokumente und Untersuchung dazu.)

### Roscelin

Picavet, F.: Roscelin, philosophe et théologien, Paris 1911, 112–143 (Handliche Zusammenstellung einschlägiger Originaltexte, vgl. Textanm. S. 65 für die der TSB entnommenen Textauszüge.)

Reiners, J.: Der Nominalismus in der Frühscholastik, in: Beiträge VIII, Heft 5 (1910), 62–80. (Enthält kritische Edition des Schmähbriefs an Abaelard, entspricht bei Picavet no. XX.)

Anselm von Canterbury: Liber de Fide Trinitatis et de Incarnatione Verbi, in: PL 158, 261ff. oder ed. F. S. Schmitt, S. Anselmi

Opera omnia (I–V, Seckau, Edinburgh, Rom, London 1938–51) I, Teilband II, 3–35 mit einer prior recensio in I, Teilband I, 281–290. (Die Streitschrift Anselm v. C. gegen Roscelin findet sich nebst zwei einschlägigen Briefen in englischer Übersetzung in: J. Hopkins / H. Richardson, Anselm v. C. vol. 3, Toronto, New York 1976, 3–37. Vgl. hierzu auch die Analyse von G. R. Evans, Anselm and Talking about God, Oxford 1978, 97–111.)

Gentile, L: Roscellino di Compiègne ed il problema degli universali, Lanciano 1975, 174–269 (Originaltexte mit beigegebener italienischer Übersetzung.)

Bernhardkonflikt

Bernhard: Epistula 77 ‚De Baptismo', in: PL 182, 1031–46. (Antwortschreiben an Hugo von St. Viktor betr. die Lehrmeinungen eines ungenannten häretischen Theologen, um 1125; nach L. Ott, Briefliteratur, 1937, S. 495ff. handelt es sich um P.A.)

Bernhard: Vita prima Bernhards, vgl. PL 185, I,311A mit PL 182, 541A/B.

Otto von Freising: Gesta Friderici I, ed. Waitz-Simson, Hannover ³1912, 8, 68–74, 133.

Mierow, Ch. Ch.: The Deeds of Frederick Barbarossa, New York 1953. (Englische Übersetzung des vorgenannten Titels; zu P.A. S. 82–88, 143 sowie philosophische Exkurse S. 31–40, 82–101.)

Berengar von Poitiers: Apologeticus, in: PL 178, 1857–70. (Karikatur der Ereignisse; dem Apologeticus entstammt die ‚Confessio fidei ad Heloissam', vgl. 1862A.)

*Folgende Originalbriefe beziehen sich auf den Konflikt* (abgedruckt in PL 182, bzw. kritisch ediert in: Les lettres de Guillaume de Saint-Thierry à S. Bernard, ed. J. Leclercq, Revue bénédictine 79 (1969), 375–91 und in: S. Bernardi Opera, Bd. 8, ed. Leclercq / Rochais, 1977, 9–52.263.266–278):

Wilhelm von St. Thierry: Epistula 326 (Anzeige mit den 13 capitula und Einleitung zu Wilhelms ‚Disputatio adversus Petrum Abaelardum', letztere in: PL 180, 249–82.)

Bernhard: Epistula 190 (= Traktat gegen Abaelard, nach Bernhards 19 capitula, aber noch *vor* dem Konzil von Sens im Juni 1140, zwei Fassungen); Epistulae 327, 187, 188 (Berufung auf die Theologia, Liber sententiarum und Scito te ipsum), 192, 330–

332 und 336 (alle *vor* Sens) sowie Epistulae 189, 193, 333–335 und 338 (*nach* Sens).

Bericht der Bischöfe: Epistula 337 (Die Historiker haben immer mit Interesse die Abweichungen dieses Gemeinschaftsberichts von den Briefen Bernhards vermerkt. In seiner kritischen Edition in: „Sapientiae doctrina", Mélanges ... offerts à Dom H. Bascour, Leuven 1980, 185–192 hebt J. Leclercq den literarisch nicht ebenbürtigen Charakter dieses für die Fakten um Sens so wichtigen Briefes hervor. Deswegen habe Gottfried von Auxerre es verschmäht, die Epist. 337 – anders als die Epistula 191 des Erzbischofs von Rheims, welche in PL 179,671 verwirrenderweise als ‚Brief der Bischöfe von Rheims' bezeichnet wird, vgl. aber S. Bernardi Opera 8,41ff. – Bernhards Briefen zuzurechnen.)

Innozenz II: Epistula 194 (Sechs Wochen nach Sens bestätigte die päpstliche Bulle Abaelards Verurteilung und erlegte ihm Schweigen auf.)

Luddy, A. J.: The Case of Peter Abelard, Dublin 1947. (S. 58–94 englische Übersetzung der Epistula 190.)

James, Bruno Scott: The Letters of Bernhard of Clairvaux, London 1953. (S. 312–329 das sog. Abaelarddossier in englischer Übersetzung.)

Oldenbourg, Zoé: Saint Bernard, Paris 1970 (Enthält wertvolle Originaltexte, u.a. eine französische Übersetzung des Traktats gegen Abaelard, und S. 391–413 einen ‚Aperçu bibliographique'.)

Vgl. E. M. Buytaert, in: Opera theologica II, 465ff. u. 468f. zum Fazit der Ereignisse und einer Synopse der Verurteilungssätze, sowie C. Mews, The lists of heresies imputed to P.A., in: Revue bénédictine 95(1985), 77–110 zu den neuesten Forschungsergebnissen.

Die sog. ‚Capitula Haeresum', d.i. eine der sechs überlieferten Verurteilungslisten, galten bis vor kurzem für anonym, vgl. die Editionen von E. M. Buytaert in Opera theologica II, 473–480 und aufgrund neuer Mss. von N. M. Häring in Citeaux 31(1980), 32–52. Unterdessen wird die Verfasserschaft Thomas von Morigny zugeschrieben, vgl. C. Mews, The lists ..., 106.

Schon seit der einschlägigen Abhandlung von M.-B. Carra de Vaux Saint-Cyr, in: Revue des sciences philosophiques et théologiques 47(1963), 205–220, schrieb man die im Anschluß an Wilhelms Disputatio in PL 180 abgedruckte ‚Disputatio catholicorum Patrum adversus dogmata Petri Abaelardi' Thomas von Morigny zu, vgl. die Edition N. M. Härings in: Studi medievali 22(1981), 299–376 sowie Buytaerts Aufsätze in: Antonianum 40(1965), 71–95 und 42(1967),

25–54. Nach Buytaert wurden sowohl Abaelards ‚Apologia' wie die gegen sie verfaßte ‚Disputatio' *vor* Sens verfaßt. Thomas benutzte für seine kritische Arbeit die dritte Fassung der T.sch.

Weitere Zeitgenossen

Gosvin: Vita Gosvini, ed. M. Bouquet, Recueil des historiens des Gaules et de la France (24 Bde., Paris 1738–1904), Bd. 14, Paris 1806, 442–8. (Der Student Gosvin trat, aus der konkurrierenden Schule Wilhelms kommend, gegen den jungen und berühmten Professor auf und suchte den in Soissons Gemaßregelten später als Prior von St. Médard zu trösten.)

Fulco von Deuil: Epistula XVI, in: PL 178, 371–376 (Nach dem Unglück von 1118 als Trostschreiben getarnt, aber in Wirklichkeit voller persönlicher Verunglimpfungen, zeugt Fulcos Brief gleichwohl vom frühen Ruhm Abaelards.)

Hilarius: Elegia, in: PL 178, 1855f. (Der Schüler beklagt Abaelards Weggang vom Paraklet.)

Johannes von Salisbury: Metalogicon, ed. C. C. J. Webb, Oxford 1929. (S. 77f., 91–95, 120, 136f. und 144 berichten von Abaelard; englische Übersetzung von D. D. McGarry, Los Angeles 1955. Johannes saß während Abaelards zweiter Pariser Lehrtätigkeit zu dessen Füßen und nahm begierig Rudimente seiner Lehre in sich auf. Im folgenden geht er auf die Universalienlehre der ‚Modernen' und das Studium der ‚Alten' ein. Vgl. auch seine Historia Pontificalis, ed. M. Chibnall, Edinburgh 1956, bes. 16, 19 und 63.)

Walter von Mortagne: Epistula ad Petrum Abaelardum, ed. H. Ostlender, in: Florilegium Patristicum, fasc. XIX, Bonn 1929, 34–40. (Beunruhigt über studentische Berichte, wandte sich Walter schon 1135 in einer vorsichtigen und höflichen Anfrage betr. seine Lehrmeinungen direkt an Abaelard.)

Robert von Melun: Sententie, ed. R. J. Martin, in: Oeuvres de Robert de Melun, Spicil. Sac. Lovan., fasc. 21, Louvain 1947. (In Buch I, III, Kap. 17–27 versieht Robert das umstrittene Ternar potentia – sapientia – benignitas mit dem subtilen Zusatz, daß es „speziell zugeordnet" werde, woraus sich in der Folgezeit die Unterscheidung zwischen den ‚Appropriationen', das sind die analogen Attribute ‚mächtig', ‚weise' und ‚gütig', und den eigentlichen Proprietäten ‚Vater', ‚Sohn' und ‚Hl. Geist' entwickelte.)

Suger von St. Denis: De rebus in administratione sua gestis, ed.

A. Lecoy de la Marche, Paris 1867 (In PL 186 vgl. 1215 A, 1155C, 1463f. betr. Sugers Vertreibung der Nonnen von Argenteuil; in der englischen Übersetzung von E. Panofsky (tr.), Abbot Suger on the Abbey Church of St. Denis and its Art Treasures, Princeton [1]1946, [2]*1979 fehlt mit Kap. 2–23 der einschlägige Passus aus Kap. 3.)

Chronicon Mauriniacense: La chronique de Morigny (1095–1152), ed. L. Mirot, Paris 1909, 54f. (Anläßlich einer Altarweihe traf Abaelard am 19. Jan. 1131 in Morigny mit Bernhard v. C. und Innocenz II. zusammen; am 23. Nov. 1131 – Datum nach Lalore, statt: 28. Nov. 1131 wie üblich nach PL 179,114 C – wird dann seine Schenkung des Paraklet an die Nonnen durch Innozenz II. bestätigt.)

## 3. Gesamtdarstellungen, Einführungen, Grund- und Sammelwerke

De Rémusat, Charles: Abélard, sa vie, sa philosophie et sa théologie, 2 Bde., Paris [1]1845, Reprint Minerva, Frankfurt 1975. (Noch immer lesenswert, obwohl völlig veraltet.)

Sikes, J. G.: Peter Abailard, Cambridge 1932, Reprint New York 1965. (Überholt, aber lesenswert.)

Luscombe, D.E.: The School of Peter Abelard, Cambridge 1969 (ein Grundwerk, zit. als ‚Luscombe, School')

Grane, Leif: Peter Abaelard. Philosophie und Christentum im Mittelalter, Göttingen 1969. (Originalausgabe dänisch 1964, englische Übersetzung 1970; gute Einführung.)

Jolivet, Jean: Abélard ou la philosophie dans le langage, Paris 1969. (Enthält S. 99–182 Originaltexte in französischer Übersetzung; gelungene Hinführung.)

derselbe: Arts du langage et théologie chez Abélard, Paris 1969, [2]*1982. (Ein Grundwerk der neuen Forschung, zit. ‚Jolivet, Arts du langage')

Beonio-Brocchieri Fumagalli, M. T.: Introduzione a Abelardo (i filosofi), Bari 1974, Rom [2]1988 (Kompetente Einführung.)

Crocco, Antonio: Abelardo, l' "altro versante" del medioevo, Neapel 1979.

Peter Abaelard. Proceedings of the international conference 1971 (Proceedings), ed. E. M. Buytaert, Leuven Univ. Press 1974.

Pierre Abélard, Pierre le Vénérable. Les courants philosophiques,

littéraires et artistiques en occident au milieu du XII^e^ siècle (Cluny 1972), ed. R. Louis, J. Jolivet et J. Châtillon, Paris 1975.

Ricerche sul Pensiero di Pietro Abelardo (Ricerche), in: Rivista crit. stor. filos. 34 n. 4(1979), 429–506.

Peter Abaelard: Person, Werk, Wirkung. Trierer theologische Studien 38 (Trier 1979), ed. Rudolf Thomas, Trier 1980.

Abélard. Le „Dialogue". La philosophie de la logique (Neuchâtel 1979), ed. De Gandillac, Jolivet u.a., Lausanne 1981 (= Cahiers de la Revue de théol. et de philos. 6).

Abélard en son temps, ed. J. Jolivet, Paris 1981.

Jean Jolivet: Aspects de la pensée médiévale: Abélard. Doctrine du langage (Jolivet 1987), Paris 1987. (Sammelband früher publizierter Artikel.)

## 4. Zur intellektuellen Tradition

Schriften von allgemeinerem Interesse

Abelson, P.: The Seven Liberal Arts, New York 1906. (Immer noch lesenswert.)

Haskins, Ch. H.: The Renaissance of the Twelfth Century, Harvard Univ. Press 1982 ([1] 1927). (Ein Klassiker der Mediaevistik.)

Rand, E. K.: Founders of the Middle Ages, New York 1928[1].

Paré, G. / A. Brunet und P. Tremblay: La Renaissance du XII^e^ siècle. Les Écoles et l'Enseignement, Paris–Ottawa 1933. (Es handelt sich hierbei um eine Neubearbeitung des grundlegenden Werkes von G. Robert, Les écoles et l'enseignement de la théologie pendant la première moitié du XII^e^ siècle, Paris 1909.)

Southern, R. W.: The Making of the Middle Ages, Yale Univ. Press [1] 1953. (Vgl. bes. 170–218: The tradition of thought.)

Le Goff, J.: Les intellectuels du moyen âge, Paris [1] 1957, pb. ed. 1985 (auch in deutscher Übersetzung, Stuttgart 1986.)

Leclercq, J.: The Renewal of Theology, in: Renaissance and Renewal in the Twelfth Century, ed R. L. Benson and G. Constable, Oxford 1982, 68–87. (Leclercq unterscheidet als damalige Arten, Theologie zu treiben, die monastische eines Bernhard v. C. und Wilhelm v. St. Thierry, die scholastische von Abaelard und Gilbert Porreta und schließlich die ‚Pastoraltheologie' der Schule des Anselm v. Laon und seines Nachfolgers Alberich von Rheims.)

Dronke, Peter (ed.): A History of Twelfth-Century Western Philosophy, Cambridge Univ. Press 1988. (Das 12. Jht. als eine der aufregendsten Epochen, dargestellt aufgrund neu edierter Texte.)

Zum Platonismus

Chenu, M.-D.: The Platonisms of the Twelfth Century, in: Nature, Man, and Society in the Twelfth Century, Chicago 1968, reprint 1983 (= ausgew. Kap. in engl. Übers. von Chenu, La théologie au douzième siècle, Paris 1957[1]) S. 49–98.

Gregory, T.: Abélard et Platon, 38–64 in: Proceedings (s. Abteilung 3).

Jolivet, J.: (s. Jolivet 1987 in Abteilung 3), 71–77, 138–158 und 257–277.

De Rijk, L. M.: Die Wirkung der neuplatonischen Semantik auf das mittelalterliche Denken, in: Sprache und Erkenntnis im Mittelalter (= Miscellanea Mediaevalia 13), ed. Beckmann, Honnefelder u.a., Berlin 1981, I, 19–32.

Zu Aristoteles und zur Logik

Grabmann, M.: Aristoteles im 12. Jht., in: Mediaeval Studies XII (1950), 123–162, danach in : Mittelalterliches Geistesleben III, ed. L. Ott, München 1956, 64–127.

Gibson, M.: Latin Commentaries on Logic before 1200, in: Bulletin de philos. médiév. 24(1982), 54–64.

Beonio-Brocchieri Fumagalli, M. T.: The Logic of Abelard, Dordrecht 1970 (ital. Orig. [1]1964, [2]1969).

Zalewski, E. S.: Abelard's Contribution to the Development of Logic, Oxford D. Phil. thesis 1978.

Kretzmann, N.: The Culmination of the Old Logic in Peter Abelard, in: Renaissance and Renewal in the Twelfth Century, ed. R. L. Benson / G. Constable, Oxford 1982, 488–511.

Tweedale, M. M.: Abelard and the Culmination of the Old Logic, in: The Cambridge History of later Medieval Philosophy (1100–1600), ed. Kretzmann, Kenny, and Pinborg 1982, 43–57.

Zur Universalienlehre und Bedeutungstheorie Abaelards

Gilson, E.: The Unity of Philosophical Experience, London 1938. (Kap. 1 zu Abaelard und Kap. 3 zu Ockham.)

Hönigswald, R.: Abstraktion und Analysis. Ein Beitrag zur Problemgeschichte des Universalienstreits in der Philosophie des Mittelalters (Schr. aus dem Nachlaß Bd. 3), Stuttgart 1961.

Boler, J. F.: Abailard and the Problem of Universals, in: Journal of the Hist. of Philos. I (1963), 1, 37–51.
Tweedale, Martin M.: Abailard on Universals, Amsterdam 1976.
–, Abailard and Ockham. Contrasting defences of nominalism, in: Theoria 46(1980), 106–122.
De Rijk, L. M.: Abelard's semantic views in the light of later developments, in: English Logic and Semantic from the end of the 12th century to the time of Ockham and Burleigh, ed. Brakhuis u.a., Nijmegen 1981, 1–58.
King, P.O.: Peter Abailard and the Problem of Universals, Princeton University Ph.D. 1982 (University Microfilm International).
Mews, C.: Aspects of the evolution of P.A.'s thought on signification and predication, in: Gilbert de Poitiers et ses contemporains. Actes du septième symposium européen d'histoire de la logique médiévale ... Poitiers 1985, ed. J. Jolivet et Alain de Libera, in: History of Logic V, Neapel 1987, 15–41.
De Rijk, L. M.: Peter Abailard's Semantics, in: Vivarium 24(1986), 85–127.

## 5. Zu Leben, Wirken und Zeitgenossen Abaelards

### Zur Biographie Abaelards

Poole, R. L.: Abailard as a theological teacher, in: Church Quarterly Review 41(1895), 129–50.
–: Illustrations of the History of Mediaeval Thought and Learning, London 1920². (Kap. V und 170–5.)
Jeannin, J.: La dernière maladie d'Abélard, in: Mélanges saint Bernard, Dijon 1953, 109–115.
Van den Eynde, D.: Détails biographiques sur Pierre Abélard, in: Antonianum 38(1963), 217–223.
McLaughlin, M. M., Abelard as Autobiographer: The Motives and Meaning of his Story of Calamities, in: Speculum 42(1967), 463–488.
Leclercq, J.: ‚Ad ipsam sophiam Christum': Le témoignage monastique d'Abélard, in: Revue d'Ascétique et Mystique 1970, 161–81 (dass. dt. in Festgabe E. Kleineidam 1969, 179–198).
Miethke, J.: Abaelards Stellung zur Kirchenreform. Eine biographische Studie, in: Francia I(1973), 158–92.
Nollier, Inès: Abélard. Le philosophe du Christ, Paris 1984.

Zu Abaelard und Heloisa

Gilson, Etienne: Heloise und Abälard, zugleich ein Beitrag zum Problem von Mittelalter und Humanismus, Freiburg 1955. (Franz. 1938, die dritte franz. Ausg. von 1964 enthält späteren einschlägigen Essay, 192–207: Dix variations sur un thème d'Héloise.)

Misch, Georg: Geschichte der Autobiographie, Bd. 3.2.1, Frankfurt 1969, als Sonderdruck u.d.T. „Abälard und Heloisa", Frankfurt 1986 neu aufgelegt.

Van den Eynde, D.: Chronologie des écrits d'Abélard à Héloise, in: Antonianum 37(1962), 337–349.

Von Moos, Peter: Mittelalterforschung und Ideologiekritik. Der Gelehrtenstreit um Héloise, München 1974.

Dronke, Peter: Women Writers of the Middle Ages. A Critical Study of Texts from Perpetua to Marguerita Porete, Cambridge Univ. Press 1984, 107–143.

Fumagalli, Mariateresa: Heloise und Abaelard, München und Zürich 1986 (ital. Orig. Mailand 1984, Vf.: M. Beonio-Brocchieri Fumagalli).

Vgl. auch unter Abteilung 1. d) die Einleitungen zum Briefwechsel, die Titel unter Abteilung 2 sowie "Fälschungen im Mittelalter", Hannover 1988.

Zu Bernhard von Clairvaux

Borst, Arno: Abaelard und Bernhard, in: Hist. Z. 186(1958), 497–525. (Die meisten Darstellungen des Bernhardkonflikts ‚zehren' von Borsts Antrittsvorlesung.)

Jolivet, J.: Sur quelques critiques de la théologie d'Abélard, in: AHDLM 38(1963), 7–51 und in: Jolivet 1987, 7–51. (Hilft, Bernhards Kritik im Umkreis anderer Kritiker zu orten.)

Grane, Leif: Peter Abaelard. Philosophie und Christentum im Mittelalter, Göttingen 1969 (Kap. 6 bis 8).

Luscombe, D. E.: The School of Peter Abelard, Cambridge 1969 (Kap. IV).

Oldenbourg, Zoé: Saint Bernard, Paris 1970 (mit Originaltexten).

Leclercq, J.: Nouveau visage de saint Bernard, Paris 1976. (Vgl. für ältere Literatur J. Leclercq, Wissenschaft und Gottverlangen 1963, S. 237; ders., Recueil d'études ... sur s. Bernard, Rom 1987.)

Gössmann, Elisabeth: Zur Auseinandersetzung zwischen Abaelard und Bernhard um die Gotteserkenntnis im Glauben, in: Trier 1980, 233–242.

Verger, J. / J. Jolivet: Bernard – Abélard où le cloître et l'école, Fayard-Mame (Belgium) 1982. (Beide Gegner werden hier als Exponenten ihrer Zeit dargestellt und es geht nicht um den Konflikt zwischen ihnen.)

Evans, G. R.: The Mind of St. Bernard of Clairvaux, Oxford 1983.

Informationsquellen zu anderen Zeitgenossen Abaelards

Poole, R. L.: Illustration of the History of Mediaeval Thought and Learning, London 1920². (Zur Schule von Chartres, Gilbert Porreta und Johannes v. Salisbury bes. Kap. IV, VI und VII.)

Ott, Ludwig: Untersuchungen zur theologischen Briefliteratur der Frühscholastik, Beiträge XXXIV, Münster 1937. (Vgl. bes. 126–347 zu Walter von Mortagne.)

Luscombe, D. E.: The School of Peter Abelard, Cambridge 1969 (Kap. II + V).

Literatur zu einzelnen Persönlichkeiten

Michaud, E.: Guillaume de Champeaux et les écoles de Paris au XII$^{e}$ siècle d'après des documents inédits, Paris 1867², Reprint Dubuque, Iowa o.J.

Leclercq, J.: Pierre le Vénérable, Paris 1946.

Folz, R.: Otton de Freising, témoin de quelques controverses intellectuelles de son temps, in: Bulletin de la Société hist. et archéol. de Langres 13(1958), 70–76.77–89.

Bertola, E.: Le Critiche di Abelardo ad Anselmo di Laon ed a Guglielmo di Champeaux, in: Rivista di Filosofia neo-scolastica 52 (1960), 495–522.

Williams, John W.: The Cathedral School of Reims in the Time of Master Alberic 1118–1136, in: Traditio 20(1964), 93–114.

Flint, V. I. J.: The „School of Laon": A Reconsideration, in: RTAM XLIII(1976), 89–110.

Horst, Ulrich: Die Trinitäts- und Gotteslehre des Robert von Melun, Mainz 1964.

Tomasic, Thomas M.: William of St. Thierry against Peter Abelard. A dispute on the meaning of being a person, in: Anal. Cisterciens. 28(1972), 3–76.

Nielsen, L. O.: Theology and Philosophy in the Twelfth Century. A Study of Gilbert Porreta's Thinking and the Theological Exposi-

tions of the Doctrine of Incarnation during the Period 1130–1180, Leiden 1982.
Vgl. zu Thomas von Morigny und Roscelin die unter Abteilung 2 genannten Titel.

## 6. Trinitätsspekulation und theologische ‚Trilogie'

Kaiser, Émile: Pierre Abélard critique, (Diss.) Fribourg 1901. (Immer noch lesenswert, typisch für das in der früheren Abaelardliteratur vorherrschende methodologische Interesse.)

Cottiaux, J.: La conception de la théologie chez Abélard, in: Revue d'hist. ecclésiastique 28(1932), 247–95, 533–51, 788–828. (Ein Klassiker, mit Cottiaux und Sikes, vgl. Abteilung 3, datiert die ‚neuere Abaelardforschung'.)

Ostlender, Hch.: Die Theologia ‚Scholarium' des P.A., in: Festschrift für M. Grabmann, ed. Lang, Lechner, Schmaus, in: Beiträge Suppl. III, 1 (1935), 263–81. (Diese Abhandlung wurde wegweisend für die Erforschung der Theologien durch Buytaert und Van den Eynde.)

Rozycki, Ignacy: Doctrina Petri Abaelardi de trinitate (Studia Gnesnensia XVIIa/b), Poznan 1938–1939. (Bd. 1 dieser latein. Diss. des Angelicum behandelt die Erkennbarkeit Gottes nach Abaelard, während der Bd. 2 eine minutiöse Untersuchung seiner Trinitätslehre unternimmt.)

Hofmeier, J.: Die Trinitätslehre des Hugo von St. Viktor, München 1963. (Gute zusammenfassende Darstellung, S. 9–25 zu Roscelin und 26–80 zu Abaelard.)

Jolivet, Jean: Sur quelques critiques de la théologie d'Abélard, in: Arch. d'hist. doctr. et litt. du moyen âge 38 (1963), 7–51 oder in: Jolivet 1987, 7–51.

–: Arts du langage et théologie chez Abélard, Paris 1969, $^{2}$*1982. (Zwei wichtige Arbeiten zu den kontroversen und methodologischen Aspekten von Abaelards theologischen Anstrengungen.)

Simonis, W.: Trinität und Vernunft. Untersuchungen zur Möglichkeit einer rationalen Trinitätslehre bei Anselm, Abaelard, den Viktorinern, A. Günther und J. Frohschammer, Frankfurter Theol. Stud. Bd. 12, Frankfurt 1972.

Buytaert, E. M.: Abelard's trinitarian doctrine, in: Proceedings 127–152, (s. Abteilung 3; Buytaert hat hier mehrere seiner einschlägigen Abhandlungen zusammengefaßt, vgl. die Beiträge von Buytaert und Van den Eynde in Antonianum 1961–1969.)

Mews, Constant: The development of the Theologia of Peter Abelard, 183–98 in: Trier 1980 (s. Abteilung 3).

–: The development of the Theologia of Peter Abelard, Oxford D. Phil. thesis 1980, Bodleian Library.

–: Peter Abelard's ‚Theologia Christiana' and ‚Theologia Scholarium' re-examined, in: Recherches de théol. anc. et médiév. 52(1985), 109–158. (Schätzt die durch Buytaerts Leistung in P.A. Opera theologica II (1969) gegebene Forschungslage ab. Mews trat mit P.A. Opera theologica III (1987) das Erbe von Buytaert an.)

## 7. Forschungsberichte

De Gandillac, M.: Sur quelques interprétations récentes d'Abélard, in: Cahiers de Civilisation médiév. 4(1961), 293–301.

Leclercq, J.: Notes abélardiennes, in: Bulletin de philos. médiév. 5(1963), 131–8 und 8–9(1966–7), 59–62 und 13(1971), 68–71.

Little, Edward F.: The Status of Current Research on Abelard. Its Implications for the Liberal Arts and Philosophy of the XIth and XIIth Centuries, in: Arts libéraux et philosophie au moyen âge, Montréal-Paris 1969, 119–124.

Luscombe, D. E., Some recent interpretations, in: Journal of Religious History, vol. 7(1972), 69–75.

Châtillon, F.: Notes abélardiennes, in: Revue du moyen âge latin, ab 1964 fortlaufend.

Mews, Constant: The international conference held in Trier on the nine hundreth anniversary of Abelard's birth (= detaillierter Tagungsbericht vor Erscheinen von Trier 1980, s. Abteilung 3), in: Ricerche (s. Abteilung 3), 495–506.

Luscombe, D. E.: Peter Abelard (The Historical Association, General Series 95), G.B. 1979 (Bibliogr. 38–40).

–: New Editions of the Writings of Peter Abelard (= Bericht von Groningen Mai 1985), in: Bulletin de philos. médiév. 27(1985), 157–160.

Barrow, J. / Ch. Burnett / D. Luscombe: A Checklist of the manuscripts containing the writings of Peter Abelard and Heloise and other works closely associated with Abelard and his school, in: Revue d'hist. des textes t. XIV–XV (1984–1985), 183–302.

Vgl. auch unter Abteilung 6 den letzten Beitrag von C. Mews.

## Nachtrag zu „Textausgaben und Übersetzungen“

H.-W. Krautz (ed.), Abaelard: Der Briefwechsel mit Heloisa, Stuttgart 1989
M. de Gandillac (ed.), Abélard: Conférences. Connais-toi toi-même, Paris 1993
P. Morin (ed.), Abélard: Des intellections, Paris 1994
H.-W. Krautz (ed.), Abailard: Gespräch eines Philosophen, eines Juden und eines Christen, Frankfurt a.M. 1995 (auch WBG in Darmstadt, Lizenzausgabe 1996)

## Nachtrag zu „Leben, Wirken und Zeitgenossen Abaelards“

Adalbert Podlech: Abaelard und Heloisa oder Die Theologie der Liebe, München und Zürich 1990
Ursula Niggli: Abaelards Ideen über die jüdische Religion und seine Hermeneutik im Dialogus, in: Les philosophies morales et politiques au Moyen Âge – Moral and Political Philosophies in the Middle Ages. Proceedings of the Ninth International Congress of Medieval Philosophy August 1992, ed. B. Carlos Bazan, N.Y., Ottawa und Toronto 1995, Bd. II, S. 1101–1120.
in: Wiener Jahrbuch für Philosophie Bd. XXVI/1994, S. 43–59.
Ursula Niggli: Peter Abaelard als Vorläufer des modernen Intellektuellen, in: Europa in der frühen Neuzeit, Festschrift für Günter Mühlpfordt zum 75. Geburtstag, hg. von E. Donnert, Köln und Weimar 1997, Bd. 1

# NAMENREGISTER

# ZITATENREGISTER

Gemäß dem Apparat von Heinrich Ostlender sind im Zitatenregister explizite Verweise nebst impliziten Anspielungen Abaelards nachgewiesen. Zur Zitierfrequenz und der Proportion zwischen patristischen und ‚klassischen' Zitaten in allen drei Versionen der Theologia vgl. meine Textanm. zu 219,10.

Mit Ausnahme der Schriftzitate, die ich nach einzelnen biblischen Büchern systematisch ordnete, folgen die Angaben unter einer Rubrik (z.B. Augustinus, De Trinitate) in der Reihenfolge ihres Auftretens in der TSB, also werkchronologisch. Die der Angabe vorangestellten Ziffern weisen auf die betr. Anmerkung im betr. Buch der TSB, z.B. II,81 = Anm. 81 im II. Buch der TSB. Die nachfolgenden arabischen Ziffern nennen die Seiten unserer Ausgabe, auf denen sich die Zitate und Ostlenders Nachweise finden.

Die Zitate in Migne (PL) lassen sich nach Ostlenders Angaben leicht nachschlagen, übersichtshalber notierte ich nach dem Autorennamen den betr. Band. Die weiteren Editionen, die Ostlender benutzte und in den Zitatnachweisen abkürzte, sind nachstehend unter vollständiger bibliographischer Angabe aufgelistet:

Abaelard. Seine logischen Werke sind zitiert nach
– Peter Abaelards philosophische Schriften, ed. B. Geyer, Beiträge 21,1–4, Münster 1919–1933.

Adelard von Bath
– Des Adelard von Bath Traktat De eodem et diverso, ed. H. Willner, Beiträge 4,1, Münster 1893

Anselm von Canterbury
– S. Anselmi Opera omnia I, ed. F. S. Schmitt, Seckau 1938 (Bd. II–V der krit. Ed. ersch. erst 1940–1951, obwohl einzelne dt. Teilausgaben früher)

Augustinus
– Neben PL wird auch das Corpus Scriptorum ecclesiasticorum Latinorum (CSEL) zitiert.

Boethius
– Boethius, In librum Aristotelis Περὶ ἑρμενείας, 2 Bde., ed. C. Meiser, Leipzig 1877, 1880
– Boethius, De consolatione philosophiae, ed. G. Weinberger, CSEL 67, Wien-Leipzig 1934

– Boethius, De institutione arithmetica, ed. G. Friedlein, Leipzig 1867
– Boethius, In Isagogen Porphyrii, Ed. 1 und 2, ed. S. Brandt, CSEL 48, Wien-Leipzig 1906

Cicero
– Marcus Tullius Cicero, De inventione, Opera rhetorica, ed. G. Friedrich (Opera, ed. C.F.W. Müller, Leipzig 1908 1.1)

Enchiridion Symbolorum. Zitiert wird Denzinger-Bannwart o.J., doch lassen sich die Nummern auch in jeder modernen Ausgabe von
– H. Denzinger-A. Schönmetzer, Enchiridion Symbolorum, Barcelona–Freiburg [32]1963 nachschlagen.

Lucanus
– Lucanus, Bellum civile, ed. C. Hosius, Leipzig [3]1913

Macrobius
– Macrobius, In Somnium Scipionis, ed. 2, ed. F. Eyssenhardt, Leipzig 1893

Otto von Freising
– Otto Frisingensis, Gesta Friderici I. Imp., ed. alt. G. Waitz, Scriptorum Rerum Germanicarum in usum scholarum, Hannover 1884

Plato
– Plato, Timaeus interprete Chalcidio, ed. J. Wrobel, Leipzig 1876

Priscian
– Priscianus, Institutiones grammaticae, ed. M. Hertz (Grammatici Latini rec. H. Keil, vols. 2, Leipzig 1855)

Wilhelm von Champeaux
– Guillelmus Campellensis, Sententie vel Questiones, ed. G. Lefèvre, in: Les variations de Guilleaume de Champeaux et la question des Universeaux, Traveaux et mémoires de l'Université de Lille 6, mémoire 20, Lille 1898

Wilhelm von Conches
– Guillelmus de Conchis, Philosophia, ed. C. Ottaviano, Un brano inedito della „Philosophia" di Guglielmo di Conches, Neapel 1935
– Guillelmus de Conchis, Comment. in Boethii De consolatione philosophiae, ed. Ch. Jourdain, Des commentaires inédits de Guillaume de Conches et de Nicolas Triveth sur la Consolation de la philosophie de Boèce, in: Notices et extraits des manuscrits de la Bibliothèque impériale 20,2, Paris 1862

Sacra Scriptura (in Klammer deutsche Bezeichnung; Asterix markiert ein biblisches Buch als nichtkanonisch; Anordnung folgt der Vulgata)

Vetus Testamentum

1. a) Libri historici (Thora = 1.–5. Mose, 1. + 2. Samuel, 1. + 2. Könige, 1. + 2. Chronik u.a.)
   b) Libri didactici (Psalmen und Weisheitsliteratur)
   c) Libri prophetici

Novum Testamentum

2. a) Libri historici (die vier Evangelien und die Apostelgesch.)
   b) Libri didactici (Briefe von Paulus und anderen)
   c) Liber propheticus (die Apokalypse des Johannes)

1. a)



1. b)

1. c)



2. a)

# BEGRIFFSREGISTER

Dieses Register bezieht sich auf den deutschen oder, wenn Zeilenangaben wünschenswert sind, auf den lateinischen Text der TSB, nur gelegentlich weise ich auf eine einschlägige Anmerkung hin.